MW01602334

Opúsculo De El Patrimonio Verdadero De El Mejor De Los Guzmanes, El Gran Padre, Y Patriarcha Santo Domingo Herencia Legítima De Sus Espirituales Hijos Predicadores: El Santissimo Rosario

Leonardo Levanto

Nabu Public Domain Reprints:

You are holding a reproduction of an original work published before 1923 that is in the public domain in the United States of America, and possibly other countries. You may freely copy and distribute this work as no entity (individual or corporate) has a copyright on the body of the work. This book may contain prior copyright references, and library stamps (as most of these works were scanned from library copies). These have been scanned and retained as part of the historical artifact.

This book may have occasional imperfections such as missing or blurred pages, poor pictures, errant marks, etc. that were either part of the original artifact, or were introduced by the scanning process. We believe this work is culturally important, and despite the imperfections, have elected to bring it back into print as part of our continuing commitment to the preservation of printed works worldwide. We appreciate your understanding of the imperfections in the preservation process, and hope you enjoy this valuable book.

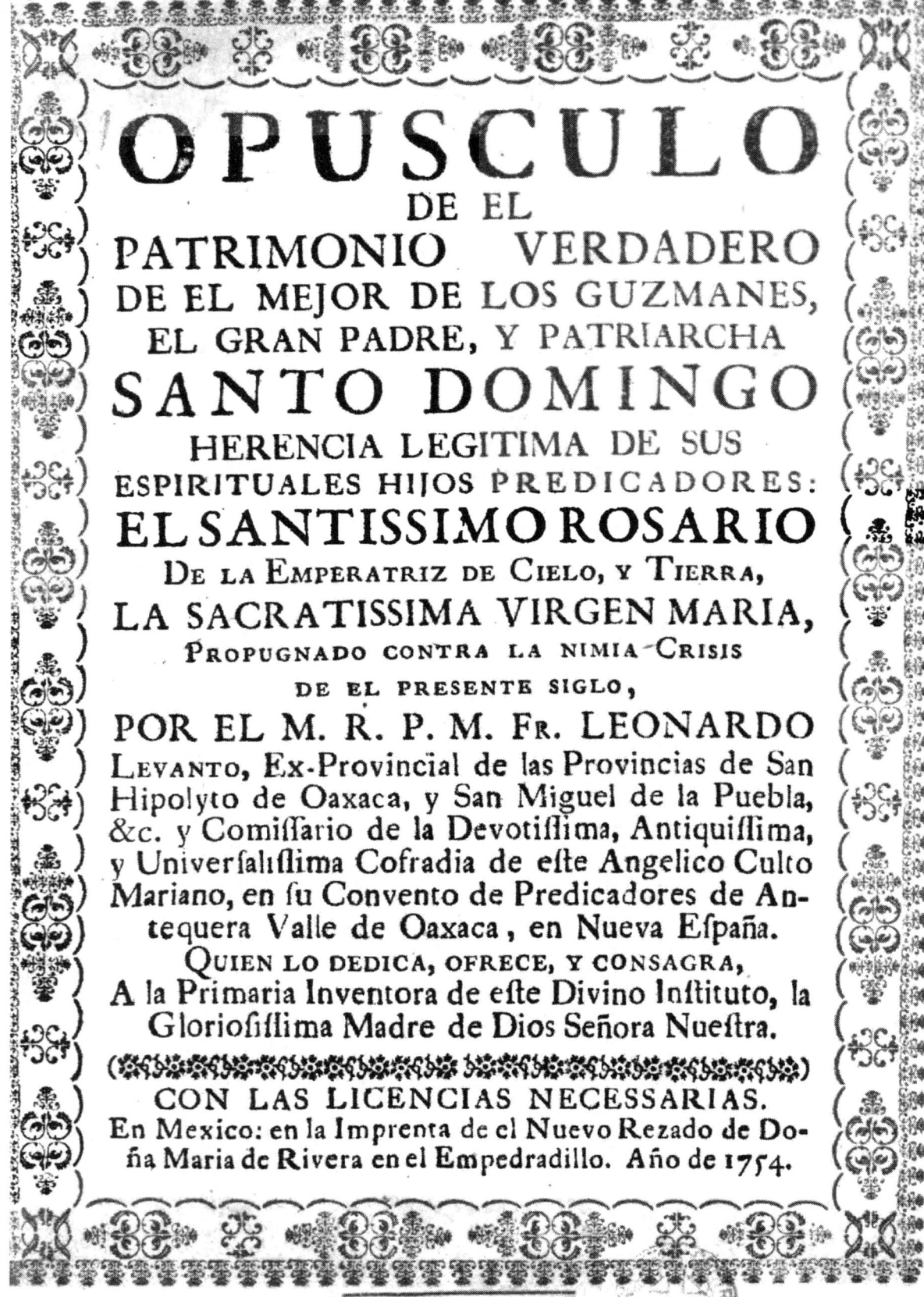

OPUSCULO

DE EL
PATRIMONIO VERDADERO
DE EL MEJOR DE LOS GUZMANES,
EL GRAN PADRE, Y PATRIARCHA
SANTO DOMINGO

HERENCIA LEGITIMA DE SUS
ESPIRITUALES HIJOS PREDICADORES:
EL SANTISSIMO ROSARIO
DE LA EMPERATRIZ DE CIELO, Y TIERRA,
LA SACRATISSIMA VIRGEN MARIA,
PROPUGNADO CONTRA LA NIMIA-CRISIS
DE EL PRESENTE SIGLO,

POR EL M. R. P. M. Fr. LEONARDO
Levanto, Ex-Provincial de las Provincias de San
Hipolyto de Oaxaca, y San Miguel de la Puebla,
&c. y Comiſſario de la Devotiſſima, Antiquiſſima,
y Univerſaliſſima Cofradia de eſte Angelico Culto
Mariano, en ſu Convento de Predicadores de Antequera Valle de Oaxaca, en Nueva Eſpaña.

QUIEN LO DEDICA, OFRECE, Y CONSAGRA,
A la Primaria Inventora de eſte Divino Inſtituto, la
Glorioſiſſima Madre de Dios Señora Nueſtra.

CON LAS LICENCIAS NECESSARIAS.
En Mexico: en la Imprenta de el Nuevo Rezado de Doña Maria de Rivera en el Empedradillo. Año de 1754.

Guillermo Bailina

DEDICATORIA

A LA ESCOGIDA ROSA DE JERICO,
Reyna de todas las fragrantes flores de el Parayso celestial: Iris vistosamente apassible:
Medio de paz entre Dios, y hombres: Pielago
de gracias insondable, donde logran los pecadores limpieza, y candidez sobre la nieve: Augmento los Justos en el progresso de sus virtudes:
Recreo indecible los Moradores celestes, y conplacencia deliciosa la Trinidad Beatissima: A
Vos digo Immaculada Virgen, Reyna del Sacratissimo ROSARIO, cuyos interminables elogios,

gios, folo en el mar de efte SS. Nombre fe pueden venerar recopilados, cuyos devotos Cofrades, y humildes Efclavos fon tantos, que defempeñan la verdad de tu Profecia, quando Profetiza de Vos mifma dixifte: *Ex hoc Beatam me dicent omnes Generationes.* Luc. 1.

S I EN LA CIEGA GENTILIdad fe tuvo por acertado penfamiento, dedicar los Valerofos Guerreros fus famoffas Victorias, y los afanes de fu milicia à Marte, fingido Dios de las Batallas: Si entonces fe tenia à bien, el veer, que los Pilotos, para gozar buen ayre en fus embarcaciones, las ofrecian obfequiofas à el fuave favonio de Neptuno, imaginado Dios de las Aguas: *Etenim si bello parta, Marti dicantur; si mari quæsita, Neptuno.* Quièn Soberana Señora, ha de penfar, que es defacierto mio exponer à las puertas de tu benignidad, efte parto de mis fatigas, folicitando en tu fombra fegura proteccion, conque afianzarlo? Bien fee Yo, que aunque ni à Marte fe le feguia alguna utilidad de la oferta de los unos, ni à Neptuno fe le hacia alguna gracia con la dedicatoria de los otros: *Dic ergo: quænam Dijs ex muneribus noftris utilitas? Quæ à nobis accipiunt, quid illis conferunt?* No obftante, no fe puede negar, que el rendimiento

Eumen. in Panegyr.

Socrat. apud Plat. lib. 8.

to

to es obſequio; que la veneracion es culto, con
que el afecto ſigue, lo que la eſtimacion apre-
cia, como el miſmo Socrates aſſegura, *In hono-* Idem ibidem
rem, venerationem, & gratiam. Es verdad (Madre Puriſſima) que ni utilidad ſe te ſigue, ni
gracia te hago, en poner en tus manos eſta
Obrilla; pero tambien es patente, que Yo caye-
ra en tu deſgracia, y me tuvieras por inutil, ſi
no anhelara tu patrocinio en eſte Opuſculo,
por tantos titulos muy tuyo.

Eres, y debes ſer Tú el Objeto de ſu Dedicatoria; porque la materia de que trata, es de
el Patrimonio de Domingo, de la legitima Herencia de mis Hermanos, Predicadores de tù
Santiſſimo Roſario. Como era dable, Señora,
que fuera otro, ſino Tú, à quien ſe ofrecieran
ſus Capitulos, Clauſulas, y Letras? No dexò letra, clauſula, ni capitulo, que no dedicara à el
Gran Padre Auguſtino, el Doctiſſimo San Proſ-
pero, juzgandoſe culpado, ſi executaba lo con- S. Proſp. Epiſt. ad D. Auguſt.
trario: *Reum futurum eſſe me crederem, ſi ea,*
quæ intelligo, ad ſpecialem Patronum Fidei non
referrem. Eſpecial Patron de la Fee buſcò, para
ofrecerle el Tratado, que compuſo en defenſa
de la Fee. En defenſa de el Santiſſimo Roſario
tengo ordenado aqueſte Opuſculo. Pues à quien
debo ofrecerlo, ſi no es à Ti, que te adornas
con el Titulo de Madre de el Santiſſimo Roſario, para que por tu cuenta, el que corra ſin
tro-

tropieſo defendido, de los que ſalieren contrarios, aunque contra él ſe levante todo el poder
de los abyſmos.

Es, y debe ſer tuyo, para recompenſar
con eſte obſequio, los beneficios, que te debo,
cumpliendo en ſatisfacer con la juſticia: *Hoc*
certè juſtitiæ convenit, ſuam cuique reddere be-
neficio gratiam. Quiero deſaogar en el afecto
algo de la deuda, que cortedad no alcanza de
mis fuerzas, que quando no ſe puede bolver todo quanto ſe ha recebido de beneficio, es yá en
humano aprecio, un cierto linage de agradeci-
miento bien nacido, ſentir no poder pagar en-
teramente, quanto ſe debe: y aſſi es razon, que
ſiendo tanta tu eminencia, acuda mi reconoci-
miento con todo quanto en mi cave: *Cui gratia*
referre non poteſt, quanta debetur; habenda ta-
men eſt, quanta maxima, animi noſtri capere
poſſint. Y no teniendo, como Tú ſabes, otra
coſa, que ofrecerte para pagarte, coloco en tus
manos eſte Opuſculo: *Legitur, ô Rex* (clauſula
es de una carta, que San Cyrilo Alexandrino
eſcribiò â Theodoſio) *Dum vobis alij exhibent*
victorias, coronas, gratulatorias, voces, & alia,
quibus Regis potentia jure honoratur noſtri, qui
divino fungimur Sacerdotio, muneris fuerit of-
ferri libros ad divinam potiſſimùm gloriam com-
poſitos. Ya veo, que no ſatisfago con eſto (Madre Puriſſima) pero me alegro, porque quiero
tener

Senec.Epiſt.88.

Cicer. Philip.3.

D. Cyril Epiſt.
ad Theodoſ. 2.

tener el gusto de deberte. Deseo, que me obligues mas, solo por deberte mas, que hai Acredores, â quienes es mas gloria deberles, que salir de la deuda con pagarles: *Turpe est solvere* (que dijo Ciceron) *ne debeas: est animi ingenui, cui multum debeas, eidem plurimum velle debere.* Estas son en sentir de Seneca, las usuras, conque la nobleza debe pagar el beneficio, y assi para no graduarse de ingrato, ha demàs de pagar, quiero hazer aprecio de el deber: *Ingratus est, qui beneficium reddit sine usura.* Es, y debe ser tuyo, y por esso te lo ofresco, para ganarle, ô grangearle con tu proteccion el credito, para darle con tu buen ayre grande vuelo. Vuelo, y Credito tendrán los escritos, dice Flavio Vegesio, quando se les buscan buen Padrino. Esse fue el fin de dedicar Justo Lypsio, uno de sus libros, â el Principe Alberto de Austria: *Ad te imus, & quo fine? Ut splendorem huic inscriptioni mutuemur, & tutelam.* Ni auctoridad, ni vuelo pudiera tener este Opusculo sin tu sombra. Auctoridad no, y mas siendo Yo su Auctor. Valgome de las palabras de el Docto Villarroel, dedicando uno de los tomos de sus Tautologias â el Excelentissimo Zerda: *Authoritatem ab Authore non habet, ideo, & quærit, & sint, & ambit magni nominis umbram; insignem tuam, utpotè avidissimè Tutelam.* Vuelo le faltaba, y extension à este Tratado de el Rosario:

Cicer. 4. de finibus. & de ssci

Senec. de gratitud.

Flav. Veget. in prol. ad lib. 1. de re militar.

Lyps. ad Albert

Villarr. in Dedicat. tom. 2. Sac. Tautolog.

rio: pues de quien me puedo valer, para q̃ se dilate, sino de Ti, que te adornas con el glorioso blason de Reyna de el Rosario? Yo me acuerdo, que dixiste, que exhalabas fragrancias, como el Cinnamomo, ô Aspalato de aromas: *Sicut Cinnamomum odorem dedi : : sicut Aspalatus.* Y Yo me hago juicio, que es, porque esta humilde olorosa planta es claro simbolo de tu Rosario. Es el Cinnamomo, ô Aspalato, un arbol pequeño, tiene las ramas cargadas de espinas, sus flores son blancas, y roxas: *Aspalatus nascitur spina, arbor modica, flore roseo.* Es su corteza de tres colores: *Dicitur iste cortex esse tricolor.* En las flores se crian unos granos, de que se hazen Rosarios. *Ex granis globuli precatorij conficiuntur.* De las flores, y de la raiz, se haze un unguento tan aromatico, medicinal, y precioso, que se estima en quinze libras de moneda de plata, que hazen ciento, y cincuenta reales, todas propriedades, y todos numeros proprios de Rosario. Este Cinnamomo, pues, figura de tu Rosario, es el que nace, y crece en la India, en las Regiones remotas, y peregrinas, como dice tu fino amante San Alberto: *Cinnamomum arbor crescit in peregrinis, & longinquis Regionibus, scilicet, in India, & Ætiopia.* Para que se vea, que en las Tierras mas distantes debe ser tu nombre venerado, y aplaudido: *In quo signatur, quod usque ad remotissimas Regiones,*

habe-

*. 20. Secund. Tygur. & alios.

Plin. lib. 12. cap. 4.

D. Alb. Mag. lib. 12. de laud. Virg. cap. 6. §. 9. num. 3.

Amat. & Roel citati â Cornel. sup. cap. 24 Eccl

Bar. t. 2. Rem. univers. lib. 3. cap. 13.

D. Albert. ubi sup. citat.

habetur veneratio Virginis Gloriofæ. Ea, pues,
Madre mia, fi tanto crece la figura, què tanto
ferà razon, que crefca lo figurado? Mucho perdiera de punto la tan gran devocion de tu Divino Rofario, fi no huviera quien facara la ca-
ra contra los Domefticos Severos Criticos,
que en gran manera parece difminuian, Nueftro Patrimonio Dominico, y legitima Herencia, con fus argumentos negativos. Mira, pues,
Efpecialiffima Madre Nueftra, fi fon mis efpe-
ranzas bien fundadas, què con tu Patrocinio
ha de tener aquefte pequeño Opufculo, y tambien vueftro Sacratiffimo Rofario la fortuna,
que tiene por naturaleza fu figura.

Eftos fon (Soberana, y Sereniffima Reyna) algunos de los motivos (que no los digo todos, porque no te ofendan mis borrones) por
los que es de jufticia tuyo aquefte Opufculo.
Recibelo, para que fiendo bien admitido, lo
que mi refpecto confagra â vueftro obfequio.
Ya fee, que como oferta de mis manos, no merece ponerfe en las Sacratiffimas tuyas; pero
como expreffivo aplaufo de el Inftituto Rofa-
riano, me hago juicio, que tu Dignacion lo
elevarà, para que firva de manifeftacion de tus
marabillas. Y poftrado â tus muy venerables
Plantas, te lo confagro, y dedico, para que por
tus manos (como por Angel de mi guarda) paffe â la prefencia de tu Sacratitiffimo Hijo, en

¶

quien

quien confiesso, que ninguna cosa hay mia, porque todo es suyo, y assi sea para mi la nada, y para Ti, y tu Jesus Nuestro Dios, solo la honra, las alabanzas, y gloria. Llego esperanzado con tan pequeña oblacion à el trono de tu Serenissima Magestad, porque tu muy Soberano Hijo, quiso apreciar en mucho lo poco de una Pobre: *Vidua hæc pauper plus omnibus misit.* Si màs tuviera más te ofreciera; pero no me diò su Divina Magestad mas talentos, que ofrecerte. Oye, pues, Señora mi buen deseo, favorece mi intento, fomenta mi solicitud, y patrocina mi pretencion en este Opusculo. Recibelo, pues, y ostente tu poder su mayor marabilla en hacerme

Marc. 12. ᵭ. 43.

El menor de vuestros esclavos, postrado à los pies de tu Soberana Magestad.

Fr. Leonardo Levanto.

PARECER

PARECER DEL P. IGNACIO XAVIER

Hidalgo, *de la Compañia de Jesus, Professo de quarto Voto, y Prefecto de la Muy Iluftre Congregacion de el Salvador, en la Casa Pro-* feffa *de Mexico.*

Exc.^{mo}. Señor.

EL AFECTO DE PIADOSISSIMO PAdre, y fciencia de Sapientiffimo Maeftro, muestra bien para con el Orbe Chriftiano el Rmô. P. Mrô. Fr. Leonardo Levanto, Ex-Provincial de las Provincias de S. Hipolyto de Oaxaca, y S. Miguel de la Puebla, &c. En fu Libro intitulado *Opufculo de el Patrimonio verdadero de el mejor de los Guzmanes, el Gran Padre, y Patriarcha Santo Domingo, y Herencia legitima de el Santiffimo Rofario de Maria:* Libro, que pluguieffe al Cielo fe imprimiera con caratteres de el Efpiritu Santo en nueftras almas, como juzgo debe eftamparfe en perpetuos moldes, para glorias de el Rofario Santiffimo de Maria, y efplendor gloriofo de la illuftriffima Orden de Predicadores. Qué oportuno! Qué util precepto para toda la Chriftiandad! Y què feliz para mi! Aquel, en que V. Exc. atendiendo en tan dotto libro al bien publico de las almas, al mayor luftre de los Herederos de tan celeftial Patrimonio, y tambien à mi provecho, fe digna remitirlo à mi cenfura; mejor diré (y affi lo digo) à mi ignorancia, para que en él enriqueziendofe mi voluntad con los mas tiernos afettos al mejor Patrimonio, fe acaudale mi entendimiento con theforo de luzes, tanto, quanto es el acierto de el Author en diffponer con tan fingular erudicion, y dottrina, tan nuevos tratados. Pero què no acertará quien lleva à Maria por norte? Y como pudiera errar, quien eftà impreffionado de tan nobles ideas? Dichofiffimo Author,

¶ 2

que

que bebiendo, para eſcrebir eſte libro, luces de la Eſtrella, que illuſtra à ſu Gran Padre, merece por ſu pluma, que todos con la eloquencia de Ciceron, lo aclamen Propugnador de ſu Patrimonio, y defenſor de el derecho paterno: *Propugnator patrimonij ſui, & defenſor juris paterni.* Y aunque algo mas pudiera mi rudeza decir en elogios de tan nueva, tan illuſtre, y verdaderamente admirable Obra; pero todo es ſuperfluo, en donde aun la vara mas cenſoria, no tiene en que exercer ſu juſticia, ſino es en aprobar, lo que es juſto aplaudir, y tan juſto, que ſi Dios por ſu infinita rectitud deſcubre luces aun entre las meſmas ſombras, como dice San Pablo: *Dixit de tenebris lucem ſplendeſcere;* Yo ajuſtandome, como debo, à lo recto, no hallo en las luces de eſte Libro ni una ſombra, en que pueda tropezar la razon, ni menos la fee, buenas coſtumbres, y regalias de S. Mag. Solo tengo que cenſurar ſe llame *Opuſculo;* porque no debiendo intitularſe con nombre diminutivo obra tan ſublime, dixera mi rendimiento à V. Exc. mandaſe tildar el nombre *Opuſculo,* y nombrarlo *Opes, ò Riquezas* de el verdadero Patrimonio de el mejor Guzman; pero aviendo eſtilado Maria Señora, tratar en el breviſſimo Opuſculo de un *fiat,* la Sabiduria eterna de el humanado Verbo; imprimaſe en hora buena, y atheſoreſe con el nombre de *Opuſculo* el riquiſſimo Patrimonio de el Hijo Mayorazgo de Maria, para que lo que tuvo tan excelſos principios en un *fiat,* aſſegure en eſte Opuſculo agigantados progreſſos. Aſſi lo juzgo, *ſalvo meliori,* Mexico, Caſa Profeſſa de la Compañia de Jeſus, y Agoſto 21. de 1753. años.

Cicer. de Orat.

2. ad Corinth. 4. 6.

Excmô. Señor.

B. L. M. de V. Excâ. ſu menor Capellan.

✝
JHS
Ignacio Xavier Hidalgo.

APRO.

APROBACION

DE EL M. R. P. Fr. ANTONIO

Claudio de Villegas, Mrô. en Sagrada Theologia de los del numero de Cathedra de su Provincia de Santiago de Predicadores de Nueva-España, Calificador con exercicio de el Santo Oficio de la Inquisicion de estos Reynos, Examinador Synodal de el Obispado de la Nueva-Galicia, Agente, Colector, y Procurador de su Rmô. P. Mrô. General, y Prior Provincial actual de dicha su Provincia.

Señor Provisor.

DE ORDEN DE V. S. ILUSTRISSIMA, he visto, y leído con todo esmero, y cuydado un libro intitulado *Patrimonio verdadero de el mejor de los Guzmanes, el Gran Padre, y Patriartha Santo Domingo, Herencia legitima de sus espirituales Hijos Predicadores el Santissimo Rosario,* que ha compuesto N. M. R. P. Mrô. Fr. Leonardo Levanto, Ex-Provincial de las Provincias de San Hipolyto Martyr de Oaxaca, y ha de San Miguel, y

San-

Santos Angeles de Puebla, y Comiſſario de el Santiſſimo Roſario, &c. Y haviendo de decir mi parecer à cerca de eſta grande Obra, es mi ſentir, que no puedo decir todo mi parecer. Soi parte apacionada, como el ínfimo de los Herederos de eſte gran Patrimonio, y ſi me excedo, me hago ſoſpechoſo. Por otra parte veo, que los quinze grandes Capitulos, que componen eſte hermoſo volumen; los innumerables Paragraphos, que lo conſtruyen; las muchiſſimas Pruebas, que lo fortalezen; las exquiſitas Authoridades, que lo roboran; las no vulgares Sentencias, que lo authorizan; las bellas Voces, que lo engalanan; los limados Terminos, que lo ajuſtan; las peregrinas Noticias, que lo aclaran; y en fin todas ſus bien fundadas Clauſulas, ſon acreedoras à expeciales alabanzas, y fuera nunca acabar darles ſu merecido, à cada una de eſtas artificioſas partes; por lo que me debo contentar con decir: *Bene omnia fecit:* buenos ſus Capitulos; buenos ſus Paragraphos; buenas ſus Pruebas, &c. Pero mejor ſu Entrada, excelentiſſima ſu Caratula; optimo ſu Titulo.

S. Marc. cap. 7. y. 37.

Es el Titulo de eſte inſigne volumen: *Patrimonio verdadero de el mejor de los Guzmanes el Santiſſimo Roſario,* y à eſte titulo, que Brandulo pone authorizado en ſu *Faſciculus roſarum ſelectus,* pagina 171. aonde dice: *Unde nilmirum, ſi Coop. aſſerat Roſarium vocari Patrimoniam Sancti Dominici Hæreditatem Prædicatorum lib.* 1. *c.* 1. ſe pudiera oponer, la fundamental Piedra de la Igleſia, el primer Padre de la Religion de los Predicadores, mi amadiſſimo Patron el Apoſtol San Pedro, à quien parece prometió Chriſto la vida nueſtra, quando ofreció las Llaves, el Roſario Santiſſimo: *Tu es Petrus, & ſuper hanc petram ædificabo Eccleſiam meam, & tibi daba claves Regni Cœlorum.* La palabra *Claves,* ſignifica uno, y prognoſtica, repreſenta, ô contiene otro. Significa las Llaves, y repreſenta, prognoſtica, ô contiene el Roſario;

Brand. Faſcic. Roſar. pag. 171 fol. 3.

S. Matth. cap. 16.

rio; porque desatada essa voz C. L. aves, dice ciento y cincuenta *aves*. Ciento significa la C. segun el verso:

Non plusquam centum C. littera fertur habere.

Como la L. cincuenta en numero Eclesiastico, conque siendo ciento y cincuenta las Aves de el Rosario, parece manifiesto, que lo prometió Christo à mi Padre San Pedro: luego será Patrimonio de Pedro, y no de mi Padre Domingo.

Esso fuera, si estuvieran desordenados el Principe Apostolico, y el mejor de los Guzmanes buenos; y están tan ordenados, que son de una misma Orden, que es la de los Predicadores, dixolo assi San Vicente Ferrer: *Euntes in mundum universum, prædicate Evangelium omni creaturæ.* Marci ultimo: *Ecce Religio Christi, ipsamet est Beati Dominici.* Luego siendo el Apostol el primero de la Religion Sacratissima de los Predicadores, y mi Padre Domingo el Fundador, la promessa que se hizo al Principe Apostolico, se le cumplió à mi Padre Domingo. Explicareme mas: este termino *Claves*, en quanto significa las Llaves de los Cielos, se le dió à mi Padre San Pedro, Cabeza de la Iglesia, mas en quanto contiene las ciento y cincuenta Aves, que forman el Psalterio Mariano, en quanto prognostica el Rosario Santissimo, se le entregó à mi Padre Domingo, para que lo dexara en herencia à sus Hijos, y si yo no me engaño, el mismo Santo Apostol fue, el que le hizo la entrega à mi Domingo.

S. Vicent Fer. Serm. S. P. N. Domin.

En la Basilica de los Santos Apostoles, oraba fervoroso mi Patriarca Santissimo, quando se le aparecen los dos Santos Apostoles Pedro, y Pablo. Pedro le dà una vara, y Pablo un libro, y uno, y otro le dicen: *Vade, & predica, quia ad hoc munus missus es.* Apareciendose al punto sobre la Cabeza de mi Glorioso Padre, el Espiritu Santo en forma de una lengua de fuego, como havia ya baxado al Colegio Apostolico. La vara

Fr. Seraph. Thom. Mig. Vit. S. P. Dominic. lib. 3. cap. 24. y en las Not. à este cap. A. B. C. que son 531. y 532.

vara que le endona el Principe Apostolico, quién no save, que es un vivo expressivo de el Rosario Santissimo, assi canta la Iglesia en el Oficio de el Señor San Pio V. quando dice: *Dum extendit virgam Rosarij, demerguntur hostes nefarij.* El libro, que le endona San Pablo es, el de sus Epistolas, compendio de la Vida, y Passion de Christo vida nuestra, que es la alma de el Rosario: luego los dos Apostoles le entregan á Domingo un Rosario perfecto; uno dandole ciento y cincuenta Aves, y otro el Libro de las meditaciones, que lo animan.

In Offic. Sant. Pij V. Brev. O. P. die 5. Maij.

Aora entiendo, porquè dixo N. Fr. Josuino Enrico Bolonense, que el Rosario Santissimo está fundado sobre una firme Piedra, à quien ni las avenidas de las lluvias, ni los caudales grandes de los rios, ni las enormes fuerzas de los vientos, podrán poner en tierra; porque estriba en la Vida de Christo, que la misma Soberana Maria mandò à mi Padre Domingo, repartiera en su fabrica. Doi sus terminos: *Petra autem erat Christus, in quo fundatur Rosarij oratio. Nam fundari in illo dicimur, cuius authoritati sistimus. Rosarium vero authoritati Christi insistit, qui ipsum docuit, cuius vitæ, & mortis memoriam conservat. Huic fundamento superstructa Rosarij domus est à Diva, cuius jussu Sanctus Dominicus mysteria vitæ Christi in Rosario contemplanda distribuit. Et descendit pluvia, & venerunt flumina, & flaverunt venti, id est, variæ contradictiones motæ. Irruerunt in domum illam, & non cecidit, fundata enim erat supra firmam petram.* De aqui consta, que el Rosario en cuerpo, y alma, esto es, en numero de oraciones, y meditaciones, fue predicado por Nuestro Santo Padre, y que assi le mandó Maria Santissima lo predicasse, y tambien se infiere, que está fundado sobre la piedra Pedro; porque si Maria Nuestra Señora imitó à Jesus vida nuestra, Sabiduria de el Padre al fundar su Rosa-rio,

Fr. Josuin. AureaCor.anni 2. part. Dom 8. post Trinit. fol. 47.

rio, qué otra piedra pudiera deftinar por fundamento, que la que Chrifto eligió al mayor edificio: *Tu es Petrus, & fuper hanc petram edificabo Ecclefiam meam,* y de Maria Santiffima dice el citado: *Edificata fuper petram, nam Maria in huius domus (Rofarij) ftructura affimilata eft viro prudenti, qui edificavit domum fuam fupra petram.* Conque Chrifto, y Maria en fus fabricas grandes, fundamentan en mi Padre San Pedro fus bellos edificios, y por effo San Pedro le hace entrega à mi Padre de el Rofario, y aun por effo quizà en los Summos Pontifices, quedó tan arraigada la devocion al Pfalterio Mariano, que el primero que florecia viviendo mi Domingo, el SS. P. Innocencio III. recibió de mano de el Promulgador Santo un Rofario bendito, con aprovechamiento grande de las almas, como dixo Fr. Cornelio de Jongh. en fu libro intitulado: *Triplex compendiofus tractatus fol.* 204. en que acevera: *Qui huic faluberrimæ fraternitati Rofarij, ex toto corde, ac devotis mentibus adhæferunt: primus fuit Innocentius, felicis recordationis, Papa III. etenim non folum in partibus Tolofanis ad hærefes evertendas, hunc modum orandi per Sanctum Dominicum publicari curavit, verum, & Romæ de manu eiufdem Promulgatoris, maximo cum animarum fructu, fummaque veneratione circa annum* 1216, *Rofarium Virginis fufcepit. Vide Breve Clementis VIII. Ordo Prædicatorum.*

Es digno de reflexa aquel: *Qui huic faluberrimæ fraternitati Rofarij,* que combenfe, que Nueftro Gran Patriarcha fundó fin duda alguna tan Santa Cofradia, quando el Sumo Pontifice, que florecio en fu tiempo, diò fu nombre de todo corazon à efta Santa Hermandad, y affi no fue N. Alano Gloriofo fu primer Fundador; aunque como confta de efta Obra fingular, fue el que refucitó la Cofradia, è hizo reverdecer al Rofario Santiffimo, y por effo fe le concediò al

San-

Idem ibidem.

Fr. Corn. Jongh. lib. triplex compend. tract. fol. 204.

¶¶

Santo la gracia de Milagros, las continuas Viſiones, y repetidas claras revelaciones, à las que el R. P. Lector de Theologia de el inſigne Convento de Mayorca Fr. Domingo de Riera, en el Tomo que imprimió en la miſma Ciudad, el año de 1690. cuyo titulo es *Maremagnum exemplorum Sanctiſſimi Roſarij*, les pone aqueſte elogio: *cui accedit opus aureum B. Alani de Rupe miraculorum miraculum, atque baſis,* y no es eſto lo mas, aun ſiendo tanto. Uno de los aprobadores el R. P. Fr. Pedro Juan Nicolau Lector Jubilado, Calificador del Santo Oficio, dos vezes Provincial de ſu Santa Provincia de los Minimos del Patriarcha Glorioſo San Franciſco de Paula del Reyno de Mayorca, ablando de Nueſtro Santo Alano, como pueſto al principio del *Maremagnum exemplorum* dice lo que ſe ſigue: *à Rupe autem impetus Rivi iſtius orſum capit, ut limphæ ejus, uti ſubtiliores, ita & ſalubriores decurrant, & à Rupe ita ſoliditate fundata, ut per quinque fermè ſæcula oppreſſa, non ſuccubuerit, oppugnata non defecerit, profligata non interierit, quinimo victricis inſtar palmæ nunc ſurſum niti, caput tollere, vires denuo inſtaurare conſpicitur: & ut nobilis planta humore Rivi hujus decurrentis aquæ, ita adoleſcere, vivere, effloreſcere videatur, ut ſi oculos ab ea averteres pauliſper, & iterum retorqueres, eam recognoceus, ut novum miraculum, admirares.* Quanto yo pudiera decir en elogio de la obra de N. M. R. P. Mro. Levanto, dice del *Maremagnum,* en quanto fundado en San Alano, el Rmo. P. Provincial, y valiendome yo de ſus miſmas palabras, digo: que ya con el Opuſculo de N. P. M. Fr. Leonardo, quedarà San Alano gozando nueva vida, y de la contradiccion, que ahora ſe le à hecho por los nomenclatores, ô Criticos ſeveros, ſaldrà con mas verdores, reſtaurarà el aliento, ſerà como la palma, que levante cabeza victorioſo, cobrarà nuevas fuerzas, y en fin ſerà nuevo milagro al mundo, y aun ſe podra decir

cir

Riera lib. Mare magnum ſſ. Roſar. in front.

Nicolau in aprob. dicti lib.

cir como le llama Riera, milagro de milagros: *Miraculorum miraculum*, que equivale à lo mifmo, que maximo milagro.

Milagro de milagros, ò maximo milagro, llamò Nueftro Doctor Angelico Santo Thomas de Aquino al Euchariftico Soberano Sacramento del Altar, y yo pienfo, que en el poffible modo, *proportione fervata*, le dice femejanza la obra de San Alano al manna de los Cielos; porque fi efte tenia diferentes los guftos, fegun los paladares; los efcritos de Alano, fi à unos les caufan naufea, à otros faven à eftupendos milagros, affi los à guftado N. M. R. P. Mro. Fr. Leonardo Levanto, y lo que es mas ya con fu apologia los endulza de modo, que ande fer à todos deleitofos, que mucho, fi es LEON, y de efte fue el problema *de forti dulcedo*. LEON es, pero leon con ardores, leon con grandes incendios.

Judic. 14. ÿ. 14.

De los hueffos del leon, dice el diccionario caftellano, fe faca lumbre fi fon con el acero heridos, como los pedernales; pero nueftro LEON-ARDO, hafta en el nombre demueftra los incendios, mas qué fuaves? dice fuego, mas qué manfo? publica los ardores, mas qué blandos. Son fus llamas folo para iluftrar, no para herir, de modo, que le puedo poner con Picinelo: *non tumulat, fed ftimulat*. Veafe todo efte Opufculo, y en él no fe hallarà una fola palabra, que laftime un termino, que hiera, fola una voz, que mate. Si eftimula, y aun à mi me à obligado à padecer fonrojo, exponiendome al riefgo, al mover las pifadas al Parnafo, de que todas las mufas me deftierren de fu circunferencia, como eftrangero en él, quando mi afecto quifo decir affi.

Pic. verb. leo.

SONETO

SONETO.

Leonardo tu grande Magisteri......
evantó hasta los Cielos el Rosari..
n el Signo lo has puesto Sagitari..
puſculo formando mas que ſeri....

o ſon tus ſylogiſmos ſolo en Feri
pologia dictando, que al contrari
educes à que mude formulari......
eclarando lo antiguo del Pſalteri....

eon-ardes todo con celeſte fueg......
n defenſa de un Sto. Roſarian......
ida nueva le dás, Yo no lo nieg....

ntes ſi digo à todos muy uſan......
inguno negarà, que ſin mi rueg...
odos dirán, que viva San Alan......

En lenguaje de el Cielo, es lo miſmo defender à alguno la honra, que darle nueva vida, por eſto la Glorioſa
Leocadia dixo al Dr. de Eſpaña nueſtro San Ildefonſo,
deſpues que con ſu pluma defendió la honra de Maria
Nueſtra Reyna: *O Ildefonſe, per te uſuit Domina
mea, quæ cœli culmina tenet,* con pluma muy delgada
ha defendido Nueſtro Maeſtro Levanto, no ſolo à San
Alano, ſi tambien al Roſario: luego podrè afirmar, el
que à uno, y à otro à dado nueva vida, ſi: pero aonde?

Deſeaba en gran manera hacerme eſta pregunta,
por deſahogar mi afecto. Se à formado eſte Opuſculo,

Breb. in feſt.
S. Ildephon.

en

en la Nobiliſſima, ſiempre Leal, muy amena Ciudad de Oaxaca, Parayſo de las Indias, ò Jardin de la America: regiſtremos ſu nombre de Oaxaca, y hallaremos ſin duda, que es ſu primera letra una O, de la que el diccionario caſtellano, Tom. 5. Pag. 1. dice las ſiguientes palabras: *O decimaquinta letra de nueſtro Alphabeto, y quarta en el numero de las vocales, cuya figura es un circulo. Pronunciaſe abriendo la boca, y formando con los labios ſu miſma figura.* Y eſta figura, q es la miſma de el RoſarioSantiſſimo es en numero la quinze, numero de el Roſario, y entre las vocales la quarta, en que nos manifieſta ſer un vivo expreſſivo de la Perſona Soberana de Maria nueſtra Reyna, que es la quarta Perſona de el Reyno de los Cielos; porque deſpues de las tres Soberanas de la Innefable Trinidad, que ni tienen igual, ni ſemejante, ſe ſigue la Perſona de Maria, que es la primera, la mayor, y aun la màxima de las puras criaturas. Conque ya en ſola la primera letra de Oaxaca, tenemos à Maria, y ſu Roſario, en myſterioſo numero entendidos. Veamos aora otro numero: tres ſylabas componen al termino Oa-xa-ca, cada una tiene ſu A, explicando à mi yèr las tres Perſonas, de el que dixo dè sì: *Ego ſum A.* Juntaſe à cada letra de aqueſtas tres vocales, otra letra expreſſiva de la Perſona, que à cada A correſponde; es la primera la O, que ſegun el citado diccionario repreſenta lo eterno, por carecer de fin, y de principio; y què letra mas propria para explicar la Perſona de el Padre, que como fuente de la Divinidad, ni de origen, ni de cauſalidad, ni de eſpiracion, ni de otro modo alguno reconoce principio? Y por eſſo le llamamos comunmente Padre Eterno. A la ſegunda A, ſe le junta una letra con figura de cruz, alli la tiene la X, como conſta à la viſta, y enſeña el miſmo diccionario, tom. 6. pag. 531. añadiendo, *que es letra, que entre los Latinos tenia valor de dos conſonantes;* y el menos advertido traerà yà à la memoria

Dic. tom. 4. pag. 1.

Apocal. 2. cap.

moria la Perſona de Chriſto, que ſiendo un tan ſolo
ſupueſto, una ſola Perſona, virtualmente tiene valor de
dos, por la divina, y la naturaleza humana, y por eſſo en la
Cruz ſatisfizo aſſimiſmo, como enſeña el Thomiſta: *Ex*
toto rigore juſtitiæ; pues con la virtualidad de los ſu-
pueſtos ſe compuſo, el que fuera acreedor, y deudor à
un miſmo tiempo. A la tercera A, ſe le junta una C,
que es la conque comienza Charidad, *y es la tercera*
letra, ſegun el yà citado diccionario, *no ſolo de nueſ-*
tro alphabeto, ſino de las lenguas vivas de Europa,
como tambien de la latina, de quien ſe à tomado. Y
de todo ſe ſaca, que eſſa tercera ſylaba indica claramente al Eſpiritu Santo, yà por ſer Charidad, y Amor, yà
por ſer la tercera Perſona de la Trinidad Sacroſanta.
Conque juntando velas al diſcurſo, eſte nombre OA-
XACA explica una Ciudad, que teniendo por fundamento, ô por principio al Roſario Santiſſimo, lo explica en ſus tres partes conſagradas al Padre, al Hijo, y
al Eſpiritu Santo. Al Padre en ſu primera parte, por
aquel *Virtus altiſſimi obumbravit tibi*; al Hijo en la
ſegunda, porque murió en la Cruz, y al Eſpiritu Santo
en la tercera, porque bajò ſegun Cornelio Alapide, en
figura de unas ojas de Roſa, que es la miſma, que figura
de lengua al tercero myſterio: *Ignis hic vapor fuit*
deutior cui Deus indidit lucem roſeam.

Me à movido à aqueſte penſamiento, el Iluſtriſ-
ſimo Señor D. Guillermo Durando, en ſu *Rationale*
divinorum officiorum, quien al cap. 20. fol. 120. haze
el miſmo diſcurſo de aqueſta voz hebrea *Alleluya*, citando à San Gregorio dice aſſi: *Alle*, id eſt, Pater, *lu*,
id eſt, Filius, *ya*, id eſt, Spiritus Sanctus. Ya tenemos
aqui à las tres Soberanas Perſonas, explicadas en una
ſola voz. Veamos aora el Roſario en todos ſus myſterios contenidos en ſola aqueſſa voz, pues proſigue el
citado ya Durando de eſta ſuerte: *Magiſter Petrus*
Antiſiodorenſis ſic, Al, id eſt, Altiſſimus; le, id eſt, le-
vatus

Mag. Joan à
S. Thom. t. 7.
ſuæ Theolog.
Riſp. 2. Art. 2.
prim. concl.
n. 14.

Lucæ 1.

Corn. Alap. in
act. Apoſt. cap.
2. ỹ. 3. fol 66.
lit. b.

Gill. Dur. in
Ration. Divin.
Offi. c. 20. fol.
120.

Idem.

vatus eft in Cruce; lu, *id eft, lugebant Apoftoli*; ya, *id eft, yam refurrexit.* Y feguir las pifadas de un Author tan antiguo, tan celebrado, y clafico aplaudido por dos figlos enteros, no ferá de notar, quedandome el confuelo, de que fea à los Indianos fu *Alleluya,* OAXACA.

Y fi effe hermofo cantico, lo es fegun el citado, de alegria, cantico de los Angeles, como fe lee al cap. 19. en el Apocal. *Alleluya, quod eft letitiæ canticum, & auditum ab Angelis decantari, ficut legitur Apocal. XIX.* Otro Angel por cantor Comiffario de el Rofario Santiffimo, N. M. R. P. Mrô. Fr. LEONARDO LEVANTO, à puefto nuevo punto al Pfalterio Mariano, dexandonoflo ya con mejor mufica, y en ella no he hallado cofa difonante à nueftra Santa Fee Catholica, y las buenas coftumbres, antes fi veo, que á ellas eftimula, enciende, y fervorifa. Por lo q̃ fiendo V. S. Ilmâ. fervido, le puede conceder la licencia que pide, *falvo, &c.* Efte es mi parecer, Convento Imperial de V. S. Ilmâ. de Nrô. P. Sto. Domingo de Mexico, y Agofto 22. de 1753.

Ilmô. Sr. Provifor.

B. L. M. de V. S. fu mas obligado Siervo, y Capellan.

Fr. Antonio Claudio de Villegas.

Licen-

Licencia del Superior Govierno.

EL Exc.^{mo}. Sr. D. Juan Francisco de Guemes, y Horcasitas, Conde de Rebilla Gigedo, Gentil Hombre con entrada de la Camara de su Magestad, Theniente General de los Reales Exercitos, Virrey, Gobernador, Capitan General de esta Nueva-España, y Presidente de la Real Audiencia, y Chancilleria, que en ella reside, &c. Concedió su licencia para la impression de este Opusculo, visto el Parecer del M. R. P. Ignacio Xavier Hidalgo, de la Compañia de JESUS, Professo de quarto Voto, y Prefecto de la Muy Illustre Congregacion del Salvador en la Casa Professa de Mexico. Como consta por su Decreto de veinte y dos de Agosto de mil setecientos y cincuenta y tres años. Rubricado de su Excelencia.

Licencia del Ordinario.

EL Sr. Dr. D. Francifco Xavier
Gomez de Cervantes, Abo-
gado de efta Real Audiencia, Cathedratico Jubilado de Prima de
Canones en la Real Univerfidad
de efta Corte, Prebendado de efta
Santa Iglefia Metropolitana, Con-
fultor del Santo Oficio de la Inqui-
ficion de efte Reyno, Juez, Provifor, y Vicario General de efte Ar-
zobifpado, &c. Concedió fu venia
para la impreffion de efte Opufculo,
vifta la Aprobacion del M. R. P.
Fr. Antonio Claudio de Villegas,
Mró. en Sagrada Theologia de los
del numero de Cathedra de fu Prov.
de Mexico, Calificador con exercicio del Sto. Oficio, Examinador Synodal del Obifpado de la Nueva-Galicia, Agente, Colector, y Proc. de fu
R. P. Mro Gl. y Prior Proál actual de
dicha fu Prov. Como confta por Au-
to de 14. de Agofto de 1753.

APROBACION DEL M. R. P. Mº. Fr. MAnuel de Noriega, Prior que á sido del Convento Grande de N. P. S. Domingo de Oaxaca; de el de Janhuitlan alli Juez Eclesiastico, y Cura foraneo, Difinidor de esta Provincia, y por ella electo Difinidor para el Capitulo General de su Orden en la curia Romana, varias vezes Vicario Provincial de la Provincia, y en ella Vicario, que ha sido muchas vezes de las casas de Ocotlan, y Zaagache. Examinador Synodal del Obispado; actual Prior del Convento de recolecion de nuestro P. S. Domingo Soriano de esta sobre-dicha Ciudad, y ahora Asistente Real de este Obispado por Decreto del Excellentissimo Señor Vi-Rey de esta Nueva-España. &c.

M. R. P. N. M. Prior Provincial.

MANDAME V. P. M. R. EXPONGA MI dictamen sobre el Libro, que N. M. R. P. M. Ex-Provincial Fr. Leonardo Levanto dispone dar á la estampa: en el que su cordialissima devocion al Santissimo Rosario, y e innato filial amor à nuestra paternal herencia le han compelido à sacar à luz contra la nimia Crysis de estos tiempos un Opusculo, en que desvaneciendo las tinieblas, conque se obscurecia la gloria de ser nuestro Santissimo Patriarcha el Inventor del Santissimo Rosario. En el prueba, y con energia

gia convence ſer el Pſalterio Mariano, mayorazgo fundado por el mejor de los Guzmanes, para exercicio, y honra de ſus eſpirituales hijos los Predicadores. Y dudando (con razon) el encogimiento de mi pequeñes, el motivo que V. P. M. R. pudo tener para remitirme eſſa obra, no encuentro otra razon para eſte mandato, que querer añadir, à los muchos favores (de que me confieſſo deudor à V. P. M. R.) eſſa deſmedida honra, juzgandome idoneo para dar parecer en una obra, que mirada por todas partes, es en extremo grande. Vaſtale para ſerlo ſu Auctor pues lo es N. M. R. P. Maeſtro Ex-Provincial Fr. Leonardo Levanto: y con ſolo decir ſu nombre ya quedaba executoriada ſu grandeza: Pues todos lo miramos como Atlante en cuyos gigantes ombros à tantos años, que ſe mantiene lleno de eſtrellas el Cielo de nueſtra Guzmana Provincia. Yo confieſſo de mi, que deſde mis tiernos años, en los que logrè la dicha de ſer admitido al Sagrado havito (que indignamente viſto) ſiempre fue N. P. M. Fr. Leonardo Levanto el objeto de mi veneracion, y cariño: y fue creciendo el aſombro, y el amor al miſmo paſſo, que ſe fue augmentando la edad; y aunque pudiera deſconfiar del alto concepto, que deſde entonces hize de ſugeto tan grande atribuyendolo en parte al oculto influxo de mi veneracion, y cariño (ſiendo cierto, que muchas vezes los dictamenes ſe forman en la Oficina de los afectos) pero à todos los que han tenido la dicha de conocer, y tratar al Auctor de eſta obra les é oydo celebrar (no ſin admiracion) el que ſobre los fundamentos de una virtud gigante tiene en grado ſupremo las prendas de excelente Theologo, ſubtiliſſimo Metaphyſico, admirable Eſcripturario; haviendole grangeado la continua leyenda de hiſtorias Sagradas, y profanas, el que en todas hablè como domeſtico, diſcurriendo en cada una de ellas como peregrino: pero con tal compas en la modeſtia, que en lo que habla, ó eſcribe ſiempre es provocado por ageno arbitrio: y en todo tanto ſe aleja de lo

¶¶¶ 2   jactan-

jactanciofo, que algunas vezes paſſa mas allà de lo mo-
deſto como ſe podrà vèr en todo el diſcurſo de eſta
tambien trabajada obra en la qual aunque provocado
de la immoderada Criſis, que nos privaba de nueſtro
mas apreciable Patrimonio, eſcribe con tal circunſpec-
cion, que en ella bien demueſtra, que el impulſo, que govierna ſu pluma es tan virtuoſo como ſuyo. A extencion
tan copioſa de noticias junta un ingenio ſutil ſin las tra-
veſuras de ſentido; un juycio ſolido ſin las aſperezas de
rigido: una facundia dulze ſin el menor aſomo de afec-
tada. En fin, yo no enpuentro elogio proporcionado al
Auctor de eſte Libro, ſino es aquel que diò Sidonio
Apollinar à otro ſemejante: *Ob omnia felicitatis, na-
turæque dona demonſtrabilis:* Es eſte ſujeto admirable, en todos aquellos dones, con que la naturaleza en-
riqueſſe à un hombre grande.

Sidonio Apol.
lib. 3. Epiſt. 7.

    Aqui ſe le ofrecia à mi veneracion un dilatado
campo para comenzar à decir algo de lo mucho,
que á conſtituido á N. M. R. P. M. Fr. Leonardo Levanto, no ſolo blanco de nueſtras veneraciones,
ſino tambien dulze iman de nueſtros tiernos afectos:
*y con advertencia dixe, y ahora repito, comenzar à
decir algo.* Porque intentar decirlo todo era nunca
acabar. Pero no ſin grave dolor mio pierdo ocaſion tan
opurtuna, porque conozco el genio, y modeſtia de
quien debiera hablar que ſin duda mirara con ayrado
ſeño, y natural diſplicencia qualquiera Clauſu'a mia, que
puſiera en alabanza ſuya; dejando por eſta razon de decir todo quanto ſiento callar: y por eſto miſmo, que
callo me libro tambien del improporcionado cargo de
de cenſor, ſiguiendo el parecer de Tertuliano, quien
enſeña, que las obras de un Auctor grande, tienen la
mayor aprobacion en ſu nombre: *Optimus enim author
approbat, ſuo nomine ſua:* ſiendo de la miſma opinion
San Ambroſio quando dice que las obras grandes no
neceſitan de que las aprueben. Porque ellas miſmas tex-
tifican ſu grandeza: *Bonorum operum proprium eſt, ut*

Tert. lib. 3.

                   ex-

externo commendatore non egeant, sed gratiam suam videntibus, ipsa textantur.

Fuera de que los elogios de esta grande obra no se pueden fiar à los acentos, pues aun las mayores admiraciones no son bastantes para su devido aplauso; esto mismo sintiò de las obras de Origenes aquel gran Maestro de la eloquencia Causino: *Ploret Origenes* (dice en el Libro 15.) *cujus viri, quoties expectamus opera, toties facere oportet, quod Persa ad solem orientem impresso statim ori digito, silere, & mirari.* Este deve ser (à mi ver) el menos improporsionado elogio de esta obra tan grande, y de tan grande Maestro. Enmudecer con un silencio respectoso, remitiendo à la admiracion todo el aplauso. Y assi callando quanto pudiera decir, solo afirmo se deve dar la licencia, que se pretende para que salga este Libro à la luz publica. Convento de N. P. S. Domingo Soriano de esta Ciudad de Oaxaca, Abril 26. de 1753. años.

M. R. P. N. M. Prior Provincial.

B. L. M. de V. P. M. R. el menor, y mas favorecido de sus Subditos.

Fr. Manuel de Noriega.

CEN-

CENSURA DEL M. R. P. M. Fr. JACOBO

de los Santos de la Orden de Predicadores, y Cathedratico de Vísperas en el Real, y Pontificio Collegio de Santa Cruz de Antequera. Cathedra, que instituyó fundó, y dotó el Illmo. y Rmo. Sr. Mro. D. Fr. Bartholome de Ledesma de la Orden de Predicadores Obispo Tercero de esta Dioecesi de Antequera.

M. R. P. N. Mro. Prior Provincial.

SOLO UN PRECEPTO TAN SUPERIOR, Como el de N. M. R. P. M. Fr. Joseph de los Santos Prior Provincial de la Provincia de San Hypolito Martir de Oaxaca del Orden de Predicadores, pudo obligar mi obediencia à proferir una censura sobre una obra, en que el mas rigido juicio no encontrará ni el mas venial defecto; porque ni en un solo punto peca en los muchos, que su delicada Critica toca. El titulo de la obra es: *Patrimonio verdadero del mejor de los Guzmanes, el Gran Padre, y Patriarca Santo Domingo, herencia legitima de sus Espirituales Hijos Predicadores, el Santissimo Rosario.* Su Auctor N. M. R. P. M. Fr. Leonardo Levanto, Ex-Provincial de esta Provincia de San Hypolito Martir, y de la de los Santos Angeles de Puebla. Comissario del Santissimo Rosario, &c. Auctor tanto mas aprobado, quanto mas conocido: por lo que su sabio, y bien limado Opusculo en qualquier tribunal es acredor de la piedra blanca de su aprobacion. Pues siendo su decoroso empleo cultivar inteligente el jardin de las mejores rosas sabe dar en su florido estilo por sasonado fructo, como' en quinta essencia una verdad apurada, porque aunque no puede ser

opri-

oprimida; necefita la eficacia del aprieto para lucir pu-
rificada: *premitur, non oprimitur.*

Tan dieftro es el que la faca, ò refaca quinze vezes por el conducto de quinze nerviofos Capitulos, que
de flores felectas, y fuertes fundamentos la haze falir tan
à lo natural, que fale muy bien nacida. La mejor, y mas
cierta verdad es la que nació no folamente entre flores
por aver nacido en Nazaret: *florida interpretatur,* fino
tambien de la mas fragrante rofa, que es Maria: *veritas*
de *terra orta eft;* y la luz de la Iglefia Auguftino: *ve-* Ps. 84.
ritas nata eft de *Maria Virgine:* y affi no es mucho,
que por induftriofo defvelo de efte Hortencio: *vernat*
ut Hortenfius: que à otro intento decia San Sydonio
Apollinar. l. 4. Ep. 3. falga à luz, y de las flores muy
bien nacida la verdad: y que efte libro fe acredite de T. 3. p. x. n.
pratum veritatis, lugar que reconocieron los Egypfios 1052.
en pluma del Seraphico Polo.

Verdad es, que como la rofa fuele veerfe entre
efpinas, affi la verdad circumbalada de muchas, y varias
opioninas, que pretenden litigarle la antiquiffima poffef-
fion de fu confiftencia; mas creo, que no lo configue,
porque el circulo, conque quieren oprimirla es corona,
que texen à fus triumphos para exaltarla. Y affi foy de
parecer, que efte Opufculo merece darfe à la prenfa,
pues no contiene cofa opuefta à nueftra Sta. Fee, buenas
coftumbres, ò regalias de fu Mageftad. Efte es mi fentir
falvo meliori. De efte Convento de N. P. S. Domingo
de Oaxaca de Predicadores en 1. de Mayo de 1753.
años.

Por Mandado del M. R. P. M. fu Secretario

Fr. *Jacobo de los Santos.*

Licencia del Orden.

EL MAESTRO Fr. JOSEPH DE LOS SANtos Prior Provincial de esta Provincia de San Hipolyto Martyr de Oaxaca Orden de Predicadores. Haviendo visto las aprobaciones de los M. RR. PP. Maestros, Fr. Manuel de Noriega, Prior actual de nuestro Convento de N.P.S. Domingo, Soriano y Assistente Real de este Obispado, y Fr. Jacob de los Santos Depositario de esta nuestra Provincia à quienes remitimos el Libro intitulado: *Patrimonio verdadero de el mejor de los Guzmanes, el Gran Padre, y Patriarcha Santo Domingo, herencia legitima de sus Espirituales hijos Predicadores, el Santissimo Rosario,* que ha compuesto N. M. R P, Mrô. Fr. Leonardo Levanto, Ex-Provincial de las Provincias de San Hipolyto Martyr de Oaxaca, y de la de los Santos Angeles de Puebla, Comissario de el Santissimo Rosario &c. Por la presente, y por la authoridad de nuestro Oficio damos licencia para que se pueda imprimir dicho Libro, *Servatis alijs de jure servandis, In nomine Patris, & Filij, & Spiritus Sancti. Amen.* Dada en este nuestro Convento de N. P. S. Domingo de Oaxaca en dos dias de el mes de Mayo de mil setecientos, y cinquenta, y tres años.

Fr. Joseph de los Santos.
Mrô. Prior Prov.

Por Mandado de N. M. R. P. Mrô. Prior Prov.

Fr. Joseph Villafaña.
Predic. Gen. y Comp.

PROEMIO.

1 ENTRE LAS REGLAS QUE USA, y de que se vale, y aprovecha la Facultad utilissima, que llaman comunmente *Critica* (que tanto se practica en esta era, y se ocupa en examinar, y censurar hechos antiguos, Historias, y tradiciones, para aprobarlas, ò reprobarlas) la mas principal, y mas necessaria es: *Que la Critica sea templada, sobria, y moderada*; porque en excediendo la *Critica* los limites de la discrecion, y prudencia, no solo es inutil, sino dañosa, perniciosa, y contenciosa. Seriamente advirtiò esto el grande juicio de Justo Lypsio: *Critica utilissima est, & saluberrima: si modicè adhibeatur, & moderatè.* Y aun en todas las materias es necessaria la moderacion, para que ni por carta demas, ò de menos, le falte à la rectitud, que deben tener las humanas operaciones para ser buenas, justas, utiles, y provechosas, como elegantemente lo canta el Poeta Oracio:

Est modus in rebus, sunt certi denique fines:
Quos ultra, citraque nequit consistere rectum.

Nort. Crit. Disc. 3. §. 1. num. 2.

Lyps. 2. de Milit. Rom. Dial. 2.

Orat. sat. 1.

Y aun el deseo de saber (que à el hombre le es natural) nos enseña divinamente el Doctor de las Gentes, à moderarle: *Nonplus sapere, quàm oportet sapere, sed sapere ad sobrietatem.*

2 Quan perniciosa sea la nimia, è immoderada *Critica*, nos lo enseña el Espiritu Santo en pluma de Salomon en un symbolico Probervio: *Qui vehementèr emungit, elicit sanguinem, & qui provocat iras, producit discordias.* El que vehementemente las narizes alimpia saca sangre desuerza, y quien provoca riñas, causa discordias. Ilustrase este divino Proverbjo con la version de nuestro doctissimo Maluenda, que vierte: *Emunctuor narium exire faciet litem, contentionem,*

ri-

Ad Rom. cap. 12. ỹ. 3.

Prov. 30. ỹ. 33.

Maluend. hic.

rixam, *jurgium*. El que demaſiadamente alimpia las narizes cauſará pleytos, contiendas, riñas, rencillas. Para acabar de entender, y penetrar el alma de eſta Paremia, muy à pelo viene la erudicion de el Calepino, de que trata Eraſmo en ſus adagios, que dice: *Emuncta naris homo dicitur is, qui acri, exactoque judicio, nares habet purgatas, mucoque emunctas.* Que es decir, que es comun adagio, llamar à el Varon de acre, y exacto juicio, hombre de nariz purgada, y limpia. Empero advierte con Quintiliano el miſmo Calepino, que alimpiar mucho, y con frequencia las narizes, ſe tiene por vicio, y no ſin cauſa, y razon, es reprehenſible entre Politicos, y Diſcretos: *Emunctio etiam frequentèr non ſine cauſa reprehenditur.*

Cœlep. verb. *emunctus*, & *emunctio*.

3 Enſeñanos, pues, el Eſpiritu Santo en eſte recondito Proverbio, quan pernicioſa es la rigida, nimia, è immoderada Critica. Porque la Critica de eſta calidad, y condicion, con ſu exceſſo ſaca ſangre, que es decir, que cauſa pleytos, exita contenciones, mueve riñas, y es origen de rencillas, y diſcordias. En eſte defecto han incurrido (eſpecialmente en eſte ſiglo) Varones Excelentes, y Eruditos, que queriendo apartar de la facilidad, y credulidad de el Vulgo, dieron en el vicio contrario de incredulidad, uſando de Critica immoderada, cenſurando con nimiedad, las Hiſtorias, Monumentos, y Tradiciones de hechos antiguos, comunmente recebidos. Notó eſte defecto en algunos Criticos ſeveros de ſu tiempo N. Gran Mro. Melchor Cano:

Cano de loc. lib. 44. cap. 5.

Viri quidam (dice) *Excellentes, cum à vulgi facilitate, & credulitate declinant, in adverſum quandoque vitium incurrunt, ſuntque tunc etiam increduli: cum in fide nihil eſt vitij, in incredulitate vitij non nihil eſt.* Y en eſte caſo les acunteſe, lo que explica aquel tribial verſito:

Incidit in Scyllam, cupiens vitare Caribdim.

4 Y entonces es mas noſciva, y pernicioſa la Critica immoderada, quando ſe adelanta, y ſe atreve à cenſurar

surar las cosas Sagradas, y antiguas, que fomentan, y promueven la devocion, piedad, y religion. Y en atencion á esta audacia intolerable, dixo Nuestro Eruditissimo Mro. Gravesson: *Sicut nihil utilius est Critices disciplina, que temperata est, & ad certas, præscriptasque regulas exacta:* ita nihil perniciossius est inordinata Critica, *qua nullo freno cohibita omnia in dubium revocat:* & in monumenta, quæ pietatem, & religionem spectant, *etiam impunè grassatur.*

Gravesson Hist Eccl. tom. 1. part. 2.

Colloq 5 pag. mihi 416.

5 Ya el atento Lector, deseara saber, à que proposito viene (haviendo de tratar en este Opusculo de el SS. Rosario, Patrimonio, y Herencia de la Sagrada Orden de Predicadores) ponderar en este Proemio la necessidad, de que la Critica sea disciplinada, moderada, y à prudenciales terminos ceñida; no rigida, no nimia, ó immoderada, como prescribe la mas principal Regla de esta utilissima facultad? *Nimirum*, para declarar la causa, ó motivo de dar á luz publica esta pequeña Obra.

6 Por mas de cinco siglos ha corrido en el Christiano Pueblo, como verdad cierta, que N. Gloriosissimo P. y Patriarcha Sto. Domingo de Guzman, instituyò en la Catholica Iglesia, la devotissima, y saluberrima Oracion de el SS. Rosario (segun el methodo, forma, y modo, que generalmente veemos se practica, en todo el Orbe Christiano) por Divina inspiracion, excitado, instruido, y enseñado, por la Maestra, y Doctora de la Sabiduria divina, la Sacratissima Virgen Maria, quien ordenó, mandó, y amonestó à su Capellan, y Siervo Domingo, que él, y sus espirituales hijos los Predicadores, enseñassen, publicassen, y predicassen esta Divina devocion, y Culto en el Pueblo Christiano: de cuya predicacion se han seguido, y cogido en la Sta Iglesia, copiosissimos fructos de honra, y honestidad, para los que devotamente han frequentado, y frequentan esta suavissima, y dulcissima devocion de el Partenico Psalterio, como lo testifican los Summos Pontifices,

çes, lo dicen las Hiſtorias, y lo enſeña la experiencia de tantos ſiglos.

7 Mas con todo eſto, en la era preſente algunos Varones excelentes [nimiamente ſeveros en ſus juicios, que parece, quieren en todo evidencia, ò demoſtraciones Mathematicas] no dan aſſenſo, ni credito à eſtas verdades generalmente aprobadas, recebidas, y veneradas de nueſtros Mayores. Y en ſuma, quanto el B. Alano nos dice, afirma, y eſcribe en ſus devotiſſimos libros de el Pſalterio Mariano, ſucedido en tiempo de N. G. P. Santo Domingo, ni lo eſtiman, ni lo aprecian, ni lo creen: de tal ſuerte, que han llegado à decir [preocupados de ſu critico rigor] que ningun hombre cuerdo, amante, y cultor de la verdad, puede valerſe, adoptar, ò prohijar en ſus eſcritos, las narraciones de el B. Alano: como opueſtas, y contrarias à las verdaderas Hiſtorias de la Vida de N. Sto. P. que nos dexaron eſcritas Auctores à el Santo Coetaneos.

8 Aqui ſe vee yà verificado, y à la letra cumplido, el divino Proverbio alegado: *Qui vehementèr emungit, elicit ſanguinem*, eſto es, *exire faciet litem, contentionem, rixam, jurgium*: como dice la verſion de el Mro. Maluenda. Deſuerte, que el Varon, que vehemente, ò nimiamente alimpia la nariz, eſto es, que uſa de la *Critica immoderada*, para aprobar, ò reprobar las narraciones comunmente recebidas, el provecho, utilidad, y fructo de ſu demaſiado trabajo, ſon pleytos, contiendas, riñas, rencillas, controverſias, y contradicciones. Aqui parece miraba Nueſtro Doctiſſimo Maeſtro Cano, quando eſcribió: *Fruſtra niti, & nihil aliud, quam odium quærere, extremæ dementiæ eſt. Quod ſi paucis fortè quibuſdam fidem argumentatione tua feceris: multas tamen in Populo querelas, diſſidia, lites induces.*

Cano de locis lib. 11. cap. 1.

9 Quienes, y quantos ſean eſtos modernos ſeveros Criticos, que ſe han atrevido à cenſurar los eſcritos [haſta ahora venerados] de el B. Alano de Rupe, en quan-

quanto narra fucedido en tiempo de N. P. Sto. Domingo como Inftitutor de el Rofario SS. Fundador de fu muy devota Cofradia, y Predicador de fus excelencias: no lo podré yo decir: por efcrebir efta pequeña defenfa [contraria à fu immoderada Critica] en las Indias, Mundo nuevo, donde llegan muy efcafas las novedades, que corren en el mundo antiguo. Solamente me confta de uno, ò dos Efcritores domefticos, Auctores de la muy laboriofa, y muy erudita Biblioteca nueva de Nueftra Sagrada Religion, que queriendo hallar la verdad, huyendo de el baxo de *Scyla*, dieron en el efcollo de *Caribdis*: que es lo mifmo que decir: que por apartarfe de la facilidad, y credulidad de el Vulgo, dieron en el extremo de la incredulidad, preocupados de fu Critica immoderada, tan dañofa, y perniciofa, como nos dice el Proverbio divino: *Qui vehementer emungit, elicit fanguinem, id eft, litem, contentionem, rixam, jurgium.*

10 Verdaderamente, que eftos domefticos féveros Criticos no atendieron, y fe olvidaron de otro tambien divino Proverbio, que dice: *Prudentia tua pone modum*: fi eres prudente, pon modo à tu prudencia. Entonces fe pone modo à la prudencia [dice la Gloffa de Nueftro Eminentiffimo Hugo de San Caro] quando el que quiere faber la verdad, no inquiere tanto, que trafpaffe los terminos antiguos: *pone modum, ut non tranfgrediaris,* inquirendo terminos antiquos. Y efto es lo que dice el Efpiritu Santo en el capitulo antecedente de los Proverbios: *Ne tranfgrediaris terminos antiquos, quos poffuerunt Patres tui.* Y què terminos antiguos fon eftos, que no debemos trafpaffar? El Ven. Cardenal ya citado: *Terminos antiquorum, fcilicet, fidei, doctrina, fermonum, exemplorum.* Y efpecialmente habla con los Hijos refpecto de fus antiguos Padres: *Quos poffuerunt Patres tui.* Por mas de quinientos años, los Hijos de Santo Domingo han eftado creyendo, que el SS. Rofario es fu Patrimonio, y Herencia,

Prov. 23. ỹ. 4?

Prov. cap. 22?

Hugo hic,

rencia, que les dexò su SS. Patriarcha, y al cabo de tanto tiempo de possession con buena fee, nos quieren poner pleyto con su nimia Critica, los Auctores de nuestra nueva Biblioteca; y assi es forzoso salir à la defensa. Y esto es bueno, y muy justo. Y la razon potissima que da este Sto. P. Cardenal Hugo es: *Ideo autem,* dice, *bonum est non transgredi terminos antiquos: quia infra limites est securitas, & in Marchijs est Guerra.* Marcas son con propriedad los limites de las Provincias, y Reynos, y conteniendose cada uno dentro de los limites, hai paz, y seguridad: y en trancendiendo los antiguos limites, no hai quietud sino guerra.

11 Y si alguno, ò algunos, comenzando à leer este pequeño libro, notare, ò notaren de audàz mi pequeñéz inerudita, que presume combatir, y medir sus debilissimas fuerzas, con la Gigantea erudicion de estos veteranos Criticos, exercitados por muchos años en la Palestra literaria [como se vee muy claro en su eruditissima Biblioteca] à esta nota, confessando mi pequeñéz, responderé, valiendome de unas palabras, que à otro proposito dexò escritas el Ven. P. Mro. Fr. Justino Miecoviense, quando emprendió su eruditissima Obra, sobre la letania Lauretana: *Nanus sum, fateor, collatus ad Gigantes illos, & insignes Viros. Nihilominus, ut Nani sublati in humeris Gigantum procul prospiciunt: ita ego ope suffultus [aliorum] Virorum illustrium, qui claruerunt, & laudes B. Mariæ Virginis celebrarunt, juxta ingenioli mei modulo [disserere] conabor.* Porque yo, aunque tan pequeño, sublevado en hombros de otros eruditissimos Gigantes, alcanzaré à vèr las verdades contra razon censuradas, por los Gigantes contrarios; por haverlas mirado con el anteojo de su Critica immoderada.

12 Grande animo tambien infunde à mi pequeñèz, para entrar en esta lid literaria, una exhortacion, que en su tiempo hizo à los Frayles Predicadores el mismo Ven. P. Mro. Justino Miecoviense, à defender su legitima

Mick. tom. 1. sug. Litan.

gitima hermana la Iluſtriſſima Cofradia de el SS. Roſario. Son la Sagrada Orden de Predicadores, y la devotiſſima Cofradia de el Pſalterio Mariano, hijas legitimas de Nueſtro Glorioſo Patriarcha Sto. Domingo, y por derecho natural debe la Orden Dominica (quando la Cofradia de las Flores Marianas, padece alguna jactura, ò detrimento en la honra, y fama) defender à ſu muy querida Hermana, para que conſerve ſu honor, y buen nombre. Oígamos la exhortacion, que haze el zeloſiſſimo Miecovienſe à los Religioſos Predicadores, que parece pintada para el preſente caſo: *Is animus, amor idem eſſe debet Fratribus Ordinis Prædicatorum, adverſus ſuam Archi-Confraternitatem nullam jacturam parvi pendere. Vtpote quæ ab eodem Patre ſecum ſit progenita, quo ex humanis jam dudum exempto, & inter Divos relato, jam non eſt, quod alteram ſimilem ſpectare valeant. Veriſſimum eſt illud Plutarchi: Fratris amiſſi nulla eſt recuperatio, ut neque manus amiſſæ. Ergo Fratres Chariſſimi, pro hæreditate noſtra ſtemus, ut ſtrenui athletæ pro ea pugnemus, eam nobis eripi non ſinamus: eam pijs colloquijs exhortationibus, prædicationibus in cordibus fidelium plantemus, & promoveamus: zelum S. P. N. Dominici in nobis exprimamus, ſi tanti Patris filij dici, & eſſe volumus.*

Mich. tom. 2. Diſc. 307. n. 5. ſup. Litan.

13   Animado, pues, con tan zeloſa exhortacion (eſcrita mas ha de cien años) tomaré la pluma, que me ſervirà de eſpada, para defender el credito de eſta nueſtra nobiliſſima Hermana, que ha mantenido (por mas de quinientos años) la gloria de ſer hija muy legitima, de el que es indubitable Fundador de la Sagrada Orden de Predicadores, y Auctor de el SS. Roſario, como à cada paſſo teſtifican los Summos Pontifices en ſus Decretos Apoſtolicos. Yo ciertamente me perſuado, que muchos Hijos de Nueſtro Glorioſo Patriarcha, doctiſſimos, eruditiſſimos, y zeloſiſſimos, habran yá defendido, y en adelante defenderàn à eſta honradiſſi-

diſſima Hermana, y Sacratiſſima devocion de el Pſalterio Mariano, en que ſe dà Culto à la BB. Trinidad, à el Divino Verbo humanado, y à la Glorioſiſſima Reyna de el Cielo, ſu Madre digniſſima: Inventora primaria de eſte Divino Inſtituto. Mas eſto ſerà alla en la Europa, y porque no falte tal qual defenſa indiana en la America: Yo el mas minimo de todos quantos ſe hallan en eſte nuevo mundo, Comiſſario de el SS. Roſario, quiero en eſte Opuſculo, dar à entender, que en eſtas remotas tierras ſe venera, y eſtima, como es razon, la utiliſſima devocion de el SS. Roſario, como invencion de N. P. Sto. Domingo, que el miſmo SS. Patriarcha eſtablecià en la Santa Igleſia ſu iluſtriſſima Cofradia, y que el miſmo Glorioſo Sto. P. fue el primer Predicador, que anunciò, enſeñò, publicò, y perſuadiò el Saluberrimo exercicio de el Pſalterio Mariano en el Orbe Chriſtiano, interviniendo tambien ſus eſpirituales hijos.

14   En todo quanto eſcribiere, irè ceñido à lo que dexaron eſcrito nueſtros mayores, teniendo en la memoria aquella regla de los Santos Padres, que N. Mro. Percin alega en ſu libro: *Monumenta Conventus Toloſani*, que dice: *In Religione, & in cultu, nihil innovandum, nihil addendum, nihil mutandum, nihil inquam addendum, nihil truncandum, non niſi certa, & indubitata: nihil de meo, in toto hoc opere habens præter manum.*

15   Y como en eſte Opuſculo no he de eſcrebir, ſino lo que he desflorado de las Bulas, y Breves de los Romanos Pontifices, y graviſſimos Auctores, que han eſcrito de N. SS. P. Sto. Domingo, y ſu Sagrada Religion de Predicadores, de el SS. Roſario, y ſu venerable Cofradia: eſtà la Obra bien abaſtecida de auctoridades en el idioma latino, no vertidas en el caſtellano. Sirveme de eſte eſtilo: lo primero, para dar auctoridad à lo que eſcribo, y ſe vea claro, lo que los Summos Pontifices dicen, y teſtifican en ſus letras Apoſtolicas,

y

Mro. Percin in Mònum Convent. Toloſ.

y lo que narran, y sienten los doctissimos Auctores, que se alegan. Lo segundo: porque si las auctoridades (que por lo dicho se dexan en el latino Idioma escritas) se virtieran en nuestro Castellano: yá este pequeño libro no fuera Opusculo, creciendo mas de lo que ofrece el titulo. Lo tercero: porque no pierdan las Auctoridades su eficacia, vigor, y energia, que ellas tienen escritas en el Idioma, en que las escribieron sus Auctores, virtiendolas en otra lengua: estilo no inusitado, como nota el Auctor de el *Norte Critico.*

N. Mag. Seg. Instruc. Prel. num. 2.

Funes cecidérunt mihi in præclaris: étenim hæreditas mea præclara est mihi. *Ex Psalm.* 15. ✝. 7.

Nullus homo, quantumcumque Sapiens, debet á quocumque Parvo doctrinam repellere. Unde Apostolus docet 1. *Corinth.* 14. quod si minori aliquid revelatum fuerit, quod tunc maiores debent tacere, & eum audire: *Danielis* 13. *dicitur,* quod totus Populus, & Seniores, audierunt judicium pueri junioris, &c. *Divus Thomas in Evang. Joann. cap.* 9. *lect.* 3.

PREAMBULO.

Nè scribam vanum, duc Pia Virgo manum.

1 EL NOMBRE *ROSARIUM* EN
significacion propria, no es otra cosa,
que un *Plantel de Rosales*, que no
dan otro fructo, que unas flores belliss-
simas, y fragrantissimas, que llamamos Rosas. *Rosa-*
rium, dice Calepino, *copiam fruticum significat, uno*
loco rosas gignentium. Y por translacion llamamos *Ro-*
sario aquella incomparable, y nunca jamas bastantemente alabada (como dice el Ven. Doctor Navarro)
devocion divina, que toda se emplea en saludar à la
Reyna de la gloria con la Salutacion Angelica, considerando las finezas de la Vida de su Sacratissimo Hijo el
Verbo Divino. Otro nombre célebre hà tenido, y
aun retiene esta SS. devocion, de que usó casi siempre
el B. Alano de Rupe nombrandola *Psalterio Maria-*
no, ò Psalterio de Christo, y Maria, ò Psalterio de
la Beatissima Trinidad: y es la razon; porque esta celestial devocion consta de ciento y cincuenta *Ave*
Marias, como al Psalterio Davidico de ciento y cincuenta Psalmos, que se divide en tres quinquagenas,
como el Rosario de Nuestra Señora. Pero haviendose
comenzado en Alemania, ò Imperio (ahora casi trecientos años) à darle el amenissimo titulo de *Rosario*,
poco à poco, por su celestial fragrancia, agradò tanto
este nombre à las demas Naciones, que generalmente
en todo el Orbe Christiano es celebérrimo el nombre
de el *Sacratissimo Rosario:* y dexando varias semejanzas, que se hallan entre el *Rosario natural, y el Ro-*
sario mystico: que se pueden veer en los que han escrito de esta devocion Mariana. Digo, que le conviene
este amenissimo, elegantissimo, y fragrantissimo nombre

Calep. verb.
Rosar.

Navarr. in
misc. Rosar.

bre, y se le apropria generalmente, para dar à entender, quanto excede la devocion de el Rosario de Nuestra Señora à las otras devociones buenas, pias, y santas, conque se dà culto à la Reyna de el Cielo, que si aquellas son bellas, y fragrantes flores, el Sacratissimo Rosario es la Reyna de las Marianas devociones. Y assi el docto, y erudito Joseph Estephano, en su libro de el Rosario, que dedicò à el Summo Pontifice Gregorio XIII. dixo: *Inter alia nomina, quibus Maria piè ab omnibus culta est,* hæc Rosarij appellatio *non infimum locum, imòverò hoc tempore* Arcem, & Principatum promeruit. *Ipsamet Virgo SS. quantum sibi* nomen Rosarij sit cordi, *grata profectò animi testificatione confirmat, &c.* Capit. 2.

2   Es frasse muy comun de los mas elegantes Poetas llamar à la Rosa por su hermosura, belleza, fragrancia, elegancia, y suavidad (que recrea el olfato, deleyta la vista, y aun naciendo entre espinas la apetece la mano) *la Reyna de todas las flores.* Y el citado Auctor entre otros elogios, que dan à la Rosa, trahe de Anacreonte, Poeta antiquissimo estos epitectos, conque alaba à esta Reyna de el Prado florido. Capit. 3.

Folijs Rosa decoris	Cum Vere Patre florum
Rosa singularis, ô Flos	Socianda laus Rosarum,
Rosa prima cura Veris	Rosa flos, Odorq̃ Divûm,
Rosa Cœlitum voluptas,	Rosa hominum Voluptas,
Chariton coros frequentas,	Decus illa Gratiarum.

A este modo celebraban, elogiaban, y alababan los mas elegantes Poetas las naturales Rosas. Y assi sin controversia à esta Bellissima Flor le daban la *Corona,* jurandola Reyna de todas las Flores. Y qué diremos de las Rosas mysticas Marianas? Que esta Sacratissima Partenica devocion, se ha levantado en todo el Orbe Christiano con el nombre, y titulo *Rosario,* para que entendamos, que es la *Reyna* de todas las devociones Marianas.

nas. Oigamos à el Reverendissimo, y devotissimo de
María P. Fr. Alexo de Salo, de la Orden Seraphica,
Capuchino, que en su Arte *Pie amandi, & colendi
Deiparam*, dice con mucha sal: *Rosarij quoque nomen
hinc accepit à Rosa, quod sicut Rosa florum Regina
est, floresque omnes, & pulchritudine, & odoris sua-
vitate longè antecellit, cùm [teste Plinio] flos nullus
boni odoris fragrantiam, tam longè, latèque, quam
ipsa Rosa diffundat: ita hæc celeberrima nunc Rosarij pietas, ac devotio cæteris omnibus antefertur, mi-
ramque suavitatem odoris longissimè exhalat, etiam
ad Barbarorum usque toto Orbe remotissimorum Regiones pervagatā. Egre usquam Urbem, Villam, Provinciam, aut Regnum invenias, in qua non Phratria
aliqua, aut Ara erecta sit laudatæ hujus Religionis,
studio honorandæ hujus Heroinæ, quam sursum in
Cælo Sol radiosissimus, & plusquam meridianus cir-
cumvestit [Mulier amicta Sole] : : : : Hoc tantum
Bonum Beato Patriarchæ Dominico debemus Christiani, cujus in primis studio institutum fuit, &c.*

3   Casi trecientos años ha, como he dicho, comenzò el *Psalterio Mariano* à denominarse por la dicha
similitud, *Rosario de Nuestra Señora*. Y esta translacion de nombre se ha hecho tan comun, y general, que
ya en lo mystico en diciendo *Rosario*, todos entienden el SS. *Rosario* Psalterio Mariano. Algunos devotos
pretendieron à ciertas devociones, que de nuevo havian inventado bautizarlas con el nombre *Rosario*, para aficionar à los devotos, con tan esplendido, y Sacratissimo Titulo. Pero los Summos Pontifices no tolera-
ron, que nombre tan apropriado à el Psalterio Mariano, se diesse à otra devocion. Y assi el Sr. Alexandro
VII. prohibió el *Rosario Noven Novendarum:* y el Sr.
Clemente XI. vedó el *Rosario SS. Trinitatis:* y el Sr.
Benedicto XIII. aprobando, y siguiendo las pissadas de
sus Predecessores, confirmó sus Constituciones en su
Bula

Bibliot. Virg.
tom. 1. pag.
266. cap. 17.

Bula *Pretiofus*, dada à 26. de Mayo de 1727. Y prohibió generalmente todas las devociones inventadas, ó que se inventaren de nuevo, con nombre de *Rofario:* donde en el §. 6. dice: *Confirmamus, & innovamus, ut fupra, eafque, & in eis quæcumque extendimus, & ampliamus :::: ad cætera quæcumque Rofaria de novo inventa, aut invenienda, fine oportuna præfata Sedis facultate,* quibus auctenticum Rofarium prædictum Deo, & Beatæ Mariæ Virgini facratum, non fine fidelium perturbatione antiquaretur. Notable cuydado, zelo, y defvelo de los Santos Summos Pontifices à favor de el SS. Rofario de Nueftra Reyna, y Señora, confagrado à Dios uno, y trino, y à la mifma Sacratiffima Madre de Dios! Que no quieren, ni permiten, fino antes vedan, y prohiben, que otra qualquiera devocion fe baptize con tan fagrado nombre. Y con mucha razon, y varios motivos. Uno; porque haviendo otras devociones con el mifmo Sagrado nombre, caufan entre los Fieles turbacion, perturbacion, y aun efcandalo. Otro; porque con la novedad (que mueve tanto à la mayor parte de los hombres) fe dexa el Pfalterio Mariano, ò Rofario Virginal, y devocion tan antigua, y aprobada, fe hecha en olvido, y queda antiquada. Mas los ignorantes, y fimples en oyendo *Rofario de la SS. Trinidad, ò Rofario de nueve novenas,* imagina fu ignorancia, ó fimpleza, que fon devociones mayores, que el Rofario antiguo de la Virgen Nueftra Señora, y aun creràn, que con el Rofario de nuevo inventado, ganaràn el ineftimable thefóro de Indulgencias concedidas por los Summos Pontifices à el Pfalterio Virginal, engañados con el titulo *Rofario.*

4 Y no es de omitir dos terminos, ò palabras de el Decreto de el Sto. Padre Benedicto XIII. que llama al SS. Rofario antiguo: *Auctenticum Rofarium,* Rofario auctentico. Y què nos dice el Papa Sto. con eftos terminos? Que los Rofarios de nuevo inventados, no tienen

nen

nen auctoridad, y aprobacion, fino reprobacion por los dichos, y otros motivos; no porque en la fubftancia fean malos, fino porque caufan impedimento en la devocion auctorizada, y confuffion en el Pueblo Chriftiano. Por femejantes motivos han vedado, y prohibido los Summos Pontifices las varias Letanias, que fe havian inventado, no permitiendo otras, que las aprobadas, y admitidas comunmente en la Iglefia, la de todos los Santos, y la Letania de la SS. Virgen Lauretana. Y fi queremos faber la fignificacion de el termino *Auctenticum:* oigamos à el Doctor Cobarrubias en fu

Dr. Covarrub. pag. 73. col. 4.

Thefòro de la Lengua Caftellana: *Auctentico, dice, lo que eftà auctorizado, y aprobado por verdadero, y legal. Latinè auctenticum, à Græco Auctenticum: hinc Lex authentica, & Decretum authenticum,* quod multorum authoritate comprobatum eft. De donde confta, que aquello fe llama, y dice *Auctentico,* que eftà aprobado, y comprobado por la auctoridad de muchos. Y fegun efto el Pfalterio Mariano, ó el SS. Rofario de la Reyna de el Cielo, es *Devocion auctentica* en fuperlativo grado. Efta Sacratiffima devocion la ha recebido, acceptado, y practicado todo el Pueblo Catholico Chriftiano. Y los innumerables Auctores, que han efcrito de efta SS. devocion, domefticos, y extraños, con fus doctiffimos, eruditiffimos, y devotiffimos efcritos, la han auctorizado muchiffimo. Las Sagradas

Vid. tom. 6. Bullar. O. P. pag. 206. & pag. 477.

Congregaciones de los Señores Eminentiffimos Cardenales, con fu auctoridad eminentiffima, la han aprobado, y comprobado con fus Decretos, en que fiempre la han favorecido, prohibiendo los Rofarios nuevos, que algunos preciandofe de mas devotos, que nueftros mayores, han procurado introducir, predicar, y enfeñar, en el Pueblo Chriftiano. Tambien la Iglefia

Brev. Rom. Brev. O. P.

en los Oficios Divinos de la Solemnidad de el SS. Rofario, auctoriza grandemente efta Angelica devocion, conque aun mifmo tiempo fe dà culto, y veneracion à
Dios

Dios uno, y trino, à Chriſto Redemptor Nueſtro, y à ſu Sacratiſſima Madre Señora Nueſtra.

5 Y què diremos de Nueſtros Beatiſſimos Padres, Summos Pontifices, Vicarios de Chriſto. Que no ceſſan, ni ſe ſacian en conceder privilegios, exemptiones, favores, perdones, gracias, è innumerables Indulgencias, conque procuran aficionar, provocar, enamorar, è inducir à abrazar, continuar, y perſeverar à todos los Fieles Chriſtianos, en tan util, provechoſa, y fructuoſa Divina devocion? Dirè Yo, que le confieren *Summa Auctoridad.* Y reencomendando los Santos Papas tanto eſte auctentico Sacratiſſimo Roſario, creo no habrà hijo de la Igleſia (ſi no es ruſtico) que lo dexe por emplearſe en otros de nuevo inventados. El Glorioſo SS. P. S. Franciſco de Sales, citado en N. Wigant, dice, que es un genero de obediencia à Dios muy grata, no ſolo cumplir con lo que la Santa Igleſia manda, ſino tambien abrazar de buena gana las coſas, que ella encomienda: *Genus eſt obedientiæ Deo valdè gratum, non ea tantum implere, quæ Eccleſia mandat, ſed ea quoque ultrò amplecti, quæ commendat.* La Igleſia, y los Summos Pontifices prohiben otros Roſarios, que no ſon el *Roſario,* que ſe llama *Pſalterio Mariano,* y aſſi manda, que no ſe practiquen otros Roſarios, y eſto es obediencia neceſſaria: y aunque no mandan rezar el SS. Roſario, ò Pſalterio Mariano, nos lo encomiendan ſumamente, y obedecer eſta ſuma recomendacion, es una obediencia à Dios, y à ſu SS. Madre muy grata. Baſte eſte corto Preambulo laudatorio de el nombre *Sacratiſſimo auctentico Roſario,* apropriado unicamente à el *Pſalterio Mariano,* que es el Patrimonio de Santo Domingo, y Herencia de los Frayles Predicadores ſus Hijos.

6 Tan apropriado eſtà eſte florido nombre *Roſario,* à el *Pſalterio Mariano,* que un devoto de San Miguel Archangel, de la Congregacion de S. Phelipe Neri,

Vvigant. tom. 2. in 1. Appen. Exam. 1. §. 3.

En la Imprenta de Diego Fernandez de Leó 1692.

Neri, de la Puebla de los Angeles, sacando à luz el año de 1692. una devocion, que titulò de *Quinquagenario Angelico*; y advierte à el Lector diciendo: „ sacaſſe à „ luz eſte Ofrecimiento con el titulo de *Angelico* „ *quinquagenario*. Y no ſe le diò titulo de *Roſario*; „ porque eſte Soberano, y Glorioſo Nombre de el Ro- „ ſario, es tan proprio de la SS. Virgen Maria Nueſtra „ Señora, que parece ſe uſurpa, quando ſe le dà eſte „ titulo à otra qualquiera devocion, aunque ſe le dè à el „ mayor de los Santos, y mas encumbrado Seraphin, „ y no dudo ſerà muy agradable à los Santos, y à los „ Angeles, tengamos los Fieles eſta veneracion à el Ro- „ ſario Santiſſimo, de la que es Reyna de los Santos, „ y Emperatriz de los Angeles.

OPUS-

OPUSCULO

DE EL PATRIMONIO DE N. GLORIOSO P.

SANTO DOMINGO,

Preclariffima Herencia de fu Sagrada Religion de Predicadores.

CAPITULO PRIMERO.

Noticias Hiftoriales de el ufo de el Santiffimo Rofario, en los figlos XIII. XIV. y XV. affi en la Orden de Predicadores, como en el Chriftiano Pueblo, antes de el B. Alano de Rupe.

1 COMENZANDO POR LO MAS facil (en que convienen NN. Eruditiffimos, y Eftremados Criticos) decimos, que en los figlos XIII. XIV. y XV. (antes que el B. Alano de Rupe reeftableciera en la Iglefia el Devotiffimo Pfalterio Mariano, ó Sacratiffimo Rofario Virginal) fe practicaba efte Mariano culto [como fe exercita ahora en la Iglefia] affi en la Orden de Predicadores, como entre los Fieles Chriftianos,

A

nos, aunque no siempre con igual fervor; porque mediado el siglo XIV. tubo grande lapso en una general Peste, que se estendió, y dilató por toda Europa; Aunque no lo abandonaron de el todo en algunas partes. Y de este uso de el Santissimo Rosario, en dichos Siglos, nos dàn Noticias Historiales Nuestros Nomenclatores en el primer tomo de su Biblioteca.

Biblot. O. P.
tomo I.

2. La primera Noticia, que hallo en dicho Tomo pag. 69. es: en el Monasterio de Immuradas Rotomagenses, Religiosas de Nuestra Sagrada Religion, por el año de M. CC. LXV. sanò milagrosamente por los meritos de N. G. P. Santo Domingo, una Religiosa joven de un brazo, y una mano valdàda: las palabras, que hazen à el presente proposito son estas. *Congregato igitur Conventu Sorores campanam pulsauerunt: & Deo gratias agentes* Te Deum *laudamus, deuotis mentibus cantauerunt: interim enim dùm cantarent,* Puella genibus flexis Salutationem B. Virg. *frequentèr repetens, formicationes quasdã in brachio sentiebat. Finitis à Sororibus* Te Deum, *& à Puella centies* Salutatione Virginea, *repertum est brachiũ ab omni infirmitate liberum, &c.* En esta narracion se nos dá entender, que mientras aquella Religiosa Comunidad daba à Dios gracias por este milagroso beneficio, con el Cantico *Te Deum*, la Religiosa joven, que havia conseguido esta milagrosa sanidad, inada de rodillas, diò à Dios, y à su Santissima Madre gracias, rezando dos quinquagenas de el *Psalterio Virginal*, ò dos tercios de el *Santissimo Rosario*. Y à demàs en este caso se descubre, que dicha Religiosa tenia en sus manos *Instrumento*, conque numerar, ò contar las dichas *Salutaciones Angelicas*, que es el *Rosario manual*, ò *material*, por donde se puede saber ciertamente el numero de las *Salutaciones*, que rezò, ò havia rezado: y por esso los globulos se dicen, ò llaman *Cuentas*.

3 La segunda Noticia. En dicha Biblioteca pag. 109. colum. 2. se apunta un Exemplo, que narra Nrô. Estevan de Borbon (que floreciò por el año de 1262.) en su libro de *Septem donis: Cuiusdam hominis Clari, qui singulis diebus quinquagies flexis genibus B. Virginem salutabat.*

4 La tercera Noticia. En la citada Biblioteca pag. 251. nota, y advierte nuestro Nomenclator, que N. V. P. Mrô. Fr. Thomas Cantimprato en su libro *De apibus*, lib. 2. cap. 29. §§. 7. y 8. narra dos exemplos de la Devocion de la *Salutacion Angelica*, yà con el numero de la L, yà con el de CL, *Ave Marias*, como cosa publica, y muy frequentada en tiempo de este V. P. que naciò año de 1201.

5 La quarta Noticia. En la pag. 411. la Biblioteca trata de el V. P. Fr. Pedro de Dacia (que escribiò la Vida de la Beata Christina de Stumbel, ò Coloniense) y dice, que este V. P. visitò à la Santa Christina el año de 1270. acompañado de un Religioso su Condiscipulo llamado Fr. Nicolas de Dacia, quien diò à la Santa Virgen su Rosario. Sus palabras son; *Stumbele Christinam visitaverunt, quam miratus Fr. Nicolaus dedit illi* Suum Pater noster, *quod personalitèr quatuor annis portaverat.* Aqui añade la Biblioteca su glosa. *Cum per illud* Pater noster *aliud non possit intelligi, quàm quod nunc Corona, vel Rosarium dicitur, hinc argumentum est,* Nostris tunc in usu fuisse, Coronas illas, seu globulorum certo numero seriem filo trajectam, & firmatam ad zonam continuè ferre.

6 La Noticia quinta trata la Biblioteca pag. 551. de el P. Fr. Domingo Scevolino, y dice, que en los Commentarios, que escribiò de Frabriano su Patria, afirma: *Piam quamdam fœminam laudari, quæ Rosarium suum ad Corpus dicti Beati Francisci admovit. Quod argumento est, anno millesimo trigentessi-*

A 2

teffimo vigeffimo fecundo, quo illo mortuus eft, Rofarium fuiffe in ufu.

Biblioteca cit.

7   Noticia fexta. En la pag. 644. colum. 1. defcribiendo la citada Biblioteca la forma de el Sepulcro (exifte en Nrò. Convento de Santiago de Paris hafta àhora) de el Nobiliffimo, è Iluftriffimo Señor D. Fr. Umberto Delphin de Viena (quien haviendo renunciado fus Eftados de el Delphinado en el Primogenito heredero de el Chriftianiffimo Rey de Francia, fe entrò en Nueftra Sagrada Religion, tomò Nrò. Santo Habito, y profeffò Nueftro Inftituto, à quien el Papa hizo Patriarcha de Alexandria, y conftituyò Adminiftrador perpetuo de la Santa Iglefia Cathedral de Rems) dice affi: *Ad utrumque latus* [Sepulchri] *depicti funt Sexdecim è noftris: octo fuperiores Clerici in habitu Acolitorum, quatuor faces; quatuor candelabra cum cereis, gaftantes: octo inferiores in habitu Ordinis Umberti veftiti per omnia fimili, quorū duo funt hinc, & inde Rofaria manu tenentes. Quod indicat* Cultum hunc jam tum apud nos fuiffe folemnem. Falleciò effe V. P. y Patriarcha Umberto Delphin de Viena, à 22. de Mayo de 1355. y fe le diò Sepultura en dicho Convento Parifienfe.

Biblioteca cit.

8   La Noticia feptima nos dà immediatamente la citada Biblioteca, y es, que en un computo, ò quentas, que diò Juan de Ponciano Mayordomo de dicho Señor Delphin de Viena, defde el año de 1333. hafta el año de 1336. fe halla una partida de el tenor figuiète: *Pro duobus filis* de Pater noftris de ambro, & *duobus filis* de Pater noftris de coralo, & *duobus filis* de Pater noftris de vitro; *item in quatuor filis* de Pater noftris de cryftalo, *quæ empta funt Romæ, dum illac anno MCCCXXXIII. tranfiret Delphinus Gallias repetens, &c.* A que añade la Biblioteca: *Quod in argumentum antiqui, & communis Rofariorum ufus, annotandum vifum eft.* De aqui fe viene

ne en conocimiento, quan ufada era, antes que me-
diara aquel figlo, la Devocion de el Santiffimo Rofario: pues en Roma fe vendian publicamente en las
plazas *Rofarios de ambar, Rofarios de corales, Rofarios de vidro, y Rofarios de cryftal.*

9 La octava Noticia: en la pag. 680. dice nueftra
Biblioteca, que en la Vida, que efcribió Nueftro Beato Raymundo de Capua de la Gloriofa Virgen Santa
Ines de Montepoliciano cap. 9. num. 78. fe quenta:
*Agnetis mortuæ fua Pater nofter filo inferta Sororem
quandam in manus accepiffe, & cum deofcularetur,
fragrantem exijs odorem percepiffe.* Y añade la Biblioteca: *Quod indicat* ufum antiquum, & conftantem
in Ordine Rofarij ad zonam ferendi.

10 Noticia nona: en la pag. 775. trata la Biblioteca de el V. P. Fr. Francifco Retza, que falleció poco
defpues de el año de 1321. (Varon de la Santiffima
Virgen devotiffimo) citando à Nueftro Doctiffimo
P. Mrô. Fr. Juan de Nider, Coetaneo, en el lib. 4.
cap. 7. de fu *Formicario,* donde dice, que *In ipfo
[videlicet, fefto Nativitatis Virginis] integro afpe-
ctu, atque auditu; ratione utens clara, & fpe opti-
ma: agonizare cœpit: agonizationes autem præfen-
tiens,* in Salutaciones Angelicas, more folito proru-
pit. Notefe efte *more folito,* palabras, que indican, y
declaran, que comenzó en aquel ultimo trance à rezar el Santiffimo Rofario de la Gloriofiffima Virgen
Reyna de el Cielo. Y lo mifmo dan à entender las
palabras *Salutationes Angelicas:* no dicen *Salutationem* en fingular, fino *Salutationes* en plural.

11 La noticia decima: en la pag. 791. colum. 1.
trata la Biblioteca de el V. P. Fr. Bernardo de Maya
[à quien el Papa Martino V. inftituyó Abbad Commendatario de el Monafterio de Santa Maria de Fof-
fanova, con fus anexos] y dice con Antonio Mongitor (que cita à Francifco de Maya) que dicho V. Padre

Biblioteca cit.

Biblioteca cit.

Biblioteca cit.

dre escribiò *De Rosario Santissimæ Virginis Opus-culum*, que dicho Francisco Maya tenia en su poder con intencion de darlo à la prensa. En el tiempo, en que floreciò Nuestro V. Maya [que escribiò este Opusculo de el Santissimo Rosario] aùn no havia na-cido el B. Alano de Rupe, Reparador de la Devo-cion de el Psalterio Mariano.

Biblioteca cit.

12   Noticia undecima: en la pag. 852. colum. 2. dice la Biblioteca estas palabras: *In Actis Sanct. tom. 3. Aprilis in Vita Sanct. Catharinæ de Senis num. 383. ad Corpus ejus Sua Pater noster, id est, Rosa-ria, fœminæ devotè admovebant, quæ postea cuidam Puellæ ægrotæ apposita, suo tactu sanitatem red-diderunt.*

S. Antonino 3. part. histor. Acta Ss. tom. 3. pag. 861. n. 31. colum. 1. aliam notitiam ministrant.

13   Y por ser de la misma Santa, servirà de noti-cia duodecima: lo que se lee en la 3. part. de la Chro-nica de el SS. P. S. Antonino de Florencia, titul. 23. cap. 14. §. 11. dònde dice el Santo Arzobispo: *Cum semèl in Ecclesia Fratrum Prædicatorum Senis existeret [Sanct. Virgo Catharina] accessit ad eam pauper... Cum nil aliud tunc secum haberet, Cru-cem parvulam argenteam, quam inter Pater noster, vulgaritèr dictos in filo habebat fracto filo, con-sulit illi &c.* De aqui consta claramente el uso de el Santissimo Rosario, y que en aquel tiempo, como ahora, se llevaba el Santissimo Rosario à la Iglesia, pa-ra rezar por él, y ofrecerlo à Nuestra Señora: y tam-bien que el Psalterio Mariano tenia su *Cruz*, como en nuestro tiempo.

Biblioteca cit.

14   Noticia decimatercia: en la citada Biblioteca pag. 852. se dice: *Beata Clara de Gamba curtis na-ta anno 1368. & adolescens desponsata, sæpè coge-bat cœtus juvencularum, quas Dei laudes canere secum jubebat, nunc flexis genibus Rosarium dice-re. Illa Confessarium ex nostris habebat .... Mortuo Sponso, Ordinem ipsa anno 1385. amplexa est Pisis.*

in Monaſterio, à Patre erecto, in quo obijt anno 1419. De donde, parece, que yá ſe rezaba el Roſario Santiſſimo à Coros, ô en Communidad, y aunque ſe cantaba.

Biblioteca ciu

15   La Noticia decimaquarta [y aunque es de el tiempo de el B. Alano de Rupe, tiene una ſpecialidad muy de notar para mi aſſumpto] en la pag. 871. de dicha Biblioteca: ſe hallan unas letras patentes dadas en Duvay, ô Duvoy, ô Duaco à 6. de Marzo de 1470. por el P. Mrô. Fr. Juan de Excuria, Vicario General de la Muy Religioſa Congregacion de Olanda, en dicho V. P. admite, y haze participantes de los Beneficios eſpirituales de dicha Sta Congregacion à los Cofrades: *agnoſcens fidem, & devotionem fratrum, & ſororum Confratria Virg. Mariæ,* & Sancti Dominici Ordinis Prædicatorum, *quæ Confratria Duaci eſt fundata in Communicatione omnium meritorum ſpirituali,* & oratione Pſalterij Virginis Mariæ. Son las palabras de eſta Patente.

16   Eſta Cofradia fundada en Duvay, no conſta quando ſe fundô en dicha Ciudad, y como no dice, que fue *renovada,* como de otras por aquellos tiempos: pudo fundarſe, antes que el B. Alano comenzaſe ſu miniſterio. Pero ſea, como fuere: el titulo de eſta Cofradia es notable: *Cofradia de la Virgen Maria, y Santo Domingo de la Orden de Predicadores.* Y lo primero, que ſe nota es: que ſe llame Cofradia de la *Virgen Maria,* no dice de el Roſario, ni de el Pſalterio de la Virgen Maria, como ahora decimos, y es que en el principio ſe le daba eſte titulo de la Virgen Maria por antonomaſia, como adelante ſe verà con claridad. Lo mas notable es, que juntamente ſe intitule Cofradia de *Santo Domingo.* Y porquè ſe ha de titular de Santo Domingo? Ciertamente, que no ſe puede nombrat aſſi por otra cauſa, ô motivo, ſino para que ſupieramos, que el Autor, ô Fundàdor de

de esta Cofradia de la Virgen Maria, es Nuestro Glorioso Padre, y Patriarcha Santo Domingo, Institutor, è Inventor de la Orden de Predicadores: y assi como es el Santo Padre Fundador de Predicadores, tambien lo es de la misma Cofradia de el Santissimo Rosario: como lo dicen en sus Breves los Romanos Pontifices: *Sanct. Dominicum Ordinis Fratrum Prædicatorum Fundatorem, & Rosarij Beatissimæ Virginis Mariæ Auctorem.*

Alexand. VII.
Brev. 4. in Bullar. Rosarij, &
Succes. eius.

17   Estas son las Noticias Historicas, que se hallan esparcidas en el primer tomo de Nuestra nueva Biblioteca (excepto la duodecima) por donde clarissimamente consta el uso de la Devocion de el Santissimo Rosario en la Orden de Predicadores, y en el Pueblo Christiano en el siglo XIII. y siguientes: y de aqui consta tambien la grande antiguedad de esta Sacratissima Devocion. Y esta es la Conclusion de los Autores de Nrâ. Biblioteca nueva: sus palabras pag. 852. colum. 2. son estas: *Hæc nimirùm probant, sæculo XIII. & sequentibus hunc modum orandi, & in Ordine, & extra Ordinem, communem, familiarem, vulgatum fuisse.* Dixe, que esta era, y es la Conclusion de nuestros severos Criticos: y con esta Conclusion, cierran la puerta, no dando entrada à todo lo demàs, que han escrito Grandes Vàrones [siguiendo à el Beato Alano de Rupe] assi Domesticos, como extraños.

Bibliot. O. P.
tom. I.

18   Desuerte, que guiados, y governados los Autores de dicha Biblioteca por su Severissima Critica, no admiten lo que el Beato Alano dexò escrito de la Institucion, y Predicacion de el Partenico Psalterio, ò Santissimo Rosario por Nuestro Gran Patriarcha Santo Domingo, en España, en la menor Bretaña, en los Payses de Tolosa, en Francia, en Italia, ni Roma: y positivamente afirman, que antes de el Beato Alano, no se predicaba de el Santissimo Rosario, ni con

este

este titulo, ni con otro equivalente: ni se havian instituido, ò fundado Cofradias de esta Devocion Angelica, ni
se celèbraban fiestas de Nra. Señora, mirada como Reyna, y Pátrona de esta Sacratissima Devocion, ni se hazian Congregaciones, ni Juntas de los devotos de este
culto piissimo Mariano. Y llegaron à escribir [aunque
ya de esto se han retractado] que las consideraciones
de los sagrados mysterios, que se meditan à el tiempo
de rezar vocalmente las dos Oraciones Dominica, y Angelica: *Pater*, y *Ave*, era invencion de el ingenio de
Alano de Rupe. Esta es en suma la sentencia de su immoderada Critica.

19   El principal fundamento, en que estriva toda esta extremada nueva censura, no es otro, sino el no hallarse en la era presente Auctor, ò Escriptor, ò Historiador Coetaneo, ò Suppar, que narre, afirme, ò testifique
lo que el B. Alano dexò escrito del Psalterio Mariano,
ò Santissimo Rosario de el tiempo de N. P. S. Domingo. Y no siendo Alano Auctor Coetaneo, ni Suppar,
pues nació mas de docientos años despues de el transito de nuestro Santo Padre, no puede ser idoneo testigo en sucessos tan antiguos.

20   Pero este argumento es negativo, que como
dice nuestro Eruditissimo M. Natal Alexandro en este
caso: *Satis enim notum est, quàm leve sit negantis ar-*
gumenti pondus, contra possitiva, disserta testimonia.
Lo mismo dice nuestro Dissertissimo M. Gravesson.
Argumentum, quo utuntur, merè negativum est, ac
subinde, juxta Peritorum Regulam, nullius momenti,
ac ponderis esse debet, &c. Y aun el clarissimo Varon
[bien conocido, Compositor de N. Bulario Magno, y
ahora N. Rmo. P. M. Gen. de toda la Sagrada Orden
de Predicadores] Fr. Antonino Bremond añade; *San-*
ctissimum Patriarcham [Dominicum] *Auctorem esse*
Rosarij: Sic probat Alanus, ut si Beatum illum audire
velis, causa finita sit.

Natal. Alex.
tom. 7. sec. 13.
art. 5.
ya correcto.

Gravess. tom. 5.
Hist. Eccl.
Coll. 6 pagina.
mihi. 522.

RR. Brem. de
Stirp. Guzm.
S. Dom. cap.
18. n. 4 pa. 171

B   21 Pero

21   Pero nueſtros Nomenclatores no quiſieron oír
á el Beato Alano, ò leyeron muy ſuperficialmente ſus
eſcritos: y aſſi quiſieron hazer mas, y mas inquiſicion,
y no hallando en eſte tiempo otros Auctores mucho mas antiguos, que Alano [á quien por eſpacio de
caſi trecientos años generalmente todos han ſeguido, nò *more ovium*, ſino *oculo aquilino*] quiſieron ſe-
guir ſu proprio ingenio, dando en el extremo de incredulos: olvidados de lo que amoneſtò San Pablo á los
Romanos: *Non plus ſapere, quàm oportet ſapere, ſeâ*
ſapere ad ſobrietatem.

Ad Rom. cap.
10. ỳ. 3.

22   Al exponer eſte documento Apoſtolico nueſtro
Eminentiſſimo Hugo de Sto. Caro, moviò eſte dubio:
ſi el ſaber es don de Dios, como el Apoſtol nos prohi-
be el ſaber mas: porque una coſa buena, honrada, util,
y provechoſa, quantò mas ſe tiene, y ſe procura adqui-
rir, y aumentar, tanto, que mejor? A eſta duda reſponde eſte Sagrado Expoſitor con eminencia. Dice, pues,
que aqui toma el Sagrado Apoſtol el conſiguiente por
el antecedente: lo que antecede à el ſaber, es *inquirir,*
inveſtigar: y à eſto ſe ſigue *el ſaber:* pues para ſaber
como conviene, no ha de ſer la inquiſicion, è inveſtiga-
cion nimia, demaſiada, ò extremada: y eſto ſucede quando uno no ſigue lo q̃ ya eſtà comunmente recibido, ſino
ſu proprio delicado ingenio: *Solutio,* dice eſte Eminentiſſimo Expoſitor, *Solutio, ſumitur Conſequens*
pro antecedente, id eſt, pro inveſtigare, ad quod ſequi-
tur ſapere: Nimis enim inveſtigare dicitur quis, quando inveſtigando, non ſequitur ſcripturam, ſed proprium
ingenium. Los eſcritos de el B. Alano por ſu grande
auctoridad, fundada en ſu veracidad, doctitud, y ſanti-
dad (como ſe verà deſpues) deſde que fallecio, han ſido eſtimados, venerados, y ſeguidos de innumerables
Varones doctiſſimos, diſcretiſſimos, y amadores de la
verdad: pero nueſtros Nomenclatores, dexandolos à todos, han ſeguido ſu proprio ingenio, ſu delicadiſſimo
guſto,

Hug. hic
ad Rom. 10.

guſto, que no arroſtran lo que no eſtá ſazonado al tem-
peramento de ſu paladar, que es á el rigor de ſu immoderada, y extremada Critica.

23 En ſu Norte Critico dice nueſtro Maeſtro Segura, que *un diſcreto dixo en Madrid* [de los Criticos
rigidos Franceſes] *que ſe les podian perdonar algunos
exceſſos en ſu incredulidad: por lo mucho, que de pre-
cioſas antiguedades havia deſcubierto ſu perſpicaz,
y laborioſa diligencia.* Perdoneſe ſu incredulidad nacida de ſu immoderada Critica en materias, que impor-
tan poco: pero poner en duda, como dice el Maeſtro
Graveſſon, *in Monumenta, quæ Pietatem, & Religionem ſpectant,* no es coſa tolerable, ni merece venia. Y
aſſi juzgo, y ciertamente me perſuado, que ningun devoto de el Santiſſimo Roſario, y mucho menos, que
viſtiere el Sagrado habito de Predicadores, ha de tole-
rar, ni llevar con paciencia los exceſſos de la ſevera, nimia, rigida, immoderada, y aun audaz Critica de nueſtros Nomenclatores, Auctores de nueſtra nueva Biblioteca, en materia de el Santiſſimo Roſario.

Nort. Crit.
Diſc. 8. n. 23.
§. 4.

24 Lo primero: porque con eſta Critica deſtemplada ſe llevan de encuentro innumerables Doctiſſimos,
y Eruditiſſimos Varones, que han florecido en el eſpacio de caſi trecientos años, [como ſe ha dicho] que han
deſflorado, y còmbazado en ſus libros, dados á la prenſa, las narraciones de el Beato Alano de Rupe, tocantes
al Santiſſimo Roſario.

25 Lo ſegundo: Porque negar lo que ſiempre, ſiempre nueſtra Sagrada Religion ha tenido, y por certiſſimo
tiene en materia del SS. Roſario, es tocarle en las niñas
de los ojos, y traſpaſſarle las telas del corazon, y aun todo ſu corazon. De eſto es la razon: Porq̃ la Clariſſima
Orden de Predicadores ſiempre ha mirado, y atendido,
mira, y atiende, mirarà, y atenderà ſiempre el culto Mariano de el SS. Roſario como *Patrimonio, Herencia,
y Mayorazgo Sagrado, que nos dexò, como á hijos, y*

he-

heredexos legitimos de *N. SS. P. y Patriarcha San-*
to Domingo de Guzman, como han defendido, y defienden todos sus Individuos Religiosos. Y assi dixo
nuestro Eruditissimo, y Devotissimo Padre Maestro F.
Justino Miechovienfe: *Tanto necessitatis vinculo eidem*
Ordini hæc Sacra Archiconfraternitas est copulata,
ut communi vocabulo, nunc Patrimonium Sancti Dominici, *nunc* Hæreditas Prædicatorum appellatur.

Miech. tom 2.
Difc. 306 fup.
Litan. Laur.
Mag. Per-
theolo. Rofar.
quæft. 10. art.
8.

26. Y de aqui nace, que los Summos Pontifices han
encomendado siempre à nuestra Sagrada Religion el
fundar, fomentar, promover, y dilatar en el Christiano
Pueblo esta Santissima, y utilissima devocion del Psalterio Mariano, cultivar, y regar esta fragrantissima Planta Virginal el Santissimo Rosario: y en consequencia
han concedido los Santos Papas, que solo los RR. PP.
MM. Generales *privativamente puedan fundar, aun*
en Iglesias extra Ordinem *la muy Venerable Cofra-*
dia de el SS. Rosario. Y esto con calidad, y condicion, q̃ si con el tiempo se fundasse en la Ciudad, Villa,
ò Lugar, Convento, ò Cafa de nuestra Religion, *ipso*
jure, & facto sea trasladada, y se entienda trasladada dicha devotissima Cofradia de el Santissimo Rosario con
todos sus bienes muebles, y rayzes à la Casa, ò Convento, que alli se fundare de nuevo: y han prohibido, y vedado sus Santidades pintar Santo, ò Santa recibiendo el
Santissimo Rosario de mano de la Sacratissima Virgen
MARIA Madre de Dios, sino solo à nuestro Padre Santo Domingo, ni inventar otro nuevo
Rosario distinto de el que predica la Sagrada Orden de Predicadores.

Bull. O P. &
Bull. Rofarij.
Brev. 2. Alex.
VII.

Vid. fupr. in
Præambulo.

CAPITULO SEGUNDO.

Que nuestro Glorioso Padre Santo Domingo es Auctor de el SS. Rosario, como ahora se practica en el Pueblo Christiano, se convence con Oraculos Pontificios.

PARA HABLAR PROPRIAMENte, y escusar inutiles controversias, comienzo este Capitulo por la definicion de el Santissimo Rosario, como ahora se practica en la Sta. Iglesia Gatholica. Definese el Rosario en el Breviario de nuestra Sagrada Orden en la Leccion IV. de la fiesta de esta Santissima devocion por estas formales palabras: *Est autem Rosarium, seu Psalterium sacra quædam formula orandi Deum in honorem Beatæ Mariæ, qua per quindecim Salutationis Angelicæ decades interjecta singulis Oratione Dominica, quindecim Redemptionis humanæ mysteria pijs meditationibus percensentur.* No es otra cosa el Rosario de que tratamos, que una Sagrada formula de orar à Dios, en honor de la Santissima Virgen MARIA, que consta de quinze diezes de la *Salutacion Angelica,* antepuesta à cada decenario una Oracion Dominica, ò *Padre nuestro:* y mientras se rezan vocalmente estas Oraciones, se meditan, consideran, ò contemplan piadosamente quinze mysterios principales de la Redempcion humana. Casi con las mismas voces se define este Mariano piissimo culto en la Leccion IV. del Breviario Romano de esta festividad. Definicion extracta de un Breve del Sr. S. Pio V. q comienza: *Consueverunt.* Con esta definicion cessan varias opiniones, y diversos dichos de algunos Auctores, que pretenden, ò quieren persuadir, que el SS. Rosario no tuvo

Brev. O. P.

S. Pius V. in Brev. Consuev.

vo fu primer principio, ù origen en la Sagrada Orden de Predicadores. Por que à ningun culto Mariano, aun con la *Salutacion*, le convienen las particulas todas de la dicha definicion: porque el definido, y la definicion fe convierten entre fi: y no es definido, à quien no le conviene toda la definicion. Efto notado, y advertido.

Theol. Sacr. Rofar. quæft. art. 1.

2   Digo, que de efte Rofario definido, es *Inventor, Auctor, Fundador*, è *Inftitutor* N. S. Padre, y Patriarcha Santo Domingo de Guzman. Eftos quatro nombres una mifma cofa fignifican, mas con diverfos refpectos. *Inventor* explica el ingenio en hallar. De Dios fe dice en el Pfalmo 9. ℣. 11. *Annunciate inter gentes ftudia ejus.* *Auctor*, declara facultad, y poder, y affi dixo S. Ambrofio: *Auctor Sacramentorum quis eft? Nifi Dominus Jefus.* Fundador, es el que pone el fundamento, en que eftriva el edificio: y affi dixo San Pablo: *Ut fapiens Architectus fundamentum pofui.* Inftitutor, es el que debajo de ciertas Leyes, ù Ordenaciones dà el fer al Inftituto. Y de aqui los Santos Patriarchas de las Sagradas Religiones fe nombran *Inftitutores.* Dice, pues, la conclufion, que N. G. P. Sto. Domingo es Inventor, Auctor, Fundador, è Inftitutor de la Sacratiffima devocion de el Virginal Pfalterio, ò Santiffimo Rofario, como ahora fe practica en el Pueblo Chriftiano. Efta affercion fe ha de probar con expreffos Oraculos de los Summos Pontifices: y fus Legados, que fe alegaràn por la ferie de los tiempos, en que florecieron.

3   Y fea el primero el teftimonio, que nos dà Alexandro, Obifpo de Forly, Nuncio en toda Alemania, con poteftad de Legado *à latere* de la Santidad de Sixto IV. Efte Illmò. y Rmò. Señor en una Bula, que comienza: *Etfi gloriofos*, dada en Colonia à 10. de Marzo de 1476. dice alli: *Quamobrem, ut laudabilis Confraternitas Rofarij Virginis Sanctiffime, & in*

Apud Jofeph. Stephan. in fuo Rof. p. 149. & in Bullar. Rofar. p. 47.

com.

communicatione bonorum operum effusissimè per Fratres Ordinis Prædicatorum Coloniensium, sub certis, & quibusdam Regulis ad laudem, & gloriam Virginis, & multarum animarum ædificationem, & salutem saluberrimè instituta: Imó verò restituta potiùs, ac innovata [cùm in varijs Historijs legatur, illam à B. Dominico prædicatam, sed temporum neglectu intermissam, & quasi deletam] firmior, & stabilior existat, &c.

4 Esto mismo testifica este Ilmó. Legado en otra Bula de la misma fecha, que empieza: *Non defuit,* en què se lcen estas notables palabras: Sanè nuper *Revelatione fidelibus fidedignis facta, & miraculis evidentibus confirmantibus: ipsa Deipara V. antiquam devotionem, & Fraternitatem Rosarij ejusdem V. in Prædicatorum Coloniensi Monasterio à Patre dicti Ordinis Dominico renovatam, & constitutam, renovare voluit, ac jussit:* quatenus Fidelium Confratrum ad hoc adjuvantibus orationibus, Bella, aliaque imminentia pericula à dicta Civitate, & Alemania avertantur, &c. Mucho hái aqui, que notar en este hecho, y suceso Historial de este testigo mayor de toda excepcion: mas ahora pregunto à los severos Criticos, se puede negar esta revelacion de la Santissima Virgen: hecha no à una sola persona, sino à mas: y estas personas fieles, y fidedignas, y confirmada con milagros evidentes, que la confirmaron: como lo afirma el Legado, que existia entonces en Colonia, y por su oficio debia saber lo que testifica, delante de los mismos Colonienses? Juzgo, q no havrà Critico, ni se hallará hombre tan incredulo, que no dè entero credito à este testimonio de el Legado Apostolico. Pues ahora vuelvo à inquirir: quando la Santissima Virgen se apareció, y reveló à estas personas fieles, y fidedignas, que era su voluntad, que en nuestro Convento de Colonia se renovara la antigua devocion, y Cofradia de el Santissimo Rosario: no reveló

Fernádez Annales del Ros. lib. 9. cap. 6. Bull 2. Percin. Monument. Conv. Tolos. Opusc. de Ros. 1. p. c. 1. n. 6.

velò tambien, que N. G. P. Sto. Domingo instituyò essa Santissima devocion, y utilissima Cofradia, y la publicò, y predicò en la Catholica Iglesia? Es indubitable: pues para hazer creible la revelacion, ò creibles las revelaciones, necessariamente havia la misma Reyna del Cielo, Madre de Dios, de instruir muy bien en todo lo que tocaba à su primera institucion à las personas, á quienes hazia la revelacion de la renovacion, y esso nos lo dá á entender el Legado en sus palabras: *Ipsa Deipara V. antiquam devotionem Rosarij: : : à P. dicti Ordinis Dominico institutam, renovare voluit, & jussit.* Este, pues, es un irrefragable termino, y una prueba invencible de que nuestro SS. Padre es Auctor de el Santissimo Rosario, Fundador de su Cofradia, y Predicador de sus excelencias. Y no era necessaria otra prueba.

Bullar. O. P. tom. 4. pagin. 115.

5   El segundo testimonio es de el Señor Alexandro VI. en su Bula, que comienza *illius, qui* dada à 13. de Junio de 1495. en que dice: *Equidem Divino Spiramine ordinata est quædam salubris, & devota Confraternitas* ad honorem Salutationis Angelicæ de Rosario, *seu Capella nuncupata in Conventu FF. Prædicatorum Coloniensi, & toto Ordine, quæ non solùm vivos recipit, sed etiam defunctos Confratres, ut per ipsius Virginis merita,* & Sancti Dominici (olim hujus Confraternitatis Prædicatoris eximij) *intercessionem tota mundi machina extitit præservata, &c.*

Bullar. Rosar. pag. 65.

6   El testimonio tercero es del Eminentissimo Señor Cardenal Francisco de Claramonte, Legado *à latere* de el Papa Leon X. en su Bula, que empieza *Etsi gloriosos,* dada a 9. de Abril de 1514. Y dice: *Vt igitur BB. Virginis laudabilis Fraternitas de Rosario nuncupata in sola liberali bonorum operum communicatione per Fratres Ordinis Prædicatorum in Biterrensi nuper sub certis limitibus, & alijs mundi partibus, & locis ad* maximam hujus Virginis laudem, & gloriam, *& multorum ædificationem instituta:* imò potiùs

tiùs renovata: quia per BB. illius Ordinis Patrem Dominicum legitur prædicata, licèt ad tempus neglecta
fuerit, oblivioni tradita, *firmior, & ſecurior habea-*
tur, &c.

7 Quarto teſtimonio nos ofreze el Señor Leon X.
en ſu Bula, que comienza: *Paſtoris æterni,* dada à 6.
de Octubre de 1520. donde dice ſu Santidad: *Olim*
prout in Hiſtorijs legitur à Sancto Dominico, quæ-
dam Confraternitas utriuſque ſexus fidelium de Ro-
ſario ejuſdem B. M. Virginis nuncupata ad honorem
Angelicæ Salutationis inſtituta, & in diverſis mundi
partibus prædicata fuit, ſequentibus ſignis. Sed cùm
ipſa Confraternitas de curſu temporis ferè neglecta fuiſ-
ſet, & in oblivionem tranſiſſet: ac anno 1475. Civitas,
& Diœceſis Colonienſis gravibus bellis premeretur:
eadem Confraternitas a d laudem, & honorem præfatæ
Virginis, (ut Civitas, & Diœceſis prædicta meritis, &
interceſſionibus ejuſdem Virginis ab eis bellis libera-
retur) *in Eccleſia dicta Domus innovata, & denovo*
inſtituta fuit, &c.

Bull. O. P. to.
4. pag. 392.

8 En eſta Bula confirma el Sto. Papa, aprueba, y re-
nueva las Bulas dadas à favor de el Santiſſimo Roſario,
por el Nuncio Legado Alexandro Obiſpo de Forly,
por Sixto IV. è Innocencio VIII. ſus Predeceſſores, y
las confirma, è innova con todas, y cada una de ſus clauſulas en ellas contenidas: *Omnia, & ſingula* (dice el
Summo Pontifice) *in eis contenta approbámus, con-*
firmamus, & innovamus. De q conſta por eſta clauſula,
que ſu Santidad haze proprio todo quanto en dichas
Bulas ſe contiene: y con eſpecialidad lo que hiſtorial-
mente narra el Obiſpo de Forly, afirma, y teſtifica de
propria ciencia, y experiencia como teſtigo preſente
en Colonia quando ſe innovò la devocion, y Cofradia
de el Santiſſimo Roſario, y por Apoſtolica Auctoridad
ſe hizo dicha innovacion, y conſta de las Conſtituciones, que para ſu reeſtablecimiento ſe formaron el dia 8.
de Septiembre de 1475. C 9 Y

~9   Y aunque en las Bulas de Sixto. IV. que aprueba, confirma, è innova Leon X. no se diga expressamente, que N. P. Sto. Domingo fue *Inventor*, y *Auctor* de el Santissimo Rosario, mas se declara en ellas la grande antiguedad de esta devocion, y su Cofradia, antes, que floreciera de Beato Alano de Rupe, como se vee en la Bula Sixtina despachada à instancias de los Duques de la menor Bretaña, que comienza: *Ea, quæ,* donde dice: *In Ducatu Britaniæ, & pluribus alijs locis (crescente fidelium devotione) ab aliquo tempore citra, innovatus est certus modus orandi pius, & devotus, qui etiam antiquis temporibus à Christi fidelibus in diversis mundi partibus observabatur.* La data de esta Bula es à 12. de Mayo de 1479. quatro años no cabales, despues que falleciò el B. Alano de Rupe. En la nota 6. à este Diploma Pontificio dice N. Rmò. P. M. Gl. Bremond: *Innovatus)* à *B. Alano de Rupe: Auctor siquidem Rosarij fuit Sanctus Patriarcha Dominicus.*

10   Venga ya en quinto lugar à dar fee, y testimonio de nuestra assercion el Doctissimo, y juntamète SS. Pontifice Maximo, el Victoriosissimo Christiano Principe, nuestro Padre el Señor San Pio V. que aunq Domestico, no se le podrà poner esta excepcion: pues antes por esta circunstancia sabrà mejor que otro, lo que ha sucedido, y passado en su Casa, y Familia. Este, pues, SS. Pontifice en sus letras en forma de Breve, que comienzan *Consueverunt,* dadas à 17. de Septiembre de 1569. en que estendiendo su Apostolica pluma, difunde sus veridicos Oraculos con estas venerables expressiones: *Consueverunt* Romani Pontifices, & alij Sancti ,, Patres, Prædecessores nostri, cùm bellis corporali- ,, bus, vel spiritualibus premerentur, aut alijs vexatio- ,, nibus tentarentur, quò faciliùs ab illis evaderent, & ,, tranquilitatem adepti, Deo quietiùs, & ferventiùs in- ,, servirent, & vacarent, Divinam opem implorare, & ,, Sanctorum suffragia per supplicationes, seu Littanias

Bullar. Rosar. & Bull. O. P. tom. 3. p. 576.

Bullar. O. P. tom. 5. p. 223.

„ depofcere, ac oculos cum Davide in montes levare,
„ certa fpe confidentes, inde illis auxilium affuturum.

11 „ *Quo exemplo adductus Spiritu Sancto, ut*
„ *pie creditur, afflatus B. Dominicus Ordinis Præ-*
„ *dicatorum Auctor* [cujus Inftitutum, & Regulam, cùm
„ in minoribus effemus, expreffè profeffi fumus] fimili,
„ qua nunc temporis occafione, qua Albingenfium hæ-
„ refis partes Galliarum, & Italiæ miferè graffabatur: le-
„ vans in Cælum oculos, & *Montem illum Gloriofæ*
„ *V. Mariæ, Almæ Deigenitricis* [quæ germine fuo
„ tortuofi ferpentis caput obtrivit, & cunctas hærefes
„ fola interemit, ac Benedicto Fructu ejus ventris mun-
„ dum primi Parentis lapfu damnatum falvavit, & de
„ quo fine humanis manibus abfciffus Lapis eft ille, qui
„ ligno percuffus gratiarum aquas afflueter produxit]
„ *refpiciens modum facilem, & omnibus pervium, ac*
„ *admodùm Pium orandi Deum Rofarium, five Pfal-*
„ *terium ejufdem B. M. Virginis nuncupatum* [quo
„ eadem Bma Virgo Salutatione Angelica centum,
„ & quinquagies ad modum Davidici Pfalterij repetita,
„ & Oratione Dominica ad quamlibet decimam, cum
„ certis meditationibus totam ejufdem D. N. J. Chrifti
„ vitam demonftrantibus, interpofita veneratur) exco-
„ gitavit, excogitatum *per Sanctæ Romanæ Ecclefiæ*
„ *partes propagavit.*

12 „ Orandique modo prædicto per Affeclas Bea-
„ ti Dominici, *Fratres videlicet Ordinis Prædicti,*
„ divulgato, & à nonnullis accepto: cæperunt Fideles,
„ meditationibus accenfi, his precibus inflammati, in
„ alios viros repentè mutari, hærefum tenebræ remit-
„ ti, & lux catholicæ fidei aperiri: & *ad hanc orandi*
„ *formam pro locorum diverfitate Sodalitates per*
„ *Fratres ejufdem Ordinis, ad hoc à fuis Superio-*
„ *ribus legitimè deputatos, inftitui, & Confratres*
„ *infcribi, &c.* Toda efta Hiftoria elegante, y com-
pendiofamente en efte Breve efcrita contiene quan-

to

to hemos de decir en eſte Opuſculo. Y es muy de ño-
tar, y advertir, que todo eſte dilatado Proemio de el
Breve Pontificio ſe eſtablece como fundamento, cauſa, ò razon de lo que decretaba ſu Santidad: y el fundamento de un Decreto tan univerſal para la Igleſia, ha
de ſer firme, como que en èl eſtriva todo lo que ſe de-
creta à favor de algunos, ò algunas Perſonas, à quienes
ſe conceden eſpeciales gracias.

13   El ſexto teſtimonio, con que ſe prueba nueſtro
aſſerto, lo dà el immediato Succeſſor de N. P. S. Pio
V. el Sr. Gregorio XIII. con extremo devotiſſimo de
el Santiſſimo Roſario, á cuyo favor ningun Summo
Pontifice (à lo que parece) ha expedido mas Bulas, y
Breves: quien quiſo, y decretò, que la decantada Victoria de la *Batalla naval contra el Turco en el golfo
de Lepanto*, ſe celebraſſe en la Igleſia (dando à Dios
gracias por tan grande, ſingular, y memorable benefi-
éio) con el nombre, y titulo de el *Santiſſimo Roſario*,
como victoria alcanzada con las oraciones de eſta Sacratiſſima devocion. Dos ſon los Breves, que hallo, de
eſte Summo Pontifice, que hazen à mi propoſito. El
primero, que comienza: *Monet Apoſtolus*: dado à primero de Abril de 1573. en que ſu Santidad exarò eſtas
palabras. *Quia verò preces ad Deum oblatæ, eò gra-
tiores ad illius conſpectum aſcendunt, quò dignioribus
Interceſſoribus, ac pio aliquo orandi modo offeruntur.
Memores B. Dominicum Ord. Prædic. Inſtitutorem,
cùm & Gallia, & Italia à pernicioſis premerentur hære-
ſibus, ad iram Dei placandam, & BB. Virginis interceſſionem implorandam: Piiſſimum illum orandi modum
inſtituiſſe, qui Roſarium, ſive Pſalterium BB. Virginis
nuncupatur, &c.*

14   El ſegundo Breve ſe expidiò á 1. de Agoſto de
1575. donde ſe leen eſtas palabras: *Quod modus orandi [in literis noſtris expreſſus] Roſarian B. M. Virginis nuncupatus, tanquam à Divo Dominico dicti*
Or-

Bullar. O. P.
to. 5. pag. 318.

Bullar. O. P.
to. 5. pag. 335.

Ordinis Fundatore invetus existebat, & erat Peculia-
ris ipsius Ordinis: & ubi aliqua Domus ejusdem Or-
dinis reperiebatur, in eisdem dumtaxat constitui so-
lebat: & quatenús per priús in alio loco constitutus
reperitur, statim Domo dicti Ordinis in eodem loco
erecta, ad eamdem Domum, & illius Ecclesiam ipso
jure, & de facto, censeretur translatus &c. Es pues,
Proprio, y Peculiar de nuestra Sagrada Religion el Santissimo Rosario. Y por què ?

15   La razon fundamental, radical, y original de este *Por què?* que alegaron en juicio contradictorio ante su Santidad el Prior, y Religiosos, que de nuevo havian fundado Convento en la Ciudad Scalense del Reyno de Napoles, donde ya estaba erigida en otra Iglesia,
fue: *Quòd modus orandi Rosarium B. Mariæ Virgi-*
nis nuncupatus, tãquam à Divo Dominico dicti Or-
dinis Fundatore, Inventus existebat. Y con esta unica
razon, y fundamento, despues de haver andado la controversia en varios tribunales: y apelando el Prior, y
Religiosos de el nuevo Convento ante el Sto. Papa,
diò sententia á favor de nuestra Sagrada Religion: y se
trasladò la Cofradia á nuestra Iglesia: en atencion à Sto.
Domingo, à quien han mirado siempre los Summos
Pontifices, como indubitable Auctor de el SS. Rosario, y Fundador de su utilissima (à las almas) Cofradia:
que nos dexò nuestro Gloriosissimo Padre como à sus
espirituales hijos por Patrimonio, Herencia, y Mayorazgo.

16   Siguiò en el Pontificado immediatamente à el
Señor Gregorio XIII. la Santidad de el Señor Sixto V.
que es el septimo, clarissimo, y amplissimo testimonio,
con que se prueba nuestro asserto: En el Breve, que comienza: *Dum ineffabilia,* que despachò à 30. de Enero de 1586. *Attendentes,* dice su Santidad, *itaq quam*
Religioni nostræ fructuosum fuerit SS. Psalterij,
Rosarij nuncupati, gloriosæ, semperque V. Mariæ

Bullar. O. P.
to. 5. pag. 444.

Al-

Almæ Deigenitricis, Inſtitutum, per B. Dominicum Ord. FF. Prædicatorum Auctorem, Spiritu Sancto, ut creditur, afflatum excogitatum: quantaque exinde mundo provenerint, & in dies proveniant Dona, & quod propterea utriuſque ſexus Chriſti fidelium confraternitates ſub invocatione Roſarij ejuſdem B. M. Virginis in univerſis Orbis Ecclesijs, ac Capellis, & Altaribus canonicè inſtitutæ, earum Confratres, & Sorores à quamplurimis, & præſertim à fælicis recordationis Vrbano IV. Joanne XXII. Sixto etiam IV. Innocentio VIII. & Alexandro VI. àc Julio II. & Leone X. ac Adriano VI. & Clemente VII. & Paulo III. ac Julio III. & Paulo IV. & Pio etiam IV. ac Pio V. & poſtremò Gregorio XIII. Romanis Pontificibus Prædeceſſoribus noſtris, ac nonnullis Sedis Apoſtolicæ cum poteſtate Legati à latere Nuncijs: nedum confirmationem, & augmentum earundem Confraternitatum, ſed etiam Indulgentias, Privilegia, & Indulta, meritò obtinere meruerint, &c.

17. Tenemos en eſte teſtimonio quinze Summos Pontifices Predeceſſores de el Sr. Sixto V. y algunos Nuncios de la Sta. Sede Apoſtolica con poteſtad de Legados à *latere*, que no ſolo aprueban, y confirman la devocion de el SS. Roſario, y ſu ſaluberrima Cofradia, ſino, que tambien concedieron gracias, privilegios, è innumerables Indulgencias. Y aunque no todos expreſſamente afirmen, que nueſtro G. P. Sto Domingo, fue Auctor de el SS. Roſario de la Sacratiſſima Reyna del Cielo, lo dicen empero virtual, y equivalentemēte: porque aprobando, confirmando, è innovando las Bulas, y Breves de ſus Predeceſſores, con todas ſus clauſulas, en eſſo miſmo ſe dice bien claro lo miſmo, que los otros, que lo afirman con voces expreſſas.

18   Y es muy de notar, que entre eſtos quinze Pontifices, que nombra Sixto V. ſe hallan dos, que precedieròn à el Br Alano muchos años. El primero es el
Sto.

Sto. Papa Vrbano IV. que governò la Iglefia en el figlo
XIII. electo à 29. de Agofto de 1261. Y el fegundo el
Sr. Juan XXII. que florecìo en el figlo XIV. yà adul-
to, electo à 5. de Septiembre de 1316. y efto verifica
lo que efcribiò el B. Alano de Rupe en fu Apologia
por el Pfalterio Mariano, ò Santiffimo Rofario cap. 13.
donde teftifica: *Pontifex Maximus Joannes XXII.*
Indulgentiam viginti quatuor annorum, triginta qua-
tuor hebdomadarum, & duorum dierum conceffit oran-
tibus Pfalterium Mariæ, quod CL. Salutationibus
Angelicis conftare diffinit. Bullæ tranfumptum vidi,
Autographum Avinione in Conventu noftro affervа-
tur, ut audivi. En otro lugar fe harà evidente, que
Innocencio IV. y Alexandro tambien IV. Anteceffores
de Urbano IV. concedieron Privilegios, é Indulgencias à los Cofrades de efta Mariana Cofradia.

19   A Sixto V. fuccediò en el Pontificado el Señor
Gregorio XIV. que en un Brebe dà el octavo teftimo-
niò, fer nueftro Gloriofo P. Sto. Domingo Inftitutor
de el Santiffimo Rofario, y por effo fu Iluftriffima Cofradia no puede eftar en otra Iglefia, que no fea de nueftra Sagrada Religion, y fi algunos attentaren lo contrario, no gozan de las gracias, privilegios, é Indulgencias, ni pedir limofnas, y ni hazer en los lugares los actos, que dicha Cofradia piadofamente exercita. El
Breve, fue dado à 25. de Septiembre de 1591. y comienza: *Apoftolicæ Servitutis Onus.* Sucediò el cafo en
Lisboa, defmenbrandofe ciertos Cofrades de la Cofradia de nueftro Convento, yendofe à otra Iglefia: *Cre-*
dentes, dice el Sto. Papa, *fe privilegijs, gratijs, &*
Indulgentijs, dicti SS. Rofarij frui, & gaudere ele-
mafynamque per ipfam Civitatem Vlixbonam poftu-
lantes, & Populum decipientes, cum nulla Confrater-
nitas SS. Rofarij, illa poffet confequi, nifi fuerit inftitu-
ta, & fundata in aliquo ex Monafterijs, feu Domibus
Ordinis Sancti Dominici dicti Rofarij Inftitutoris.

Bullar. O. P.
to. 5. pag. 480.

Efte

Bullar. O. P.
to. 5. pag. 492.

20 Efte Brebe de Gregorio XIV. lo aprobò, confirmò, è innovò, infertandolo *de verbo ad verbum*, el Sr.
Clem. VIII. en otro Brebe, que comienza *Quæcum-*
que, dado à 4. de Agofto de 1592: Eftos Decretos
Pontificios fe fundan en que, [como yà fe hà dicho]
nueftro G. Patriarcha Sto. Domingo fuè, y es Auctor
de el Santiffimo Rofario, y Fundador de fu devotiffima
Cofradia. Y quien fe atreviere à negar efte Blafon à
nueftro SS. Padre, fe atreverà à negar [lo que Dios no
permita] que eftos Decretos de los Summos Pontifices
carecen de fundamento folido para fer juftos, y rectos,
como debemos creer, que lo fon las fententias en contradictorio juicio de vifta, revifta, repetidas vezes, que
dimanan de el Trono de la Sede Apoftolica. A Gregorio XIV. fuccedio en el Pontificado Innocencio IX. à
quien (no haviendo vivido fino folos dos mefes) fuccedió en la Cathedra de San Pedro el Papa Clemente VIII.

Bullar. O. P.
to. 5. pag. 511.

21 Efte Santo Pontifice en dos Breves nos da du-
plicado el teftimonio nono. El primero comienza *Cùm*
Beatus, expedido à 22. de Noviembre de 1593. en q̃
fu Santidad dice: *Cùm Beatus Dominicus Ord. Præ-*
dicatorum Auctor, & Inftitutor: ineffabilia meritorum
infignia, quibus gloriofiffima Deigenitrix Virgo Maria
cumulata fuit, devotè confiderans, quodque ipfa apud
Deum, quem maternis lactavit uberibus, preces effundere non definit, Spiritu Sancto, (ut piè creditur) afflatus, Pfalterij, Rofarij nuncupati, ejufdem B. Mariæ Virginis inftitutum, excogitaverit, feu invenerit: Y poco
defpues dice: *Nos attendentes hunc orandi modum*
dicti Ordinis FF. Prædicatorum Peculiarem exifte-
re, & ab eodem tanquam à Fonte profluere, & emana-
re, ad fuum originem ipfum reducere, & Chrifti fidelium devotionem (quæ facili negotio refrigefcere poteft, fi præfatus orandi modus in alijs, quàm dicti Ordinis locis, & Ecclefijs reperiatur) augere, & in dies in-
cre-

increme̱n̲ta fuscipere cupientes, *&c. ibidem legenda.*
Omito lo mucho, que se puede notar, y aun ponderar
en este Pontificio testimonio, dexandolo à considara-
cion de quien lo leyere. Solo noto la estimacion, aprecio, y veneracion con que este Santissimo Padre, y Pastor de la Catholica Iglesia habla de la Sagrada devocion
de el Santissimo Rosario, no solo por lo que es en sí, y
utilissima à todo el Pueblo Christiano: sino tambien por
ser este celestial modo de orar cosa, y obra de N. G. P.
Sto. Domingo inventada, y inventada no como quiera, sino con profunda meditacion, y devota consideracion de el glorioso Santo. Què contemplaba el Santissimo Patriarcha de los Predicadores, quando inventò
el Santissimo Rosario? Que? Digalo el Santo Papa, q̃
yo no acierto à decirlo: *Ineffabilia meritorum infignia, quibus gloriosissima Deigenitrix V. Maria cumulata fuit, devotè considerans, quòdque ipsa apud
Deum preces effundere non desinit:* Y estando Santo
Domingo en esta tan alta consideracion: inspirado por
el Espiritu Santo (como se cree piadosamente) inventò el Psalterio Mariano, ò Santissimo Rosario.

12   El segundo Breve de este Santo Pontifice empieza: *Ordo Fratrum Prædicatorum,* su data es à 19.
de Enero de 1602. en que el Santo Padre historialmente trata, y narra algunos hechos de N. Sto. Patriarcha
sucedidos en el Convento Romano de S. Sixto, primera Casa, que tuvieron nuestros Religiosos en aquella
Corte. Y nos dice el Señor Clemente VIII. *In Ecclesia [S. Sixti] Sanctus Dominicus Primus B. Mariæ
Virg. Rosarium instituit, & promulgavit.* No quiere
decir el Summo Pontifice, que en S. Sixto se instituyò
el Santissimo Rosario por N. Sto. Padre, y se predicò
la primera vez en el mundo; sino que Santo Domingo
nuestro Padre fue el primero, que en Roma, y en la
Iglesia de S. Sixto establecio esta Divina devocion, y el
primero, que en aquella Curia publicò, promulgò, y predicó

Bullar. O. P.
to. 5. pag. 598.

D

dicò efte celeftial modo de orar, como ahora fe practica en la Iglefia à honra, y gloria de la Sacratiffima Virgen nueftra Señora. Y efto no quita, ni fe opone à que
en Efpaña, Menor Bretaña, y partes de Tolofa lo publi-
càra, promulgàra, y predicàra antes que en la Corte Romana, como teftifica el Beato Alano de Rupe.

23   El decimo teftimonio lo dàn *una voce* diez
Summos Pontifices, que han gobernado la Iglefia Ca-
tholica, defde el Señor Alexandro VII. hafta N. SS. P.
Benedicto XIV. Pontifice hoi reynante. En tiempo de
el Sr. Alexandro VII. en diverfas partes del Orbe Chriftiano fe introduxo la piadofa devocion de los *quinze
Martes* en honor, y culto de N. G. P. y Patriarcha S.
Domingo. Efta Santa devocion aprobò el fufodicho S.
Papa Alexandro: y para fomentarla como pia, y religiofa, la enriqueciò con Indulgencias de el teforo de la
Iglefia, que concediò à los fieles de uno, y otro fexo,
que en dichos *quinze Martes* fe exercitaffen en cierta s
obras virtuofas; y defpachò un Breve à 15. de Septiembre de 1657. en que narra el hecho fu Santidad en efta
forma: *Cum, ficut accepimus, in diverfis Orbis Chrif-
tiani partibus,* Pia erga S. Dominicum Ord. FF. Prædicatorum Fundatorem, & Rofarij Auctorem, *Devotio
in ipfum inducta fuerit qua permulti Chrifti fideles*
tertijs ferijs quindecim Hebdomadarum in anno pecca-
ta fua confiteri, &c. Las Indulgencias à efte pio, y devoto exercicio concedidas, no fueron perpetuas, fino
por fiete años. Caufa porque à peticion de N. Sagrada
Religion, fe han ido renovando los Breves de *verbo
ad verbum* por los Summos Pontifices hafta la prefente.

Bullar. O. P.
tom. 6. & 7.

24   El mifmo Pontifice Alexandro VII. renovò efte Breve à 2. de Mayo de 1663. y lo han renovado fus
Succeffores: Clemente IX. à 2. de Marzo de 1669. Clemente X. à 7. de Febrero de 1676. Innocencio XI. à
7. de Febrero de 1683. y otra vez à 10. de Mayo de
1889.

1889. Alexandro VIII. à 10. de Diciembre de 1689.
Innocencio XII. à 8. de Junio de 1696. Clemente XI.
à 5. de Marzo de 1703. y otras dos vezes: una à 21. de
Febrero de 1711. y la otra à 11. de Enero de 1718. Benedicto XIII. à 19. de Enero de 1726. Clemente XII.
à 17. de Enero de 1735. y el Papa reynante Benedicto
XIV.

25 Tenemos aqui diez Romanos Pontifices, que
en catorze Breves *uno ore* dicen, *una voce* afirman, *eisdem verbis* teſtifican, que nueſtro Gran Padre Stò. Domingo es Fundador de la clariſſima Orden de Predicadores, y Auctor de la Sacratiſſima devocion de el Roſario de MARIA Santiſſima Reyna de el Cielo. Luego aſſi como es cierto, que Sto. Domingo es Fundador de la Sagrada Orden de Predicadores, ſerà tambien indubitable, que es el Santo Padre Auctor de la
celebre devocion de el Santiſſimo Roſario de la Reyna
de los Seraphines. Gran moroſidad ſerà dudarlo, mayor audacia el negarlo. En eſtos catorze Breves Pontificios en un paralelo eſtan el ſer *Fundador, de la Orden de Predicadores*, y ſer *Auctor de el SS. Roſario*,
que predicamos. Luego quien negare eſto con poco
reſpecto à los SS. Papas, ſe atreverá à negar lo otro.
Muy bien eſtaban en la verdad, que defendemos, los
Inventores de eſta piadoſa devocion en veneracion, y
culto à nueſtro Santo Padre, como lo manifieſta el que
eligieron *quinze Martes*, ni mas, ni menos, aludiendo
à los quinze Myſterios de que conſta el Santiſſimo
Roſario, teſtificando, que nueſtro Sto. Patriarcha es
Auctor de el Pſalterio Mariano, y los Santos Pontifices
approbando, como pio eſte numero de ſemanas, en que
los fieles ſe exercitan una vez cada año en venerar à el
Auctor de la devocion de el Santiſſimo Roſario.

26 Pero aun reſtan otros teſtimonios Pontificios,
con que revencer à los incredulos. El Sr. Clemente X.
(que eſcribiò al Catalogo de los Santos à aquella Americana

ricana, Belliſſima, y Ameniſſima, Primera Flor de Santidad Indiana, digo, à la Glorioſa Virgen Fragrantiſſi-
ma Roſa de Sta Maria) en la Bula de ſu Canonizacion
dada à 12. de Abril de 1671. compendiando ſu prodi-
gioſa, y admirable vida, y ſus heroycas virtudes [con
que llenò el Orbe de olor, y fragrancia con ſus raros
exemplos] nos pone à la viſta el ſentimiento, que eſta
Iluſtriſſima Virgen tenia de nueſtro aſſerto, predicando, y perſuadiendo à los que trataba la fruƐtuoſiſſima, y
ſaluberríma devocion de el Sátiſſimo Roſario de la Puriſſima Virgen de Dios Madre [que en el Roſtro de
ſu Sagrada Imagen, y en el de el Diviniſſimo Hijo, leìa
las celeſtiales revelaciones] Oygamos lo que dice el
Santo Papa en la citada Bula. *Partenici Roſarij recitationem, cum innexa decadatim myſteriorum conſi-
deratione:* Prout Sanctus Dominicus inſtituerat, ſingulariter diligebat: *eò quod in ea coaleſcant mentalis, &
vocalis ſimul orationis affectus, petitiones, laudes, &
gratiarum actiones: & plurimis* hæc Roſæ incitamenta profuiſſe, re ipſa compertum eſt. Todo quanto narra hiſtoricamente el Santo Pontifice en eſta Bula, es ex-
tracto de los Proceſſos, que ſe fabricaron para la Canonizacion de eſta Virgen Peregrina Roſa, que ya ſe ſabe
quanta auƐtoridad tienen, por la diſcretiſſima aprobacion de la Santa Sede Apoſtolica.

Bullar. O. P.
tom. 6.

    27   Eſpeciales teſtimonios à favor de nueſtro aſſer-
to ſe hallan en el Pontificado de N. SS. P. y Venerable
Señor Benedicto XIII. (alabanza, gloria, y corona de la
Orden de Predicadores) Eſte, pues, Beatiſſimo Padre
en aquella Bula, que comienza: *Pretioſus*, dada à 26.
de Mayo de 1727. (en que formò un *Mare Maximum*
de los privilegios de ſu Sagrada Orden de Predicadores) en el §. 4. ſe explaya tratando del Santiſſimo Roſario, y dice: *Indulgentias Roſarij ab ipſo Prædicatorum Fratrum Patre Sancto Dominico cum inſigni
animarum fructu, & B. Mariæ V. honore inſtituti, &c.*

Bullar. O. P.
to. 6 pag. 617.

Y

Y confirma las Bulas, y Brebes todos de fus Predeceffores los Romanos Pontifices, y de algunos Legados à *latere* de la Sede Apoftolica à favor de efta Santiffima devocion, y fu Venerable Cofradia. Y menciona expreffamente los *quinze Summos Pontifices,* que individuó fu Predeceffor Sixto V: y fe pueden veer fus nombres en el numero 16. de efte Capitulo.

28 Efte Pontificio teftimonio, aunque Domeftico, es de mucho pefo, y de maximo aprecio por varias razones, y motivos. El primero: por la auctoridad de quien lo dà. Lo fegundo: por darlo en virtud, y vifta de las Bulas, y Breves de fus Predeceffores, y fus Legados, que aprueba, confirma, è innova *motu proprio, & ex certa fcientia.* Lo tercero: por darlo defpues de haver leido efte Säto Pontifice lo que efcribieron con fu immoderada Critica los Nomenclatores de nueftra nueva Biblioteca, y ponderado fus infubfiftentes fundamentos, motivos, y razones, que alegan, y de que fe podrán à cafo valer otros immoderados Criticos para no apreciar la grande Auctoridad de el B. Alano de Rupe. Lo quarto: por fer el SS. P. Benedicto XIII. verfadiffimo en la Hiftoria affi Ecclefiaftica como Secular, eruditiffimo en letras Divinas, y humanas: Critico ceñido à la principal regla de efta liberal facultad, moderada, templada, prudente, y difcreta: ufando de la Critica juiciofa para difcernir por ella lo verdadero de lo falfo, lo cierto de lo dudofo, lo fabulofo, y apocripho de las Hiftorias, y narraciones, como parece por fus doctiffimos, eruditiffimos, y clariffimos efcritos.

29 De efte SS. Padre (teftigo ocular) N. Rmô. P. M. Gen. F. Antonino Bremond, doctiffimo, y eruditiffimo Auctor de nueftro Bullario Magno, da efte teftimonio en el tomo 1. Bullar. en la Prefacion §. 4. *Ea eft ingenij amplitudine Summus Pontifex Bened. XIII. Ordinis Prædicatorum Alumnus, tanta pollet eruditione, ut licèt unus omnia curet Ecclefiæ negotia, dum*

ve-

veterum opera indefesso studio vorat, recentiora cunc-
ta scrutetur: & quasi totus esset in literis, cujuscumque
scripta penitùs recognoscat. Palabras por donde se viene en claro conocimiento de la juiciosa, y verdadera
Critica de este gran docto Summo Pontifice.

30   En el Pontificado de dicho Sr. Benedicto XIII.
la Sagrada Congregacion de Indulgencias, y Sagradas
Reliquias año de 1726, diò un gravissimo testimonio, q̃
confirma clarissimamente nuestro assumpto. Fue el caso, que rezelando, y precaviendo el SS. Pontifice Benedicto, que por otras nuevas devociones [que cada
dia se inventan] se dexara, ò no se frequentara, ò enti-
biara, sino antes creciera, como deseaba, la *antiquissi-*
ma, aprobadissima, utilissima, y facilissima devocion
de el Sacratissimo Rosario de la Reyna del Cielo [que
para todo es universal remedio, antidoto, y medicina,
como lo enseña la misma experiencia de mas de quinientos años] ordenó, y mandò su Santidad à dicha Sagrada Congregacion, reconociesse si sería conveniente, y expediene añadir à el copiosissimo tesoro de Indulgencias, (que estaban concedidas à la devocion del
Santissimo Rosario, y que ganan los Cofrades, que en
ella se exercitan) otras Indulgencias especialmente las
concedidas à la *Corona, que llaman de Sta. Brigida,*
Y haviendose tratado, y consultado en dicha Sag. Cong.
con madurez esta materia, y respondiendo *affirmati-*
vè su Santidad conformandose con el parecer de dicha
Sagrada Congregacion à 13. de Abril de dicho año expidiò el Santo Papa el Decreto de el tenor siguiente.

31   *SS. D. N. Benedictus XIII. summa devotio-*
ne motus, qua fervet erga Rosarium B. M. Virginis
ut adeo Ecclesiæ utilis, Deoq̃ accepta devotio in Christiano Populo magis, magisque augeatur, & propagetur,
audito voto Sac. Congregationis Indulgentijs, & Sa-
cris Reliquijs præposita, &c. Añadiò, pues, y concediò à la Santissima devocion de el Rosario de la Beatis-
                                                             sima

Bull. O. P. to.
6. pag. 585.

fima Virgen Maria las Indulgencias, que eftan concedidas à la Corona de Santa Brigida. Y el voto de la dicha
Sagrada Congregacion fe arreglò al parecer de los
Confultores, efpecialmente à un voto, que trae à la letra N. RR. P. M. General de toda N. Sagrada Orden,
que es de el tenor figuiente.

32   *Rofarium* formula orandi Deum, *infpirante*
BB. Virgine à Divo Dominico inftituta, tanquam
fingulare ad evertendas hærefes, & vitia extinguen-
da præfidium, à Summis Pontificibus, & ab Ecclefia
declaratur. Hinc in publicis Ecclefiæ neceffitatibus
tum contra hærefes, tum contra Turcas, aliofq Chri-
ftiani nominis hoftes: hac precandi formula auxilium
à Domino imploratum fuit. Rofario S. Dominicus
Albigenfes profligavit. Rofario S. Pius V. Turcas
ad Naupactum devicit, &c. SS. D. N. Benedictus XIII.
devotione, qua fervet erga Sanctiffimam Virginem Ro-
farij demandavit huic Sacræ Congregationi, ut inveni-
retur expedire, ne fideles tepefcerent, imò potiús in-
flamarentur ad recitationem Rofarij. Y antes el Con-
fultor Havia expreffado el motivo efpecial de expedir
efte Decreto Pontificio: *Quia verò novitate ducti fi-*
deles, relicta recitatione Rofarij, devolvi ad alias
preces, & præcipuè ad recitationem Coronæ S. Bir-
gittæ.

Bullar. O. P. to. 6. pag 586.

33   Dignas de reflexion fon las palabras de efte Voto Confultivo, que abrazó la Sagrada Congregacion:
Rofarium formula orandi Deum, infpirante BB. V.
à D. Dominico inftituta tanquam fingulare ad ever-
tendas hærefes, & vitia extinguenda Præfidium: à
Summis Pontificibus, & ab Ecclefia declaratur. Que
es decir claramente, que los Summos Pontifices, y la
Iglefia Catholica declaran, que Santo Domingo inftituyó el Santiffimo Rofario (infpirado por la Beatiffima
Virgen Maria) como fingular Prefidio para deftruir las
heregias, y eftinguir los vicios, y pecados. No quiere
decir,

decir, que la Santa Iglesia, y los Summos Pontifices declaran este punto como de Fee Catholica, ya se vee, si no que declaran este punto como cosa cierta, que de cierto se sabe por irrefragables monumentos humanos, que mueven à los Juezes rectos á dar sentencia, y declarar con certidumbre moral el punto, que se pone en controversia. Y donde, y quando los Summos Pontifices, y la Iglesia declaran este punto, de que Sto. Domingo N. P. es Auctor indubitable de el Santissimo Rosario, como ahora se practica en el Orbe Christiano? Los Summos Pontifices en sus Bullas, Breves, y Decretos, y la Iglesia en los Oficios Divinos, que canta en sus festividades, lo declaran, y lo tienen declarado.

34   Uno, y otro consta por el Oficio Divino de la solemne fiesta annual el Domingo primero de Octubre, en que se celebra el Santissimo Rosario de la Sacratissima Virgen de Dios Madre. Esta memorable fiesta la instituyò el glorioso Pontifice Maximo San Pio V. con el titulo de *Santa Maria de Victoria:* y su immediato Successor el Señor Gregorio XIII. [paraque se supiera, que los mejores Soldados, que ayudaron á conseguir aquella *memorable, y miraculosa Victoria* fueron los Cofrades del Santissimo Rosario] le añadiò este victorioso titulo: *Rosario S. Pius V. Turcas ad Naupactum devicit.* Vease el Breve: *Monet Apostolus* de el Santo Papa Gregorio XIII. y lo afirma el Sr. Clemente VIII. En el Breviario, pues, de la Orden de Predicadores aprobado por el dicho Señor Clemente VIII. en la IV. leccion de los Maytines de esta fiesta de el Santissimo Rosario se leen, y cantan todos los años estas palabras: *Quem* (scilicèt S. Dominicum) *ejus* [Rosarij nempe] *Auctorem fuisse Leo X. Pius V. Gregorius XIII. & Sixtus V. Apostolicis Diplomatibus profitentur.* Notemos la propriedad de este verbo *profitentur.* Es el verbo compuesto de la preposicion *pro,* y de el

el

el verbo *fateor*: el fimple fignifica côfeffar de qualquier modo, aunque fea con apremio: el compuefto *profiteor* fignifica confeffar no como quiera, fino confeffar efpontanea, libre, y voluntariamente: claramente, abiertamente, y publicamente. Con que decir la Iglefia, que los Summos Pontifices Leon X. San Pio V. Gregorio XIII. y Sixto V. *profitentur*, es decir, que eftos Santifimos Papas efpontaneamente, libremente, voluntariamente, claramente, abiertamente, y publicamente confieffan, que N. P. S. Domingo es Auctor verdadero, y unico de el Santiffimo Rofario fegun, y como ahora fe ufa rezar en el Pueblo Chriftiano. Digolo de una vez mas breve: que eftos Santos Padres han hecho *profefsion* de teftificarnos efta verdad en fus letras Apoftolicas: pues efte verbo fignifica profeffar, ó hazer profeffion: *profitentur.*

35. Efto mifmo declara la Iglefia, aun con mas amplitud en la leccion IV. de el Oficio nuevo de efta fiefta de el Pfalterio Mariano, ò Santiffimo Rofario, en el Breviario Romano: donde dice: *Quem* (Stum. Dominicum) *ejufdem* (Rofarij) *Inftitutorem, Auctoremque fuiffe, Summi Pontifices Apoftolicis literis paffim affirmant.* Dixe que lo mifmo, *aun con mas amplitud,* fe declara en efta claufula, que en la antecedente. En la claufula de nueftro Breviario folo fe expreffan los nombres de Leon X. S. Pio V. Gregorio XIII, y Sixto V. en efta de el Breviario Romano ningun nombre de Romano Pontifice fe lee, ni individúa: fino en comun dice *Summi Pontifices.* Y porque? porq̃ no folo aquellos quatro Papas lo confieffan: fino cafi todos fus Succeffores lo afirman. Y lo afirman *paffim,* à cada paffo. Y explica Lactancio: *Creditur ei* Paffim, *tanquam cognitæ veritati.* Y aun el verbo *affirmant* algo augm̃eta la declaracion. Segun el Nebrifenfe, y Calepino, en el Idioma Hifpano *afirmar* es lo mifmo, que *affeverar, confirmar, y hazer firme.* Affeverar es lo mifmo, que fe-

Apud Calep.
Verb. *Paffim.*
Nebri. Calep.
Verb. *Affirmo*

E

ſeriamente, conſtantemente decir una coſa: hazer la firme, y cierta. Luego los Summos Pontifices à cada paſſo (dada ocaſion) conſtantemente dicen, aſſeveran,
aſſirman, y reſirman nueſtro aſſerto como verdad conocida, y cierta.

36   A eſtos teſtimonios (tan repetidos à cada paſſo
de los Summos Pontifices) no ſe les puede poner excepcion alguna. Verdad ſea: que no todos los hechos
Hiſtoriales, que ſe leen en las Bulas, Breves, y Decretos de los Summos Pontifices, tienen igual auctoridad.
La tienen *Summa*, quando hablan immediatamente por
ſi proprios, y de propria ciencia. Mas quando hablan
enunciativè, eſto es, à ſugeſtion de la parte, no hablan
los Pontifices immediatamente por propria ciencia, ò
noticia: ſino mediante la parte, que informa, y les da
noticia de el hecho. Y aſſi aunque tiene auctoridad,
pero no como Pontificia: que es la mayor en hechos
Hiſtoriales, qual es el preſente de nueſtra Concluſion
que no es *enunciativa Relacion*: ſino aſſeveracion,
aſirmacion, y teſtificacion nacida de propria, y cierta
ciencia.

Lib. Synodic.
ſeu Concilia.
Beneventan.
pag. mihi 54. §.
3. num. 21.

37.   Eſta diſtincion, y doctrina me la enſeña aquel
gran Perſonage, de cuya ſabiduria, erudicion, y moderada Critica ſe hà dicho algo en el numero 29. de eſte
capitulo, quiero decir el SS. P. y Pontifice Summo el
Sr. Benedicto XIII. quien en aquella doctiſſima, y eru-
ditiſſima diſſertacion, donde *omni argumentorum genere* prueba la exiſtencia de el cuerpo Sagrado de el
Glorioſo S. Bartholome Apoſtol en la Igleſia Cathedral
de Benevento: Y haviendo probado ſu aſſerto con Bulas Pontificias, en que los Summos Pontifices hablan
aſſertivamente en ſu aſſumpto: llegando à la prueba X.
XI. alega tres Bulas, en que ſolo *enunciativè* ſe habla, y
dice la exiſtencia de dichas Sagradas Reliquias de el
Santiſſimo Apoſtol de Chriſto en aquella Santa Igleſia:
Y luego el Santo Papa con ſu diſcretiſſimo juicio, y re-
gu-

gulada Critica declara quanta fuerza tiene aquella prueba fundada en Bulas, en que solo *enunciativè* se relata dicha exiftencia: y dice affi.

38 *His tribus Bullis non intendimus probare Auctoritate Romanorum Pontificum immediatè Córporis* (S. Bartholomæi) *exiltentiam Beneventi: cum sint enunciativè, & ad partium relationem,* ut Jurillæ ajunt, *veræ probationis pondus non habent: ad differ̃etiam aliarum Pontificum literarum defuper per nos adductarum: in quibus Pontifices à fua scientia immediatè pronunciant.* Bien es dice el S. Papa, que eftas Bulas *enunciativas* de muchos figlos, prueban la conftante tradicion: y por eflo las alega fu Santidad. Segun efta Doctrina, y juridica Regla, nueftra affercion queda eficaciffimamente probada con auctoridades Pontificias. Pues como fe há demonftrado en todo efte difcurfo, los Santiffimos Papas en el citados hablan immediatamente por fi mifmos, gobernados por fu propria ciencia: y fiendo tantos, tantos, (que forman una denfiffima Nube de teftigos de auctoridad fuprema) à cuya lucidiffima fombra, dirèmos, que es verdad canonizada por los Summos Pontifices, y la Catholica Iglefia, que N. G. P. y Patriarcha S. Domingo de Guzman *es el Inventor, Auctor, Fundador, é Inftitutor de el SS. Rofario,* como oy fe practica en el Orbe Chriftiano.

CAPITULO TERCERO.

Profigue el mifmo affumpto, probrando con la conftante Tradicion, que N. Santo Patriarcha es Auctor de el SS. Rofario.

1 DE TANTO PESO SON LOS TEStimonios de los Summos Pontifices alegados, que llegò à decir, y efcribir nueftro doctiffimo, eruditiffimo, y devotiffimo Maeftro

tro

Miech. tom. 2.
sup. Lit. Laur.
Disc 307.

tro Fr. Justino Miechoviense, que lo contrario á nuestra assercion *absque ingenti temeritatis nota defen-
di non posse, post tam clarissima Summorum Pontificum testimonia.* A este gran Doctor siguió en esta censura el P. M. Fr. Pedro Sanchez en su *Theologia SS.
Rosarij.* La obra de el Miechoviense se imprimió en
Paris año de 1642. Estos testimonios han continuado
dar los Summos Pontifices, que han gobernado la Iglesia por espacio de mas de cien años hasta el Pontifice,
que al presente la rige el Sr. Benedicto XIV. que son
Alexandro VII. Clemente IX. Clemente X. Innocencio XI. Alexandro VIII. Innocencio XII. Clemente
XI. Benedicto XIII. Clemente XII. y dicho Sr. Benedicto XIV. como en el cap. 2. num. 24. se ha dicho.
Y no hay duda, que estos diez SS. PP. ayan añadido
imponderable peso de Auctoridad Pontificia. Esto notado, prosigo en probar la verdad de nuestro asserto con
otro medio muy fuerte, que es la tradicion constante
por mas de cinco siglos, que ha permanecido en nuestra Religion Sagrada, y en la Christiana Republica.

Sanch. Thol.
Sacr. Rosar.
quæst. 8. à 2.

2   Tradicion en la presente meteria es alguna memoria, ò noticia en cosas de hechos, ò sucessos, recibida de los antiguos, y continuada por los posteriores con
uniformidad de el caso, ó sucesso. Quanta sea la fuerza de la tradicion constante, y uniforme, para probar algun hecho, ò sucesso antiguo, lo declaran los Santos Papas S. Juan Chrisostomo hom. 4. cap. 2. ad Thesal.
dixo, que tenia tanto vigor, y fuerza, que probada no
hai mas que saber, ó preguntar: *Traditio est, nihil
aliud quæras* El Doctor Maximo San Geronymo *ad
Lucilum,* citado en el Decreto Dist. 12. can. Illud, dice: *Illud breviter admonendum puto: traditiones
Ecclesiasticas, præsertim, quæ fidei non officiunt, ita
servandas ut à Majoribus traditæ sunt,* Y en el siguiente canon *Rediculum,* dice el Papa Nicolao: *Ridiculum est, & satis abominabile dedecus, ut traditiones,*

nes, quas antiquitús à Patribus suscepimus infringi patiamur,

3 Que sea tradicion en la Iglesia, y en el Pueblo Christiano, que nuestro P. S. Domingo sea Inventor, y Auctor de el Santissimo Rosario, segun, y como ahora se practica entre los Catholicos: lo testifican Auctores gravissimos, q̃ en diversos tiempos han florecido. Dá testimonio de esta tradicion el B. Alano de Rupe, que comenzó à renovar esta Santissima devocion, amonestado de la Sacratissima Virgen por el año de 1460. en la primera parte de su Virginal Psalterio, donde dice este Ven. P. *Qui* (S. Dominicus) *ut nupér revelatum est, ab ipsomet, maximam suorum laborum, consiliorum, exemplorumque partem, hac in cura præcipua consumpsit. Idem cùm ex traditione accepimus, tum ex relictis Scriptorum monumẽtis, ut legi.*

B. Alan. 'p. 1. cap. 15. §. 2.

4 Aquel en su tiempo muy celebre Predicador, y devotissimo Doctor de el Santissimo Rosario el Ven. P. M. Fr. Guillermo Pepin Ebroycense en su Opusculo titulado *Salutate Mariam* conc. 2. privil. 1. de esta tradicion dá este testimonio: *Contestor vos Divæ Mariæ veri Amatores, Cælicique Dominici sinceri cultores, né desidia vestra torpeat tam Religiosum Opus. Ridiculum nempe est, & satis abominabile dedecus,* ut traditiones, quas antiquitus accepimus infringi, patiamur, *ut dicitur* 12. *Dist.* En Paris se imprimió este Opusc. año de 1513.

5 Tambien testifica esta tradicion el muy docto, y erudito Canonigo Valenciano D. Joseph Stephano en su libro del SS. Rosario, que dedicó à el Sum. Pontifice Gregorio XIII. q̃ en el cap. 5. afirma: *Totius Ordinis Prædicatorum assensu, & quasi permanus constantissima traditione constat, hanc orandi Institutionem sub his mysterijs, & certa formula deprecandi* à B. Dominico excogitatam fuisse.

6 No menos grave es el testimonio, que nos da de esta

eſta tradicion el Eruditiſſimo P. Fr. Juan de Cartagena de la Sagrada, y Seraphica Religion de nueſtro P.
S. Franciſco, que floreciò en el Pontificado de el Sr.
Sixto V. tom. 3. de ſus Doctiſſimas Homilias lib. 16.
hom. 6. quien concluyendo ſu argumento, dice: *Cùm*
ergo à multis retrò annis omnium populorum conſen-
ſu Beatus Dominicus hujus Fraternitatis Inſtitu-
tor, & Fundator habitus ſit: planè fatendum eſt, id
traditionis robore firmatum eſſe. Unde cum Baſilio
Magno Epiſt. 37. nobis dicere licebit. *Nos confitemur*
quod traditum accepimus. De eſta tradicion aſſevera
lo miſmo el docto y devoto Auctor de los Annales del
Santiſſimo Roſario lib. 1. cap. 22.

    7   Ultimamente concurre à dar teſtimonio de nu-
eſtra tradicion conſtante, y continuada en nueſtra Sagrada Religion deſde nueſtro G. P. S. Domingo haſta
el año de 1719. que imprimiò el tomo V. de la Hiſtoria Eccleſiaſtica, el clariſſimo Varon, y *emunctæ naris,*
Prudente Critico de eſte ſiglo nueſtro. Maeſtro Fray
Ignacio Jacintho Amat de Graveſſon: quien dice, y
afirma, que negar, ò dudar, que nueſtro Santiſſimo Patriarcha ſea Auctor de el Santiſſimo Roſario, es, *contra*
avitam, & perpetuam traditionem quæ à tempore S.
Dominici ad noſtra uſque tempora in Ordine Fra-
trum Prædicatorum jugiter fuit conſervata.

    8   Pruebanſe tambien las tradiciones (y aun las vul-
gares) por indicios, eſtos ſon dice el Auctor del *Norte*
Critico, Hermitas, Cruzes, elevadas Columnas, Se-
pulcros, Arcos, Eſtatuas, y Piedras con inſcripcio-
nes. No ſon neceſſarios para ſu prueba todos eſtos ſig-
nos: baſtan algunos, ò alguno. Nueſtra tradicion tiene
tantas ſeñales, que fuera ſer ciegos para no veerlas, ò
negarlas. en Toloſa (Teatro de la Guerra contra los
Albigenſes, donde batallò contra ſus errores nueſtro
Santo Padre) dice nueſtro Maeſtro Fray Juan Jayme
Percin: en ſu *Monumenta Conventus Toloſani. Eſt*

                                    con-

Graveſ. tom. 5
Colloq. 6. pag.
mihi 522.

N. M. Segura
diſc. 8 §. 4. n.
2.

Percin ad an.
n. 1213. p. 2.
num. 13.

constans, probatissimaque plurium Auctorum opinio: in urgentissimo Christiani nominis periculo, ante quam veniretur ad prælium, Rosarium, *à* BB. Dei Genitrice fuisse S. Dominico jam quidem ante revelatum, novo tunc fervore prædicatum, & promulgatum.

9 Y prosiguiendo el mismo assumpto añade: *Indubitata qué est Vrbis Mureti fides: in cujus testimonium Primum omnium Sanctissimi Rosarij Sacellum in Parochiali Ecclesia S. Iacobi Mureti erectum est eodem* anno 1213. *prout videre est, veteribus scriptum caracteribus ad ingressum dicti Sacelli. In cujus Tabula ad altare repræsentatur ex una parte* S. Dominicus *flexis genibus recipiens Rosarium una manu, & tenens Crucem tribus sagittis confixam, è qua pendet Crucifixus, ex altera. Ex alia parte Tabulæ repræsentantur Fulco Episcopus Tolosanus, & post ipsum Simon Montisfortis pariter flexis genibus depicti.*

10 En el siguiente numero 13. concluye el citado auctor. *Hæc, & alia plura ponderantes nostri Majores repræsentari voluerunt in vetustissima Tabella, quæ majori Altari Domus Inquisitionis erat imposita:* Virginem Sanctissimam tenentem Rosarium, Sanctumque Dominicum gestantem Crucem... *Quæ Tabella adhuc visitur ad parietem Ecclesiæ appensa, in rei testimonium, à tempore, quo Majus Altare novis picturis ornatum est, &c.* Esto es allà en Tolosa, y Narbona.

11 Vengamos à nuestra España donde no faltan rastros, y señales existentes de nuestra tradicion. Por fines de el año de 1218, y principios de 1219. (à el uso antiguo de contar el año) se hallaba en España N. P. S. Domingo, como es constante en nuestras Historias. En el año antecedente de 1217. hizo donacion la muy noble, y coronada Villa de Madrid à la Orden de Predi-

{ca-

cadores, y en su nombre à el Ven. P. F. Pedro Madin, de un sitio para fundar Convento de la Religion, [y es el que hoy se llama *Santo Domingo el Real*] Aqui comenzó dicho Ven. P. Madin una Casa para el, y los Compañeros, que tomassen nuestro Santo Habito. Pero haviendo llegado nuestro Santo Padre à dicha Villa, y pareciendole à el Santo (por razones, que para ello tuvo, que no son ahora de el caso) determinó, que de el Convento, que se fabricaba para sus Hijos los Religiosos prosiguiesse la fabrica para Monasterio de Religiosas de su Orden. Executòse assi con assenso de el muy noble, y ilustre Magistrado de la Villa. Donde el Santo Patriarcha con sus manos diò el Santo Habito à algunas Doncellas nobles, y virtuosas. Esto notado.

12 Oygamos lo que escribe el RR. y Doctissimo Padre Juan Eusebio Nieremberg de la Sacratissima Religion de la Compañia de Jesus en su lib. *Trophea Mariana* lib. V. cap. LVIII. *In hoc Regio, ac Religioso,* dice, *Monasterio Monialium Dominicanarum, cui dedit initium Beatissimus Patriarcha S. Dominicus, dum Matriti esset: Erectæ sunt à Monialibus.......ab eodem tempore in memoriam Psalterij Mariani quindecim, scilicet Mysteriorum ejus, & denariorum [quod prædicaverat S. P. Dominicus] totidem Icones Deiparæ, in quindecim locis distributæ, de quibus plura dici possent. Præcipua tamen est, quæ in Dormitorio in magna devotione frequentatur, & colitur, &c. ibi legenda*

B. Alan. part.
V. cap. X. X.

13 En la Imperial Ciudad de Zaragoza havia una Hermita dedicada à nuestra Señora, cuya imagen en otro tiempo tenia el titulo de *Nuestra Señora del Olivar,* conocida hoy con el nombre de *Nuestra Señora de el milagro,* extramuros de la Ciudad à las riberas de el Rio *Ebro.* En este tiempo, en que (como se ha dicho) estuvo en España nuestro Padre Santo Domingo, despues de confirmada su Orden, llegó el Santo à Zara-

ragoza, y predicando en efta Hermita la devocion de
el Santiffimo Rofario, convirtiò à un Cavallero deudo
fuyo, llamado D. Pedro, fegun efcribe el B. Alano de
Rupe, y es tradicion conftante hafta ahora, que llaman-
dofe antes, como fe ha dicho, *Nueftra Señara del Olivar,* fe le mudó el titulo à la Sta. Imagen en el de *Nueftra Señora del Milagro,* por la milagrofa converfion
de efte nobiliffimo Cavallero D. Pedro mediante la devocion de el Santiffimo Rofario, que predicò alli N. P.
Sto. Domingo. De efte milagro de el Rofario Santiffimo tratan el P. Fr. Francifco Diago en la Hiftoria de
la Provincia de Aragon, y otros; y entre ellos el eruditiffimo P. Nieremberg en el citado libro *Trophea Mariana* cap. 108. cuyo titulo es: *Beata Virgo de miraculo anno* 1219.

Diago lib. 2.
cap. 23.
Mr. Magdal.

14 Al principio de el numero antecedente dixe, *havia una Hermita.* Porque efta muy venerable Imagen
eftà hoy en nueftro Convento de Zaragoza en una Capilla unida à el templo, como teftifica el P. M. Fr. Thomas Magdalena en un libro impreffo en Zaragoza año
de 1746. cuyo titulo es: *Manual de los Dominicos,*
Blafon 2. num. 23. donde dice: ,, Dentro de Cafa te-
,, nemos otro teftimonio en la grande Capilla, pegada
,, à nueftro templo, que fe llama *de el milagro,* por el
,, que obrò Dios por mi Padre Santo Domingo con el
,, Cavallero D. Pedro, à quien embiò un Rofario. ....
,, Noticia es efcrita, y confervada en la tradicion, fin
,, haverfe dudado jamas, y por effo fe conferva la dicha
,, Capilla... Se llamaba la *Virgen de el Olivar,* y def-
,, pues de la converfion de D. Pedro quedò con efte
,, nombre (*de el Milagro*) de forma, que aun el Me-
,, fon fronterizo, fe dice de el Milagro. Hafta aqui el
Auctor citado. Eftos dos Monumentos de Madrid, y
Zaragoza exiftentes defde el tiempo de nueftro Santiffimo Patriarcha hafta la era prefente: hazen innegable
la tradicion à el mas incredulo Critico de efte tiempo.

Man. Domin.
Blaf. 2. n. 23.

po. Y noteſe, que con la irrefragable tradicion de
Zaragoza ſe prueba la verdad de el milagro, que narra
el B. Alano en el lugar citado en el antecedente numero.

Mag. God. 23

15 No dexa de corroborar nueſtro aſſumpto la
noticia eſpecial, que miniſtra el P. M. Fr. Juan Gil de
Godoy en el tom. 3. de *el Mejor Guzman de los
buenos:* tomada de el Libro *Miranda, & Mirabilia S. P. N. Dominici art.* 13. *Dedit illi (Virgo
ſcilicet S. Dominico) Roſarium ... Theſaurum planè
Cœleſte, & de manu Reginæ Cœli inſtructum, &
actum.* Obſervatur hodiè in Domo Excellentiſſimorum
Comitum de Benavente: ubi pluriès multi inviſſere,
non ſine grandi lætitia, gaudio, & conſolatione.

En el Conv. de
N. P. S. Dom.
de Napol exi-
ſtia una Capilla
*Sta. Maria de
Roſario cogno-
minata* el año
de 1391. *Acta
SS.* tom. 5. de
Junio pag. 150
col. 1.

16 De Eſpaña hagamos tranſito à Alemania, y en-
tremos en el gran Convēto de Colonia, donde el año de
1475. por orden, y mandato de la Reyna de el Cielo
Maria Santiſſima ſe renovò la Sacratiſſima devocion, è
Iluſtriſſima Cofradia de el Roſario, no ſin milagros
evidentes, y probados, que à eſto precedieron, y tambien deſpues ſuccedieron: como lo teſtifica el Nuncio, y
Legado Apoſtolico Alexandro Obiſpo de Forly. Entre los milagros, pues, que antecedieron à la renovacion de eſta Sta devocion, y utiliſſima Cofradia en Colonia, tres narra la Hiſtoria de el Roſario, que eſcribió el
P. M. Fr. Geronymo Tayx, que hizo la Santiſſima Virgen en dicho Convento de Colonia, para mover à los
Ciudadanos Colonienſes, y abrazar con gran fervor eſte Mariano facilimo culto, que aunque eſtaba del todo
extincto, no eſtaba caſi del todo olvidado. Los dos primeros ſon: uno, la milagroſa reconſiliacion con ſu contrario de un devoto de la Santiſſima Virgen, y ſu Roſario. El otro, la converſion de un monſtruo recien nacido ſin forma corporal de criatura humana à la perfecta figura de viviente humano. Lo que haze à mi propoſito es lo que el Hiſtoriador dice, que ambos milagros

gros fucedieron en nueftra Iglefia de Colonia *ante el Altar de nueftra Señora de el Rofario.* Y es de advertir, que eftos dos milagros no fucedieron en el mifmo año de 1475. en que fe renovò la devocion, y Cofradia de el Santiffimo Rofario, fino el año antecedente de 1474. Y de aqui confta, q̃ en nueftra Iglefia de Colonia havia Altar de el Rofario, é Imagen de nueftra Señora de el Rofario, y que havia algunos, que [aunque pocos] rezaban el Rofario, y venian à rezarlo à nueftra Iglefia. De fuerte, que la renovada Cofradia eftaba défolada, y extincta: aunque perfeveraba el Altar del Rofario con la Imagen de la Virgen de el Rofario defde que en tiempo de N. P. Sto. Domingo fe eftableció la Cofradia de el Rofario en aquella Iglefia, como teftifica el Legado *à latere* de Sixto IV. en fus Bulas, cuyas palabras quedan exaradas en el antecedente Capitulo.

17 El primer Auctor, que yo he hallado, que individúe los milagros, que fucedieron antes de la innovacion de efta Cofradia en nueftro Convento de Colonia, es el dicho P. M. Fr. Geronymo Taix de la Provincia de Aragon, quien, fegun nueftra Biblioteca, era Prior de nueftro Convento de San Onofre de Valencia el año de 1538. y affi aunque no es Coetaneo à el fuceffo de eftos milagros, à lo menos es Auctor Suppar, ò proximo à el tiempo de eftos fuceffos milagrofos; q̃ como dicen comunmente los Criticos, hazen fee en los hechos Hiftoriales, que efcriben. De tanto aprecio era efte libro de el Mtro. Taix, que fe reimprimió en Mexico el año de 1576. y dice el Impreffor fer aquella la fexta impreffion.

18 Ya que en Colonia Ciudad Principal de Alemania hemos hallado Altar de el Santiffimo Rofario, è Imagen de nueftra Reyna de el Rofario, defde que viviendo N. P. Sto. fe fundò fu Iluftriffima Cofradia, Padron, y Monumento, que prueba la antigua tradicion, que defendemos: caminemos à el Reyno de Bohemia,

don-

F 2

Taix de Rofar. cap 3.
Zagaft. de Ro. lib. 1. cap. 14.
Fernan. annal. lib. 4 cap. 2.
Jacob Brun. Teatr. Rofar. cap. 1.
P. Andrad. Patroc Mariæ tit. 11. §. 4.

Biblot. tom. 2.

Bull. O. P. to. 4. pag. 106.

donde hallarémos memoria antigua del Santiſsimo Roſario. En nueſtro Convento Bodovicenſe, ò Budincenſe, vulgò Buduvis, de la Dioceſis de Praga, ſe deſcubre memoria (que era antigua mas ha de docientos, y cincuenta años) à favor de nueſtra tradicion. El año de 1494. informaron los Religioſos de aquel Convento à la Santidad de Alexandro VI. [como conſta de la peticion inſerta en la Bula, que comienza: *Gratum credimus*, dada à 19. de Abril de dicho año] en donde dice el Summo Pontifice: *Petitio continebat, quòd cùm Eccleſia dictæ Domus, quæ ad laudem Omnipotentis Dei, ejuſque glorioſæ Virginis Mariæ prædictæ, fuit ab antiquo dicata, ſit quoddam Altare ſub invocatione Corporis Chriſti, in quo memoria Roſarij ejuſdem glorioſæ V. Mariæ exiſtit, & ad quod quolibet die Sabbati, dum ipſi Fratres juxta quandam eorum laudabilem conſuetudinem (dum cantando hanc Salutationem Salve Regina) in hujuſmodi Eccleſia ingrediuntur, magna populi multitudo devotionis cauſa confluat, & confluere conſuevit.*

19   No dice, ni declara la Repreſentacion hecha à el Santo Papa como era eſta *memoria de el Santiſsimo Roſario*, que ſe hallaba en aquella Igleſia. Pero de las circunſtancias, que expreſſan los Religioſos, ſe viene facilmente en conocimiento, que era alguna eſtatua, ò mas ayna algun lienzo, ó quadro de nueſtra Señora del Roſario, como aquellos, que, como ſe ha dicho, ſe hallan en la Parroquia de Muret, y en la Igleſia de la Inquiſicion de Toloſa. Lo primero: porque ſiendo el Altar, à donde iban los Religioſos en proceſsion, dedicado al Santiſsimo Cuerpo de Chriſto, el dia, en que iban, era ſiempre Sabado, y el dia Sabado eſta dedicado à MARIA Santiſsima. Luego la memoria de el Roſario, que exiſtia en aquel altar, era eſtatua, ò imagen antigua de nueſtra Señora de el Roſario. Lo ſegundo: porque lo que ſe cantaba en la proceſsion, era la Antiphona

Sal-

Salve Regina: luego iban los Religiofos à faludar, y venerar à Maria Santiffima en fu Imagen de el Rofario. Lo tercero: porque efta proceffion la hazian fegun laudable coftumbre de nueftra Sagrada Religion: y à lo menos en los Sabados defpues de Completas va la proceffion à el altar de nueftra Señora de el Rofario cantando efta Salutacion. Quan antigua fea efta memoria de el Rofario, ò efta Imagen de nueftra Señora de el Rofario en aquel altar, è Iglefia lo declaran los poftulantes en fu peticion quando dicen: *quod cum Ecclefiæ dictæ Domus...fuit ab antiquo dicata, fit quæddam altare....in quo memoria Rofarij ejufdem gloriofæ V. Mariæ exiftit.* Efte Convento de la Orden pertenecia à nueftra Provincia de Bohemia [y como de la noticia de las Provincias de nueftra Sagrada Religion, que fe halla en el tomo primero de nueftra Biblioteca, confta] el año de 1303. tenia efta Provincia veinte y dos Conventos. Y entre effos Conventos tiene efte de Buduvis el lugar octavo. Y de aqui confta fu grande antiguedad. Y affi haviendofe fabricado el altar (donde exiftia la memoria de el Santiffimo Rofario] quando fe fabricò, y dedicò aquella Iglefia, confta, que el año de 1303. era efta memoria ya bien antigua en aquella Iglefia, y altar. *Y memoria de el Rofario, ò Imagen de nueftra Señora de el Rofario en Iglefia tan antigua de la Orden de Predicadores era;* y es un Padron, y un monumento, que avifaba, y trahia à la memoria, que el Santiffimo Rofario tenia fu origen, y principio en efta Religion mediante nueftro gran Patriarcha Sto. Domingo, como lo afirma, y affegura la tradicion comun.

20 Otro argumento irrefragable de efta tradicion tenemos en el nuevo Oficio para la feftividad de el Santiffimo Rofario, vifto, revifto, y aprobado por la Congregacion de Ritos para la Iglefia Univerfal, confirmado, y mandado poner en el Breviario Romano por el Sr. Benedicto XIII. por fu Decreto de 26. de Marzo
[de

Bullar. O. P. to. 6. pag. 511.

de 1725. En la leccion iv. de los Maytines de esta fiesta nos dice la Iglesia: *Cùm Albigentium hæresis per To-losanam Regionem impiè grassaretur, atque altiùs in dies radices ageret: Sanctus Dominicus, qui Prædi-catorum Ordinis fundamenta jecerat, ad eam convel-lendam totus incubuit: id ut præstaret validiùs, auxi-lium Beatæ Virginis [cujus dignitatem illis erroribus impudentissimè petebatur, cuique datum est cunctas hæreses interimere in universo mundo] enixis preci-bus imploravit: à qua [ut memoriæ proditum est] cùm monitus esset, ut Rosarium prædicaret, velut singulare adversus hæreses, & vitia præsidium. Mirum est quan-to mentis fervore, & quàm felici successu, injunctum sibi munus sit executus, &c.* Aqui la Sagrada Congre-gacion de Ritos aprueba nuestra tradicion, y se vale, y sirve de ella (*ut memoriæ proditum est*) dice, para de-cir, y afirmar, que N. P. Sto. Domingo amonestado por la Sacratissima Virgen de Dios Madre en la Region Tolosana, infestada con los detestables errores de los Hereges Albigenses predicó la devocion de el Santissi-mo Rosario como singular presidio, y antidoto eficaz contra las pestes de las heregias, y universal remedio contra los vicios, y pecados de los Pueblos.

N. M. Segur. Disc. 8. §. 4. num. 52.

21 Concluyo este Capitulo con unas notables pala-bras del Auctor del *Norte Critico*, que tratando de las tradiciones como la nuestra, da esta Regla digna de q̃ la tengan en la memoria los severos, y rigidos Criticos. ,, Otras (Tradiciones) hai, dice en la Iglesia, que son ,, mas proprias de los Historicos en cosas Sagradas, de ,, el culto de la Virgen SS. y de los Santos. Quando es-,, tas generalmente estan recibidas, y directamête apro-,, badas con Bulas de los Sumos Pontifices: *tienen tan* ,, *alto grado de certidumbre, que sin nota de temeri-* ,, *dad no se pueden negar por el rigor de la Critica.* ,, De este genero de tradiciones Ecclesiasticas dexô es-,, crito el Esclarecido Obispo Juan Rofense: *Adversus*
re-

,, receptiſſimam, ſimul robuſtiſſimam Eccleſi conſue-
,, tudinem nemini fides adhibenda eſt, niſi vel teſtimo-
,, nium è Scripturis irrevocabile, vel rationem prorſus
,, ſus indiſolubilem attulerit. Y añade N. M. Segura:
,, eſte religioſo reſpecto, y ſiempre bien fundado á eſ-
,, tas tradiciones de la Romana, y univerſal Igleſia, no
,, dà lugar á los Criticos para mover queſtiones ſobre
,, ellas, y juntamente motiva muy obſequioſa veneracion.

22 Nueſtra tradicion ha muchiſſimos años que eſtá
recibida generalmente en la univerſal Igleſia, y Republica Chriſtiana, exiſten aun todavia ſeñales evidentes
deſde el ſiglo XIII. en que viviò N. P. Sto. Domingo.
De ella ſe vale la Sagrada Congregacion de Ritos para
formar lecciones en el rezo de la univerſal Igleſia para
la ſolemnidad de el Santiſſimo Roſario, y afirma, que
los Summos Pontifices á cada paſſo directamente
la aprueban *ex ſcientia propria* en ſus Letras
Apoſtolicas. Luego parece, que ſin nota
de temeridad, no ſe podrà negar
por el rigor de la Critica.

Rofenf. adverſ.
Iacob. Fabrū
Opuſc. de uni-
tat. S. Mariæ
Mag. Supp. 11
f. 14.
Loco citabo
num. 61.

CAPITULO QUARTO.

*Pruebaſe con Hiſtorias, que N. P. Sto. Domin-
go es Auctor de el Santiſſimo Roſario como ſe
practica en la Igleſia Catholica.*

1 DESEARA el curioſo Lector ſaber ſi algunos Eſcriptores antiguos Coetaneos, ò
Suppares á el tiempo, en que viviò N. G.
P. S. Domingo, eſcribieron que nueſtro Santiſſimo Pá-
triarcha fue Auctor del Santiſſimo Roſario como ahora ſe practica en el Pueblo Chriſtiano? A eſte deſeo ra-
cional reſpondo, que el B. Alano de Rupe en ſu Pſalterio Mariano cita muchas vezes dos Auctores Coeta-

neos,

neos à nueſtro Santo Padre, y aun Compañeros de el Santo Patriarcha Religioſos de ſu Orden: uno llamado el P. F. Juan de Monte, y otro F. Thomas de Templo.

2　En el libro, que intituló Alano *Pſalterium Chriſti, & Mariæ*, y ſacó à luz redivivo el P. M. Fr. Juan Andres Coppenſtein (de que ſe han hecho varias impreſsiones) en el q̃ yo he hojeado cita el B. Alano à el Ven. P. Fr. Juan de Monte en los lugares ſiguientes. En la primera parte c. 3. §. 2. le cita aſsi. *Id, quod P. Fr. Joannes de Monte in ſuo Mariali declarat.* -- En el capit. 8. §. 11. de la miſma parte: *ſicut idem Magiſter Joannes de Monte proſecutus, ſcribit.* Y en el cap. 14 §. 5. *Hos modos reperi in Mariali N. F. Joannis de Monte, ubi hiſtoriam de Maria Comitiſſa conſcribit, de qua in quinta parte cap. 31.* -- En la miſma parte cap. 16. §. 1. *Teſte Joanne de Monte in Mariali.* Y en el ſiguiente cap. 17. §. 3. num. 12. *Narrat Pater Joannes de Monte in Mariali: de celebri quodam eximiæ ſcientiæ viro.* -- Y en el cap. 23. *Hæc inveni, & legi in Mariali Ioannis de Monte, Prædicatoris, & in Prædicatione individui comitis S. P. N. Dominici*

3　En la tertia parte cita à eſte miſmo Padre el B. Alano c. 23. §. 17 *Simile idem S. Dominicus Compoſtellæ feciſſe proditur, ut narrat N. Ioannes de Monte, qui fuit utriuſque juris Magiſter, & SS. Theologiæ Bacalaureus formatus, S. Dominici Socius ante fundationem Ordinis Prædicatorum, prædicta contigerunt, Sto. Dominico ſolum Canonico Regulari agente.*

4　En la quinta parte cita à el miſmo Padre Monte en los cap. ſiguientes: en el cap. 11. tratando Alano de un Prior de la Cartuxa, al fin dice: *Hæc narravit Ioannes de Monte, qui aſſerit Cartuſianum hunc fuiſſe cognatum ſuum.* -- en el cap. 26. dice: *Narravit Glor. Ieſus ille Magiſter Ioannes de Monte in ſuo Mariali.* -- Y en el cap. 30. *Fuit in Hiſpania, ut narrat Ioan-*

Ioannes de Monte. Eſtas ſon las vezes, que el B. Alano cita á el Ven. P. Fr. Juan de Monte en éſta Obra, ſi nò ſe me han paſſado otras citas por alto.

5 Veamos los lugares, en que cita Alano à el Ven. P. Fr. Thomas de Templo. En la primera parte capit. 17. n. 12. dice: *Prodit Magiſter Thomas de Templo: Haud vanè obſervatum eſſe.* Cap. 20. §. 5. *En exemplum. Legitur apud Thomam de Templo Socium Sti. Dominici in prædicando Pſalterio.* Y en el miſmo cap. §. 6. num. 3. *Apud N. P. Magiſtrum Thomam de Templo, legiſſe memini.* En la 5. parte c. 26. dice Alano: *Quod etiam reperi in libro F. Thomæ de Templo.* Y ultimamente lo cita c. 27. *Quæ in legenda. F. Thomæ de Templo pro parte ſunt ſcripta. Qui fuit Hiſpanus, & Sti. Dominici P. N. Socius: ex qua Legenda, & pluribus alijs, Facta, quæ nunc de Dominico dicta ſunt, fuerunt extracta.*

6 A eſtos dos VV. PP. Auctores, Eſcritores, Coetaneos, Religioſos nueſtros, diſcipulos, y compañeros de N. P. Sto. Domingo (que tantas vezes cita el B. Alano para authorizar mucho de lo que eſcribiò de N. Sto. P. y de el Pſalterio Mariano, ò Santiſſimo Roſario de la Madre de Dios: aquien han ſeguido Auctores graviſſimos, que han eſcrito, ò vida de N. S. P. ò de el Roſario, y ſu Cofradia, ò de ſus exemplos, ò milagros, en fee de la mucha auctoridad de el B. Alano por eſpacio de caſi trecientos años) tildan, y borran, expungen, y expelen de el numero, y catalogo de verdaderos Eſcritores de N. Orden: teniendolos por hombres fingidos, Bibliot. O. P. t. 1. pag. 472. y quimericos, que nò han tenido ſer, ò exiſtencia *in rerum natura.* Y quienes? A lo que yo ſee: los Nomenclatores de N. Biblioteca, q̃ en dos tomos bien crecidos ſaliò à luz el año de 1719. y 1720. Y porque?

7 Por lo que dexò eſcrito aquel gran Varon el P. M. Fr. Melchor Cano. Que à Varones en letras eminentes por ſu ſeveridad genial, à vezes los ſorprende la Can. de Locis lib. 11. cap. 5.

G nimie-

nimiedad de su Critica, y vienen à dar en el extremo
de la incredulidad, huyendo de la credulidad popular
no haviendo vicio en creer: y siendo algun vicio la incredulidad. No repito su sentēcia: por dexarla puesta
en otro lugar. Esto les ha succedido à estos excelentes
varones, Auctores de nuestra Biblioteca con los escritos de el B. Alano de Rupe, donde se citan estos dos
Escritores Coetaneos, como dice Alano: Fr. Juan de
Monte, y Fr. Thomas de Templo.

8　Dicen pues, estos grandes severos Criticos, que
Hos duos scriptores, homines plane Fictitios *sincerus
veri amator habebit.* El fundamento de esta tan absoluta, y resuelta censura, es el argumento negativo. Porque ninguno de los Auctores, ò Escritores de la vida,
obras, y milagros de nuestro P. S. Domingo, y su Sagrada Orden, que florecieron en el espacio de mas de
docientos años anteriores à el B. Alano de Rupe, ha
hecho memoria, ni mencion de tales Escritores *Monte,
y Templo:* Religiosos Predicadores, Discipulos, y Compañeros de nuestro P. S. Domingo. Y despues de haver
mencionado algunos Historiadores de la Vida de N. S.
Patriarcha: dicen nuestros severos Criticos: *Verbo nullus.* En una palabra *Ninguno.*

9　Y con este argumento negativo, sin mas reparo,
dicen, que el sincero amador de lo verdadero, ò amante de la verdad, lisa, y llanamente tendrà por hombres
ficticios, ò fingidos los dos Escritores *F. Juan de Monte, y F. Tomas de Templo.* De que por legitima consequencia se infiere, que todos los que han tenido, tienen, y tendràn á los VV. PP. F. Juan de Monte, y F.
Thomas de Templo por hombres verdaderos, physicos, y reales, no havràn sido, ni son, ni serán sencillos
amadores de la verdad. Y esto no es otra cosa, que lle-
varse de encuentro á todos, todos los que han escrito
la Vida de nuestro Santo Padre, ó Tratado de la devocion de el Santissimo Rosario, y su Cofradia, y han re-
co-

copilado milagros: valiendoſe de las noticias, que 'dice Alano desflorò de dichos dos Varones *Monte,* y *Templo,* q̃ tienen dichos Cenſores por ficticios, y quimericos hombres. El año de 1675. docientos años cabales deſpues de la muerte de el B. Alano, imprimiò en Colonia el Doctiſſimo Padre Mtro. F. Jacintho Donato el tercer tomo de ſu *Praxis:* y entonces eran tantos los Auctores, que havian eſcrito de el Santiſſimo Roſario, que llegó à decir eſte eruditiſſimo Doctor, que eran infinitos. Sus palabras ſon: *De quibus oppiparè ſcripſerunt,* infiniti Doctores, & noſtri, & alterius Ordinis. Y en los mas de ſetenta, y cinco años, q̃ han corrido deſpues de aquella impreſſion Coloniente de el citado tomo tercero, han eſcrito innumerables, y cada dia eſcriben de eſta Santiſſima devocion, de el Partenico Pſalterio, ò Roſario de nueſtra Señora, hombres doctiſſimos, eruditiſſimos, diſcretiſſimos, y Religioſiſſimos, aſſi nueſtros, como extraños. Y los que ſe han valido, y ſe valen de los libros de Alano, no han ſido, ni ſon, ni ſeran ſinceros Amadores, ò Amantes de la verdad? Quien ſe atreverà à conceder tal conſequencia? -ſino quien eſtuviere ſorprendido de la nimia, y deſtemplada Critica, que llegue à el extremo de la incredulidad.

10 Eſte es à mi veer argumento ineluctable. O es verdad, que en el mundo, ò en la tierra, huvo dos Eſcritores de nueſtro Orden, Coetaneos à nueſtro Sto Padre ſus Diſcipulos, llamado *Fr. Juan de Monte,* y *Fr. Thomas de Templo,* ò no? Si los huvo no ſon hombres ficticios, ó quimericos aunque ninguno haga mencion de ellos, ſino ſolo el B. Alano. Sino los há havido, peligra en un todo el credito de un Varon grande, docto, veridico, religioſo, con opinion de Santo, y Millagroſo, Y eſte tal havrà incurrido en la nota de teſtigo mendaz, falſario, impoſtor, y aun en la nota de perjuro, eſcribiendo mentiras, por verdades, repetidas vezes en materia

ria

ria grave, y sagrada, testificandolas con juramento. Vee-
se lo que dexò escrito Alano en la V. parte de su Psalterio cap. 27. ex qua legenda (Fr. Thomæ de Templo)
& pluribus alijs legendis, *Facta, quæ nunc de Dominico dicta sunt, fuerunt extracta, & sunt nupèr per revelationem Christi, & Virginis Mariæ, confirmata
cum signis, & portentis, Et de omnibus his fidem, &
testimonium sub juramento fidei Trinitatis perhibeo,
sub periculo omnis maledictionis mihi infligenda in
casu quo deficio à veritatis vero tramite.* Pues si los
PP. Fr. Juan de Monte, y Fr. Thomas de Templo son
hombres fingidos, y quimericos, en que estado queda
el venerando P. Alano de Rupe, con este testimonio,
juramento assertorio, y aun exsecratorio? Esto afirmó,
esto dexò escrito, esto no retratò, y alli murio. Y quien
se atreverà à decir, que este (à quien han tenido todos
por virtuoso, Religioso, justo, y aun Santo) estaba totalmente olvidado de su salvacion; cosa, q aun no se presume de un Christiano distrahido en el peligro, ò articulo
de muerte: sino es estando loco, ò fuera de su juicio?

11   En atencion à esto el P. M. Fr. Seraphin Thomas Miguel en la nota 124. à la vida de nuestro P. S.
Domingo, dice: *No es verisimil, y creible, que un hombre Santo, à quien el Cielo honrò con Milagros........
fuera à un mismo tiempo impostor, y falsario: que sobre asseverar falsedades con juramento se cargasse, y
llamasse contra si todas las maldiciones de Dios.* Vease à el B. Alano tambien, primera parte *cap.* 10. §. 1.
num. 3. y §. 5. *n.* 2. y segunda parte *cap.* 3. *in fine* de su
Mariano Psalterio.

12   Para el presente caso me parece viene à proposito una muy Christiana advertencia de el P. M. Cano:
Hujus loci (dice) judicium *morum est, & non eruditionis tātūm, in qua liberior potest esse censura: Nam qæ
morum est, hæc debet profectò esse, & in vivis cautior,
& in mortuis reverentior.* Certum est autem, *qui fi-*
cia,

cta, & falaciter Historiam Ecclesiasticam scribunt,
viros bonos, atque sinceros esse non posse: totam eorum
narrationem inventam esse, aut ad quæstum, aut er-
rorem, quorum alterum fœdum, alterum perniciosum.

13   Quien, pues, se atreverà à decir, ò escribir, que el Santo P. Alano de Rupe, escribiendo los libros de la devocion de el Santissimo Rosario, preten-
diò, ò torpe ganancia, ò engañar los Lectores con fic-
ciones, ò quimeras para inducir à la devocion de la Madre de la verdad? En la bondad no cabe malicia, en la
sinceridad no entra ficcion, en el desprecio de el mundo no se busca interesse proprio, ni torpe ganancia. Y
como enseña el muy acertado M. Cano, la censura de
costumbres, para con los vivos debe ser mas cauta, y
para con los *Difuntos debe ser mas reverente:* hasta à hora se ha venerado el B. Alano de Rupe por Bueno, Justo, y Santo, y Auctor veridico, y no fingidor de
libros ò Auctores, que no ha havido en el mundo. Y à
esto parece alude nuestro RR. P. M. General Bremond, quando dice: *SS. Patriarcham Auctorem esse* N. RR. P. M.
G. I de Guzm.
Stirp. S. Dom.
cap. 14. n. 4.
Rosarij sic probat Alanus: ut si Beatum illum audi-
re velis, causa finita est.

14   En queriendo dar oydos à los testimonios, que
diò el Beato Alano con sus circunstancias, basta, para
tener por finalizada esta causa, ò controversia, de que
existian en su tiempo los libros de los VV. PP. Fray
Juan de Monte, y Fr. Thomas de Templo: y que los
dos no son hombres fingidos, sino verdaderos, Reales,
y Physicos, que existieron en este mundo en su mensu-
ra de tiempo. Pues como dice el Doctor de las Gentes
en su Carta à los Hebreos: Homines enim per Majo- Ad Heb. cap.
6 & ib. Thom.
lect. 4.
rem sui jurant: & omnis controversia eorum finis ad
confirmationem est juramentum. Una de las causas, para
jurar, dice aqui el Doctor Angelico, es: Pro veritate D. Thom. hic.
attestanda, sic juravit Apostolus Romanorum. 1. Testis
est mihi Deus &c. *Ponit effectum juramenti, qui in*
hoc

hoc conſiſtit: quod per juramentum finitur omnis con-
troverſia. Sicut in ſcientijs, quando reſolvitur uſque
ad prima principia. Noteſe el adverbio *Sicut,* que es
termino comparativo, ò aſſimilativo. Y la ſimilitud, ò
comparacion eſtà, en que como en las ciencias en re-
ſolviendo la Concluſion à ſus primeros principios, no
hay mas, que hazer, para aſſentir à ſu verdad, y en ella
deſcanza el entendimiento, y ceſſa el diſcurſo: Aſſi en
las controverſias humanas ſobre la verdad practica de
el ſuceſſo, ò hecho el ultimo remedio, no haviendo
otro camino para probarla, es el juramento, donde tiene fin toda controverſia, y queda deſvanecida la duda,
en Dios; como *en primer principio de toda verdad.* Y
deſcanza el juicio en la verdad jurada: y con el juramento queda confirmada.

15 Y es muy de notar, q̃ eſte teſtimonio jurado, lo
diò el B. Alano, quando eſtaba eſcribiendo de el Santiſſimo Roſario, ò Pſalterio Mariano: tiempo en que
pone el hombre mayor deliberacion, prudencia, y diſcrecion, en lo que dice, ò eſcribe. Eſto lo havia yà notado el Angelico Maeſtro en el Apoſtol S. Pablo: *Nec*
Apoſtolus juraſſe invenitur, niſi ſcribendo: quando
homo cum majori deliberatione, & cautela loquitur.
Y parece, que el B. Alano adivinaba entonces, lo que
ha ſuccedido con el tiempo: deſpues de doſcientos, y
cincuenta años, que algunos moroſos Cenſores havian
de tener por hombres ficticiòs à los VV. PP. Fr. Juan
de Monte, y Fr. Thomas de Templo: y aſſi ſe viò, como obligado, y conſtreñido à dar eſte teſtimonio con
doblado juramento, para certificar en un todo, que los
libros, que desfloraba, y citaba, tenian el nombre cada
uno de ſu Auctor. v. g. *Marial de Fr. Juan de Mon-*
te, y legenda de Fr. Thomas de Templo: que el havia
viſto, manoſeado, ojeado, leido, y en ſus eſcritos comba-
ſado, para utilidad de los que leyeſſen, ù oyeſſen leer
ſu *Pſalterio Mariano.* Y aſſi dice nueſtro P. Santo
Tho-

D.Thom. ſup.
cap. 1. lea. 5.
ad Roman.

Thomas en el lugar immediatamente citado: *Est autem quandoque juramentum necessarium, ut fides Verbo dicentis adhibeatur, quod quandoque utile est etiam ei, qui audit.*

16 Fuera de esto el B. Alano era persona de mucha auctoridad, credito, y opinion: y en semejante caso bastaba decirlo, ó escribirlo, aunque no roborara su dicho con juramento, para darle credito. Pues, como dice S. Thomas en el lugar citado *ad Hebræos*, à tales Num. 14 personas se deroga, aun dudar de la verdad, de lo que afirman. *Derogatur hominibus magnæ auctoritatis, ut dubitetur de veritate eorum, quæ dicunt.* Sus escritos los han estimado mucho Hombres doctos, Religiosos, y Predicadores. Haviendo este Ven. Escritor fallecido à 8. de Septiembre de 1475. y celebrandose en su muy reformada Congregacion de Olanda Convocacion, ó capitulo à 12, de Mayo de el año siguiente de 1476. (ocho meses, y quatro dias despues de su fallecimiento) se ordenó, y mandó en ella à todos los Prelados en esta forma. *Mandamus omnibus Prioribus: ut faciant diligentem inquisitionem de libris, & tractatibus, seu compilatis Piæ memoriæ Mtri Alani: & quidquid de ijs repertum fuerit, tam in originalibus, quam in transumptis, Reverendo Vicario Generali quàntocius transmittatur.* De este decreto capitular consta con evidencia la estimacion, que aquellos muy Religiosos PP. hacian no solo de la persona de el B. Alano, sino tambien de sus escritos, que no quisieron, ni permitieron, que se perdiera libro, tratado, quaderno, ó folio de los Manuscriptos de este venerado Doctor, y *Maestro de piadosa memoria*, por sus letras, virtudes Religiosas, exemplarissima vida, y ardentissimo zelo de la salud de las almas.

17 Y este sujeto tan grave, docto, Santo, y de todos venerado, despues de tan prolongado tiempo, que ha corrido con excelentissima opinion en la Orden, y fuera

era

vera de essa, de veridico: à hora por la morosa Critica de algunos pocos, se le niega la veracidad, en lo que testifica (no con sencilla narracion, sino circunvalada de un gravissimo juramento) haver tenido en sus manos, leydo, y reteydo con sus ojos los libros de los VV. PP. *Monte*, y *Templo*, que afirma fueron Hijos espirituales, Discipulos, y Compañeros de nuestro Santissimo Patriarcha? Pues esto ya no es censurar la erudicion de *Alano*, sino su vida, y costumbres: en que como ha dicho el Gran Maestro Cano: la censura, que toca en las costumbres, para con los vivos ha de ser mas cauta: y con los Difuntos ha de ser mas reverente.

Cano de Locis lib. 11. cap. 4.

18   A que añade este RR. Padre: *Magnis quippé, praeclarisque virtutibus, Viri Sanctissimi, atque Optimi, id consequi meruerunt*, ut rebus quas spectasse se testati sunt, fides omnino adhabeatur. Y contra *Erasmo*, y otros, dice: *Quid enim liberiùs, licentiùs, impudentiùs* quam Ieronymum asserentem Matthaei Evangelium describendi sibi copiam fuisse, *in eo Virum gravissimum, Sanctissimumque mentiri?*

19   Dirà empero el moroso Critico, que estos Auctores *Monte*, y *Templo*, se debe supponer, que florecieron, y escribieron mas de doscientos años, antes que tomara la pluma para escribir sus tratados de el *Psalterio Mariano*, ò de el *Santissimo Rosario Alano*. Y en tanto espacio de tiempo no se halla Auctor, ò Escritor, Domestico, ò estraño, que cite los libros, que *Alano* atribuye à Fr. *Juan de Monte*, y Fr. *Thomas de Templo*, ni que de estos hombres haga mencion, ó memoria. Ni tales libros se hallan, ó han hallado en alguna libreria de *Flandes*, *Olanda*, *Francia*, *España*, *Italia*, *Alemania*. &c. Y assi el dicho de *Alano*, ó testificacion, despues de tantos años, no es suficiente, para dar assenso, de que tales hombres escritores aya havido en el mundo.

20   A este argumento, que nace de la nimia Critica, se

tes,

dice, que aunque en el juicio Criminal, ò Civil entre partes, un teftigo, aun mayor de toda excepcion no prueba plenariamente: exceptùa el Derecho algunos cafos,
en que prueba plenariamente un folo teftigo. Y dexando algunos cafos, que traen los Doctores, el que haze
mas à nueftro propofito, es el que con los jurifperitos
traê nueftro Maeftro Pafferino en fu *Tribunal de Re-*
gularibus, queft. 13. artic. 1. Y es quando fin perjui-
cio de tercero teftifica en hecho proprio. Hecho proprio es tener un libro en fu poder, tenerlo en las manos, ojearlo, leerlo, deffloxarlo, en lo que haze à fu
propofito. Y todo efto teftifica muchas vezes el B. Alano. Y para que teftifique efto, no es neceffario, que
Alano fea Coetaneo, ò Suppar à el Auctor de el libro,
ni à el hecho, que en el fe narra. Porq aunque los Auctores de los libros havian precedido à Alano mas de
docientos años: mas los libros exiftian en la mifma
menfura de tiempo, en q de ellos Alano fe aprovechaba.

21 Ni el argumento negativo, de que fe valen los
Auctores de nueftra Biblioteca, que dice: *Verbo Nul-*
lus: que es decir, *en una palabra, ninguno* de los que
han efcrito antes, que Alano, ha hecho memoria, ni
mencion de Fr. Juan de Monte, ni de Fr. Thomas de
Templo, tiene fuerza, ò eficacia. Porque fe diffuelve
claramente, con lo que tiene efcrito uno de los Nomenclatores nueftro Echard, en efte punto feveriffimo
Critico, en el tomo 2. de la Biblioteca al fin de ella, ma-
nifiefta grande complacencia, en haver facado à luz
muchos Efcritores de nueftro Orden, que eftaban fe-
pultados en la region de el olvido, y parece nos pide
las gracias, y con mucha razon fe le deben dar por fu
defvelo en darlos à luz publica: *Ad hæc Scriptores*
plures omnibus retrò Nomenclatoribus ignotos, ab
oblivione vindicare non parvæ voluptatis mihi fuit, eo-
rum memoriam, ex certis monumentis pofteris commendare. Eftos ciertos monumentos de que fe ha vali-

Bibliot. O. P.
t 2. pag. 817.
col. 1.

H   lido,

do, para vindicar muchos Auctores nueſtros de las tinieblas de el olvido, è ignorancia humana, ſon las aſſerciones de alguno, ô algunos Auctores, que han hecho memoria de ellos: deſpues de haver eſtado ſepultados por mucho tiempo, y aun ſiglos enteros en la tumba de la ignorancia, deſidia, ô negligencia de nueſtros Nomenclatores, Eſcritores, è Hiſtoriadores de nueſtra Religion.

Bib. O. P. t 1.
pag. 791. c. 1.

22   Pongo un exemplo, que me ofrece la miſma Biblioteca, y ſea de Eſcritor de el Santiſſimo Roſario: en el primer tomo. El V. P. Fr. Bernardo de Maya es el exemplo. Floreciò por el año de 1422. ſeis años antes, que naciera el B. Alano de Rupe. Fuè eſte Ven. P. Maya Panormitano, fue Predicador, y Confeſſor de el Rey de Cicilia D. Alonſo, Abbad Commendatario de el Monaſterio de Sta. Maria de Foſſanova, Obiſpo deſpues Dolienſe en Serdeña. Eſte V. Padre dice Echard,

Bullar O. P.
t 2 p. 704.

(en el lugar citado de el tom. 1.) Eſcribiò un Opuſculo de el Santiſſimo Roſario, de quien dice nueſtro Nomenclator: *Noſtris Nomenclatoribus, aut incognitus, aut omiſſus: è tenebris erutus eſt ab Antonio Mongitore: Biblioteca ſicula tom. 2.* De eſte V. Maya (proſigue nueſtra Biblioteca) y de ſu Opuſculo de el Santiſſimo Roſario, tuvo noticia Antonio Mongitor por un hombre llamado Franciſco Ambroſio de Maya (ſeria Pariente remoto de el Auctor de el Opuſculo) que tenia en ſu poder, y aun meditaba dar à la prenſa dicho *Opuſculo de el Santiſſimo Roſario.* Y concluye nueſtro Nomenclator: *Nulla mihi aliundè notitia.* Eſtà bien.

23   Ya tenemos aqui un Eſcritor de el Santiſſimo Roſario, que ha mas de trecientos años, que eſcribiò, de cuyo libro ningun Eſcritor, Hiſtoriador, ô Nomenclator, en tanto tiempo ha hecho memoria, ni mencion: haſta que Antonio Mongitor lo ſacò à luz en fee de Franciſco Ambroſio de Maya, quien le diò noticia, de

tener

tener en fu poder *De Rofario SS. V. Opufculum:* obra,
y efcrito de el Ven. P. Fr. Bernardo de Maya. Y con
efte fundamento (que es muy bueno, y fuficiente) lo
reconocen los Auctores de nueftra Biblioteca, por verdadero Efcritor de la Orden, y no ficticio, ni quimeri-
co, fin mas noticia, que efta.

24 De aqui, me parece, no van confequentes nueftros Nomenclatores en no tener por verdaderos efcritores à los V.V. PP. Fr. Juan de Monte, y Fr. Thomas
de Templo (que tantas vezes cita el B. Alano de Rupe)
alegando por caufa, que ningun Auctor, ò Nomenclator de la Orden en mas de docientos años antes de el
B. Alano, hizo memoria de ellos, ò de fus libros. *Ver-*
ba Nullus. Confeffando los mifmos, que antes, que Antonio Mongitor facara à luz fu *Biblioteca ficula:* no
han tenido noticia por ninguna via de el V. P. Bernardo de Maya, ni fabido de tal libro Opufculo de el SS.
Rofario: *Nulla mihi aliunde notitia.* Mucho credito
merece un Auctor bueno, erudito, fabio, difcreto,
y veridico: como fe cree, que es el Señor Antonio
Mongitor. Y no fe debe menor credito el B. Alano de
Rupe, y dexando comparaciones de perfona à perfona
en lo moral, y auctoridad la affercion de el B. Alano,
efta circunvalada de un juramento, q̃ confilia mayor credulidad, y finaliza la controverfia, como dice San Pablo.

25 Mas: la teftificacion de Alano es como *de vifta:*
la de Mongitor, como de teftigo *de oydas.* El fentido
de *veer* es, mas genaral, que el fentido de *oyr:* porque
los ojos perciben mas diferencias, y circunftancias en
las cofas, û objetos vifibles, y affi las efpecies, que em-
bian mediante el entendimiento agente al entendimiento paffible, ò poffible, lo certifican mas, para hazer
juicio de la verdad del objeto. De modo, q̃ en concurfo
de teftigos uno de *vifu,* y otro *auditu,* regularmente
mas prueba aquel que no efte. Antonio Mongitor afirma, que francifco Ambrofio de Maya le dixo, que tenia

H 2 nia

nia en su poder un Opusculo de el Santissimo Rosario
que escribió el V. P. Fr. Bernardo de Maya. El Beato
Alano testifica, que él mismo tuvo en su poder en sus
manos, los vió, los leyó, miró, atendió, y dessloró las
obras, ó libros de los VV. PP. Monte, y Templo. La
noticia de el B. Alano es immediata, y [digolo assi]
notitia intuitiva. La noticia de Antonio Mongiter, es
mediata, y se puede llamar, *noticia abstractiva*: y si el
merece credito en lo q̃ dice Auctor grave, veridico, y
bueno: el B. Alano con mucha mas razon merece el credito, y fe humana, q̃ se debe dar à un Auctor de aquellas
calidades, que lo califican de verdadero en lo q̃ escribe.

26. Ojalá Francisco Ambrosio de Maya huviera,
como meditaba, dado à la prensa el Opusculo de el Rosario de la Santissima Virgen, que trabajó el Vener. P.
Fr. Bernardo de Maya, donde se haze muy creible, diria
mucho de lo que escribió de el SS. Rosario el B. Alano
de Rupe. Y quizas citaria los dos Auctores Monte, y
y Templo, con quienes assegura nuestro Alano muchas
cosas de lo que escribe. Pero no nos hazen ahora falta
estando de por medio el muy creible testimonio de
aquel Varon, escogido por la Sacratissima Virgen, Reyna de los Angeles, Madre de la eterna Sabiduria, por
Reparador, excelente Predicador, y segũdo Apostol de
su Virginal Psalterio, ò Celestial Rosario: cuya Sta. Auctoridad vale por muchos testigos en este assumpto.

27 Que la grande auctoridad, adornada con bondad, sabiduria, y discrecion de un Escritor, sea muy suficiente causa, motivo, y razon para dar credito à lo
que dice, ò escribe, lo han afirmado, y praticado nuestros Nomenclatores de nuestra Bibliotéca. Oygamos
otro exemplo, que nos ponen à la vista en el tomo 2. à
el año de 1506. Alli afirman, que el P. Fr. Juan Dodo
escribió una Apologia *De strigis sagis & magis &c.* Y
lo afirman por sola la Auctoridad del Reverendissimo
P. M. Fr. Francisco de Victoria: y dicen *cui uni hunc*

Au-

Auctorem debemus: cujus nulla apud alios noftrates, aut exteros, memoria. Nadie haze mencion de el P. Fr. Juan Dodo, excepto el P. M. Fr. Francifco de Victoria. Y pues, à un folo teftigo no mas hemos de dar credito? Si, y con mucha razon dice nueftra Biblioteca: *De quo tamen poft tam infignis viri teftimonium, dubitandi nullus eft locus.* Bien, y muy bien dicho. Y muy conforme à lo que dexò efcrito el Difcipulo de el P. Mtro. Victoria, el ya citado otras vezes Mtro. Cano.

Cano de loc. lib. 11. cap. 4.

28 Oygamos à efte graviffimo juicio *Neque enim eft hominis bené inftructi, & ad vitam humanam rectè compofiti,* Viro gravi rem credibilem afferenti, non credere.* Pues, porqué no fe ha de ha de dar credito à Varon muy grave, como es el B. Alano de Rupe? Que affevera, ò teftifica, y aun con juramento, que tuvo en fus manos, que leyò con fus ojos, y desfrutò con fu pluma los efcritos de los Venerables PP. Monte, y Templo? Era acafo, ò es cofa increible? Y fi refpondieren, que ningun Efcritor de los que precedieron à Alano, mencionan tales Auctores. Replicarè yo con lo q̃ han dicho en el cafo de Fr. Juan Dodo, y Rmo. Mtro. Victoria: *De quo tamen poft tam infignis viri teftimonium dubitandi nullus eft locus.* Ni hai, que recurrir, à que el Rmo. Victoria era à lo menos Suppar à el P. Fr. Juan Dodo: porque para dar teftimonio de un libro, que yo tengo en mi poder, y leo en el, no haze al cafo en mi affercion: que yo fea, ò no Coetaneo, ò Suppar à el Auctor de el libro, como yà fe ha dicho.

29 De el total filencio, argumento negativo de los Efcritores, q̃ precedieron à el B. Alano, de que fe han valido hafta aqui los Auctores de nueftra Biblioteca: paf-fan ya à el filencio de los pofteriores. Y dicen: que el V. P. Maeftro Fr. Jacobo Sprengher, Prior de nueftro Convento de Colonia, que erigiò la primera Cofradia de el Santiffimo Rofario en dicho Convento el año de 1475. no haze memoria de los dichos Efcritores, que

men-

menciona el B. Alano. *Certè,* dicen, *non meminit Ja-cobus Sprengher, qui primam Rosarij societatem an-no 1475. erexit.*

30. Ciertamente, que ninguno sabia mejor lo que passò en Colonia, que el V. P. M. Sprengher, (no en la primera ereccion, ó institucion de la Cofradia de el Santissimo Rosario) sino en la renovacion, que de nue-vo se reestableciò con Auctoridad Apostolica à 8. de Septiembre de dicho año de 1475. Oygamos el titulo de las Constituciones, ò se formaron en dicha innova-cion de la devotissima Cofradia de el Santissimo Ro-sario. Dice pues *Ego Fr. Iacobus Sprengher Sac. The-ologiæ Doctor, Prior Conventus Coloniensis Pro-vinciæ Germaniæ Ord. Prædicatorum, anno repara-tæ salutis 1475. in Festo Nativitatis B. V. Mariæ, cum auctoritate RR. Patris, & Domini Alexandri Episcopi Foroliviensis per Germaniam, cum potestate Legati à latere, Nuncij Apostolici:* Constitutiones se-quentes, *multorum Sac. Theologiæ Doctorum exami-ne, concilio, & judicio approbatas,* Ordinavi de anti-qua, & devotissima Confratria Rosarij BB. Deiparæ, & curavi publicari.

N. Pined. lib.
2. cap. 7. art. 1.
Miechv. tom.
2. dist. 305 Co-quecio Visc.
Mater cap. 23.

31 De este Titulo consta: Lo primero: que el V. Maestro Sprengher, Prior de nuestro Convento de Colonia, no erigiò la primera Cofradia de el Santissimo Rosario en dicho Convento, sino que alli de tiempo an-tiguo existia, y se havia extinguido, y desolado, la re-parò reestableciò, y renovó. Lo segundo: consta, que esta innovacion, ò renovacion se executò con la Mayor auctoridad, y solemnidad, que se podia desear. Porque se hizo con auctoridad Apostolica, que tenia el Sr. D. Alexandro Obispo de Forly, Nuncio de la Santidad de Syxto IV. con potestad de Legado *à latere:* à ruegos, é instancias de el Sr. Emperador Federico III. y uno, y otro fueron los primeros Cofrades, que se recibieron, y escribieron en el libro de esta devotissima Cofradia

re-

renovada. Lo tercero: que para formar, y ordenar dichas Conftituciones, que havian de obfervar los Cofrades, precedieron confultas, pareceres, y votos de muchos Doctores en Sagrada Theologia, que las aprobaron, y loaron, y affi fe publicaron el dia de la Natividad de nueftra Señora la Vrigen Maria, ocho de Septiembre de el año de 1475.

32 De fuerte, que para efte examen de los Theologos, fe vieron, regiftraron, y leyeron monumentos antiguos de aquel Convento, y varias Hiftorias, por donde conftò, que efta devotiffima, y utiliffima Cofradia fe havia fundado, y eftablecido en la Iglefia de aquel graviffimo Convento defde tiempos antiguos, efto es defde el tiempo de nueftro P. S. Domingo. Y efto lo teftifica el mifmo Legado, con cuya auctoridad fe obrò todo efte negocio, en dos Bullas, que defpachò el año figuiente de 1476. donde aprueba, y confirma todo lo hecho, y concede Indulgencias à los Cofrades de efta Saluberrima Cofradia, como fe hà vifto en el cap. 2. n. 3. y 4. en el num. 3. fe note: *Inftituta, imò verò reftituta potiùs ac annovata, cum in varijs Hiftorijs legatur, illam à S. Dominico prædicatam.* Y en el num. 4. fe note *Antiquam devotionem, & Confraternitatem Rofarij... in Prædicatorum Colonienfi Monafterio à P. dicti Ord. Dominico inftitutam.*

33 No pueden fer mas, à nueftro propofito claras, las palabras de el Legado Apoftolico: dichas, no à petición de parte, ni inftancia de los Religiofos, fino de propria ciencia, y experimental noticia, que tenia en todo efte negocio de la innovacion de la Cofradia de el SS. Rofario. Y de aqui confta con evidencia, que la Cofradia de el Rofario de el Convento de Colonia era antigua, y que fu antiguedad, tenia el origen, y principio de nueftro P. S. Domingo, que la inftituyò, fundò, eftableciò, publicò, predicò, y dilatadò en el Pueblo Chriftiano, como conftaba, no folo de la tradicion, como

mo

mo se hà probado yà, sino tambien por Historias, donde assi se leia.

34　Agase reflexion en estas palabras de el Legado
Apostolico: *Cum in varijs Historijs Legatur.* Que lo
hà dicho de la antiguedad de la Cofradia, se leia en varias Historias. Historias varias, ò son varias por las materias, de q̃ tratan. O varias por los Historiadores *varios,*
aunque la materia no sea varia, sino la misma. Y en el
presente caso siendo una la materia, *la devocion, y Cofradia de el Santissimo Rosario* de fuerza son los Historiadores varios de los que habla el Legado. Y quienes
son estos Historiadores varios de que habla el Nuncio?
sino son los que repetidas vezes cita el B. Alano? v. g.
V. P. F. Juan de Monte, y V. P. Fr. Thomas de Templo. Y aun parece, que fuera de los dos, que alega Alano, havia en aquella era otros Historiadores, porque sino huviera mas, que los dos, parece no venia bien decir varios Historiadores, *ò varias Historias:* pues para
verificar dos Historias bastaba decir, se leia en las Historias en plural conforme á la Regla XI. *Pluralis lo-
cutio &c. de Reg. juris in* 6. Y assi algo mas parece,
denotan los terminos: *In varijs Legatur.* Y aun el
verbo *Legatur,* que es tiempo presente, denota, que
las varias Historias se leian entonces, en aquel tiempo,
en que se despachó la Bulla, ò se podian leer entonces.

35　Yo no me persuado, que en estas varias Historias, entren los libros, ò tratados de el B. Alano, que aun
no havian salido á luz, quando se despacharon estas *dos*
Bullas de el Legado, ni aun se havia celebrado la Convocacion, ò Capitulo de la Congregacion de Olanda,
en que se mandò recoger los manuscriptos de el *Maestro Alano de Pia memoria:* y se entregassen al Vicario
General de dicha Congregacion, quanto antes, por los
Priores de los Conventos, para que no se perdieran. Y
aunque se quisiera, que en este numero de Historias varias entraran los manuscriptos de el B. Alano, no bas-
taban

taban para verificar Hiſtorias varias; pues para eſto ſe requerian à lo menos otros dos Hiſtoriadores: porque la variedad no era por la materia, que era una, ſino por los Hiſtoriadores diverſos de un miſmo aſſumpto.

36 Diſputoſe en el Convento de Colonia eſta materia de la devocion, y Cofradia de el Santiſſimo Roſario. Y fue fructo de eſtas diſputas un Opuſculo, que imprimiô el año de 1476. el V. P. M. Fr. Miguel de Inſulis, que ſe hallaba de Cathedratico en aquel Colonienſe Convento; cuyo titulo es, *Quodlibetum de veritate Fraternitatis Roſarij, ſeu Pſalterij B. Mariæ V. Conventus Colonienſis Ord. Prædicatorum, In ſcholis Artium tempore Quodlibetorum, anno Domini 1476. per F. Michaelem de Inſulis, Sac. Theologiæ Pr. ejuſdem Ordinis, &c.* Bibliot. O. P. tom. pag. 8. col. Yo no he viſto eſte Opuſculo; pero de el titulo, que tiene, ſegun ſe lee en nueſtra Biblioteca, me parece, que el fin que tuvo el Auctor, no fue tratar de la *utilidad* grande, que para todos redunda, de ſer Cofrades de eſta Saluberrima Cofradia de el Santiſſimo Roſario, ſino de la *verdad* de la dicha Cofradia de nueſtro Convento de Colonia, y aſſi no dice *de utilitate,* ſino *de veritate Fraternitatis Roſarij ... Conventus Colonienſis:* que es lo miſmo, que probar, y defender la verdad de que en aquel Convento de Colonia ſe havia fundado la Cofradia de el Santiſſimo Roſario deſde tiempo antiguo, eſto es, deſde el tiempo de N. P. Sto. Domingo: aunque con el curſo, y variedad de el tiempo, y negligencia, y deſidia de los hombres, y aun aſtucia de el demonio, ſe havia deſolado, obliterado. y olvidado caſi de el todo eſta Santiſſima devocion, y extinguido ſu Cofradia, que alli havia exiſtido, y florecido: y eſto es lo que nos certifica el Legado Apoſtolico en ſus Bulas alegadas.

37 A el Auctor de eſte Opuſculo, no nos oponen nueſtros Nomenclatores, como ſilencioſo de los VV. PP. Monte, y Templo; no ſee el myſterio, como no lo he

he vifto: y paffan à oponernos el filencio de el V. P. M.
Fr. Cornelio Snequis, Vicario General de la Congregacion de Olanda en otro tiempo, y Difcipulo de el B.
Alano, que falleciò el año de 1531. Quien efcribiò con
empeño de el SS. Rofario, valiendofe de noticias, q̃ fu
eftudio, y diligencia defcubriò para probar fu antiguedad, que llegan hafta el año de 1237. y no menciona *los*
dos Auctores Monte, y Templo, que cita el B. Alano.

38   A que fe refponde: que fi el Maeftro Snequis
en las obras impreffas no menciona los dos Efcritores
Monte, y Templo, que alega Alano: en otras obras fu-
yas, que aun no fe han dado à la prenfa, puede fer, que
haga memoria de ellos. Y dado cafo, que en las no impreffas del mifmo affumpto, no los nomine, no es fuficiente fundamento para decir, y afirmar, que fon *bom-*
bres ficticios. Snequis, fupuefto lo que el B. Alano havia efcrito, y affegurado, de que nueftro SS. Patriarcha
era Auctor del Santiffimo Rofario, como hoy fe practica, y que havia predicado efta Divina devocion, y havia inftituido fu utiliffima Cofradia: *nè actum ageret:*
bufcò, inquiriò, y añadiò otros fundamentos graves, para corroborar el mifmo affumpto, è iluftrar el mifmo argumento. Y no haze con efto invalidos los monumentos de el B. Alano. Algunos años antes, que nueftro
Cornelio Snequis, floreciò el diligentiffimo Efcrutador
de antiguedades de nueftra Sagrada Religion nueftro
M. Fr. Ambrofio Taegio, quien (como efcribe nueftro
M. Altamura à el año de 1280. de fu Biblioteca pag. 57.
col. 1.) haze memoria de el V. P. Fr. Thomas de Templo, primera part. de fu libro: *Monumenta Ordinis.*

Bibliot. O. P.
t 1. pag. 473.
col. 1.

39   Perfiften aun en fu feveriffima Crifis los Auctores de nueftra Biblioteca, diciendo: *Si libri illi* (fcilicet Fr. Joannis de Monte, & Fr. Thomæ de Templo)
ducentis, & amplius annis antiquiores, Alani ætate
constabant adhuc. Cur non funt vifi? Cur non multi-
plicati? Cur non prælo dati? Nam hoc è re erat. Si à

eftas

eftas preguntas, ò femejantes, refpondiera yo, que no
fabia el *Cur*, ò *Porque?* No fe feguiria de aqui, que fla-
quaeffe en un punto para con los moderados Criticos la
teftificacion de èl B. P. Alano de Rupe, ni fe defminui-
ria fu grande auctoridad, fus no vulgares letras, prudencia, difcrecion, y heroyca virtud, que le hà confiliado
con todos excelente opinion, como fe verà adelante, con
el Divino favor.

40   Pero fe refponde con folucion, de que fe fuelen
valer los mifmos, que hazen efta objeccion, ò preguntas
importunas, à que fe acoge fu fevera Critica .... Cofa
ciertiffima es, y concedida por los que hazen la inftancia,
que nueftro P. S. Domingo efcribiò, y que gloffò algunos libros de la Sagr. pagina, y otros (fuera de aquel libro
Dogmatico, que aprobò el Cielo con triplicado Milagro) libros, que por fer de un Maeftro grande, y Santo Doctor, tan erudito, difcreto, lleno de Sabiduria de
el Cielo, y libros de un Padre amabiliffimo, fe havian
de haver confervado, bufcado, y con mucha piedad fo-
licitado, como Reliquias preciofas, por fus amantes hijos, y multiplicado, para que gozaramos de fu fana, fanta, devota, y provechofa Doctrina. Y que fe han hecho?
Donde eftan? Quien los tiene? Porque no fe multi-
plicaron? &c.

41   A efto refponden los mifmos *Inquifitores: Fatendum tamen, rerum, ac temporum, feu viciffitudi-
ne, feu incuria: ubi jam hæc ejus fcholia habeantur,
à nemine prodi.* En otras occafiones fe valen dichos
opofitores de efta mifma folucion, para libros de otros
Efcritores de la Orden, cuyas obras, fiendo ciertas, han
corrido la mifma fortuna. Verificandofe aquel, dicho
comun: *Tempus eft edax rerum.* Y fi à la voracidad de
el tiempo, fe junta la incuria de confervar los libros, y
mas fi fon manufcriptos, y eftos fueron pocos, y andan
efcondidos de mano en mano, en poco tiempo no havrà memoria, ni aun commemoracion de ellos, y de fus
Auctores.

Bib. O. P. t. 1.
pag. 39. c. 1.

I 2.   CA-

CAPITULO QUINTO.

Nuestro P. S. Domingo no solo es Auctor de el
SS. Rosario, sino tambien es Institutor de su Ve-
nerable Cofradia, y Egregio Predicador de esta
Celestial devocion, que sus espirituales
Hijos estendieron por el mundo.

Biblioc. O. P.
tom. 1. p. 184.
col. 1. & pag.
644. & pag.
852.

1 PReocupados nuestros Nomenclatores de la
nueva Biblioteca, de su severa, y nimia
Critica, dicen, que aunque en el primer
siglo de nuestra Sagrada Orden de Predicadores se rezaba el Rosario en la Religion, y fuera de ella: Pero
que antes, que floreciera Alano, no se havian fundado
Congregaciones, ò Cofradias de el Rosario; ni se predicaba, ò no se hazian Sermones de el Rosario: por no
ser el Rosario materia de Pulpito, como no lo es el Breviario: ni se celebraban fiestas á la Sacratissima Virgen
Maria con relacion, orden, y respecto especial á este
Angelico culto. Oygamos hasta donde llegò el extremo de su severissima Critica. En una parte peroran assi:
Cùm ergò nulla sit Fraternitatis Rosarij antè Alani tempora instituta apud Veteres memoria, &c. En otra
parte vuelben à recantar de esta suerte: *Licèt* Societas
hujus nominis nondum instituta esset, nec fuisse materiam concionum, ex ullis monumentis arguatur, ut nec
de Psalterio Davidico, nec de Breviario fiant conciones, aut Festa, &c. Y reiteran tercera vez la misma can-
tilena: *Ante Alanum* de Rosario non prædicabant, sed
neque de Breviario, utrumque dicebant, & dicenda
monebant.

2 De estas proposiciones universales negativas se
sigue, que N. P. S. Domingo no instituyò, ò fundò la
Cofradia de el Santissimo Rosario, ni N. Santissimo Pa-
triar-

triarca predicò eſta Sagrada Devocion, ni en ſu tiempo ſe celebraron fieſtas de la Santiſsima Virgen, con reſpecto à ſu virginal Pſalterio, ò Sacratiſsimo Roſario. Juzgo, y creo, que ſolamente quien adoleciere de la extremada Critica de nueſtros Nomenclatores, podrá dar aſſenſo à tales premiſſas, y conſequencias. No tienen mas fundamentos, que dos argumentos negativos. El primero: que en ninguno de los Auctores, ò Eſcritores, que florecieron antes, que el B. Alano, ſe halla memoria de eſto. *Cùm nulla ſit apud Veteres memoria ante Alanum:* el ſegundo negativo argumento, porque *ex nullis monumentis arguatur.*

3 La primera propoſicion univerſal negativa ſe falſifica con lo dicho, y muy ſuficientemente probado en el capitulo antecedente, y ſus inſtancias redarguidas. En el ſe ha manifeſtado, que en tiempo de el B. Alano de Rupe exiſtian los eſcritos de los VV. PP. Fr. Juan de Monte, y Fr. Thomas de Templo, ambos Coetaneos, Diſcipulos, y compañeros de N. P. S. Domingo. Eſtos eſcritos teſtifica con juramento (que pone fin à las controverſias) el B. Alano, haverlos tenido en ſus manos, leydo con ſus ojos, y desfrutado con la pluma. Y no porque Alano ſea el primero (à lo que ahora ſabemos) que dè teſtimonio de eſtos eſcritos, ſe puede deſpreciar, ò no hazer caſo de ſu teſtimonio tan grave, y auctorizado. Y con gran cordura notò el P. M. Cano, que no era de hombre bien inſtruido, y rectamente compueſto para la vida humana: *Viro gravi rem credibilem aſſerenti, non credere.*

Cano lib. 11. cap. 4.

4 La ſegunda propoſicion univerſal negativa, que dice: *nec ex ullis monumentis arguatur:* ſe falſifica no con un monumento, ſino con muchos monumentos. Y ſea el primer monumento: La tradicion conſtante, que ſiempre ha permanecido en la Orden de Predicadores, y aun en el Orbe Chriſtiano: de que N. P. S. Domingo inſtruido, y amoneſtado por la SS.

Vir-

Virgen Maria, de quien el BB. Padre era *ad stuporem* devotissimo, inventò la devocion de el SS. Rosario, y la enseñó, publicò, y predicó con indecible fervor, y zelo à los Christianos Pueblos, y aun infieles hereges Albigenses, y que paraq hechara rayzes esta Celestial florida Planta en la Iglesia Catholica, fundò, y establecìò Congregaciones, ò Cofradias de el SS. Rosario à honra, y gloria de la Beatissima Reyna de el Cielo de Dios Madre.

5. De dos modos se comprueban las tradiciones, por verdaderas, ò por rastros, y señales, que permanecen, ò se conservan desde el tiempo en que succediò el hecho, que se sabe por tradicion: ó por Auctores graves, doctos, y eruditos, que deponen ser tradicion continuada de los Mayores. Nuestra tradicion de uno, y otro modo se ha comprobado ya en el cap. 3. Y la vemos ya canonizada por la Iglesia, en el Rezo de nuevo concedido, aprobado, y mandado poner en el Breviario Romano, para la fiesta, y solemnidad de el SS. Rosario, por Decreto de Sagrada Congregacion de Ritos, dado à 28. de Marzo de 1725. y beneplacito de el SS. P. Benedicto XIII.

6 II. Monumento es la Cofradia de el SS. Rosario, que desde el tiempo de N. P. S. Domingo se fundò, y establecìò en N. Convento de Colonia: y haviendose entibiado la devocion con el tiempo, pestes, cismas, y guerras, se renovò en dicho Convento à 8. de Septiembre de 1475. con auctoridad Apostolica: precediendo antes mandato expresso de la SS. Virgen N. Señora, confirmado con Milagros ciertos, evidentes, y comprobados. Mas en las Constituciones, que con gravissimo, y prudentissimo acuerdo se hizieron, ò renovaron en la innovacion, se llama esta devotissima Cofradia: *Antigua, & devotissima Confratria Rosarij BB. Deipare.* Antigua dicen, que era quando se renovó el año de 1475. Y segun Derecho, en materia, ò punto de tiempo,

po,

po, que fe ha de probar, ninguna cofa fe puede llamar
Antigua, que no llega à tener por lo menos cien años:
y aunque tenga muchos mas años, que ciento, conferva el nombre de *Antigua,* como prueba el Dr. Bar-
bofa. Y affi lo que diò à entender el Ven. M. Sprengher Prior de nueftro Convento de Colonia, llamando
Antigua la Cofradia de el SS. Rofario, que en aquel
Convento fe innovaba, que llegaba fu antiguedad á el
tiempo de N. SS. Patriarca. Y efto lo expreffò à ren-
glon feguido el Legado Apoftolico, Obifpo de Forly,
en fus Bulas: en una dice: *Imò potius reftituta, ac innovata: cùm in varijs hiftorijs legatur, à S. Dominico fuiffe prædicatam.* En otra: *Ipfa Deipara Virgo
antiquam devotionem, & Confraternitatem Rofarij
::: in Prædicatorum Colonienfi Monafterio à Patre
dicti Ordinis Dominico ::: inftitutam, renovare ve-
luit, ac juffit.* Veafe efto en el cap. 2. n. 3. y 4.

Barb. tom. de varijs Traets. Tract. 2. lib. 4.
ver. *Antiqui.*

7   III. Monumento nos ofrece en fu *Monumenta
Conventus Tolofani* el Mtrò. Percin. Efte pues, muy
diligente Efcrutador de los Monumentos de aquel Cõ-
vento primero de la Orden: dice, q̃ en el libro de la
Cofradia de el SS. Rofario, que fe comenzò quando fe
renovò el año de 1492. en aquella Santa Cafa dicha Cofradia, fe leen eftas palabras: *Ad laudem Dei Omnipot.
& BB. V. Mariæ, fub anno Domini 1492. circa finem Menfis Aprilis,* Fuit renovata antiquiffima, & SS.
Confratria Rofarij, feu de Capelleto ejus Glor. V. Mariæ in præfenti Conventu FF. Prædicatorum Tolofæ,
&c. Hizofe efta innovacion con Patente de el RR. P.
M. Gen. Fr. Joachin Turriano. Efte Monumento dà
á efta Cofradia renovada en nueftro Covento de Tolofa el titulo de Cofradia *antiquiffima,* y con mucha razon: por fer efta una de las primeras Cofradias del SS.
Rofario, que inftituyò, y fundò N. P. S. Domingo, que
fe eftableciò en Convento de fu Orden de Predicadores. Efte primitivo, y primero Convento de Religiofos

Percin. Mon. Conv. Tolof. Opufc. de Ro-far. p. 3. c. 3.

sos se fundó en Tolosa por el Mes de Julio, ò principio de Agosto de 1216. Y de aqui se viene en conocimiento de la grande antiguedad de esta Santissima, y Antiquissima Cofradia Mariana.

Fernandez annual de el Ros. lib. 2. cap. 21. Miech. tom.2. disc. 306 Perc. Op. de Ros. p. 1. cap. 4. n. 2. Seraph. in nota 70. Vit. S. P. N.

8   IV. Monumento sea el que dexò escrito el Mro. Cornelio Snequis, contemporaneo, y Discipulo de el B. Alano de Rupe. En el Sermon VIII. del SS. Rosario dice Snequis: *In Ecclesia S. Petri Insulensis Oppidi reperi, & in manibus tenui quemdam antiquum librum in pergameno, De institutione Fraternitatis in honorem B. V. de Tailla, quæ institutio (ut in præfato libro habetur) facta fuit anno 1237. Reperi, inquam, ibi diversa nomina diversarum, & multarum Virginum Religiosarum, ad dictam Fraternitatem receptarum, quæ loco contributionum temporalium pro sustentatione in luminaribus necessarijs, obtulerunt dona spiritualia, videlicet* Psalteria Davidica, & Mariana, seu de Domina, id est, ea, quæ nunc vocamus Rosaria. Trahen: este Monumento varios Auctores.

9   V. Monumento nos ofrece el mismo Auctor en el Sermon citado, que dice: *De Fraternitate Halbertadiensi Conventus FF. Prædicatorum librum quemdam reperi in Bibliotheca, ibidem de nullo alio, quàm de Psalterio B. Virginis tractantem, quem adhuc hodie videre est, & creditur scriptus statim post tempora S. Dominici.* Nuestro Santissimo Patriarca passò à la felicidad eterna à 6. de Agosto de 1221. de q̃ consta la antiguedad de este Monumento.

10   VI. Monumento. Este se debe à la diligencia de nuestro Coquecio en su libro *Viscera Materna*, y lo escribe en el capit. 22. Haviendo este Auctor hecho exactissimas diligencias por saber que fundamento tenian los Venerables, y Observantissimos Padres de la Cartuja, para decir, que el SS. Rosario havia tenido su origen, y principio en su Sagrada Religion, ó por el B. Eloyn, ù otro de sus Santos Religiosos: certifica haver

ha-

hallado un libro pequeño, manuscripto de un Prior de
la Cartuja de Colonia, llamado Gerado con este titulo:
Exercitia valdé pia, & salutifera de Psalterio glo-
riosæ Virginis Mariæ. Y comenzando à registrarle:
luego al principio de dicho Opusculo su Auctor haze
esta ingenua confession. *Fraternitas hæc à S. Domi-*
nico Ordinis Prædicatorum Fundatore, per glorio-
sam Virginem Matrem, [cui devotissimus erat] ad
hoc admonito, & confirmato: primum legitur prædi-
cata, & in diversis partibus non sine magnis, præcla-
risque miraculis plantata.

11. En este Monumento no se expressa en q̃ tiempo vivió el Auctor de estos muy piadosos exercicios
en culto, y veneración de la Virgen SS. nuestra Señora.
Pero si atendemos à que el Auctor era Prior de la Cartuja de Colonia, y no le dà à esta Santissima devocion,
y exercicios el nombre de *Rosario,* sino el titulo de
Psalterio de la gloriosa Virgen Maria: parece se escribió este Opusculo, aun antes que en Colonia se renovasse la Cofradia de el SS. Rosario el año de 1475.
Antes que esta devotissima Cofradia se coronasse con
este floridissimo titulo de *Rosario,* por espacio de mas
de docientos años se denominò con el titulo de *Psal-*
terio Virginal, ò *Mariano,* ò de *Domina.* Y donde
primero se comenzó à llamar de el *Rosario,* fue en
Alemania, como se reconoce de lo que escribió nuestro devotissimo de el Rosario, gran Predicador Guillermo Pepin Ebroycense. El año de 1511. imprimió
un Opusculo con el titulo, ò thema *Salutate Mariam;*
y el año de 1513. diò à la prensa otra obra con el titulo *Rosarium aureum.* Y aun entonces no era comu-
nissimo, como ahora, el nombre *Rosario.* Entonces,
segun las Naciones se nombraba, esto nos advierte este
Doctor. *Advertendum,* dice, *quod hæc Benedicta Con-*
fraternitas pro varietate Nationum, & linguarum
triplex sortitur nomen, & vocabulum. Apud Gal-
llos

Guiller. Pepin
Serm. 1. *Salut.*
Mar. & in prin-
cipio *Rosarij*
Aurei.

llos *vocatur Confraternitas hæc* de Serto nostræ Dominæ, vel de Capelleto. *Apud Germanos hujusmodi Confraternitas dicitur* de Rosario. *Apud Italos, & multos alios prædicta Confraternitas appellatur* de Psalterio Beatæ Virginis.

12 Y que en Alemania, quando se renovò en Colonia, se llamaba generalmente Devocion de el Rosario, Cofradìa de el Rosario: el titulo de las Constituciones, que hizo el Maestro Sprengher, lo dice: *De antiqua, & devotissima Confratria Rosarij.* Lo mismo se nota en las Bulas de el Legado Obispo de Forly, que comienzan: *Etsi Gloriosos,* y *Nos defuit.* Lo mismo en la Bula de Sixto IV. año de 1478. *Pastoris æterni,* donde aprueba, y confirma la Cofradia de Colonia: De Alexandro VI. *illius, qui* de 1494. De Julio II. *Ineffabilia* de 1503. Y de Leon X. *Pastoris æterni* de 1520. En todas estas Bulas hablan, y tratan los dichos Pontifices de la Cofradia innovada en Colonia año de 1475. y siempre la llaman *Cofradia de el Rosario,* y ninguno la apellida de el *Psalterio:* porque trataban con Alemanes Colonieses, y assi les hablaban en su lengua, donde era conocida esta Cofradia con el vocablo *Rosario.*

Bullar. O. P.
t. 3. p. 576.

13 Y el mismo Sixto IV. en cuyo tiempo començó à resucitar esta Santissima devocion en la menor Bretaña, en una Bula, en que aprueba esta Santissima devocion à instancias de los Soberanos Duques de este estado de la menor Bretaña, la llama *Psalterio de la Virgen,* y no le nombra *Rosario de la Virgen,* porque alli alli vulgarmente se decia. Esta Bula comienza: *Ea, quæ* dada à 12. de Mayo de 1479. son sus palabras: *Quod in Ducato Britanniæ, & pluribus alijs locis, crescente fidelium devotione ab aliquo tempore: Innovatus est certus modus, sive Ritus Orandi pius, & devotus, qui etiam antiquis temporibus à Christi fidelibus in diversis mundi partibus observabatur ....& iste Ri-*

Ritus, five modus Orandi Pfalterium Virginis Mariæ vulgariter nuncupabatur.

14 De lo dicho fe colige, que el citado Opufculo fe efcribiò antes que en Colonia fe renovara la devocion, y Cofradia de el culto del Santiffimo Rofario en honra de la SS. Virgen: porque fi fe huviera efcrito defpues, un hombre Aleman, efcribiendo en Alemania, en Colonia, donde vivìa, Prior de la Cartuja, ufarà de el vocablo *Rofario*, y no de el nombre *Pfalterio*, no ufandofe ya en aquella Ciudad, fino de el que fe havia hecho celeberrimo en aquella tierra, con tan folemne, y publica innovaccion de tan piadofa devocion, y tan iluftre Cofradia. Y notefe en las palabras de el Venerable Prior de la Cartuja: donde dice: *Fraternitas hæc á S. Dominico ..... Primum legitur prædicata.* En que nos dá à entender el Auctor de el Opufculo, que havia libros, ò Hiftorias, donde fe leìa efta verdad, que N. P. S. Domingo fue el primer Predicador, de efta Santiffima devocion, el primer Inftitutor de efta antiquiffima Cofradia. *Primúm legitur.* Quien dice *primeramente*, excluye otro anterior Inftitutor, y Predicador. Bien, que efto fe entiende *de texas abajo*, como dicen: porque de ay arriba la Inventora primaria de efte Divino Inftituto es la Reyna de los Cielos Maria SS. de Dios Madre, como nos lo dice la Iglefia en la leccion IX. de el dia VIII. de efte culto Mariano, que celebra nueftra Sagrada Religion: *Ipfa potiffimum Divini hujus Inftituti. Inventrix Deipara Maria.*

Brev. O. P. in in die Octav.

15 Ultimamente fon Monumentos perennes los Oraculos de los Summos Pontifices, que en cafi innumerables Bulas, Breves, y Decretos teftifican à cada paffó no folo, que N. SS. Patriarca es Auctor de la devocion de el SS. Rofario, fino Fundador de fu fructuofiffima Cofradia, y Predicador eximio (con fus efpirituales hijos) de efte Divino Inftituto: y efto directamente, *ex proprio motu ex certa propria fciétia*: hable por fi,

por

por sus Antecessores, y Successores el SS. P. Pontifice
Maximo, el victorioso triumphador de Hereges, y Paganos el Señor San Pio V. *Spiritu Sancto (ut piè creditur) afflatus Beatus Dominicus ::: Modum facilem, & omnibus pervium, ac admosùm pium orandi, & precandi Deum, Rosarium, seu Psalterium Beatæ Mariæ Virginis huncupatum:: excogitavit: excogitatum per S. Romanæ Ecclesiæ partes propagavit: orandique modo prædicto per Asseclas B. Dominici, Fratres, videlicet Ordinis prædicti divulgato, & à nonnullis accepto, cœperunt Christi fideles, meditationibus accensi, his precibus inflammati, in alios viros repentè mutari..... & ad hanc orandi formam pro locorum diversitate, Sodalitates per Fratres ejusdem Ordinis, ad hoc à suis superioribus legitimè deputatos institui, & Confratres in eis describi.*

Vid. sup. cap.
2 hoc Oracul.
S. Pij latida.

16 Censuren, si pueden cuerda, y Christianamente, censurar, estos Oraculos de los Romanos Pontifices, los q por su immoderada Critica se precian de amantes de la verdad, ò amadores de lo verdadero. Que si como decia el Dulcissimo P. S. Bernardo, hablando de los dos Sapientissimos DD. Ambrosio, y Augustino, Columnas firmes de la Iglesia: *Ab his ergo duabus Columnis (Augustinum loquor, & Ambrosium) crede mihi difficile avellor. Cum his, inquam, me, aut errare, aut sapere fateor.* Yo ignorante, podrè decir, que de lo que testifican los Summos Pontifices, aun en materia de historia [quando hablan, no por sugestion, ò narracion agena, sino directamente de mente, y ciencia propria: y siendo tantos estos Summos Pontifices, que *una voce* lo asseveran, y claramente lo confiessan, y à cada passo lo testifican] ninguno me apartarà de sus Oraculos, ni dexarè de darles credito, confessando que mas quiero (si assi pudiera decir) errar con ellos, que acertar con los Criticos rigidos, q afectando ser de la verdad amantes, con argumentos puramente negativos, y conjectu-

D. Bern. Epist.
77. ad Mag.
Hug. de S. Vic.

ras estiradas se atreven à negar lo que de tiempos antiguos está comunmente recibido, como verdad cierta,
è indubitable, como lo es, ò lo son las de nuestro af-
serto.

17   En el mismo lugar me enseña el Melifluo Doctor esta Regla. *Sanè*, dice, *ibi unusquisque in suo sen-
su securus abundat, Ubi aut certæ rationi, aut non con-
temnendæ Auctoritati, quod sentitur, non obstat.* Considere allà en su mente el prudente, y discreto lector,
si es despreciable la gravissima Auctoridad de tantos
doctissimos Pontifices Summos, Padres, y Pastores de
la Iglesia, que *uno ore* testifican, que N. R. S. Domingo
es Auctor de el Rosario, Predicador Egregio de sus
excelencias, y con sus espirituales hijos Fundador de sus
Cofradias, *in quas Principes, Reges, Imperatores, atque Ecclesiæ Præsides* pro summo ducunt honore ep-
optari, como dice la Iglesia. Cada uno de estos Monumentos es muy suficiente contra el argumento negativo de que se valen los Criticos immoderados: y siendo
tantos, y juntos todos, què fuerza no tendràn para que-
brantar una debil caña, que es el argumento puramente
negativo. De este argumento dice N. RR. P. M. Gen.
Fr. Antonino Bremond: *Flexneus gladius est iste: cùm
nullius roboris sit argumentum negativum, ubi posi-
tiva tenemus, Placet ista Defensio: hac una siquidem omnes adversariorum conatus
infringi possunt.*

CAPITVLO SEXTO.

Pruebase invenciblemente, que desde el siglo
XIII. se fundaron Cofradias en nuestras Igle-
sias, y se predicaban sermones de la SS. Vir-
gen los Domingos del Mes del SS. Rosario.

COMIENZA ESTE CAPITULO CON
la Auctoridad de quien finalizò el Capitulo passado. N. RR. P. M. Gener, Bremond en la eruditissima Prefacion de el
primer tomo de nuestro Bulario, S. 27.
como quien tiene bien calado el genio de los severos
Criticos, nos dice: *Nonnulli sunt, apud quos Vetera*
pro nescis fabulis audiunt, & habentur, si fugerint Scri-
ptorem, qui pereid temporis florebat. Non secus ac, si
muti Magistri loquerentur ipsis, plus illos docet unus
Auctor coevus, qui siluit, quàm ceteri, qui momen-
tis aliunde invictis aliquid demostrarunt. De suerte
q̃ à Criticos de esta calidad no los sacarà de su incredulidad, si no se les dà Auctor Coevo, ò Suppar, esto es,
proximo à el tiempo, en q̃ succediò el hecho Historial
que se narra por los Historiadores posteriores à aquellos
primeros, y segundos, aunque dichos posteriores tengan, y aleguen gravissimos fundamentos, y razones effi-
caces, que à juycios prudentes, y eruditos convencen
la verdad de el hecho. Esto es general en esta especie
de Criticos.

2 Pero à Dios las gracias, que si el tiempo es *Edax*
rerum: algunas vezes es el tiempo *Propalador de co-*
sas antiguas, que no pudo su voracidad digerir, y las
pone à la vista de los Criticos incredulos, paraque se
desengañen, que no saben, ni pueden llegar à saber todo lo que ha succedido en el mundo. Y esto ha succedido en este tiempo para demostracion de nuestro the-

ma

mâ. Y yo me perfuado, que ſi los Auctores de nueſtra
nueva Biblioteca huvieran viſto lo que ha deſcubierto
el tiempo, y el infatigable eſtudio, en muchos puntos en
q̃ eſcribieron tan rigidamente, ſe retrataran, y cantaràn la
Palinodia. Con que ſegun eſſo ſe havràn hallado Hiſtoriadores Coèvos, ò Súppares, ò à lo menos algun
Hiſtoriador Coetaneo, ò alguno proximo à los tiempos
de N. P. S. Domingo? Aun es mas el hallazgo. Se han
hallado en los Archivos (que no tuvieron dicha de re-
giſtrar nueſtros Nomenclatores) Inſtrumentos autenti-
cos, con que ſe demueſtra el principal thema de el capitulo quinto. Ya han ſalido à luz publica, mediante la
prenſa en el primer tomo de nueſtro Bulario Magno
impreſſo en Roma año de 1729. cuyo Colector, Eſco-
liador, y aún ſe puede llamar Auctor, por lo mucho, y
en breve tiempo, que ha trabajado en dar à los Eruditos eſta obra tan dilatada, y tan deſeada, N. RR. P. M.
y de toda nueſtra Sagrada Religion General meritiſſi-
mo Fr. Antonino Bremond, à quien fiò ſu Reverendiſ-
ſimo Anteceſſor eſta tan ardua, moleſta, y glorioſa empreſſa, ſiendo ſu fideliſſimo Compañero: conſta eſta
obra grande, à que diò complemento el año de 1740.
de ocho corpulentos Volumenes. Obra de gran Criſis,
pero ceñida à la Regla, *nequid nimis, nequid minus.*
[*Labor omnia vincit improbus.*] Y aſſi dicho ſe eſtà,
que los nuevos, por hallados, Inſtrumentos ſon Bulas
Apoſtolicas inviſas, ò ignoradas de caſi todos los Hiſtoriadores, Eſcritores, y Nomenclatores, Domeſticos, y
eſtraños.

3   Pero antes de deſenvolverlas, y à eſte Opuſculo
trafladarlas, ſe ha de notar, y traher à la memoria lo que
dexô eſcrito el M. R. V. P. M. Fr. Miguel de Inſulis,
contemporaneo à el B. Alano de Rupe, y que ſe hallò
preſente el año de 1475. quando ſe renovò en nueſtro
Convento de Colonia (donde era Cathedratico) la devocion, y Cofradia de el Santiſſimo Roſario. Eſte pues
eru-

estudiosissimo Doctor dice, que esta devotissima Cofradia, que ahora llamamos generalmente de el Rosario, en sus principios no se llamaba de el *Rosario*, ni aun de el *Psalterio Mariano*, sino que sencillamente se decia *Cofradia de la Virgen Maria*. Sus palabras (como las recita, y trahe el Auctor, que escribió el libro *Fasciculus Rosarum*) son estas: *Illud tamen sciendum est, Fraternitatem autem hanc ab initio simpliciter Fraternitatem Mariæ fuisse vocatam. Sed quoniam sub titulo hoc ante Sn Dominici ætatem fraternitates essent multæ, idsine postmodum Fraternitas Psalterij B. V. Mariæ appellata est, eo quo nomine usque ad annum 1350. quo collapsa erat, gaudebat ab anno 1470. quo reflorescere cœpit, de Rosario dicta est.*

4 Algunos años despues, como dice el V. P. Miguel de Insulis, para distinguir esta Santa *Cofradia de la Virgen Maria* de estas, que tenian este mismo titulo, le dieron el nombre de Cofradia de el *Psalterio de Maria*, ò de la Señora, por las ciento, y cincuenta Salutaciones Angelicas, que se rezan en honra, y gloria de la Santissima Virgen, imitando en el numero el Psalterio Davidico. Cosa semejante succedió en nuestra Sagrada Religion à los principios, como testifica N. B. S. Antonino de Florencia, que dice: *In principio Fratres Ordinis dicebantur Fratres Virginis Mariæ.* Y Auctores graves dicen, y afirman, que les daban este titulo, porque predicaban la devocion de la Virgen Maria, que es el SS. Rosario. Y esto no obstante los Santos Papas en sus Bulas daban à esta devotissima Cofradia el nombre de *Cofradia de la Virgen Maria*, sin otro addito. Y esto aun en Bulas de el siglo XV. como se verá adelante.

5 En el tomo 1. de nuestro Bulario: entre las Bulas de el Sr. Alexandro IV. electo Summo Pontifice à 26. de Diciembre de 1254. se hallan tres Bulas à tres distintas Cofradias de la Santissima Virgen Maria Nuestra

tra

Pascic. Rosar.
pag. 150.
Miec. tom. 2.
tract. de Rosar
Myst. cap. 1.

D. Ant. 3 part.
Hist. titul. 23.
cap. 3.
Fernand lib.
cap. 1.

Bullar. O. P.
tom. 1.

tra Señora. La primera dada à favor de los Cofrades de nuestra Iglesia de Padua, despachada à 16. de Junio de 1258. cuya Rubrica dice assi: *Sodalibus Consocietatis B. Mariæ Virginis Constitutæ in Cœnobio FF. Prædicatorum Patav. Indulgentiarum impartitio.* Y dice assi.

Alexander Episcopus Servus Servorum Dei Dilectis Filijs Confratribus, & Sororibus Fraternitatis *B. Mariæ Paduan. S. & A. B.*
Splendor paternæ gloriæ, qui sua mundum illuminat ineffabili claritate, & abscondita producit in lucem: pia vota fidelium de clementissima ipsius Majestate sperantium, tunc benigno favore prosequitur, cùm ipsorum devota humilitas, Sanctorum precibus, & meritis adjuvatur.

6 *Cùm autem, sicut ex Dilectorum Filiorum FF. Prædicatorum Paduanorum insinuatione percipimus, Fraternitatem in honorem gloriosæ Virg Mariæ. De Omnipotentis Dei misericordia, & Beatorum Petri, & Pauli Apostolorum ejus, auctoritate omnibus verè pœnitentibus, & confessis, qui se in eadem Confraternitate, Collegas, & Confratres hactenus statuerunt, vel statuerint in futurum, ac etiam singulis mensibus secundùm fervida salubria, & provida statuta vestra in eadem Ecclesia Prædicatorum Fratrum ad Missarum solemnia, & Verbum in commemoratione ipsius Virginis audienda convenerint reverenter, centum dies de injuncta sibi pœnitentia misericorditer relaxamus. Datum Viterbii* ... *Pontificatus nostri anno IV.* Esta Bula ... en el Archivo general de la Orden lib. B. fol. 171. ... autographo en nuestro Convento de Padua. ...

7 De la leccion de esta Bula, con no ser dilatada, venimos en conocimiento (para la Historia del SS. Rosario) de muchos puntos para nuestro intento. Y lo primero sabemos, que en Padua Ciudad antigua, y noble

L

de Italia, en el Convento de Predicadores estaba ya fundada á 26. de Junio de el año de 1258. (despues de el transito à la gloria de N. P. S. Domingo treinta, y seis años, diez meses, y veinte dias) una Cofradia con la advocacion de la *SS. Virgen Maria nuestra Señora*. Y no se expressa quando se estableció alli esta Cofradia: de que se infiere, que se fundò antes, que se despachara esta Bula.

8   Lo segundo consta, que los Religiosos de la Orden de Predicadores de el Convento de Padua tenian à su cargo, y cuydaban de esta Santa Cofradia, la fomentaban, y solicitaban su augmento entre los fieles. Y que dichos Religiosos, informaron à el Santo Papa, y le dieron noticia de el buen estado, que tenia, y que ellos mediantes, alcanzaron estas favorables letras de su Santidad para los hermanos Cofrades.

9   Lo tercero consta, que esta Santa Cofradia tenia, ya leyes, y Constituciones, con que se regia, y governaba: estatutos, que el Summo Pontifice, aprueba, alaba, y califica por *Fervorosas, Saludables, y Providas*, esto es, Prudentes, Discretos, y acomodados à Cofrades de uno, y otro sexo. *Ferveda, Salubria, Provida statuta vestra.*

10   Lo quarto consta, que los Cofrades de esta Cofradia segun sus Constituciones, ò estatutos debian congregarse en la Iglesia de nuestro Convento de Padua, una vez cada mes de el año. Y à que se debian juntar esse dia: *Ad Missarum Solemnia, & Verbum Dei audienda*: De suerte, que debian assistir à la Missa solemne, que se cantaba, y à el Sermon, que se les predicaba. Y en honra, y gloria de quien se hazia esta fiesta cada mes con Missa solemne, y Sermon: El estatuto segun dice el Papa, ordenaba, que uno, y otro havia de ser *In Commemoratione* ipsius Beatæ Virginis. Que es decir, que toda la fiesta se ordenaba en culto, y obsequio de la Madre de Dios, haciendo especialmente en
el

el Sermon commemoracion de sus excelencias, pre-
rogativas, de sus admirables virtudes, de sus grandes
meritos, de sus privilegios singulares, de sus favores,
de su Patrocinio, y de sus frequentes milagros para con
sus Devotos: y en pocas voces, propriamente *commemoracion* de la Sacratissima Virgen Maria, es traér á la
memoria de el auditorio la mucha parte que tuvo en la
Redempcion de el genero humano, como se vee en los
Mysterios de el Santissimo Rosario.

11   Lo quinto: el Santo Papa concedió cien dias de
Indulgencias á los Cofrades ya ascriptos á la Cofradia,
y lo mismo á los q en adelante se alistassen en ella: y los
mismos cien dias ganassen los Hermanos, que assistiessen á la Congregacion de cada mes, y oyessen Missa, y
Sermon con reverencia, y devocion. Concession nó
pequeña en aquellos tiempos, en que no eran tan libe-
rales los Summos Pontifices, como á hora experimen-
tamos.

12   Y que Cofradia era esta? Ciertissimamente no
otra, qué la que llamamos de el *Psalterio virginal, ó
de el SS. Rosario.* La Cofradia de el SS. Rosario, ó
Psalterio Mariano absolutaméte, es por antonomasia *La
Cofradia de la SS. Virgen Maria.* Oygamos á el The-
atro de la vida humana, citando á el Abbad Trithemio:
*Dignitatem hujus Fraternitatis Trithemius expri-
mit dicens. Quanto Dei Mater meritis, & Sanctitate reliquos Sanctos in Cœlo antecellit, tanto Fraternitas nomini ejus dicata locum tenet eminentiorem:
unde & fideles, ut promptam apud Deum Advocatam
habere mererentur Sub nomine Rosarij ad honórem
ejus Fraternitátem instituerunt.*

13   El Erudissimo Beyerino Aquense, citado de N.
M. Roveta, tratando de la Cofradia de el SS. Rosario
dice en la *Rosasea Corona: Quæ etiam tantó existi-
manda est melior, & Divinior quantò cum pluribus
potest haberi communior..... Hæc infantium mulieri-*

Theat. Vit.
hum. tom. 5.
pag. 229.

Rovetta tract.
totius Operis
Alan. anim.

senectutem non offendit, otiosos exercet, non impedit occupatos, potentes, & divites allicit, pauperes, ac debiles non excludit, tepidos ad fastidium non adducit, nec vivos tantum, sed & defunctos admittit. Y el mismo M. Rovetta al fin de el quarto siglo concluye: Multa namque filiæ congregaverunt divitias: at hæc Rosarij Confraternitas supergressa est universas. El doctissimo, y devotissimo Miecoviense añade: SS. Rosarij Archi-Confraternitas, omnibus antecellit, illas præit, illis palmam præripit. Y el P. M. Fr. Pedro Sanchez, dice compendiosamente: Rosa cæteras flores excedit, & Rosarium alias precandi formulas superat antiquitate, dignitate, & utilitate. Y esta excelencia de el SS. Rosario es otra razon para entender por Cofradia de Maria SS. la Cofradia de el SS. Rosario por antonomasia.

14   Y se confirma todo esto con la nota quarta, que hizo N. R. P. M. Gen. Bremond sobre aquellas palabras de esta Bula semel singulis mensibus: y nos advierte: Notet Lector antiquum morem, & discat etiam seculo XIII. Institutis Societatis SS. Rosarij cautum esse, ut Confratres semel singulis mensibus, prima scilicet Dominica cujuslibet mensis, in Ecclesia FF. Prædicatorum, ad Missarum solemnia, & Dei verbum in commemoratione Beatæ Mariæ Virginis audienda convenerint.

15   La segunda Bula de el Sr. Alexandro IV. fue expedida à 23. de Enero de 1259. siete meses, y tres dias posterior, à favor de otra Cofradia, digo, de la SS. Virgen Maria, fundada en nuestro Convento de la Ciudad de Placencia en Italia, de los Señores Duques de Parma, cuyo nombre dice alli: Indulgentiæ Fraternitatis B. Mariæ Virginis Placentiæ constitutæ concessæ. Cuyo tenor es este.

16   Alexander Episcopus Servus Servorum Dei Dilectis Filiis Confratribus, & Sororibus universis Fra-

Prov. 31.

Miec. tom. 2.
Disc. 315.
Sanct. Theol.
Rosar. q. 2.
art. 7.

Bullar. O. P.
t. I. pag. 570.

Fraternitatis B. Mariæ *Placentin. S. & A. B. Splendor Paternæ gloriæ, qui hunc mundum, &c.* [3.] *Cum itaque, sicut ex Dilectorum Filiorum FF. Præ dicatorum Placentin insinuatione, Fraternitas vestra in honorem Gloriosæ Mariæ Virginis, sit laudabiliter instituta: Nos dignè, &c.* (4.) *Datum Aguariæ X. Kalend. Februarij Pontificatus nostri anno quinto.* Esta Bula trasumptó N. R. P. M. ahora Genera, de la Historia de Placencia, que escribió *Pedro Maria Campi parte* 2. *In Regesto ad annum M. CCLIX.*

17 Esta Bula es la misma en su tenor, que la extendida antecedente de el mismo Pontifice à los Cofrades de Padua. Y assi lo que à esta le falta, se ha de suplir, y tomar de aquella desde la palabra &c. hasta los numeros, que están entre parentesis () que son 3. y 4. Y una lacuna.... que tiene la Bula de Padua, se ha de llenar con estas palabras, q esta tiene, y son *Sit laudabiliter institute.* Ya tenemos otra Cofradia de un mismo titulo, de un mismo Instituto, con unas mismas Constituciones, ò Estatutos, especialmente con una misma obligacion de assistir una vez cada mes los Cofrades en la Iglesia de el Convento de Predicadores à la Missa solemne, y al Sermon en la commemoracion de la SS. Virgen Maria Titular, y Tutelar de la Cofradia Mariana. Gozando estas dos Cofradias de unas gracias, ò Indulgencias de que consta clarissimamente, que aunque eran dos Cofradias en el *numero,* eran una misma Cofradia en la *especie.* Y à todo esto interviniendo los Religiosos Predicadores de Padua, y Placencia, hechos Agentes, Solicitadores, y Procuradores, como en causa propria ante el Summo Pontifice el Sr. Alexandro IV. à quien insinuaron el buen estado, que tenian, y los Estatutos fervorosos, saludables, y providos, que observaban.

18 A que se añade para confirmacion la nota, que haze el RR. N. P. M. Gen. Bremond à la palabra

Fraternitati de la Rubrica. *Vide*, dice, *Diploma datum* (Bula primera en este Capitulo extensa) *XXVI. Junij MCC. LVIII. :: Hujus Diplomatis argumentum sic paucis exhibet Campi laudatus:* un altra Indulgenza per Compagnia del Rosario instituta ne illa Chiesa di S. Giovanni in Canali. De estas dos Bulas consta, que escribiò muy bien nuestro M. Coppenstein lib. 2. de Fraternite Rosarij Capitulo 11. que Alexandro IV. concediò Indulgencias à la Cofradia de el SS. Rosario, y no escribiria mal, quando añadiò, que Clemente IV. tambien concediò otras Indulgencias à esta Santa Cofradia, aunque ahora se desean sus letras Apostolicas.

19 En el citado Bulario tomo 1. se halla la tercera Bula de el mismo Señor Alexandro IV. à favor de *otra Cofradia de la Virgen Maria*, sita, y fundada en nuestro Convento de S. Eustorgio de Milan, dada à 4. de Mayo de 1260. El summario dice assi *Sodalibus consocietatis B. Mariæ Virginis, alteriusque societatis, ut interdicti tempore, Sacris interesse, & sepultura privilegiariæ possint donari.*

Alexander Episc. Servus Servorum Dei, universis Christi fidelibus de Congregatione B. Virginis: *ac de Societate, seu schola fidelium Mediolan, præsentibus, & futuris: S. & A. B. De Studio pio Conversationis, & Vitæ vestræ laudabile nobis testimonium perhibetur. Hinc est, quod nos vestris supplicationibus annuentes* (juxta quod felic. record. Innocentius Papa Prædecessor noster, vobis concedisse dicitur) *indelgemus,* (&c. ibi legēda loc. cit. nostri Bullarij) *Datum Agnaniæ IV. Nonas Maij, Pontificatus nostri anno sexto.*

20 El trasunpto de esta Bula se halla en el Archivo Gen. de la Orden, y su Original, ò Autographo con sello pendiente de cordones de seda en nuestro Convento de S. Eustorgio de Milan. Y en ella se dice, que este Privilegio para tiempo de entredicho lo havia ya con-

Bull.O.P.t.1

concedido à esta Cofradia de la SS. Virgen Maria Innocencio IV. de Alexandro immediato Predecessor, que fue electo Summo Pontifice à 24. de Junio de 1243. veinte, y un años, diez meses, y veinte, y seis dias, de el felicissimo transito de N. P. S. Domingo à la Gloria. Y de aqui consta la grande antiguedad de esta S. Cofradia de nuestro Convento de S. Eustorgio de Milan.

21 Concede tambien el Papa este Privilegio à otra Cofradia, que llama de la Escuela de los fieles Milanenses. Quizas estaba esta otra Cofradia annexa à la de la SS. Virgen Maria, ò dependia de ella. Lo que es cierto, es que la *Cofradia de la Virgen Maria,* la pone en primer lugar el Papa, como primera, y mas principal: pues como dice la Glossa *in cap. Cum dilecta.* De Rescriptis: *Ordo Rescripti debet attendi.* En las letras Apostolicas se debe atender el Orden en la narracion, y en la disposicion. Y assi à la de la Virgen primariamente se concedio este Privilegio. Pues en primero lugar la nombra el Pontifice. Y el loable testimonio, que dice el S. Papa le han dado de el piadoso estudio de la Conversacion, y vida de los hermanos, y Cofrades: no dudo yo lo dieron los Religiosos de aquel Convento de Predicadores, motivo de conceder el Papa este Privilegio: assi como los Religiosos de Padua, y Placencia fueron los que insinuaron, noticiaron, è informaron à su Santidad de el buen estado, que tenian las Cofradias de sus Conventos, que estaban à su cargo.

22 Aun antes que se despacharan estas Bulas por Alexandro VI. por Historia consta, que en Italia en nuestro Convento de la Ciudad de Perosa se havia fundado la *Cofradia de la Santissima Virgen Maria,* que ahora llamamos de el *Santissimo Rosario.* En la Vida de la gloriosa V. Beata Columba de Rieti, ò Reati (que passò à reynar con su immortal Esposo en el Empireo, y en Perosa volò à la eterna gloria à 20. de Mayo de 1501. y escribiò su Confessor el V. P. M. Fr. Sebastian de

Bibliot. O. P.
t 2. pag. 65.
col. 1.

de Perosa) se leen unas palabras, y las trahe nuestra Biblioteca muy á proposito *In quadam*, dice el Auctor, *Prima Dominica mensis societas Beata Virginis, quæ originem habuit à B. Petro Martyre, post vesperas ex more faciebat Processionem: & Beata Virgo [columba] cum suis sororibus per claustrum sequebatur, &c.* Hasta aqui copió de la Historia el Auctor de la Biblioteca.

23   Pero este preocupado de su nimia Critica, no se persuade, que aqui se hable de la muy antigua, y Veneble Cofradia de el SS. Rosario, como ahora decimós. Y esto por solo decir, que la Cofradia de la SS. Virgen Maria, de que habla el Historiador, tenia su *Origen de S. Pedró Martyr:* siendo assi que todas las demas palabras estan clarissimamente diciendo, que esta *Cofradia de la BB. Virgen Maria*, à cuya Procession assistió la Santa Gloriosa, era la que ahora llamamos *Cofradia de nuestra Señora del Rosario.*

24   Pero si una palabra detuvo à nuestro moroso Critico, para dar assenso, à que era la Cofradia de la BB. Virgen de el Rosario: veamos quantas palabras de aquel fragmentito de Historia desvanecen su levissimo escrupulo. Lo primero: porque Cofradia de la V. Maria en Iglesia de la Sagrada Orden de Predicadores, luego se viene à los ojos ser la Cofradia, que por antonomasia se llama en esta Orden la Cofradia de la SS. Virgen, que ahora decimos de el SS. Rosario, como lo notó, y advirtió el V. P. M. Fr. Miguel de Insulis, casi trecientos años ha.

25   Lo segundo: esta Cofradia de la SS. Virgen en nuestro Convento de Perosa hazia todos los meses de el año una Procession llevando en andas la Imagen de nuestra Señora la Virgen Maria, á que acudian los Cofrades con los Religiosos, y los hermanos, y hermanas de la tercera Orden de Penitencia de N. P. S. Domingo. Y esto hasta ahora se observa en nuestra Sagrada Religion en la Procession de el SS. Rosario.   Lo

26 Lo tercero: efta Proceffion menfal no fe hazia qualquier dia del mes, fino Domingo: y no qualquier Domingo, fino determinadamente el primer Domingo: *in quadam prima Dominica menfis.* Y que otra Cofradia, aunque fea de la SS. Virgen, ha hecho ordinariamente Proceffion el primer Domingo de el mes? Ninguna, fino la Cofradia de la Virgen fundada en nueftras Iglefias, que es la que llamamos de el SS. Rofario.

27 Lo quarto: efta Proceffion en tal dia es propria, y peculiar de efta famofiffima Cofradia de el Santiffimo Rofario, por coftumbre inveterada: *ex more faciebat Proceffionem.* Y tambien por Conftitucion, ô eftatuto, y aun por Privilegio de los Summos Pontifices. Por Conftitucion, q̃ fe innovô el año de 1475. y es la Conftitucion VI. como fe puede veer en los Annales de el Santifsimo Rofario de nueftro Fernandez, y en un tratado, que efcribiô el R. P. Fr. Dionyfio Sanchez Moreno, que imprimiô alfin de el Symbolo de la Fee de el M. V. P. M. Fr. Luis de Granada.

28 Haze tambien efta Cofradia de el SS. Rofario Proceffion el primer Domingo de el mes por aprobacion, y Privilegio de los Summos Pontifices. Y à los fieles Cofrades, que affiften à la Proceffion en la forma que prefcriben los Summos Pontifices fuera de algunas parciales) les han concedido tres Indulgencias plenarias, como fe puede veer en la Bula, ô Breve de el Santo Pontifice el Señor Innocencio XI. que comienza: *Nuper* en el cap. V. de el Sumario, inferto en dicho Breve. Y con eftas Proceffiones de el Santiffimo Rofario han tenido, y tienen los Santos Papas gran fee, y firme efperanza de cantar victoria de los enemigos de el Santiffimo nobre de Chrifto Señor nueftro.

Alexand. VII. Brev. In Supremo dat. die 28. Maij an. 1664.

29 Oygamos à el Señor Gregorio XIII. en fu Breve dado à 1. de Abril de 1573. que dice: *Animadvertens* [S. Pius V.] *quoque eadem die feptima, quæ tunc fuit* Dominica Prima *dicti menfis Octobris* Fraterni-

Bullar. O. P. t. 5.

M

tates

tates omnes ſub dicti Roſarij, nuncupatione militantes per univerſum Orbem, juxta earum laudabilia inſtituta, & conſuetudines proceſſionalitèr incedentes *Pias ad Deum preces effudiſſe, quas per interceſſionem BB. Virginis ad dictam Victoriam conſequendam multum profuiſſe, pie creditum eſt.* Veaſe tambien el Decreto de el Sr. Clemente XI. dado à 3. de Octubre de 1716. que comienza: *Cùm alias felic. Record. Gregorius XIII.* en que extendiò el Officio, y Fieſta de el SS. Roſario à toda la univerſal Igleſia.

Bullar. O. P. t. 6. pag. 508. & 509.

30   De lo dicho haſta aqui claramente ſe concluye, que en diciendo, y mas en la Orden de Predicadores, *Cofradia de la Santiſſima Virgen Maria,* abſolutamente, ſin otro addito, ſe entiende la *Cofradia* que llamamos de el SS. Roſario: ò Proceſſion de nueſtra Señora en el *Primer Domingo de el mes,* hecha *ex more,* no ſe entiende, ni debe, ni puede entender, otra que la Proceſſion de el SS. Roſario, que indefectiblemente ſe haze todos los Domingos Primeros de el mes en todo el Orbe Chriſtiano. Y aun ſola, ſola la circunſtancia de el dia, en que ſe hazia aquella Proceſſion de la Virgen, (à que aſſitiò la Glorioſa Virgen Columba) en nueſtro Convento de Peroſa baſtaba, para manifeſtar evidentemente (ſino ſe quiere hechar denſas tinieblas à tanta luz) que era la Proceſſion de el SS. Roſario.

31   El tener eſta devotiſſima Cofradia eſta preeminencia de hazer ſus acoſtumbradas Proceſſiones los Domingos Primeros de el mes, manifieſta, que ella fue la norma, pauta, y dechado de donde otras Santas Cofradias aprehendieron hazer ſus devotas Proceſſiones en ottos dias ſeñalados, como las hazen, la de el *SS. Nombre de Jeſus* el Domingo ſegundo, y la de el *Diviniſſimo Sacramento* el tercer Domingo de cada mes. Y ſe concluye, que la Proceſſion del SS. Roſario es la Primera, mas antigua, y mas celebre en todo el mundo Chriſtiano. Y aſſi el V. P. M. Fr. Juſtino Miecovienſe

Miſcel. tom. 1. Diſc 315. n. 5.

di-

dixo de efta muy devota Cofradia: *Nulla Confrater-nitas laicorum antiquiorem ex omni ætate originem oftendere poteft, uti hæc, quæ* Primordia fua ad tem-pus inftitutionis Ordinis Prædicatorum refert.

32 Que el Auctor de la vida de la Beata Columba diga, que aquella Cofradia (à cuya Proceffion affiftiò la Santa Virgen Columba) tuvo fu origen de San Pe-dro Martyr, nada prueba contra lo dicho: antes prueba fu mucha antiguedad. Porque fi tenia fu origen por nueftro Gloriofo Inclyto Martyr S. Pedro de Verona: efte Invictiffimo Athetla de la Fee, Principe Excelen-tiffimo de el Santo Tribunal, padeciò el laureado Mar-tyrio à manos de hereges perfidos, à 7. de Abril de 1252. en el Pontificado de Innocencio IV. tiempo, y aun años antes, habria plantado, fundado, è inftituido en N. Convento de Perofa, el SS. Martyr con fu Predi-cacion Apoftolica, y fu fervorofiffimo zelo en promo-ver la devocion, y culto de la Reyna de el Cielo, de quien fue devotiffimo Siervo. Tuvo, pues, fu origen, en nueftro Convento de Perofa efta Cofradia de la Sa-cratiffima Virgen por S. Pedro Martyr, como Hijo, y Difcipulo de N. S. P. Domingo, à quien el SS. Pa-triarca viftiò el habito de fu Sagrada Religion con fus benditas manos.

33 Y de efte modo otros muchiffimos Hijos, y Dif-cipulos de N.S.Padre fundaron, y eftablecieron muchif-fimas Cofradias de la SS. V. Maria, ò del SS. Rofario, y efto lo teftifica el Pontifice Maximo S. Pio V. en aquel fu Breve: *Confueverunt. Ad hanc orandi formam* (dice el Santo) *cæperunt pro diverfitate locorum Sodali-tes per Fratres ejufdem Ordinis, ad hoc à fuis fupe-rioribus legitimè deputatos, inftitui, & Confratres defcribi.* De haver plantado, è inftituido en aquel Con-vento Perufino S. Pedro Martyr efta Cofradia de la SS. Virgen, ò de el Rofario, refulta en ella una exce-lencia, y prerrogativa de mucha eftimacion, aprecio, y

venerabilidad, excelencia digniſſima de tener, y conſervar en la memoria: y gloriarſe mucho los Cofrades, de que alli immediatamente la erigió eſte Invicto Pugil de la Fee Catholica.

34 Las tres Coronas, con que el Cielo laureó de Virgen, Martyr, y Doctor à S. Pedro de Veróna, denotan las tres quinquagenas de el Pſalterio Mariano. Aſſi lo conſideraba, y dexó eſcrito el P. M. Fr. Angel Florillo en ſu Chronologia de el SS. Roſario, que añadió à *el Pſalterio de Chriſto, y de Maria*, de el B. Alano de Rupe, que imprimió en Venecia el año de 1685, donde dice: *S. Petrus validiſſimus Athleta, qui floream Palmam Martyrij in Ordine Prædicatorum reportavit. Ab ipſa Regina Roſarij fortitudinem, ac virtutem accepit; quandoquidem ipſum ſæpè in cella aſſociata Sāctis Virginibus inviſere ſolebat: unde purpurato tegmine cinctus, ſicut candidato puritatis, & vermiculato Doctoratus:* completum Roſarium, triplici Myſteriorum ordine repræſentavit.

35 Quedan deſcubiertas haſta aqui quatro Cofradias de la SS. Virgen, que en la Orden de Predicadores ſon quatro Cofradias de el SS. Roſario, (y quizas fundadas antes de mediar el ſiglo XIII. primero de nueſtra Sagrada Religion) en quatro Ciudades nombradas de Italia en nueſtros Conventos de Peroſa, Milan, Padua, y Placencia. Pero quantas otras Cofradias de el miſmo Inſtituto ſe eſtablecerian en el miſmo ſiglo en otros Conventos de nueſtra Sagrada Religion: ſiendo aquellos SS. PP. Primitivos tan devotos cultores de la Sacratiſſima Virgen Maria Madre de Dios?

36 De eſta fervoroſiſſima devocion el Auctor *de el vitas FF. Ord. Prædicatorum* dice aſſi: de devotione ad B. Virginem quis dicere poteſt? Dictis enim Matutinis ejus, devote aſtantibus, *ad altare ejus devotius percurrebant, nè illud tantillum ſpatium ab oratione vacarent.* Poſt Matutinas, & Completorium *ad*

V. Gerard. lib. 4. cap. 1. de vit. FF.

ad altare BB. Virginis, quandoque Ordine triplici ambientes in gyro, se, & Ordinem ipsi Dominæ devotione mirabili commendabant. Y antes havia dicho este V. Auctor: Completo Officio, & totius mundi Regina, nostrique Ordinis Advocata, devotissimè salutata.

37 Esto mismo confirman nuestro Teodorico de Apoldia, y el P. S. Antonino de Florencia, y añaden: Tanta fuit ad Domini Genitricem Mariam Fratrum devotio, tam mira in eam reverentia, pia que in ejus laudis cultu diligentia, Sanctique amoris affectio, tam grandis, fidelisque de ejus Patrocinio Confidentia, atque insatiabilis in ejus Contemplatione suspensio, quod humanus sermo non valet explicare. Muy bien tenia entendido esto el Sr. Urbano IV. quando recien electo, estando aquellos SS. PP. en Cap. Gen. les despachò una Bula, en q̄ les dà noticia de su eleccion, y les pide sus oraciones para el acierto en su ministerio Apostolico: y les dice el Sto. Papa assi. Quid enim apud Reginam præfulgidam, intemeratam Matrem Domini V. Matrem gloriosam, Angelica vestra cõversatio non obtinebit? Quorum meritis splendet Ecclesia, quorum exemplis viget, & proficit Religio Christiana? Y aqui la nota de N. RR. P. M. Gen. Bremond. Liquet ex hoc loco Pietatem erga Virginis Deiparæ cultum, jure hæreditario nostram esse. Pues siendo tanto el fervor de el culto, y veneracion à la Sacratissima Virgen de aquellos VV. PP. en aquel florido tiempo, quanto procurarian sembrar esta celestial semilla en los corazones humanos, y paraque hechara raizes, y diera flores, y fructos de honra, y honestidad, quantas Cofradias fundarian de el culto de la SS. Virgen? Quien nos lo dirà?

38 Lo cierto es que el B. Umberto V. General de nuestro Orden electo año de 1254. en aquel Erudítissimo libro De eruditione Religiosorum Prædicatorum,

Apold. in Vit.
37. S. Domin.
D. Antonin. 3.
par. Hist. tit 23.
cap. 3. §. 1.

Buller. O. R.
l. 1. pag. 419.

rum, nos inſtruye: *In aliquibus Nationibus, & maxi-*
mé in Italia, fiunt interdùm aliquæ Congregationes,
five Confratriæ in honorem Beatæ Virginis: ex quibus
ſequitur multiplex fructus, &c. Y ſi como ſe ha dicho,
probado, y conſtado de las Bulas alegadas de *los Sum-*
mos Pontifices, en la Orden de Predicadores en diciendo Cofradia de la SS. Virgen Maria abſolutamente, ſe entiende, y debe entender la Cofradia de el SS.
Roſario: à donde quiera, que entrara nueſtra Sagrada
Religion à fundar: entraba con ella, ſu hermana nobiliſſima la Cofradia de la Virgen SS. con ſu Roſario: *Pro-*
pagato Ordine Predicatorum per univerſum Orbem,
propagatum Roſarium fuit, quaſi Sodalitas Roſarij
Germana, gemellaque illius Ordinis Soror: dixo el
Eruditiſſimo P. Cartagena.

  39   Y mas: Bonifacio IX. en ſu Bula: *Pium apud*
Deum dió licencia para que en nueſtro Convento de
S. Miniato, ſe fundara una Capilla con la advocacion
de *Corpus Chriſti, y la Annunciata* à los Cofrades de
eſtas advocaciones. La rubrica dice aſſi: *Confratribus*
Corporis Chriſti, & Annunciata, ut in Ædibus Sac.
FF. Predicator. S. Miniatis Sacellum, fundare poſ-
ſint. Y la ſalutacion dice: *Bonifacius E. S. SS. Dei:*
Dilectis filijs Corporis Chriſti, & Annunciatæ de S.
Miniate. Lucan. Diœceſis Confratriarum, *Prioribus*
& Confratribus laicis S. & A. B. Aqui ſe deſcubren
dos Cofradias, una de el *Corpus*, y otra de la *Annuncia-*
ta. Y omitida aquella, pregunto que Cofradia es eſta
de la *Annunciata*, que à 14. de Febrero de 1394. en
Convento de la Orden de Predicadores? No la Congregacion de la *Annunciata*, que exiſte en las Caſas, y
Colegios de la Sacratiſſima Religion de la Doctiſſima,
y ſiempre V. Compañia de Jeſus, que eſta es poſterior
à Bonifacio IX. como 150. años. No la Cofradia de la
Annunciata que fundò para dotar Doncellas huerfanas
nueſtro Eminentiſſimo Sr. Cardenal Fr. Juan de Torque-
que-

RR. P. Cart.
t. 3. lib. 16. ho-
mil. 6.

Bullar. O. P.
t. 2. pag. 342.

B. Alanus 1. p.
cap. 22. Pſalte-
rij Confrater-
nitas non niſi
Angelicæ An-
nunciationis
quotidiana feſ-
tivitas, &c.

quemada: que fallecio à 26. de Septiembre de 1463. como conſta de el Epitaphio de ſu honorifico ſepulcro, que le puſo la dicha Cofradia en la Capilla de la *Annunciata* en la Minerva. Digo, pues, que eſta Cofradia de que habla el Papa Bonifacio, es la que ahora decimos de el SS. Roſario, ſe inſtituyò eſta Cofradia Mariana como dicen Syxto IV. Leon X. y otros Pontifices: *Ad honorem Angelicæ ſalutationis inſtituta, q̃* es lo miſmo que decir, que ſe inſtituyò en honra, y gloria de Maria SS. por el Angel Annunciada. Y en un Breve de Gregorio XIII. de 1. de Agoſto de 1573. dice el Santo Papa en la ſalutacion: *Dilecti filij Prior, & Fratres Sanctæ Mariæ de Roſario Annunciatæ, hodie SS. Roſarij nuncupatæ.*

Sixto. I V. & Leo X. Bulla inclpit Paſtoris æterni.

Bullar. O. P. t. 5. pag. 335.

40   En una Capilla, que fabricô el Principe Carlos Duque de Anjou, Conde de Leymane, hijo de Ludovico II. Rey de Napoles, y Sicilia en nueſtra Igleſia de Taraſcon, ſe inſtituyò una Inſigne Cofradia à honra de la SS. Virgen Maria, à quien Nicolao V. electo à 6. de Marzo de 1447. (a peticion de dicho Duque) concediò privilegios, é Indulgencias: como conſta por una Bula de Caliſto III. dirigida à dicho Principe Carlos dada à 9. de Octubre de 1456. que comienza: *Generis tui claritas.*" En que ſe dice: *Ad quam* (Capellam " B. V. M.) tam cauſa Devotionis, quam ob multitudi- " nem miraculorum, quæ Altiſſimus ad interceſſionem " ejuſdem Virginis Mariæ, ut piè credebatur, die- " tim operabatur: Chriſti fideles utriuſque ſexus illa- " rum partium confluere conſueverant, ac in qua ad " ejuſdem Virginis gloriam, & honorem nonnullæ Per- " ſonæ quandam honorabilem Confraternitatem ere- " xerant, fecerant, & inſtituerant, ac obſervarant, pro " ut obſervabant tunc, quam etiam nonnulli Reges, " Duces, Comites, Barones, alijque quam plures Nobi- " les, nec non utriuſq̃ ſexus homines manutenebant, " & celebrabant annuatim, ſe illi incorporarant: in qua " tres

Bullar. O. P. t. 3. pag. 355.

" tres quotidie, una alta per pueros chorales ejusdem
" Conventus, decantabantur reliquæ verò duæ submis-
" sa, vocibus, ad Ipsius Virginis laudem, & gloriam,
" Missæ celebrari dignoscebantur. Hasta aqui la narracion en hecho proprio el Principe Carlos Duque de
Anjou à el Papa. Y que Cofradia tan insigne, tan en-
noblecida de Reyes, Duques, Condes, Varones, y Ca-
balleros, y de los fieles de uno, y otro sexo de aquellas
partes tan frequentada, era ella? La devotissima Cofradia de la Sacratissima Virgen Maria, que segun la Regla ya assentada de el V. P. M. Fr. Miguel de Insulss,
por antonomasia es la Cofradia, que ahora generalmente llaman de el Santissimo Rosario. Dicelo assi quien lo
pudo saber muy bien, por haver tomado nuestro Santo
habito muy cerca de Tarascon: que en sabiendo quien
lo affirma, se le puede, y debe dar todo credito. Este
es aquel clarissimo varon, que oy modera toda nuestra
Sagrada Orden de Predicadores, N. RR. P. M. Gen.
Fr. Antonino Bremond: quien en el octavo tomo de
nuestro gran Bulario *tract. de consensu Bullarum*, titulo 15. quæst. 3. num. 1. pag. 430. col. 1. donde dice:
*De Tarasconensi Confraternitate Sanctissimi Rosa-
rij, legenda Calisti III. Constitutio XX. Generis tui*
tom. 3. pag. 355. Ya tenemos aqui noticia de otras dos
Cofradias de el SS. Rosario, una de el siglo XIV. y otra
de el siglo XV. antes, que el B. Alano de Rupe renovara esta Santissima devocion.

41   Y si estendemos la vista à las Naciones mas remotas de el Oriente, y Septemtrion, veremos, y descu-
briremos esta devocion, y Cofradia de el SS. Rosario,
ò Virginal Psalterio con el nombre de la Cofradia de
la SS. Virgen Maria plantada en aquellas tierras, y bar-
baras gentes, antes que naciera el B. Alano de Rupe, en
los siglos XIII. XIV. y XV. Decimos, pues, para quien
lo ignora. Que en la Orden de Predicadores desde sus
principios se estableció *una Congregacion de sus Reli-*
giosos,

giofos, que concurfando las remotas Regiones, vaftos Reynos, y dilatadas Provincias de el Oriente, y Septemtrion, predicaban Apoftolicamente la gloria de el Divino Nombre, y annunciando el Santo Evangelio folicitaban la falud de las almas entre gentiles barbaros, y ciegos idolatras hereges, y cifmaticos, y rematados pecadores, que habitaban aquellas incultas tierras. El nombre de efta Religiofa Congregacion era *Societas propter Chriftum peregrinantium.* A quienes los Summos Pontifices concedieron muchos, y ampliffimos Privilegios.

42   El primer Pontifice, que fe halla haver conce- **Bul. O. P. t. 3.** dido Privilegios à efta Apoftolica Congregacion es el Sr. Gregorio IX. en fu Bula, que comienza, *Cum hora undecima:* dada à 15. de Febrero de 1235. uno, ò dos años defpues de la canonizacion de N. P. S. Domingo. Permaneciò efta Sagrada Congregacion florecientè por mas de trecientos años. Eftos, pues, Miniftros Apoftolicos llevaban, y tenian facultad de los Summos Pontifices, para eftablecer en aquellas remotiffimas tierras la Tercerà Orden de Penitencia de N. P. S. Domingo, y tambien para fundar, inftituir, erigir, Cofradias de la SS. Virgen Maria nueftra Señora, y darles leyes, y conftituciones, que obfervaffen los Hermanos, que en ellas fueffen recebidos, y defcriptos por Cofrades. Tenia eftà facultad el Prelado de la Congregacion, y todos aquellos Religiofos à la Congregacion affignados, en quienes fubdelegaba efta auctoridad el Prelado fuperior.

43   Efto confta por dos Bulas, que fe hallan en el **Bull. O. P. t. 3.** tomo tercero de nueftro nuevo Bulario Magno: una de el Papa Eugenio IV. y otra de Pio II. La de Eugenio comienza: *Advefperafcente.* dada à 15. de Agofto de 1439. Empieza la de Pio II. *Dum terumas.* defpachada à 12. de Junio de 1464. Las palabras de una, y otra Bula, que hazen à nueftro propofito, fon unas mif-

mismas. Y assi basta poner las de Eugenio IV. Dice pues
el Santo Papa. *Quodque Fratres, & Sorores de Pœni-*
tentia B. Dominici, quos Vicarius, seu ab eo deputati
Fratres, pro tempore recipient : & aliæ utriusq́ sexus
Personæ, quæ de societate B. Virginis, sub Capitulis,
& Cœremonijs, per ipsos, Vicarium, seu Fratres ordi-
nandis, Altissimo devotè famulabuntur: *Confessores eli-*
gere, qui confessionibus diligenter auditis, ipsis con-
fessis, & contritis Plenariam in mortis articulo omnium suorum peccaminum remissionem impendere valeant. Hasta aqui de estas Bulas haze à el presente assumpto. En la nota 5. de esta Bula de Eugenio à la palabra *De societate,* dice N. RR. P. M. Gen. Bremond,
SS. Rosarij nempe. Y en el tomo 8. en el Indice, dice:
Societates SS. Rosarij in partibus Orientalibus à
FF. Prædicatoribus erectæ tomo 3. pagin. 3. tomo 8.
pag. 792. col. 1. Assi glossa las palabras, *De Societate*
Beata Virginis. Y en la pag. 807. dice lo mismo.

Bullar. O. P.
tom. 3. p. III.
§. 1.

44   Glossa muy propria, y muy legitima explicacion.
Porque en estas dos Bulas hablan los Summos Pontifices de una Cofradia de la SS. Virgen, no en general,
sino en especial de una Cofradia muy conocida, muy
sabida, muy propria, y peculiar de la Sagrada Orden de
Predicadores. Pues digannos los Señores severos Criticos, si estas Cofradias, de que tratan estas Bulas Pontificias, no son *Cofradias de el SS. Rosario:* que Cofradias son estas de la *Virgen Maria en la Orden de Pre-*
dicadores? Si no son Cofradias del Psalterio Mariano,
ò SS. Rosario, dennos otras Cofradias que con solo decir *Cofradia de la Bienaventurada Virgen Maria,*
vengamos en conocimiento cierto, y determinado, de
una Cofradia especial, peculiar, y propria de la Orden
de Predicadores? Y digannos, que otro titulo diferen-
cial tiene, ò advocacion? Que exercicios? Que empleos?
Qual es el fin de su Instituto? Quales son sus constituciones, ò Estatutos? Que yo asseguro, que no han de

dar

dar otra, que la de el SS. Rofario, ò Pfalterio Mariano:
aunque los Señores nimios Criticos revuelvan, y trafie-
guen los Archivos de dentro, y fuera de la Religion.
Regiftrenfe los Bularios antiguos, y modernos, las li-
brerias de toda Europa, y aun de el Orbe. Hiftorias, y
fibros de Auctores, aun recientes, no han de hallar otra
Cofradia comun, y vulgar en nueftra Sagrada Religion,
fino la del Virginal Pfalterio, ò SS. Rofario. Efta es in-
dubitablemẽte, à que por antonomafia llaman los Summos Pontifices anteriores à el Beato Alano, Cofradia
de la Santiffima Virgen Maria nueftra Señora en fus letras Apoftolicas.

45   Y para que conofcamos mas la antiguedad de
efta devotiffima Cofradia de la Sacratiffima Reyna de
la Gloria, de que tratan en fus Bulas Eugenio IV. y Pio
II. fe ha de notar que en ellas conceden una cofa, y fuponen otra. Lo que conceden en ellas eftos Santos Papas à los Cofrades de eftas Cofradias (fundadas, è inf-
tituidas por los Miffioneros Apoftolicos de la Venerable Congregacion de los Peregrinantes por Chrifto en
regiones tan remotas) es que en el articulo de la muerte
puedan elegir Confeffores de la Congregacion: y que
eftos oydas diligentemente fus Confefliones, y eftando
confeffos, y contritos, les puedan conceder dichos
Confeffores *Indulgencia plenaria de todos fus pecados.* Efto es lo que conceden en eftas Bulas los dos Pontifices á dichos Cofrades de la Cofradia de la *Beatiffima Virgen Maria nueftra Señora.*

46   Lo que fuponen eftos dos Pontifices Eugenio,
y Pio, es: que el dicho Vicario de la Congregacion, y
Religiofos, efpecialmente por èl deputados, tenian facultad, y privilegio de la Sede Apoftolica, para en aquellas remotas Regiones, en que andaban predicando, dar
habitos de la Tercera Orden de Penitencia de nueftro
Santiffimo Padre, y fundar, è inftituir *Cofradias de la
SS. Virgen Maria:* y darles Conftituciones, y Cere-

N 2   mo-

monias, y admitir, y recibir Cofrades de uno, y otro
fexo á las Cofradias Marianas, eftablecidas por los Religiofos en aquellas dilatadiffimas tierras de Oriente, y
Septemtrion.

47 Y efte Privilegio, y facultad Apoftolica, que aqui
fuponen eftos dos Santiffimos Papas, tenian aquellos
Miffioneros de el Santo Evangelio de la dicha Congregacion: que Pontifice, ò Pontifices, lo concediò, ò lo
concedieron? En general á lo que por Bulas de el nuevo Bulario de la Orden fe fabe, el primer Pontifice
fue Gregorio IX. el año de 1235. El fegundo Innocencio IV. à 23. de Junio de 1243. El tercero fue Alexandro IV. y otros Succeffores de eftos. Dixe *en general.*
Porque fe comprehendia en la ampliffima facultad, ò
poteftad, que dieron à eftos Miffioneros, que peregri-
naban por Chrifto en tierras de infieles, hereges, fcifma-
ticos, y gentiles. Gregorio IX. Bula, que comiêza: *Cum*
bora undecima, dice, *necnon alia facere, quæ ad Dei*
gloriam, animarumq̃ falutem videantur pro loco, &
tempore pertinere. Y en otra Bula de la mifma data
dice el Papa, que à dichos Religiofos embia á aquellas
Regiones como Nuncios de la Sede Apoftolica: *Tan-*
quam Sedis Apoftolicæ Nuncijs, pro falute multorum,
& veftra confolatione directis. Innocencio IV. y Alexandro IV. con unas mifmas voces, dicen. *Necnon fa-*
cere quæ ad augmentum Divini Nominis, & ampli-
ationem Catholicæ Fidei ..... Sicut pro loco, & tem-
pore viderint expedire. Con efte ampliffimo Privilegio, y efta *Omnimoda auctoridad,* daban habitos, y recebian à la Profeffion de la Orden tercera de Penitencia. Y el Vicario de efta Sagrada Congregacion, y Religiofos por el deputados, con la mifma auctoridad fundaban Cofradias, que *pro loco, & tempore,*
vían, que convenia à la gloria de Dios, y exaltacion de
el Divino Nombre, y ampliacion de la Fee Catholica,
y fundadas, y eftablecidas, recebian, y afcribian Cofrades,

Bullar. O. P.
tom. 1. & 8.
titul. 8.

Bullar. O. P.
tom. 1.

des, que se empleassen en el culto de la Sacratissima
Virgen Maria Reyna de el Cielo (el SS. Rosario, devocion saluberrima á las almas.) Esto como he dicho, lo
suponen, (como muchas vezes concedido, y en aquellas tierras practicado) Eugenio IV. y Pio II. Aqui parece aludió tambien el Sr. S. Pio V. en su Breve, *Con-*
sueverunt, en estas palabras: Ad hanc Orandi formam
pro diversitate locorum Sodalitates per Fratres ejusdem Ordinis á *suis superioribus legitimé deputatos,*
institui, & Confratres in eis describi.

48 De que consta, que à lo menos, desde el año de
1235. á 5. de Febrero, en que fueron despachadas las
Bulas de Gregorio IX. tenian aquellos Apostolicos Missioneros, Nuncios de la Santa Sede, privilegio, y auctoridad para fundar, instituir, y establecer Cofradias de la
SS. Virgen Maria *pro diversitate locorum, ò pro loco,*
& tempore: dar Constituciones para el buen govierno,
y admitir, y describir Cofrades de la Virgen Maria. Y
no descubriendose desde entonces hasta ahora en la Orden de Predicadores otra alguna Cofradia de la Virgen
Madre de Dios comun, y general en dicha Religion, q̃
la de *el Mariano Psalterio, ò Santissimo Rosario,* necessariamente hemos de conceder, que la Cofradia de
la BB. Virgen, de que hablan los Summos Pontifices,
es esta de el Divino Instituto de el SS. Rosario, ò Partenico Psalterio. Y de aqui consta la antiguedad de esta muy Venerable Cofradia Mariana. Pues, aun ya desde el año de 1235. tenian aquellos Peregrinantes por
Christo Missioneros Apostolicos auctoridad para plan-
tarla en el Oriente, y Septemtrion.

49 Quantas, pues, Cofradias de la SS. Virgen Maria, ò el Psalterio Virginal, ò Sãtissimo Rosario, que todo es uno, instituirian en aquellas vastissimas Regiones
aquellos Santos Padres Missioneros del Evangelio, Nuncios embiados de la Sede Apostolica à iluminar aquellas gentes, que vivian en tinieblas, sentados en las som-
bras

bras de la muerte? Esso nadie lo podrá decir, ni declarar, sino es diciendo, que serian innumerables, conforme se debe creer de el devotissimo zelo, que tenian aquellos varones Evangelicos à dilatar, extender, y promover la veneracion, devocion, y culto de la Reyna, de la Gloria, Abogada, Patrona, y muy especial Madre de la Sagrada Religion de los Predicadores, que ha militado siempre debajo del manto de su poderoso Patrocinio? Vease en el nuevo Bulario tom. 1. la Bula de Innocencio IV. dada el año de 1253. y en el tomo 2. la Bula de Juan XXII. pagina 184. de 1. de Octubre de 1329. que comienza: *Gratias agimus gratiarum omnium Largitori.* En donde se verà hasta donde havian penetrado con sus Apostolicas Missiones los Religiosos de esta Congregacion Peregrinante por Christo, y con ellos su Hermana, è inseparable Compañera la Cofradia de la *SS. Virgen,* ò de el *SS. Rosario,* como ahora decimos. Y assi es muy de el caso, lo que notò el RR. y doctissimo P. Fr. Juan de Cartagena de la Orden Seraphica, quando dixo: que *Nulla pars Orbis Christiani fuit, quam Ordo Prædicatorum non penetraret, pervaderet, insisteret, habitaret: Ordinis Germana compar Fraternitas Rosarij, eademq́ Patrimonium suum, Hæreditas numquam ab ejus latere sejuncta :::: Ita continuò, ubi seminare cœpit Ordo: Rosarij quoque cœpit ibidem stipatim germinare Fraternitas.*

Cartag. t. 3. l. 16. homil. 6. q. 255. col. 2.

50   Epilogando lo que en este Capitulo se ha probado, digo, que es claro, y evidente: que antes, que el B. Alano naciera, eran innumerables las Cofradias de el SS. Rosario, que se havian fundado, instituido, plantado, y establecido, en nuestros Conventos, Casas, é Iglesias desde la niñez de el Siglo XIII. primero de nuestra Sagrada Religion, que fue confirmada por el Sr. Honorio III. año de 1216. Y à lo menos, por el año de 1235. extendìa esta salubérrima devocion sus bástagos, y floridos ramos en las remotissimas Regiones de el Oriente, y Septemtrion: y que de esta devotissima Cofradia, como

como hermana gemela de la Orden de Predicadores se
puede, y podia decir lo que la Iglesia canta en el Officio de nuestro Santissimo Patriarcha de su Sagrada Religion: *ex ubertate Palmitum: mundi jam cinxit am-
bitum.* Que esta Santa Cofradia de la Beatissima Virgen
Maria ha sido siempre domestica, propria, y peculiar
de la Apostolica Religion de Predicadores. Que esta
Cofradia Mariana tenia Constituciones loables, y Estatutos fervorosos, saludables, prudētes, y discretos, y entre ellos, uno era congregarse los Cofrades un dia seña-
lado en nuestras Iglesias, y assistir á la Missa solemne,
que se cantaba, y oyr el Sermon, que se les predicaba,
y esta fiesta mensal era en honra, veneracion, y memoria de la SS. Virgen Maria Titular, y Tutelar de la Cofradia. Que este dia de la Congregacion era determinadamente el Domingo primero de cada Mes de el año,
en q̃ tambien se hacia una Procession, en que llevaban la
Imagen de N. Sra. á q̃ concurririan los Cofrades de uno,
y otro sexo. Que los Religiosos Predicadores eran los
q̃ governaban estas Cofradias, que ellos las promovian, y
las dilataban, escribian los Cofrades en su libro, eran solicitadores, y Procuradores para con los Santos Papas,
quienes á sus suplicaciones concedian à los Cofrades Indulgencias, gracias, y privilegios. Y que los Summos
Pontifices por mas de dos siglos llamaban á esta Mariana Cofradia la *Cofradia de la SS. Virgen Maria.* Y
esto por antonomasia, como la Cofradia mas excelente,
y principal de las otras Cofradias, que con otros titulos
additos, para su distincion, ay en la Iglesia Catholica. Y
que esta Cofradia de la SS. Virgen de el Rosario entre
las otras Flores Marianas es la *Rosa,* y como esta Bellissima Flor es entre las flores la Reyna, assi esta SS. Cofradia se lleva la corona, y en este nombre *Rosa,* ò *Rosario,* exactamente se expressan todas las virtudes, dones,
gracias, y privilegios de la Sacratissima V. Maria Madre de
Dios, como dixo el Miecoviense: *Rosa verô tatam vitam ejus exactè exprimit.*　CA-

Miec. tom.
Disc. 1304.

CAPITULO SEPTIMO.

Nueſtro Glorioſo P. S. Domingo copulò las con-
ſideraciones de los principales Myſterios de la
vida de Chriſto Señor nueſtro con las Ora-
ciones vocales, que ſe rezan en el San-
tiſſimo Roſario.

1   EL Pſalterio Mariano, ò SS. Roſario, es cierta formula de hazer à Dios oracion en
honra de la B.B.V. Maria, dividida en quinze decenarios de Salutaciones Angelicas,
antepueſta à cada decenario, una Oracion Dominica,
meditando en cada decena un Myſterio principal de la
Vida, Paſſion, y Gloria de nueſtro Redemptor, como
ſe ha dicho en el ſegundo Capitulo. Eſte, pues, Roſario
es el que N. S. P. Domingo, inſpirado de Dios, è inſtruido de la Sacratiſſima Virgen, inventò: y de eſte es
Auctor, como es ſentimiento comun de todo el Pueblo Chriſtiano: y teſtifican los Summos Pontifices à cada
paſſo. Y de la miſma difinicion ſe infiere, que el miſmo Santo Patriarca copulò en uno la Oracion vocal, y la
Oracion mental: para que à un miſmo tiempo ſe oc-
cupaſſe el cuerpo, y alma en la Oracion rezando los *Padres nueſtros, y Ave Marias* con los labios, y con la
mente meditando los Divinos Myſterios.

2   Eſte modo de orar, les pareciò, que olia algo à
Bibliot. O. P.
tom. 1. pag. 852
col. 2.
ingenio de el B. Alano de Rupe, à los Auctores de nueſtra Biblioteca, y ſin alegar mas fundamento, que el puro argumento negativo, no dudaron eſcribir eſta propoſicion. *Primus Alanus Religionis Myſteria quindecim Roſarij decadibus alligandi rationem excogitavit.* Perſeveraron, y perſiſtieron en eſte concepto, ò
imaginacion, de que el B. Alano era el Primer Inventor,

or de eſte modo de rezar el Santo Roſario con las
conſideraciones de los Myſterios de la vida, Paſſion, y
Reſurrecion de nueſtro Redemptor, y Gloria de ſu SS.
Madre: haſta que eſtando yá impreſſos los dos grandes
volumenes de la Biblioteca, y ya para ſalir á luz el tomo
2. de la Officina de el Impreſſor, añadió Echard á lo
ultimo de el tomo, dos ſuplementos, en el ſegundo ſe
retractò de ſu peregrina falſa opinion, que eſtaba eſcrita en el primer tomo, en el lugar aqui à el margen citado.

Bibliot. O. P. t. 2. ſup. 2. pag. 6. col. 1.

3 Veamos como, y porq̃ ſe retrata de ſu propoſicion,
ù opinion. En la pag. 6. de dicho 2. ſuplemento, col. 1.
dice: Pagina 852. lin. 29. & 30. ubi ſequentia leguntur:
Primus Alanus Religionis Myſteria quindecim Ro-
ſarij decadibus alligandi rationem excogitavit. Am-
bas omnino expunctas volo. *Monuit enim me* (proſigue
el retractante) *R. P. F. Ludovicus Robijn Sac. Theol.*
Profeſſor, & Domus N. Gandavenſis in Belgio Alum-
nus: Longé antiquiorem eſſe hanc rationem. Scilicet:
Gandavi Beguinagium eſt inſigne, quod Magnum dicitur *ad dicrimen alterius Minoris, & jam ante an-*
num MCCXXXVI. erectum, ſaltem eo anno, Regula Beguinarum ſcripta, perhibetur. *In ea que initio ſic*
legi. Quæcumque Filia prædicto modo admiſſa fuerit,
tenetur ſingulis diebus legere tria ſerta, quæ vocan-
tur Pſalteria B. Virginis, neque huic devotioni, ſine ra-
tionabili, & urgenti cauſa deſit.

4 *In libello* (proſigue) *qui* Pſalterium inſcribitur,
& ejuſdem eſt antiquitatis, ac Regula, & quem No-
vitiæ memoriæ mandare tenebantur priús, quám in
Societatem aſciſcerentur. Hæc recitandi Pſalterij
B. Virginis methodus præſcripta erat. Beguina Præſes
ad ſingula Pater, & ſingula Ave M. Myſterium aliquod
vitæ Chriſti, aut B. V. legebat, aut præmittebat. *Qui*
modus jam ab ipſis inſtituti Beguinagij ad hæc ultima
tempora continuò ſervatus traditur. Quem morem
haud dubiè à noſtris Prædicatoribus Gandavenſibus,

*quorum curæ ab initio Beguinagium istud Magnum
fuit commendatum, & etiam nunc subest, edoctæ erant,
Quod indicium est, & apud nostros jam ab antiquo
hunc morem viguisse.* Vease el tomo 2. citado de nuestra
Biblioteca pag. 524. col. 2. donde trata una controversia, que tuvo nuestra Religion sobre el regimen, y
govierno de este Beguinagio.

5　Quando se fundó este Beguinagio, Colegio, ò
Monasterio de Virgines llamado en Gante el Magno lo
declara N. RR. P. M. Gen. Bremond. en el tom 2. de
nuestro Bulario, citando à nuestro Bernardo Jonghe en
su libro *Belgio Dominicano*, que afirma: *Magnum Be-
guinasium Gandavense fundatum à Ioanna, & Mar-
garitæ Comitissis Flandriæ, anno MCCXXXIV.* Y despues. *Hujus Beguinasij tutela est penes Comitem Flandriæ, Cura verò penes Priorem Conventus Ganda-
vensis Ord. Prædicatorum.* De esta nota Cronologica
consta claramente, que se fundò este Monasterio llamado *el Magno* en Gante en el mismo año, ò uno despues de la Canonizacion de N. P. S. Domingo, doce
ò treze años despues de el transito de N. SS. Patriarca
à la gloria. Y haviendo desde su fundacion hasta la era
presente, regido, governado, è instruido nuestros Religiosos de Gante, no puede haver duda, que ellos im-
pusieron à estas Reclusas Virgines en el modo de rezar
el Psalterio virginal, ò SS. Rosario (que tienen en lugar
de el Officio Divino, û Horas Canonicas) juntando à
las voces de las Oraciones vocales, las consideraciones
de los Mysterios de Dios humanado, como lo havian
ellos aprendido de N. G. P. S. Domingo.

6　Por este tiempo, dice Domingo Macro en su
Diccionario Sacro verb. *Salut. Angelica*, que el Summo Pontifice Gregôrio IX. mandò tocar tres vezes
al dia á la mañana, à medio dia, y à la noche las *Ave
Marias*, como se practica ahora. Y añade con Arnal-
do Vuion en su libro *Lignum vitæ: Quæ pulsatio, ves-
per-*

Bullar O. P.
t. 2. pag. 170.
not. 7.

pertina Gaudiofa, *meridiana* Dolorofa, *matutina* Gloriofa Redemptionis Myfteria fignificant. Otros atribu-
yen efta pulfacion á el Beato Gregorio X. Pero Gavan-
to tom. 2. Sect. VI. cap. 13. en la addicion à el numero 28. con nueftro Grande Analifta Bzovio, afirma que
dicha pulfacion la inftituyó, como eftá dicho, Gregorio IX. por fu Decreto de 1239. Pudo fer, que efte Decreto no fe huviera puefto en execucion en todas partes, y lo volvieffe à mandar el B. Gregorio X.

7 El Santo Papa Gregorio IX. fue contemporaneo
de N. P. S. Domingo, fu amigo intimo, quien (fiendo
Cardenal Obifpo Heftienfe, y Legado en Bolonia,
quando N. S. P. tranfitò de efta vida mortal à la immortal de la Gloria á 6. de Agofto de 1221. le honrò,
celebrando el funeral, y fepultando con fus proprias manos fu Sagrado cuerpo. Y electo Summo Pontifice á 9.
de Marzo de 1227. le afcribiò á el Catalogo de los Santos, ò el año de 1233. ò 1234. De donde parece, que viviendo N. SS. Patriarca, fe dividian los Myfterios de la
humana Redempcion, en *Gozofos Dolorofos, y Gloriofos.* Y para que eftos Divinos Myfterios, como tan dignos de tener en la memoria, y el rezar las *Ave Marias*
tres vezes à el dia, fueffe como un compendio brève de
el Santiffimo Rofario, mandò en la univerfal Iglefia fe
pulfara la campana para dar à Dios gracias por el beneficio de la Redempcion humana: en los dichos feñala-
dos tiempos.

8 Mas: en la vida de nueftra Beata Emilia Bucheria,
Fundadora de el Monafterio de Santa Margarita Virgen, y Martyr de Vercelis (que infertaron en el appèdi-
ce à el tomo 7. de Mayo los eruditiffimos Padres, *Editores Actorum SS.* á el dia 3. de dicho mes) fe lee en
el numero 19. que la *Beata* (Emilia) *Portaria Mo-
nafterij mandaffe,* ut omni Sabbato in honorem quindecim mysteriorum Rofarij, *totidem panes pauperibus
erogaret.* Efta Santa Virgen fundò efte Monafterio *ex-*

tra

tra muros de la Ciudad de Vercelis el año de 1352. de donde despues se trasladò dentro de la Ciudad el año de 1379. à donde se transportò el Sagrado Cuerpo de la Santa Fundadora. Esta clausula aqui copiada, se halla en el tomo 2. pag. 845. col. 2. de nuestra *Biblioteca.* Quando escribiò estas palabras el Nomenclator aun no havìa depuesto su nuevo pensamiento de que el B. Alano era el primer Inventor de unir en el Rosario las oraciones vocales con las consideraciones de los Mysterios, y assi no hizo aprecio de este hecho historial. Pero haviendose ya retractado de su peregrina nueva opinion, y desengañadose de el todo, que erraba su nimia Critica, corre ya sin embarazo, ni contradiccion este hecho, que se lee en la vida de la Beata Virgen Emilia, segun lo dexò escrito la Historiadora de la Santa.

9   Si alguno solicitare saber, que fundamento tenian nuestros Nomenclatores para assentir à tan extravagante opinion, que ahora retractan, y de que cantan la palinodia? Dire que me parece, eran dos los motivos, que los detenian en su opinion errada. El primero, que se ofrece, es que dichos Auctores no miraban los escritos de Alano con la pia affeccion, que otros innumerables Auctores los han mirado, leido, y atendido: y porque el estilo de Alano no confrontaba con el suyo proprio. El 2. en esta coligacion de Oraciones vocales con consideraciones mentales, no see, que olor, ò sabor de el genio de Alano hallaban estos severos Criticos para atribuir à este Venerable Padre esta union,.... Bien claro se conoce esto en unas palabras, que imediatamente à las q dexó puestas en el numero 2. de este capitulo: que

Bibliot. O. P. t. 1. pag. 852. col. 2. cit

acaban *Rationem excogitavit,* y prosigue: *Quibus suas visiones* (Alanus) *sua que exempla, vel miracula,* ut volueris, *adjungendo magnam sibi dicendi materiam præparavit* Bene est, ubi hæc facilè audiuntur: sed non omnibus allubescit hæc ratio. Hagamos reflexion sobre estas palabras de letra mayuscula, y se verá la displicencia,

cia, con que leian los escritos de Alano estos Censores.
Los muy severos Criticos no gustan, ni arrostran oyr
vissiones, revelaciones, exemplos, y milagros. Y como
de esto ay tanto en los escritos de el Bto. Alano de Rupe, no gustan de su leccion. Mas estos Señores severos
Criticos no debian atender à si era la materia copiosa;
sino à medir cada cosa con la Regla de el Doctor de
las Gentes San Pablo, quien escribiendo à los de Thessalonica, les dà. *Prophetias* nolite spernere, *Omnia
autem probate, quod bonum est; tenete: ab omni specie
mali abstinete vos.*

    10   El segundo fundamento, en que firmemente es-
tribaban, era el argumento negativo, unico recurso de
los severos Criticos. Y uno de los Nomenclatores en
el tomo 2. de la Biblioteca pagina 845. col. 2. vuelve à
decir: Neque ulla quidecim Mysteriorum Rosarij memoria ante Alanum de Rupe, *qui Primus, vel suble-
vandæ attentionis, vel pietatis excitandæ causa, hanc
Mysteriorum distinctionem* adinvenit, &c. Ninguna memoria de los quinze Mysterios del SS. Rosario havia antes de Alano de Rupe? Pues como sin diligencia alguna
de los Nomenclatores se ha hallado esta certissima memoria, y noticia, practicada en el *Beguinagio Magno
de Gante* por espacio de 500. años hasta la era presente,
y mas de 200. años antes q̃ floreciera el B. Alano de Rupe? Esto se ha sabido: porq̃ haviendo salido à luz el año
de 1719. el primer tomo de la Biblioteca, y llegando à
Gante à manos de el M. R. P. Fr. Luis Robijn Profes-
sor de Theologia, Alumno de nuestro Convento de
Gante, y leyendo lo que havian escrito los severos Criticos Auctores de la Biblioteca, de q̃ el primer Inventor
de la copulacion, ó union de los Mysterios, que se meditan, y oraciones, que se rezan en el SS. Rosario, era, y
fue el Beato Alano de Rupe, y que no se rezaba antes
el Psalterio Mariano con la consideracion de los Mysterios: no se pudo contener, y tomando la pluma, dio

no-

1. Thesol. 5.

Bibliot. O. P.
t. 2. pag. 845.

noticia, y aviso de lo que en Gante era publico, noto-
rio, y sabido de todos assi en nuestro Convento, como en
en el Beguinagio Magno; como se ha visto ya en los
numeros 3. y 4. en la Retractacion, q̃ hizo el Nomenclator en el suplemento segundo añadido al tomo 2. pagina 6. col. 1.

11   De aqui se viene en conocimiento, que muchis-
simas vezes sale salido el argumento negativo, que tanto estiman, y de que se valen los Señores Criticos immoderados: y mas si la negativa es tan absoluta, como
indicaban aquellas palabras de nuestros Nomenclatores:
Neque enim ulla quindecim Mysteriorum Rosarij me-
moria ante Alanum. Por muy leydo, y erudito, que
sea un Escritor en la Historia, no puede haver leydo,
quanto está escrito de successos, y hechos antiguos, ni
puede tener noticia de quanto ha succedido en el mundo en tiempos passados, siendo menos lo que se sabe, y
mucho mas lo ignorado, ù olvidado: ni puede saber las
tradiciones dignas de credito, que hai en diversas partes
de el Orbe. Ni el silencio de los Coetaneos, ò Suppares,
tiene fuerza, quando hai fundamentos, y razones graves
para afirmar lo que aquellos no dixeron, ni escribieron.

Con prudentissima, y anticipada reflexion decia de
si mismo en la Prefacion à la grande obra de nuestro
Bulario Magno N. RR. P. M. Gen. Fr. Antonino
Bremond: *Ingenuè dicam* (escribió este eruditissimo
varon) *non is ego sum, qui committam, ut in rebus in-*
veteratis ex unius silentio, quicquam novi sentire pos-
sim, si firmis rationibus probetur:: Tot vidi, quæ silẽtio
prætermittunt illi, quibus una cura est literis man-
dare, quæ gesta sunt, ut Auctoris Supparis silentium
non me moveat, si certis, ut dixi, monumentis aliun-
dè de facto constet. Quid, inquiunt (severi Critici
nempe) *Talis qui vixit id ævi nescivit? Nescivit.*
Sederat ejusdem familiæ, Convictor, Parens? Scivit

RR. P. N. M.
G. t. 1. in Præ-
fac.

er-

ergo, sed siluit. Cur siluit? Penes ipsum est. Esto decia este doctissimo, eruditissimo, y clarissimo varon, quando comenzaba su dilatadissima empressa de nuestro Bulario, y entonces decia: *Tot vidi, quæ silentio prætermittunt illi,* quibus una cura est literis mandare, quæ gesta sunt. Que dirà ahora despues de haver concluido su bastissima obra en ocho grandes volumenes? Quanto havrà visto, y experimentado de hechos ciertos, que entregaron à el silencio los Coetaneos, y Suppares Historiadores? Y quanto mas irà viendo en la Historia General de toda nuestra Sagrada Religion, que ya tiene comenzada entre sus diestras manos?

12 En fin el B. Alano de Rupe muy bien sabia las memorias, y noticias, que de el Partenico Psalterio havia en el Monasterio, ò Beguinagio Magno de Gante, y en nuestro Covento de aquella Ciudad, como se reconoce por lo que escribiò en el capitulo 8. de su Apologia por la antiguedad de la devocion de el SS. Rosario. En el §. 12. de dicho capitulo dice assi: *Est Sacrum Virginum Monasterium Gandavi, in quo annis fermé ducentis* istud Psalterium habent quotidie in Canonicarum horarum vicem persolvunt: inde à majoribus traditum, & acceptum... Y en el §. 13. *Sed & pervetusti Codices evidentissimè testantur ipso facto me vera narrare. Sicut in Gandavensi Ordinis nostri Conventu, alijsque multis Terrarum in locis docere potest.*

B. Alanus in
Apol. cap. 8.
§. 12. & 13.

13 Leyendose en Alano estas noticias, parece era muy de el caso, que los Auctores de la Biblioteca huvieran hecho algunas diligencias, aunque fuera por cartas: y mas haviendo en Gante Convento de la Orden, para averiguar especies, y noticias, que daba Alano, havia en aquel Monasterio, ò Beguinagio de Virgines, y en el Convento de Predicadores de aquella muy conocida Ciudad: para no exponerse despues à retractar una nueva proposicion universal negativa: como, que antes de Alano, ninguna noticia havia de la union de los quin-

ze Myfterios cón las vocales Oraciones de el *Pater no-*
fter, y Ave Maria. No llegò el Bendito Padre Alano
à entender, que defpues de cafi 300. años havia de haver Efcriptores, que lo quifieran hazer *Primer Auctor*
de efta copulacion de Oraciones vocales, y confideraciones mentales, como fe unen ahora en el SS. Rofario:
que à entenderlo no huviera omitido, dar las noticias,
enteras, que fe confervaban, y obfervaban en aquel Beguinagio Magno de Gante, de el modo de rezar tres
yezes al dia el Pfalterio Mariano, ò SS. Rofario. Y quizas, aunque las diera con toda extencion, è individua-
lidad, como las diò el P. M. Fr. Luis Robijn, no falta-
ria algun fevero Critico, que dudara de la verdad de
efte bendito Padre: aunque añadiera, *Codices eviden-*
tiffimè teftantur ipfo facto, me vera narrare.

    14   Rezar el SS. Rofario con atencion, y devocion,
atendiendo à las palabras de el *Padre nueftro, y Ave*
Maria, bueno es: mejor es confiderar los quinze Myfterios de la humana Redempcion fin rezar dichas vocales Oraciones. Empero, à un mifmo tiempo rezar las
Oraciones dichas vocalmente, y confiderar dichos Myfterios mentalmente, mucho que mejor es. Efto prueba,
y defiende el P. M. Fr. Pedro Sanchez en fu *Theolo-*
gia Sacratiffimi Rofarij, y lo havia enfeñado el B. Alano en la Apologia cap. XIX. quæft. 1. *vacale fimul,*
& Mentale Pfalterium, melius eft, quàm alterum fo-
lum: quod ei duplex infit bonum. Pero en materia de
Oracion tienen el primer voto los Theologos Myfticos. Repetirè el voto, que en el punto prefente diò
una Doctora Myftica, cuyo voto como muy notable lo
celebra un Summo Pontifice: en la Bula de la Canonizacion de aquella fragrantiffima Virgen Santa *Rofa de*
Santa Maria, Primera Flor de Santidad (que ofrecie-
ron à las aras Occidentales Indias) el Sr. Clemente X.
para enfeñanza, y doctrina nueftra, nos pone à la vifta
el fentimiento de efta Maeftra muy practica en materia
                                      de

B. Alan. loco
cit.
1.
2.

M. Sanchez in
Theolog. Rof.

B. Alanus in
Apol. cap. 19.
Q. 1.

Bullar. O. P.
tom. 6.

de Oracion. El voto de eſta Gran Doctora dice el Santo Papa era eſte: *Partenici Roſarij recitationem,* cum
jnnexa decadatim Myſteriorum meditatione (pro ut S.
Dominicus inſtituerat) ſingularitèr diligebat: eó quod
in ea coaleſcant mentalis, & vocalis ſimul Orationis affectus, petitiones, laudes, & gratiarum actiones: *& plurimis hæc Roſæ incitamenta profuiſſe re ipſa compertum fuit.* Notémos aqui lo q̃ allà en las Indias, en el
Perù en Lima, tierra remotiſſima de Europa, ſabia la
Sacratiſſima Virgen *Roſa,* que eſta union de quinze
diezes de Oraciones vocales, con quinze conſideraciones de los quinze Myſterios principales de la Redempcion humana, no era idea, ò invencion de el B. Alano
de Rupe, ſino antiquiſſima invencion, é Inſtitucion de
ſu Santiſſimo Padre, y nueſtro Santo Domingo de Guzman: *Prout S. Dominicus inſtituerat,* enſeñado, é inſtruido de la Beatiſſima, y Glorioſiſſima Reyna de el
Cielo.

15 Y aunque es bueno, y provechoſo rezar como
ſe ha dicho, con devocion, y atencion las Oraciones vocales de el *Pater noſter, y Ave Maria* de el Roſario,
ſin la conſideracion de los quinze Myſterios, y mejor
rezar las Oraciones dichas con otras pias conſideraciones, como v. g. de los Noviſſimos, y otras. Pero ſe ha
de advertir, que nueſtra Santa Madre Igleſia deſea,
quiere, y encarga à los fieles ſus hijos, que al tiempo, q̃
ſe rezan las Oraciones vocales de el SS. Roſario, ſe con-
ſideren, y mediten los Myſterios de la humana Redempcion, eſto es, los cinco Myſterios Gozoſos, los cinco
Doloroſos, y los cinco Glorioſos. De tal ſuerte, que re-
zandolo de otro modo, ò con otras pias meditaciones,
no ſe ganan las indulgencias, que los Summos Pontifices han concedido à los fieles, ó Cofrades, que rezaren,
ò quando rezaren el Santiſſimo Roſario.

16 A 13. de Agoſto de 1726. ſiendo Pontifice el
Señor Benedicto XIII. el RR. P. M. Gen. de toda nueſtra

Bullar. O. P
t. 6. pag 615

P

tra Orden Sagrada propuſo à la Sagrada Congregacion de Indulgencias, y Sagradas Reliquias, eſta duda: *An qui SS. Roſarium B. Mariæ Virginis recitant omiſſa conſueta meditatione Myſteriorum humanæ Redemptionis: & illorum vice mortem, aut cætera Noviſſima, vel alia pia, & religioſa meditantur: Indulgentias à Summis Pontificibus conceſſas pro recitatione Roſarij lucrentur?* La reſpueſta de la Sagrada Congregacion fue eſta: *Non lucrari.* Y hecha relacion à el Santiſſimo, ſu Santidad *benignè approbavit* la declaracion de la Sagrada Congregacion.

17 Eſte Decreto ſe dignó moderar, ò declarar, el miſmo Sr. Benedicto XIII. à 26. de Mayo de 1727. en la Bula, que comienza: *Pretioſus §. 4.* à favor, y para aquellas perſonas verdaderamente rudas para meditar, en eſta forma: *Ad cōſolationem perſonarum* veré rudiorum, *ac divinis meditandis Miſterijs in præfato S. Roſario comprehenſis minus idonearum: Præterea declarantes, eaſdem devota, & pia ejuſdem Roſarij recitatione, prædictas Indulgentias juxta poſterius hoc Decretum Myſteria illa meditantibus conceſſas, etiam lucrari poſſe. Tametſi planè volumus, ut ijs Reparationis noſtræ, Myſterijs Santiſſimis meditandis, juxta Roſarij inſtitutum aſſueſiant.*

18 El Decreto de la Sagrada Congregacion parece ſe fundô en la difinicion, que dexamos aſſentada en el capitulo ſegundo conforme à lo que dicen los Summos Pontifices en ſus Bulas, y Breves, y lo q̃ expreſſan los Breviarios Romano, y de Predicadores. Pues en dicha difinicion eſtàn en *recto* los Myſterios, y las Oraciones vocales en *obliquo:* las meditaciones de los Myſterios del Roſario ſe han en èl como *el alma.* Y la recitacion de las Oraciones *Pater,* y *Ave* como *el cuerpo.* Y aſſi en faltando en el Santiſſimo Roſario la conſideracion de los Myſterios de la Redempcion humana, falta la mas principal parte. Pero compadeciendoſe ſu Santidad d̃ las

Per-

Perfonas verdaderamente rudas, quizo eximir de aquel
rigor de el Decreto à dichas Perfonas, que no tenian
capacidad para meditar: y quizo no obftante effa inep-
titud, ganaran las Indulgencias concedidas à los que rezan el SS. Rofario con las dichas confideraciones. Y llanamente quiere fu Santidad, que eftos rudos fe bayan
acoftumbrando à meditar los Sagrados Myfterios de el
SS. Rofario para fu mayor efpiritual provecho.

19　Efte es el Virginal Pfalterio, que fabricò el Ci-
taredo Mariano: el florido ameno Rofal de la Virgen,
que plantò en el Parayfo de la Catholica Iglefia, y regò
con el agua de fu celeftial doctrina, el Hortelano de el
Jardin de la Reyna de el Cielo, N. G. P. S. Domingo.
Efte es el Rofario, que fingularmente eftimaba, queria,
y amaba la *Belliffima Rofa Americana* en efte Rofal
Mariano ingerta defde fus tiernos años: *fingulariter di-*
ligebat. Por compuefto de Oracion mental, y vocal,
en que experimentan afectos tiernos, y fuaves, alabanzas
divinas, peticiones eficazes, y proficuas, acciones de
gracias, por los beneficios recebidos, que continuamé-
te reciben de la Divina mano los fiervos de la Reyna de
la Gloria. Y de lo dicho todo refulta ciertamente, que
no fue el B. Alano de Rupe el primero, que enlazò las
Oraciones vocales de el SS. Rofario, con los quinze
Myfterios principales de la Redempcion humana: ò Azu-
zenas, y Rofas con margaritas, y priedras preciofas, de
que debe conftar el Rofario perfecto, para eftar completo, fegun lo ideò N. P. S. Domingo. Y veamos
ya quanta fea la auctoridad de lo que dexò efcrito
de el Pfalterio Mariano, ò SS. Rofario el Reftaurador de efta Celeftial Devocion, el
Beato Alano de Rupe.

CAPITULO OCTAVO.

En que se defiende la grande auctoridad de el Beato Alano de Rupe.

Mag. Seraph. in Vit. S. Dom.

1.

AUnque el M. R. P. M. Fr. Seraphin Thomas Miguel en el muy Erudito libro de la vida de nuestro G. P. S. Domingo, que sacò à luz el año de 1705. hizo una breve Apologia por la grande auctoridad de el B. Alano de Rupe, que es la Ilustracion tercera, quando aun parece, no havia decaido su mucha auctoridad en un punto, que ahora parece quieren diminuir, y minorar algunos pocos severos censores con su nimia Critica. Y el clarissimo varon oy N. RR. P. M. Gen. Fr. Antonino Bremond en libro, cuyo titulo es: *De Guzmana stirpe S. Dominici*, que imprimiò en Roma el año de 1740. en el cap. XVIII. n. 4. en vista de lo, que han escrito dichos censores atenuando el gran credito, y auctoridad, por espacio de casi trecientos años adquirida, y conservada de el B. Alano de Rupe, nos da esperanzas de vindicar la persona, y escritos de este segundo Apostol de el SS. Rosario. Y quizas ya otros grandes sugetos de nuestra Orden avran con bien cortadas plumas emprendido salir à la defensa, y vindicado la verdad de lo que escribiò en sus obras de el SS. Rosario el *Restaurador* de esta Divina devocion. Con todo yo sugeto de ninguna auctoridad, erudicion, y cortas noticias, y en la ultima parte de el mundo, me animo à salir à disputar con tan eruditos censores, defendiendo como me sea possible, la innocencia, credito, y Auctoridad, que ha tenido hasta ahora el S. P. M. Fr. Alano de Rupe. Quizas en mi se verificarà lo que dexò escrito la Voca de oro San Juan Chrisostomo: *multa enim sunt, quæ magni, & admirabilis viri ignorant; quæ tamen parvi, abjectique scire solent.... Et sæpe abjectus*

Div. Chrisost. Homil. defer. Reprehens. & Convers. Paul.

ctus quispiam, & vilis invenit, quod m ignus, & Sa-
piens Vir praterit.

2   Naciò el bendito Padre Alano de Rupe en la
Roche, lugar de la Galia Armorica, que llaman menor
Bretaña, cerca de el Año de 1428. y estando en la adolescencia tomò el Sagrado habito de la Orden de Predicadores en el Convento Dinamense, como publican los
Padres de aquella Religiosa casa. Ya professo, mancebo
de grandes esperanzas, le embiaron los Prelados a la
Corte de Parìs, para que en el celeberrimo Convento
de Santiago Parisiense estudiasse, y deprendiesse la Philosophia, y Theologia: ya muy suficientemente disciplina-
nado, è instruido en estas facultades, volviò à su nativo
Convento à emplear sus buenas letras en utilidad de
sus proximos, mediante la Predicacion de el Sto. Evangelio, tan propria de nuestro Apostolico Instituto.

3   Año de 1460. se hallaba Morador en el Convento de Insulis, Convento muy reformado en la Regu-
lar Observancia. El año de 1464. de los Conventos re-
formados se erigiò por el RR. P. M. General la celebre Congregacion de Olanda, y se agregò à ella el V.
P. Alano, como uno de los mas desseosos de la Refor-
ma. Y prosiguiò regenteando las Cathedras en varios
Conventos de dicha Congregacion: y haviendo con-
summado el curso de sus Lecturas, se graduò de Maestro, y Doctor en la Univertidad de Rostoch el año de
1473.

4   El año de 1475. haviendo enfermado à 15. de
Agosto dia de la Assumpcion de nuestra Señora (de
quien fue en extremo devotissimo) y passò de esta en-
fermedad à mejor vida dia de la Natividad de la misma Reyna de el Cielo, à 8. de Septiembre de dicho
año: de edad como de 47. años. Los ultimos quinze
años de su muy Religiosa vida empleó en reparar, renovar, è instaurar la Divina devocion de el Virginal
Psalterio, ò SS. Rosario, enseñando, publicando, y pre-
di-

Bibliot. O P.
tom. 1. p. 850.

Fernand. An-
nal del Rosar.
lib. 3. cap. 37.

dicando con indecible fervor, y zelo Apostolico à los Pueblos Christianos lo util, provechoso, y fructuoso que era, assi para las almas, como aun para los cuerpos, para lo espiritual, y temporal el exercicio de este devotissimo culto Mariano. Las conversiones, y reformaciones, que con su Predicacion devota, y fervorosa hizo en almas perdidas, en vidas relaxadas, fueron innumerables, assi en los estados de Flandes, como en las Provincias de Alemania, y Reynos de Francia. Comprobando el Señor su celestial Doctrina con señales marabillosas, con que por intercession de la SS. Virgen Maria, favorecia su Divina Magestad à los que abrasaban, y se valian de este sufragio Mariano. Y assi se dilatò, y estendio muchissimo por aquellas Provincias, estados, y dominios la devocion de el Virginal Psalterio, ò SS. Rosario.

5 Dexó escritos varios libros, tratados, y opusculos, especialmente de el Psalterio Mariano. De estos el que intitulò *Psalterium Christi, & Mariæ*, es el principal, que sacò à luz *redivivo* el P. M. Fr. Juan Andres Coperstein, dividido en cinco partes. La primera, que es la *Apologia*, con el prologo consta de veinte, y cinco capitulos. La segunda es de las *Relaciones, Visiones*, y *Revelaciones* de el Rosario, tiene diez, y siete capitulos. La tercera consta de seis capitulos, en que escribe los Sermones de el Rosario de N. P. S. Domingo à el mismo Alano revelados. La quarta contiene dies capitulos, y son Algunos Sermones de Alano. La quinta parte se estiende por treinta, y nueve capitulos, en que se escriben exemplos, y milagros de el SS. Rosario. La segunda obra es la que titulò *Compendium Psalterij SS. Trinitatis*, que tambien es de el SS. Rosario. Anda tambien entre manos un Opusculo, cuyo titulo es *Speculum peccatricis animæ*, dividido en 15 Oraciones à la SS. Virgen, pidiendo las virtudes por los meritos de N. P. S. Domingo, y se cree ser obra del B. Alano.

6 Las Obras, y escritos de este Ven. Doctor, y Eximio mio

mio Predicador de el Mariano Pſalterio ſe tenian en grande veneracion, y eſtimacion en aquel tiempo, tanto que los Prelados de aquella Congregacion muy obſervante en atencion á lo muy utiles, y provechoſos, que eran, y podian ſer adelante, en la primera Convocacion, que ſe celebró en Harlen á 12. de Mayo de 1476. deſpues de el fallecimiento de eſte Venerable Padre mandaron (los Venerables Padres, que á ella concurrieron) á los Priores, y Vicarios de los Conventos, y caſas, recogieſſen dichas obras, y eſcritos de Alano: y los rèmitieſſen al Vicario General de la Congregacion.

7 La primera obra, que ſalió à luz, mediante la prenſa fue el *Compendio de el Pſalterio de la SS. Trinidad,* que le imprimió á diligencias de ſu Diſcipulo, el V. Sr. D. Fr. Miguel de Inſulis (Obiſpo Salubrienſe, y Confeſſor de el Archiduque, Conde de Flandes, Phelipe el Hermoſo, Rey de Eſpaña primero de eſte nombre) el año de 1479. y otra vez ſe imprimió en Bolonia el año de 1500. Las otras Obras andaban manuſcriptas en manos de algunos, que las guardaban, el año de 1619. reconoció, è hizo imprimir el Maeſtro Coppenſtein, como ſe ha dicho, el libro *Pſalterium Chriſti, & Mariæ,* con eſte titulo: *Beati Fr. Alani redivivi Rupenſis Tractatus* mirabilis, *de Ortu, & Progreſſu Pſalterij Chriſti, & Mariæ.* El Opuſculo Speculum *peccatricis animæ,* lo dió á luz publica en Amberes el P. M. Fr. Luis Laumans año de 1635.

8 Haſta eſte preſente ſiglo, en que han florecido en numero baſtante Criticos ſeveros, y rigidos, havian corrido *inoffenſo pede* las obras de el B. Alano de Rupe, con baſtante aprobacion, eſtimacion, y veneracion. Pero ya con algunos de eſtos Criticos ha perdido mucho de ſu credito, y eſtimacion. Yo no tengo noticia expreſſa de otros Ariſtarcos de los Eſcritos de el B. Alano, que los Nomenclatores de nueſtra nueva Biblioteca, que ſentados en la Cathedra de la rigida Critica (como

Vid RR. P. N.G. de *Stirp. Guzman.* S. P. Dom. 18. n. 4.

Bibliot. O. P. tom 1. pag. 851 col. 1. & 2.

(como lo han hecho en algunas otras ocasiones) desde donde pronunciaron esta immoderada censura. *Revelationes ejus* (nempe Alani) *& visiones, Sermones S. Dominici ipsi revelatos, exempla, & Miracula: Ista, inquam, omnia non habenda, quasi re verà extiterint; sed meditationes tantum esse viri Pij, qui in hunc modum cogitationes suas efformabat, ut auditorum animis facilius illaberetur, Tale fuit ejusdem Seculi ingenium ...... Ut auditores hujusmodi Historiolis, & exemplis magis delectentur, & faciliùs memoria retineant, & ad bonum moveantur, quam ab accurata, & solida Doctrina, quæ mox ex cordibus evanescit .....* Ea verò quæ de Sancto Dominico narrat, ita cum veris ejus gestis pugnant, ejus Historiæ adeò sunt dissona, & contraria, ut nulli cordato placere possint, nec ab Historico veritatis amico, & cultori adoptari &c.

9   Esta rigidissima censura de estos severissimos criticos censores contra los Escritos de el B. Alano, y aun contra el mismo Venerable Padre se reduce à dos puntos. Uno, que las Revelaciones, Visiones, Apariciones, de Christo nuestro Señor, Maria Santissima su Madre, y de N. S. P. Domingo, hechas à el Beato Alano, como el testifica, no son, ni fueron: ni se han de tener por Revelaciones, Visiones, y Apariciones reales, y verdaderamente tales: sino se han de reputar por unas meditaciones, ò consideraciones de un varon Pio. Ni los exemplos, y milagros de el SS. Rosario de el tiempo de N. SS. Patriarca, que refiere Alano fueron casos, verdaderamente succedidos: sino (digamoslo assi) unas semejanzas, Parabolas, para con mas facilidad instruir à sus oyentes, ò imprimir mas tenazmente en sus corazones la Doctrina llana, que predicaba, con que los persuadia à aborrecer los vicios, amar las virtudes, y exitarse en obras buenas, y Santas.

10   El otro punto de la censura de nuestros rigidos Juezes, es: que los hechos, que de la Vida de N. P. S. Do-

Domingo narra Alano, de tal ſuerte pugnan, ò repugnan
á los verdaderos hechos de nueſtro Santo Patriarca, y
en tanto grado ſon diſſonos, y contrarios á las verdaderas Hiſtorias de la vida de el Santo, que á ningun hombre cuerdo pueden placer, ò agradar: ni por algun Hiſtoriador amante, y cultor de la verdad ſe pueden adoptar, ni combaſſar en ſu Hiſtoria. Y dexando eſte punto
para deſpues, comenzemos à deſvanecer el primero.

11 Dicen, pues, los citados Auctores cenſores en la
primera parte de ſu cenſura: que las Revelaciones, Viſiones, y Appariciones de Chriſto nueſtro Señor, ſu SS.
Madre, y de S. Domingo N. Padre, que como tales relata el Beato Alano, ſon unas conſideraciones, ò meditaciones de un varon Pio, ò devoto. Y que los exemplos, y milagros, que como tales narra Alano, obrados
por nueſtro Padre en la Predicacion de el Santiſſimo
Roſario, no ſon otra coſa, que unas parabolas inventadas para que el Pueblo rudo, que no puede retener en
la memoria la doctrina ſolida, y limada, y ſe deleyta,
guſta, y ſe agrada de Hiſtorietas, y exemplitos, que fa-
cilmête percibe, y retiene en la memoria. Pero no puede eſto ſer: como totalmente opueſto à lo q̃ dice, eſcribe, y expreſſa el B. Alano: porque en lo que eſcribè,
habla con tanta expreſſion, y claridad: que le podiamos
decir *Eccè nunc palam loqueris, & proverbium nul-*
lum dicis. Habla, vuelvo à decir, con tanta claridad, expreſſion, è individuacion, q̃ de ningun modo ſe puede
recurrir à q̃ ſon parabolas, ſimiles, meditaciones, penſamientos pios, Hiſtorietas, y exemplitos, fraguados allá
en la imaginacion, ideados en la fantaſia, ù ordenados
allá en el entendimiento, ó diſcurridos con artificio,
para darſe à entender mejor à el Auditorio.

12 Oygamos lo que dexò eſcrito el B. Alano en ſu
Pſalterio Mariano. En el capitulo decimo de la Apologia ſe explica en eſta forma. Hablado muy deveras con
el Ven. Sr Ferrico digniſſimo Obiſpo de Tornaco, y

Joanne 14.
uum. 29.

Q tra-

tratando de la eleccion, que la Santiffima V. Maria hizo
de fu Perfona para que reparara la devocion de el SS.
Rofario (ya cafi del todo derelicta, obliterada, y borrada de la memoria de los hombres) y de los favores, q̃
entonzes le hizo la Soberana Reyna del Cielo, para dif-
ponerlo á tan alto empleo, arduo, y trabajofo negocio:
afirma, y da teftimonio de el hecho: en el citado capitulo § 2. *Hæc autem credere frequenter non valui,*
humanis ductus rationibus. Tandèm altiori quadam,
& interiori vi coactus sum isti Revelationi assentire. Id
que ita, ut non folùm ea esse vera, *sed fciam quoque per-*
fonam: & per figna infallibilia id ipfum cognovi, non fe-
mèl duntaxat, verum perfæpè. Y en el numero 3. vuelve à decir: & *hoc esse verum confiteor, & quantum*
fcio, & quantum credo, fine ulla falfitate juro esse vera
coram toto mundo: imprecans à Domino Jefu-Chrifto,
pie mori omni hora morte corporali, quam fallere dic-
to, aut falli, Credat mihi, qui voluerit: qui autem non
vult, in Domina quemque relinquo. Sæpius hæc pre-
dicavi, & docui.

13   En el mifmo capitulo §. 6. tratando de el *anil-*
lo, que le dió la Sacratiffima Virgen, dice: *Singulare eft*
autem illud de annulo, qui quidem optimè à quibuf-
dam fentitur, rarius autem videtur. Quod fupradic-
tis univerfis eft mirabilius, eo quod ibidem quædam
quodammodo gloriæ fubtilitas apparet. Et quantum
ad me hunc annulum tetigi, non fine magno gaudio, non
humano, fed longè altiori. Y numero 2. añade. *Credant*
mihi, qui voluerint: quia jurejurando hoc affirmo, Si
autem noluerint, quid ad me? Hæc quæ dixi, aliter
quàm dicam, probare non poffum, nec audeo. *Plurima*
ma autem cognovi, hujufmodi facta admiranda.

14   En el §. 7. fe refirma *Nemo novit de hifce Do-*
nis, nifi qui accepit. Imo, qui acceperunt ifta, lumine
Revelationis decedente revelata vix aliquomodo cre-
dere poffunt. Sic Propheta Jeremias, adveniente Spi-
ritu

ritu Dei, & myfteria nova revelata credidit, & præ-
dicavit, fed defferente eum lumine Divinæ Revela-
tionis ad tempus, ait humano modo cap. 20. Seduxifti
me Domine, & feductus fum: Y en el numero 3. profigue affi: *Quare tali carentes lumine, de Revelatio-*
nibus Divinis judicant, ficut cæci de coloribus. Atque
ideò tali deftituti lumine, viri quoqué boni, ac devoti
in Cœleftium Revelationum judicijs errare poffunt,
ut fæpé compertum eft; nifi luminis loco, Signa, prodigia, aut miracula habeant evidentia.

15   Y omitiendo otras muchas cofas, que dice efte
bendito Doctor conducentes à efte propofito, concluye el capitulo *Qua propter* agnofcant hujufmodi hæfi-
tantes, quod tametfi Revelationes divinæ credi pof-
funt, nequaquàm tamen demonftrari poffint, *nifi illis,*
qui habent idem lumen Revelationis. Affi nos enfeña
efte difcretiffimo Doctor, excelente Maeftro en la
Theologia Efcolaftica, Pofitiva, y expertiffimo en la
Myftica. Pues confideren allá los *Hefitantes,* como fe
compone, y compadece con eftas poficiones, affercio-
nes, y teftificaciones, haver fido las Vifliones, Revelaciones, y Apariciones (que relata efte oculatiffimo Doctor Myftico) folamente meditaciones, confideraciones,
imaginaciones pias, ò penfamientos devotos: que yo juzgo, que no pueden tener alguna compoficion, por mas
que fe quieran apocar, ò difminuir las gracias, y dones,
que Dios haze à fus Siervos, que fon conformes à las
Reglas, que enfeñan los Santos Padres, y Doctores Myfticos: por donde fe deben medir, y reglar eftas materias efpirituales, é interiores. Mas profigamos el mifmo
argumento.

16   En el capitulo 18. de la citada Apologia, donde
trata Alano de las utilidades, provechos, y frutos, que
refultan de efcribirfe los fieles por Cofrades en el libro
de la Cofradia de el Pfalterio Mariano, ò SS. Rofario,
con eftos terminos termina el capitulo: *denique hec*

*vidit, & audivit à Virgine Maria ſupradictus Spon-
ſus ejuſdem Mariæ Virginis, & de ſimilibus* plurima
mirabiliſſima.

17 De la Viſion, y Aparicion, que la BB. Virgen
Maria hizo à N. P. S. Domingo en las partes de Toloza mandandole predicar ſu Sagrado culto, ò devocion
de el SS. Roſario, de que trata Alano en la ſegunda parte de ſu Pſalterio, capitulo 3. al fin da eſte teſtimonio:
*Et hæc omnia piiſſima Deigenitrix Virgo Maria cui-
dam, quem deſponſavit per annulum, & Pſalterium mi-
randum ex crinibus ipſius V. Mariæ in collo Sponſi pendens, narravit viſibiliter, & ſenſibiliter eſſe veriſſima.*

18 En el capitulo 4. §. 1. de la miſma ſegunda parte dices Pſalterium *Chriſti, & Mariæ, jam diu in deſi-
dioſa hominum oblivione ſepultum, benigniſſime dignatus eſt (Deus) revelare cuidam Patri Fratri Ordinis Prædicatorum: per quod gratia Dei cooperante,
inaudita, & innumera peracta ſunt miracula, & verò præſertim per prædictum Fratrem Prædicatorem, in Pſalterio ſpecialiter Deo, Deiparæque devotum.*

19 En la tercera parte capitulo 18. tratando el Beato Alano de el Sermon ſobre la Oracion del *Pater N.*
que afirma predicò N. P. S. Domingo en la Igleſia Mayor de Toloza: y al §. 4. num. 3. teſtifica, que ſe convir-
tieron muchos. *Inter quos Viri tres præcipui nominis,
acerrimi hæretici, ſe ſe ad Catholicos palàm ſunt
profeſſi, ejuratâ hæreſi, videlicet* Magiſter Norbertus
de Valle, *juris civilis Doctor,* Magiſter Guerilnus de
Fracmo, *in Artibus Philoſophiæ Eximius,* Magiſter
Bartholomæus de Prato, *experimentiſſimus. Medicus,
pariter & Theologus profundiſſimus. Hi tres præter
alios complures, de manibus Sancti Dominici humili-
ter ſuſceperunt, Pſalterium idem protinus unà cum
Sancto Dominico cœperunt latè circumprædicare: Inſtitutam ſecuti Prædicatorum Sancti Dominici.*

20 En la miſma tercera parte capitulo 21. in fine dice

ce Alano: *S. Dominicus quoque illa XV. monſtra, ſicut iſtis oſtenderat,* depingi curavit, quæ hodieque Pictura perdurat. Y en el cap. 6. al fin de la primera virtud, que es la humildad, dice Alano: *In cujus publicæ omnium Viſionis memoriam Vir Stus. (Dominicus) eaſdem XV. virtutes, tum in aula Ducis, tum in Eccleſia Majore, ad vivum depingi curavit.* Eſto hizo el Santo Patriarca en la Menor Bretaña.

21 De los exemplos, y milagros, que N. P. S. Domingo hazia, quando predicaba la devocion del SS. Roſario, en diverſas partes, lugares, y Provincias, que narra el miſmo Alano, da eſte teſtimonio en la 5. parte capitulo 27. cerca de el fin de el capitulo en que trata de el fin, que tuvo la Ven. Benedicta Florentina: *In omni ſanctitate devotionis, & pænitentiæ fervore, adeo ut Dominus noſter ipſi ſæpius appareret, & plurima Dominici* facta, quæ nemo hominum ſciebat, revelaret ::: quæ in legenda F. Thomæ de Templo pro parte ſcripta ſunt. *Ex qua legenda, & pluribus alijs legendis facta, quæ nunc de Dominico dicta ſunt, fuerunt extracta, &c. Et ſunt nuper per Revelationem Chriſti, & Mariæ confirmata* cum ſignis magnis, & portentis. Et de omnibus his Fidem, & Teſtimonium ſub juramento Fidei Trinitatis perhibeo. Sub periculo omnis maledictionis mihi infligendæ, in caſu quo deficio á veritatis recto tramite. De la miſma ſuerte da teſtimonio de los milagros, que relata en ſu libro, q̃ intitulò *Compendium Pſalterij SS. Trinitatis,* como refiere el P. M. F. Seraphin Thomás Miguel en la nota 124. à la Vida de nueſtro Santo Patriarcha.

22 De eſtas tan repetidas, y expreſſas afirmaciones, y teſtificaciones con juramento aſſertorio, y excecrativo roboradas, volviendo à el argumento comenzado, conſta, que las Viſiones, Revelaciones, y Appariciones de Chriſto, Maria SS. y Santo Domingo nueſtro Padre, no ſon, ni pueden ſer meditaciones, imaginaciones pias, ni

pen-

penſamientos devotos, ni ideas de la fantacia, ni diſcurſos de el entendimiento ordenados, y diſpueſtos paraꝗ
el auditorio rudo, y ſencillo aborrezca los vicios, ame
las virtudes, y eſpecialmente para imprimir en los corazones la utiliſſima devocion de el SS. Roſario: ſino hiſtorias, que parte havia leido en los libros, que cita: y en
otras legendas, que ſe hallaban en tiempo de Alano, y
parte que havia ſabido por Revelacion Divina, como èl
teſtifica, aun de hechos, que ya havia leido en los libros.
Ni los exemplos, ni milagros eran parabolas, ſimiles, ò
hiſtorietas, ni exemplitos para que facilmente entendie-
ran los Pueblos la buena Doctrina, que les enſeñaba. De
ſuerte, que ſi en realidad de verdad no eran verdaderas las coſas, que les predicaba como tales, ni debia, ni
podia en manera alguna, ni en algun caſo, venderlas, en-
ſeñarlas, predicarlas, ni eſcribirlas, como verdades ciertas, aunque el fin fueſſe bueno, y la intencion Santa: como renovar la devocion, y culto de la SS. Virgen, fomentar las virtudes, extirpar los vicios, excitar en los
corazones el amor de Dios, y de el proximo.

23   Porque como dice la Gloſſa ſobre el cap. 1. de
la Epiſtola à los Romanos: *Perhorrendum eſt falſum
aliquid dicere de Deo, etiam ſi ad dignitatem ejus videatur pertinere: quia non minori, ſed majori, fortaſ-
ſe ſcelere laudatur in Deo falſitas, quam corrumpi-
tur veritas.* Pues en ſemejante caſo, era juſtiſſima la
reprehenſion ſevera, que hizo el eſpejo de paciencia à
ſus amigos. *Nunquid Deus indiget veſtro mendacio?
Vt pro illo loquamini dolos?* Donde es muy de notar,
que el S. Job llama dolo à la mentiria: *ut pro illo loquamini dolos:* porque como dice el Doctor Angelico
ſobre eſte texto: *Cum aliquis contra manifeſtam veritatem mentiri nititur, cogitur aliquas doloſas, &
fraudulentas vias adinvenire, ut mendacium aliqua
fraude poſſit colorare.* Y eſto huviera hecho el Venerable Alano, colorear fraudulentamente ſus conſidera-
cio-

Job. cap. 13.
num. 17.

D. Thm. hic
ꝑ ƈ. 1.

ciones, aunque al parecer pias, con atestaciones, juramentos, y execraciones, citando libros de Auctores fictos, y vendernos sus imaginaciones, ó meditaciones, por Revelaciones, Visiones, y Apariciones Divinas. Y esto no solo á los Pueblos ineruditos, sino á varones sabios, doctos, y discretos: gloriandose de esto publicamente ante Principes de la Iglesia, qual era el Sr. Obispo de Tornaco D. Ferrico de Cluniaco, à quien en su Apologia le decia: *Sæpé hæc prædicavi, & docui.*

B. Alanus in Apol. cap. 10. §. 2. n. 3.

24   De el Predicador, que no predica verdades, sino falsedades, paliadas fraudulentamente, aunque al parecer con buen fin, dice el Eminētissimo Sr. Cardenal Cayetano: *Prædicator semper contra veritatem doctrinæ Divinæ mentitur, quando miracula falsa scientér prædicat. Quoniam quantum in se est, veritatem miraculorum Christi, & Sanctorum evacuat. Agit enim, ut falsa etiam putentur Christi, & Sanctorum, miracula: & simile est, si vitam Sanctorum fingant aliter, quam sit, eadem ratione.*

Dom. Cayet. 2. 2. quæs. 110 sup. art. 4.

25   Y el Sr. Obispo Cano citando à Ludovico Vives, dice: *Prudentér ille, & sanè gravitér illos arguit, qui pietatis loco duxerint mendacia pro Religione fingere, id quod & maximè periculosum est: & minimè necessarium. Mendaci quippè homini nè verum quidem credere solemus. Quamobrèm qui falsis, atquè mendacibus scriptis mentes mortalium concitare ad Divinum cultum voluere, hi nihil mihi videntur efficere, quam ut veris propter falsa adimatur fides, & quæ severè ab Auctoribus plané veracibus édita sunt, ea etiam revocentur in dubium.*

Cano *de locis* lib. 11. cap. 6.

26   de lo hasta aqui dicho se forma un argumento, ineluctable. Que, ó son verdaderas las Revelaciones, Visiones, y Apariciones, que narra el B. Alano en sus escritos, ó no son tales, sino imaginaciones proprias, ó meditaciones solamente pias, y devotas. Si son verdaderas, como el mismo testifica repetidas vezes, tenemos

mo

mos nuestro intento. Si no lo son, no se puede librar dicho Venerable Padre de la nota de falsario, mendaz, y perjuro. Afirmar esto es cosa recia, y durissima de creer ò persuadir, cayendo esta infamia en un varon de tanta bondad, virtud, Religion, y santidad, como nos dicen quantos de èl escriben, ò han hecho de èl mencion, por espacio de casi trecientos años. A que se llega lo que el muy juicioso Maestro Cano escribe, como se ha dicho en el cap. 4. que ya no es este punto de erudicion de el sugeto, sino de la vida, y costumbres de el escritor. Y en semejante lance, la censura, *quæ morum est, hæc debet profectò esse, & in vivos cautior, & in mortuos reverentior.* No es lo mismo censurar la erudicion del escritor, q̃ censurar su vida, y costumbres. Y esta cẽsura verdaderamẽte para los vivos ha de ser mas cauta, y para con los ya difuntos debe ser mas reverente. Pues què reverencia es poner nota, y tacha de mendaz, *falsario,* y perjuro en sugeto de opinion excelente? Como se ha tenido Alano de Rupe por tanto espacio de tiempo.

27 Los exemplos, y milagros, que el B. Alano refiere succedidos por virtud de el SS. Rosario, viviendo N. P. S. Domingo, no se pueden tener por parabolas, ò semejanzas. Porque aunque quien usa, predica, y escribe similes, ò parabolas no miente, pues consta de el Santo Evangelio, que nuestro Redemptor las predicaba à los Judios reveldes, *Sine parabolis non loquebatur eis.* Pero muy facilmente se conoce lo que parabolicamente se dice de lo que historialmente se profiere. Mas paliar tanto la parabola, que no paresca parabola, sino real, y verdadera historia, y para dar color de verdadero hecho, valerse de Auctores fingidos, que nunca han tenido *ser in rerum natura,* y demas à mas añadir juramentos, assi assertorios, como execratorios, verdaderamente, que yo no alcanzo como no sea mentira, falsedad, y grandissimo perjurio en materias tan graves de Religion, y Sagradas.

28 N

28 Ni para librar, ô efcufar à el bendito Padre Alano de mentira, falfedad, y perjurio, bafta decir, que el
bendito Padre allà en fu Oracion juzgaba, que fus imaginaciones, ò confideraciones pias, y devotas, eran Vifiones, Revelaciones, y Apariciones de Chrifto, de fu
BB. Madre, y de N. S. P. Y creyendo èl firmemente,
que eran tales, no mentía, ni queria engañar à otros: porque como dice el Gran P. S. Auguftin *in Decreto 22.*
quæft. 2. Can. Is autem. §. Nemo. Nemo mentiens ju-
dicandus eft, qui dicit falfum, quod putat verum: quia
quantum in ipfo eft, non fallit, fed fallitur. Como al
contrario, puede uno decir lo que es verdad, y con todo mentir, juzgando, que lo que dice es falfo, fiendo en
realidad verdad.

29 Pero de lo que el Santo Doctor añade fe reconoce fer efta efcufa de el todo infuficiente en el prefente cafo. Immediatamente dice: *Non itaque mendacij,*
fed aliquando temeritatis arguendus eft, qui falfa in-
cautè credit, ac pro veris habet. Y fi con efta incau-
tela jura, incurre en culpa de perjurio, como el mifmo
Santo Padre (citado en la mifma caufa, y queftion, Can.
Homines) dice: *Homines falfo jurant, vel cùm fal-*
lunt, vel cùm falluntur, aut putat homo verum effe,
quod falfum eft, & temerè jurat, y alli la Gloffa: *teme-*
rè, id eft, indifcretè. El juramento para fer licito ha de
tener tres compañeros, que fon Juycio, Verdad, y Jufticia, y en faltando alguno de eftos tres compañeros, es
ilicito el juramento. Y affi dice el Doctor Maximo en
el Can. *Animadvertendum* en la mifma caufa, y queftion: *Animadvertendum eft, quod jufjurandum hos*
habet comites, Veritatem, Judicium, aque Juftitiam,
fi ifta defuerint, nequaquam juramentum eft, fed per-
jurium. Donde la Gloffa: *judicium, id eft, difcretio-*
nem. Y quanto la materia es mas grave, tanto mayor ha
de fer el juycio, cautela, y difcrecion, para afirmar con
juramento lo que uno tiene por verdad.

D. Aug. citata Caufa.

Div. Hieron.

R

quo-

30 Y segun esta doctrina cierta no se escusaria el Beato Alano de Rupe de ser perjuro, por haver testificado con juramento assertorio, y execratorio sus meditaciones pias, ò imaginaciones proprias, llamandolas Visiones, Revelaciones, y Apariciones de Christo, de su Santissima Madre, y de nuestro Santo Patriarca, y enseñandolas, predicandolas, y escribiendolas por tales. Y de la misma suerte havrà sido perjuro, testificando con las mismas circunstancias sus parabolas, y semejanzas por historias, casos, y hechos verdaderos, por virtud de el SS. Rosario, è intercession de N.P.S. Domingo. Grande audacia, y temerario juycio parece juzgar assi de un Varon tenido por docto, sabio, prudente, discreto, religioso, y aun Santo: por casi trecientos años, que ha que falleciò: sin retratarse de lo que havia predicado, y dexaba escrito, y asseverado con tan repetidos juramentos. Pero veamos ꝗ opinion dexò este Venerable Varon, y ha tenido por tan dilatado tiempo, como se ha dicho.

CAPITULO NONO.

De la Veneracion, y gran credito, que generalmente ha tenido el Beato Alano de Rupe, y la estimacion, que han tenido sus escritos de el Psalterio Mariano, ò de el SS. Rosario de la Beatissima V. Maria.

1 EL AÑO DE 1475. A 8. DE SEPTIEMbre en edad florida de 47. años consumó el curso de su santa vida el segundo Apostol, y Reparador primero (electo por la Sacratissima Reyna de el Cielo) para renovar la utilissima devocion de su Virginal Psalterio, ó SS. Rosario, que ya estaba casi de el todo borrada de la memoria de los hombres, no sin

ſin aſtucia de el comun enemigo de el linage humano. Haviendo fallecido eſte Religioſiſſimo Padre: ſus hermanos, y compañeros los Reverendiſſimos Padres de la muy reformada Congregacion de Olanda manifeſtaron el gran concepto, que tenian de la Perſona de el B. Alano de Rupe, y la eſtimacion, y aprecio, que hacian de ſus devotiſſimos Eſcritos. Pues haviendo celebrado Convocacion, ò Capitulo ocho meſes, y quatro dias deſpues de el fallecimiento de eſte Ven. Padre, el M. R. P. Vicario Gen. de la Congregacion, y los Priores de los Conventos, y Caſas de ella formaron el Decreto, q̃ ya queda pueſto en el capitulo 4. de eſte opuſculo. Que realmente es un teſtimonio muy relevante, y autentico, por ſer dado de aquellos Vènerables, y Religioſos Padres Capitulares, que havian convivido, tratado, y converſado con Alano, y tenian experiencias de ſu muy religioſa vida, de ſu proceder, de ſus muchas, y buenas letras, y de ſu predicacion Apoſtolica: y de ſu feliciſſimo tranſito.

2 Pero veamos en particular el concepto, en que ha eſtado por eſpacio de caſi trecientos años para con Sugetos, no vulgares, ſino Varones muy condecorados de buen juycio: Varones digo, *emunctæ naris*. Y ſea el primer teſtimonio, el que da ſu Coetaneo, y Diſcipulo, el Ilmo. Señor D. Fr. Miguel de Inſulis, Obiſpo Salubrienſe, y Confeſſor de el Señor D. Phelipe el Hermoſo, Rey de Eſpaña primero de eſte nombre. Eſte Venerable Señor dice de ſu Maeſtro el Beato Alano: *Fuit ferventiſſimus in amore V. Mariæ, ſemperque in ore Salutationem Angelicam ambulando, loquendo, habuit. Quandoeumquè aliquid pronunciare, aut dicere voluit, prius quam inciperet, genibus flexis Salutationis Suffragio, Divinum auxilium requirebat.*

Apud Miech. tom. 2. diſc. 309. ſup. Lit.

3 Sigueſe como Coetaneo el muy nombrado Venerable Abbad Tritemio: *Alanus de Rupe Ord. Prædicatorum Vir in Divinis Scripturis eruditus, in de-cla-*

Apud N. Percin Monum. Conv. Toloſ. Opuſc. de Roſar. 1. p. c. 2.

R 2

clamandis ſermonibus ad populum excellentiſſimæ opinionis, vita, & converſatione devotus, & Beatæ ſemper
Virginis Amator præcipuus, ejuſque Roſarij, & famula-
tus Promotor venerandus, à qua etiam ſingulari dono
ſupernæ conſolationis aliquotiés meruit recreari, & etiam
æterna felicitate refoveri.

Sixt. Sen. Bi-
bliot. S. lib. 4.

4   Nueſtro Sixto Senenſe en ſu Biblioteca Santa dà
eſte teſtimonio: *Alanus de Rupe Ord. Præd. Vir in
Divinis Scripturis eruditus, In declamationibus Sacris egregius, vita, & converſatione venerandus, & B.
Mariæ ſemper Virginis Amator præcipuus: Sodalitij
quoque illius (quod ſub nomine Roſarij Divæ Virginis dicatum eſt)Innovator, & Promotor.*

Bzov. tom. 18.
ad ann. 1473.
n. 22.

5   El gran Continuador de los Annales de el Cardenal Baronio, nueſtro Maeſtro Abrahan Bzovio en el
Hiſtorial Compendio, que eſcribe de la vida de el Beato Alano de Rupe, dice: *Beatus Alanus Rupenſis Dominicanus, devotionem in Deiparentem titulo SS. Roſarij, vel Pſalterij, varijs in locis intermiſſam in-
ſtaurabat......Tantos in vita progreſſus fecit,* ut Divinis Revelationibus recreari frequentèr Jeſu-Chriſti,
Deiparæ, ac S. Dominici, colloquijs demulceri, in ſoli-
tis donarijs é Cœlo augeri, denique admirandis prodi-
gijs celebrari meruerit........*Studijs quoque Philoſophiæ, ac Theologiæ diligentér incumbens, eximiam
eruditionem comparavit, & emeritam Magiſterij lau-
ream Sacræ Theologiæ profeſſione obtinuit &c, multa
ibi legenda.*

6   El Ilmo. Sr. M. Fr. Juan Lopez, Obiſpo de Mo-
nopoli en el tom. 3. de la Hiſtoria General de la Orden
de Predicadores lib. 3. c. 10. dice aſſi. *Havia ſido hombre,* á quien ſe le debe en eſta materia mucho credito
......*Vieronſe en la muerte de el Siervo de Dios* mil
ſeñales milagroſas por las quales quiſo nueſtro Señor
que ſe entendieſſe ſu gloria. De eſtos cinco Auctores, y
Hiſtoriadores Egregios los dos primeros ſon Coetaneos

à el B. Alano, y los tres reſtantes ſon Suppares à el miſmo Venerable Padre: y aſſi en lo que de el dicen, aun en rigida Critica merecen credito.

7 Tambien ſe debe tener por Auctor Suppar el diligētiſſimo Eſcritor de los Annales del SS. Roſario nueſtro Predicador general Fernandez, quien en libro 1. cap. 13. entre otras coſas, dice: *Con tan marabilloſas amoneſtaciones* [de el B. Alano] *fue increible el provecho, que bizo, y apenas ſe puede creer el acrecentamiento de eſta Sagrada devocion* (del Santiſſimo Roſario) *que mediante ſu predicacion ſe ſiguiò en diverſas Provincias de Francia, Flandes, y Alemania..... Los milagros, que Dios obrò favoreciendo ſu Doctrina fueron innumerables: y tambien lo fueron los Pueblos, y Ciudades reformadas* (por eſte medio de la predicacion de la devocion de el SS. Roſario) *en grande augmento de el culto Divino, y zelo de la honra de Dios, y ſu Madre Santiſſima.*

8 El eruditiſſimo explanador, y devotiſſimo expoſitòr de la Letania Lauretana el V. P. M. F. Juſtino Miecovienſe, tambien Eſcritor Suppar, en el tom. 2. Diſcurſo 218. num. 9. da eſte teſtimonio à favor de nueſtro B. Alano: *Beatus Alanus de Rupe Dominicanus,* Deiparæ Virginis ad ſtuporem addictus, *ſempèr in ore Salutationem Angelicam, ambulando, loqueudo, prædicando babebat. Quandocumquè aliquid pronunciare, aut dictare voluit, priuſquam inciperet, flexis genibus Salutationis Angelicæ ſuffragio divinum auxilium, & Divæ Virginis patrocinium implorabat:* En el Diſcurſo 305. n. 13. proſigue: *B. Alanus de Rupe Ordin. Prædicatorum, Vir in Divinis Scripturis eruditus, Verbi Dei Præco eruditiſſimus, Deo ſummè devotus, B. M Virginis Cultor, & Amator egregius ::: Cujus autem Sanctitatis, Probitatis, & Fidei fuerit Vir iſte in multis locis hujus Operis, ex probatis Auctoribus probatum eſt.* Y en el Diſcurſo 309. añade: *Providen-*

dente Deo *fuscitatus eft B. Alanus Britannus, Vir Piissimus, qui pium Rosarij Institutum, antiquatum pené, & plus centum annis in desidiosa hominum memoria sepultum, in lucem revocavit* Ipsa Deipara monente *ut testantur Bonifacius in Horto Virginali lib 2. cap. 15. Michael de Insulis, Iodocus Beyselus,* Omnesque Auctores nostri & extranei.

9   En su Biblioteca Mariana da Hippolyto Marracio de nuestro Alano el testimonio siguiente, fue *Sac. Theologiæ Mag. eruditus, Christi gloriæ multis in Provincijs, quas prædicando peragravit, studiosus Provector, Deiparæque Virginis, erga quam eximio ferebatur amore Pientissimus Cultor, ejusque Rosarij serventissimus Promotor, & Renovator, multarum virtutum titulis, & Revelationum gloria clarissimus... Ad lucem transijt immortalem Vir pius, & B. M. Virginis Cælorum Reginæ* fervidus Amator.

Altam. in Bib. O. P. Cent. 3. ad ann. 1474.

10   El Maestro Fr. Ambrosio Altamura en su *Biblioteca* dice: *Beatus Alanus de Rupe in Declamationibus Sacris egregius, Sac. Theologiæ Magister eruditus, in Christi gloriæ multis in Provincijs, quas peragravit prædicando Provector studiosus Deiparæque Virginis, erga quam eximio ferebatur amore, pientissimus Cultor, ejusque Rosarij serventissimus Promotor, & Renovator, multarum virtutum titulis, & coelestium Revelationum gloria clarissimus ::: Doctrina, Eloquentia, Fervore devotionis cunctis, quos est admirata antiquitas comparandus ::: clarus miraculis ad lucem transijt immortalem.*

Fontan. Mon. Dom. ad ann. 1474.

11   En el libro *Monumenta Dominicana* dedicado à el Señor Clemente X. brevemente da à el B. Alano de Rupe el P. M. Fr. Vicente Fontana este elogio à el año de 1474. *Cælo dedit* Fructum suavissimum Dominicana Religio Beatum Alanum de Rupe SS. Rosarij B. Virginis Promotorem strenuum, *qui in suorum laborum præmium meruit ab eadem Cæli Regina annulo sub*

fubarrari, & miraculis tam in vita, quàm in morte co-
rufcans in Holandia evolavit in Cælum.

12 En la Chronologia de el Santiffimo Rofario, q̃
añadiò á el Pfalterio de Chrifto, y Maria de el B. Alà-
no el Maeftro Fr. Angelo de Florillo, afirma, que la
Sacratiffima Virgen Maria *immenfo circumdata lumi-*
ne B. Alano Britanno eximio Prædicatori fe videndam exhibuit, *ut tùm ipfe, tum ejus Socij Prædica-*
tores, collapfam Sacri Rofarij devotionem, totis vi-
ribus reftituere conarentur. Et certè à tempore San-
cti Dominici nunquam talis fervor prædicationis in-
crebuit. Quandoquidem exprimi non poteft, quo fpi-
ritu B. Alanus hanc devotionem cum Socijs in Chri-
ftiano Populo ubique promoverit.

Magifter Flo-
rillo pag. 447.

13 El RR. P. M. Lorenzo Chrifogono de la Sagrada Compañia de Jefus, en fu *Mundo Mariano* da un
elogio á el B. Alano, que en pocas palabras dice mucho: *Beatus Alanus de Rupe, lectiffimus & dilectif-*
fimus Virginis Matris Filius, cui mira fubindè benevo-
lentiæ oftendit figna. Y el Ven. P. M. Alonfo de An-
drade en fu *Itinerario*, Tratado, *Patrocinio de Maria,*
à el efcribir un exemplo, que dexò efcrito el B. Alano
de Rupe, declaró muy bien el concepto, que del Santo
Padre tenia. El exemplo efcribió Alano, fin decir, ni
declarar donde, ni à quien fuccedió el cafo: pero el
Venerable Auctor fatisface diciendo: *Pero tan Santo,*
y veridico Auctor, no es creible, que dixera lo que
no fabia.

Mūd. Mariā,
tom. 2. Dife.
22. n. 105.

V. P. Andrad.
patro. Marian.
tit. 7. §. 141.

14 De la mifma Sacratiffima Religion es el RR. P.
Francifco Garcia, que añadió algunas vidas, y fieftas à
el *Flos Sanctorum* de el R. P. M. Ribadeneyra, en la
fiefta de el SS. Rofario añadida al tom. 3. da efte teftimonio de el B. Alano: *Fue,* dice, *Religiofo de aucto-*
ridad grande en efta materia [de el SS. Rofario] por
haver fido elegido milagrofamente de la Reyna de los
Angeles por Predicador de el SS. Rofario, olvidado
en muchas partes.

Flos Sanctorū
tom. 3. fieft.
del Rof.

15 Y

15. Y què nos dirà de el B. Alano aquel celeberrimo Jesuita, doctissimo, eruditissimo, y eloquentissimo Predicador, y mucho mas devotissimo del Rosario SS. en tanto grado, que tenia especial voto de predicar esta Sacratissima devocion en ofreciendose oportuna ocasion, quien quando se via en grandes peligros, è imminentes de mar, y tierra renovaba, y reitiraba su santo voto? Y salia el, y los que con el se hallaban, como por milagro, de el peligro en que se hallaban? Ya se viene à la memoria, que hablò de el RR. P. M. Antonio de Vieyra: quien deseaba, queria, persuadia, y con eficacissimo zelo predicaba, que todas las Oraciones vocales devotas, que no son de obligacion, se convirtiessen en la devocion de el SS. Rosario, y enseñaba en los pulpitos: que el *Breviario de los Legos era el Psalterio Mariano*, y que los mas de sus Sermones de el SS. Rosario fundaba en algun exemplo, ò milagro, de los q̃ dexò en sus libros el Restaurador de esta Celestial devocion. En el Sermon V. de el Rosario de este famossissimo Orador: se leen esta palabras: *Fue descreciendo con el tiempo [como succede à todas las cosas buenas] la devocion de el Rosario.* Y tomando nuestra Señora por Restaurador, y Reformador de ella à el Sto. Fr. Alano de Rupe, despues de hecharle à el cuello un Rosario de piedras preciosas, y hacerle otros muchos favores, le dixo, &c. Y despues añade. *Esto, y mucho mas es lo que le dixo* à el nuevo, y grande Restaurador de su Rosario, como el mismo Santo dexò escrito, y firmado de su mano.

Vieyr. Serm. 5 Rosar. n. 197 y 198.

16. Los Escritos de el B. Alano le sirvieron mucho, y aprovechò con ellos à el Ven. P. Fr. Gabriel de Santa Maria, Religioso descalzo de nuestra Señora de la Merced, que floreciò ya muy decaydo el siglo passado: Varon Apostolico Missionero en el Andaluzia, especialmente en Sevilla, à quien llamaban *el Padre de la Doctrina*. Este muy Religioso Padre sacò à luz impresso

en

en dicha Ciudad un libro de à folio, fu titulo *el Predicador Apoftolico.* Era devotiffimo de el SS. Rofario: y affi perfuadia mucho efta Santiffima devocion en fus platicas, y Sermones. Y affi la fegunda parte de el *Predicador Apoftolico,* en que trata de el *Pfalterio Mariano:* eftà á *capite ad calcem* tarafeada de Auctoridades extractas de los Efcritos de nueftro B. Alano de Rupe: è ingenuamente confieffa *El fructo, que en el hizieron los libros de el SS. Rofario del Beato Alano de Rupe.*

17   Año de 1693. en Cadiz fe imprimiò la Obra de el *Pfalterio de Chrifto, y Maria* del Beato Alano de Rupe, dedicada à el Ilmo. y Rmo. Sr. D. Jofeph Barzia, y Sambrana, Obifpo de dicha Ciudad, por diligencia de el R. P. Predicador Fr. Francifco Soliz, quien en el proemio da una breve noticia de el Auctor de el libro, donde dice al Lector: *Scito Beatum Alanum ex Ordine Prædicatorum quotidie occupatum in faluberrimis confionibus devotè ad populum habēdis: Vir erat Apoftolici pectoris, & ad imitationem Patris fui Dominici falutis animarum fitientiffimus: Oh quod Dei, & hominum dilectus expectabatur: quia inculpabilis vitæ innoçentia omnes in admirationem rapiebat. Donéc à B. V. Maria vocatus* in vifione Rofarij Doctor penè obliti conftitutus.... Præcepit illi B. Virgo, ut devotionem fuam in Rofario à terra penitus profligatam, reftauraret, & populis tam falutare Præfidium intimaret. Defponfans fibi illum intimè, in fignuque Defponfationis dedit ipfi Annulum.... *Difparuit vifio, & celans hunc favorem S. Pater, per fe, & per alios, cum magno fructu, & miraculis, cœpit Rofarij devotionem fuadere. Quo ufque vocante Deo ad fuperos, plenufque Marianis donis, lætus ultimum claufit diem, ut acciperet in Cœlis, quæ in tanto labore, & fatigatione feminaverat in terris. Morti ejus fecuta funt* prodigia, quæ tanti viri vitam præclaram commendabant.   S   18 Y

18   Y dexando otros muchiffimos elogios affi de la Perfona, como de los efcritos de el B. Alano, q̃ fe pueden alegar de otros Varones no menos graves, docto, y eruditos de los figlos paffados: oygamos dos de el figlo prefente, que han efcrito: el uno, haviendo ya falido à luz el primer tomo de nueftra Biblioteca: y el fegundo, corriendo ya los dos tomos. El primero es el clariffimo Varon, ya muy conocido de los eruditos, N. M. F. Ignacio Jacintho Amat de Graveffon, amante fiempre de Crifis moderada, y enemigo de los extremos de la facilidad en creer; y dureza en dar credito. Efte pues, en el tomo 6. de la Hiftoria Ecclefiaftica, que imprimiò en Roma el año de 1720. tratando de los efcritos de nueftro B. Alano, los aprueba, y nos dice de ellos, q̃ Alano efcribiò *Tuta, Vera, & Viciniora Saluti*. Approbacion, que en tres terminos dice quanto fe puede decir en alabanza de los libros de el Santo P. Alano.

19   El fegundo, que defiende, y defenderà con copiofiffima, y efcogida erudicion affi la venerable Perfona de el Beato Alano, como fus devotiffimos efcritos, es N. RR. P. M. General de toda nueftra Sagrada Religion, Fr. Antonino Bremond, quien en fu muy erudito libro, que imprimiò en Roma, y dedicò à N. SS. P. el Sr. Benedicto XIV. el año de 1740. cuyo titulo es: *De Guzmana Stirpe S. Dominici.* Sentido de algun Critico, ò Criticos rigidos, que fe atreven à tener en poco la auctoridad de el Beato Alano en lo que dexò efcrito de fer nueftro SS. Patriarca Auctor de el SS. Rofario, dice, y refponde como de paffo: *Si Beatum illum (Alanum) audire velis, caufa finita eft. Abfit, ut inclytum Virum indefenfum relinquam: fed de his poftea: nunc enim recens vulnus eft: Amico; cui refragor, vix ego temperare poffem, ipfe moleftè ferret, quod nunquam velim.* Veafe, y leafe de efpacio la Apologia del SS. Rofario, que efcribiò Alano, y dedicò à el Ilmo, y Rmo. Sr. Obifpo de Tornaco D. Ferrico de Cluniaco:

De Guzmana Stirp S. Dom. cap. 18. n. 4.

y

y se verà claro, lo que dice N. RR. P. M. Gèneral, que con solo oyr con atencion, lo que escribe el Santo Padre Alano, està conclusa la causa, y finalizada la controversia.

20 En el Chronicon de NN. RR. PP. MM. Generales, cap. XIV. à el año de 1473. se le dà al Santo Padre Alano este testimonio: *Circa hæc tempora felici quievit fine Beatus Alanus de Rupe, qui collapsum SS. Rosarij Institutum reparavit, auxit, dilatavit.*

21 A estos elogios de Auctores tan graves, tan doctos, y tan eruditos, que alaban, veneran, y celebran la virtud, Religion, santidad, la sabiduria, doctrina sana, y fama de milagros, que hizo antes, y despues de difunto, con que resplandeciò el Beato Alano de Rupe: juntemos el concepto, que ha tenido hasta à hora toda nuestra Sagrada Religion de este su muy Venerable hijo. En el Martyrologio impresso en Salamanca año de 1579. (citado de el P. M. Fr. Seraphin Thomas Miguel en las notas à el cap. 12. de el libro 1. de la vida de nuestro Santo Patriarca) se dice: *Fuit vir Sanctissimus, claruit miraculis crebris.* En otro Martyrologio, que citan nuestros Altamura, y Percin, se lee en el indiculo de nuestros Beatos. *B. Alanus Brito, vir Sanctissimus fuit,* cui Diva Virgo apparens, ut devotionem Rosarij magno fervore prædicaret, admonuit.

22 Antes de concluir este capitulo, me ha parecido notar una emmienda, ò retractacion, que hizo un Nomenclator de nuestra Biblioteca. Es el caso, que en el primer tomo pagina 849. à el articulo donde se trata de el Beato Alano, tenia puesto este titulo: *B. M. Alanus,* que se puede leer de dos, ò tres modos: *Beatus Magister Alanus,* ò *Beatæ Memoriæ Alanus,* ò *Bonæ Memoriæ Alanus.* Y estando ya impresso dicho tomo primero en esta forma, menos el prefacio, ad calcem de este se puso esta correccion, ò emmienda: *Pagina 849. b. linea. 5. &c. ubi de Alano de Rupe, dele*

B.

B. M. lege F. Que es decir à el Lector, no leas *Beatus Magister*, ò *Beatæ Memoriæ*, ò *Bonæ Memoriæ*, sino lee *Frater.* Hacese creible, q̃ el que hace esta retractacion, reparò, que haviendo disminuido, y apocado tanto la auctoridad (en aquel articulo) de el muy Ven. Alano, y hecho tan poco aprecio de sus Escritos, le pareciò, que era mucho decir al principio, *Beatus Magister, vel Beatæ Memoriæ*, retratò las dos letras mayusculas B. y M. y quizò, que se leyera solo *Frater Alanus.* Y con todo este cuydado, se le olvidò no obstante el corregir lo que en el mismo tomo primero pag. 881. col. 1. dexò escrito: *Non omittendum eodem illo die, quo Coloniæ instituta est* (Confraternitas Rosarij) Beatæ memoriæ Alanum de Rupe cultùs hujus insignem Promotorem Rostochij ad superos evolasse.

23 Pero como quiera q̃ aya sido esta no retractacion en este lugar, nada importa su retractacion en el otro *lugar:* pues como dice el P. M. F. Seraphin Thomas Miguel en lugar ya citado: *todos quantos de el* (de Alano) *escriben le dan el titulo de Beato,* y parece por todo este capitulo, y lo tiene la Iglesia permitido de tiempo immemorial, y aun se hallan estampas impressas, y pinturas con rayos. Con que fue inutil la emmienda, que se puso al fin de el Prologo de la Biblioteca. En libro impresso en Roma el año de 1740. y dedicado à su Santidad Reynante el Señor Benedicto XIV. que sacó à luz N. RR. P. M. General Bremond, como se ha dicho de la *estirpe Guzmana* de N. P. S. Domingo, en el cap. 18. en muy pocas lineas le da su Reverendissima seis vezes el titulo de *Beato.* Vease el *Diario Dominicano* tomo 3. dia ocho de el mes de Septiembre.

Altam. in Bib. centur. 3. pag. 198. & 199.

24 El P. M. Fr. Ambrosio de Altamura en su Biblioteca centuria tercera hace à nuestro Alano un dilatado elogio en su alabanza: pondré solo el princpio.

Ro-

Rofarij Reftitutori
Dei ad gloriam,
Deiparæ ad triumphum,
Cœleftium ad lætitiam,
Terreftrium ad profectum,
Et infernorum ad pœnam.
Igitur.
Beato Alano
Ab alendo Virgini *Rofas*. &c. ibi legenda.

CAPITULO DECIMO.

Profigue la defenfa de el Beato Alano, y de
fus Efcritos.

1   LA SEGUNDA PARTE DE LA CEN-
fura, que dieron los Nomenclatores de
nueftra nueva Biblioteca, dice: *Ea verò*
quæ de Sto. Dominico narrat (Alanus)
ita cum veris ejus geftis pugnant: ejus Hiftoriæ adeo
funt diffona, & contraria, ut nulli cordato placere pof-
fint, nec ab Hiftorico veritatis amico, & cultori ad-
optari. No puede fer la cenfura en terminos mas apre-
tantes, y rigidos. Dice pues, la cenfura: Que las cofas,
que el B. Alano narra de N. P. S. Domingo, de tal fuerte pugnan, ò repugnan á los verdaderos hechos 'de N.
S. Patriarca, y en tanta manera fon diffonas, y contrarias
á la Hiftoria de el Santo, que à ningun cuerdo pueden
agradar: ni por algun Hiftoriador Amigo, y Cultor de
la verdad, fe pueden adoptar para convaffarlas en la Hiftoria, que huviere de efcribir. Efto mifmo han infinua-
do en otros lugares. Veafe el tomo primero pagina 12,
colum. 1. *circa finem.*

12   Terrible cenfura! Ya no folo fe cenfura lo que
dexò efcrito el B. Alano, fino qué fe lleva de encuentro á innumerables Auctores, Efcritores, è Hiftoriadores

res gravissimos, doctissimos, eruditissimos, discretissimos, oculatissimos, diligentissimos, venerabilissimos, assi Domesticos, como extraños, que por espacio de casi trecientos años han escrito Chronicas, Historias Generales, ò particulares de la Orden, ò la Vida de nuestro Sto. Patriarca, ò libros de la Sagrada devocion del Psalterio Mariano, y de la celeberrima Cofradia de el SS. Rosario, ò Annales de sus milagros, ò Sermones, ò Platicas de sus alabanzas, excelencias, gracias, y copiosissimos frutos de las fragrantissimas Rosas de el Rosal dilatadissimo Mariano. Ultimamente esto es reprobar à todos quantos han alabado, venerado, y aprobado los escritos de este Varon, segundo Apostol de el SS. Rosario, escogido por la Beatissima Madre de la Eterna Sabiduria, para reparar, renovar, restablecer, estender, y dilatar en la Iglesia, y Pueblo Christiano esta importantissima devocion, y culto Mariano. Ciertamente q̃ querer numerar los Sugetos de dichas calidades, que han aprobado, adoptado, y combassado en sus Escritos, Historias, y libros las narraciones (que de los hechos de N. P. S. Domingo tocantes à el SS. Rosario) que dexò escritas el B. Alano, es negocio muy dilatado: y juzgo, q̃ de ninguna otra devocion, que dè culto à Maria SS. se han de hallar mas Escritores, assi Domesticos, como extraños, como de la devocion de el Sacratissimo Rosario: y todos estan pendientes de la gravissima auctoridad de el Beato Alano de Rupe.

3   Ahora viene, y conviene preguntar: Estos casi infinitos Escritores, y Predicadores de dicha cathegoria de el SS. Rosario no son, ò no eran Varones cuerdos? No son, ò no eran Amigos de la verdad? No son, ò no eran Cultores, que veneraban, reverēciaban, y [si assi se puede decir] ofrecian, y tributaban cultos à la virtud de la veracidad? Es creible, que tantos Sugetos de esta calidad à ojos cerrados abrasaron, adoptaron, prohijaron en sus Obras, Escritos, Tratados, Sermones, y Platicas,

los

los hechos, exemplos, y milagros, que de N. SS. Patriarca
narra el B. Alano en fus libros? Decirlo, afirmarlo, ef-
cribirlo, es un atrevimiento, no fee fi diga, temerario.
Que mas horrenda audacia, que findicar de negligentes,
omiffos, y poco advertidos à innumerables varones tales, de no haver comparado, ò cotejado los hechos, que
narra Alano de nueftro Santo Padre con los hechos, q̃
de el mifmo gloriofo Santo dexaron efcritos los Auctores Coetaneos, ù otros cercanos, ò proximos á aquellos? Es poffible, que no vieron, que no miraron, que
no advirtieron, que no atendieron, que no confidera-
ron, la grande difonancia, y aun gran contrariedad, entre las narraciones de Alano, y las verdaderas Hiftorias
efcritas en aquel tiempo, ò á el proximo de la vida, y
feliz tranfito de nueftro gloriofo Patriarca? Pero que-
dome aqui en las preguntas, porque defpues fe verá en
las refpueftas á las objecciones, que las difonancias, y
contrariedades tan acriminadas, y con adverbios pon-
deradas, fon tan leves, que con facilidad fe diffuel-
ven.

4 En el tomo primero de la dicha Biblioteca pag.
2. col. 1. dicen fus Auctores, que el B. Alano no puede
fer teftigo idoneo, para darle credito à lo que efcribe
de hechos, y milagros de N. P. S. Domingo, por haver
florecido mas de docientos, y cincuenta años defpues
de la vida de el Santo Patriarca. *Cum ducentis, quin-*
quaginta, & ampliùs annis, poft mortem S. Patris,
floruerit adeoque ejus (Dominici) *Actorum, poft tan-*
tum temporis, Teftis idoneus proferri non poteft, fcilicet Alanus.

5 Pero aunque el B. Alano aya florecido mas de
docientos, y cincuenta años defpues de el feliz tranfito
de efte mundo de nueftro Santo Padre muy bien puede
fer idoneo teftigo de lo que con tantas circunftancias
teftifica. Lo primero, pudo faber mucho de lo que teftifica por Auctores Coetaneos, ò Suppares á N. SS. Pa-
triar-

triarca, como teſtifica el miſmo, cuyas obras, ô eſcritos exiſtian en tiempo de Alano, aunque ahora no exiſtan. Lo ſegundo, por tradicion conſtante pudo ſaber mucho de lo que eſcribiò. Y lo tercero, muchiſſimo ſupo por Revelacion Divina, como èl miſmo aſſevera, y teſtifican Vorones muy graves, y expertos en la Theologia Eſcholaſtica, y Myſtica.

6 Que en el tiempo de el B. Alano havia Hiſtorias, Legendas, y Mariales, lo afirma un teſtigo á Alano Coétaneo, mayor de toda excepcion. Eſte es el Nuncio en toda Alemania con poteſtad de Legado *à latere* de el Papa Sixto IV. D. Alexandro Obiſpo de Forly. En inſtrumento publico, que es una Bula ſuya, que comienza: *Et ſi glorioſos,* deſpachada à favor de la Cofradia de el SS. Roſario, que ſe renovò en nueſtro Convento de Colonia el año de 1475. en que dice: *Cùm* in varijs Hiſtorijs legatur, *illam* (Confraternitatem Roſarij) *à Beato Dominico fuiſſe prædicatam.* Y habla el Legado Apoſtolico no á inſtancia, ò ſugeſtion de parte: ſino *ex ſcientia, & mente propria,* de q̃ ya ſe ha tratado en el cap. 4. muy largamente: luego es innegable, que en el tiempo, en que floreciò el B. Alano, havia Hiſtorias, en que ſe leia mucho de lo que eſcribe eſte muy Venerable Padre. Y no ſolo los dos, cuyos nombres expreſſa Alano (los VV. PP. Fr. Juan de Monte, y Fr. Thomas de Templo) ſino tambien otras Hiſtorias ò Legendas, q̃ ſin nombres de Auctores cita: y lo indica baſtantemente el Legado en aquellas palabras: *Cùm in varijs hiſtorijs legatur.* Veaſe el citado capitulo.

7 Haviendo, pues, en tiempo de el B. Alano varias Hiſtorias, y Legendas, aunq̃ aya florecido mas de docientos, y cincuenta años deſpues de N. P. S. Domingo, muy bien puede Alano ſer teſtigo idoneo de los hechos de N. S. Padre, y de los exemplos, y milagros, que en aquellas Hiſtorias, y Legendas ſe leîan de el SS. Roſario. Eſtas varias Hiſtorias, y Legendas no eſtaban diſtan-

ₗtes

tes de el B. Alano mas de docientas, y cinquenta leguas,
fino que alli las tenia prefentes quando las iba leyendo,
copiando, y convaſſando en fus efcritos. Como ahora
fuccede (que haviendo paſſado mas de quinientos años)
el que fe determina, ò dedica à efcribir, v.g. la vida de
N. G. P. S. Domingo, fus heroycas obras, y milagros
portentofos, tiene prefentes las Hiſtorias, Legendas antiguas, y otros inſtrumentos fidedignos, que ha bufcado, y hallado fu diligencia, governando la pluma conforme à el propofito fin en fu mente preconcepto.

8 Mas: querer negar, que ha havido en el mundo
Legendas, Hiſtorias, ò Inſtrumentos, porque ahora defpues de cafi trecientos años no fe hallan, ni otros Aud-
tores anteriores las citen, ni hagan mencion de tales Sugetos, que las efcribieron, es querer negar la fee humana, que fe puede, y aun debe dar à un Audtor grave,
docto, prudente, difereto, veraz, y Santo, qual fue el
Beato Alano, y nos lo pintan los que de èl han tratado
defde que vivia, hafta efta era, como fe ha vifto, y de
quien dixo fu contemporaneo el Venerable Abad Tritemio, que fue *Vir excellentiſſimæ opinionis.* La fee
humana, que fe da à las Hiſtorias, eſtriba en la auctoridad, bondad, y veracidad de el Efcritor, ò Hiſtoriador.
Tal qual es la veracidad junta con bondad, y difrecion
de el que efcribe, tanto mas, ò menos credito merece
fu narracion. Y fi efto alli no fuera, pereciera el trato,
convicto, y comunicacion humana. Traigafe à la memoria la cuerdiſſima advertencia de el muy celebrado
N. RR. M. Cano: *Non eſt hominis bene inſtructi, &ad
vitam humanam recte compoſiti,* Viro gravi rem credibilem aſſerenti non credere. Y el Dr. Angelico dice,
que fe haze agravio à Perfonas de grande Auctoridad,
dudar de la verdad en lo que dicen: *derogatur hominibus magnæ auctoritatis, ut dubitetur de veritate eorum, quæ dicunt.* Y fi en dudar de la verdad de lo que
dice una Perfona de grande auctoridad, fe le haze agravio:

De locis lib.11
cap. 4.

Supr. capit. 6.
lect. 4. Epiſt.
ad Heb.

T

vio: mayor agravio se le harà en no creer lo q̃ afirmà porque mas es no creer, que dudàr. Y aun crecerà el agravio mucho mas, si no se le da credito quando su dicho està roborado con juramento: porque como dicè San Pablo cap. 6. de la Epistola à los Hebreos: el juramento pone fin à toda controversia humana: *Omnis controversiæ eorum finis ad confirmationem est juramentum.* Y en los tribunales tiene tanta fuerza el juramento, que la sospecha, que puede haver de aficion, se purga con el juramento, como consta *Extra de Testibus* &c. cap. *Insuper* & cap. *tuis quæstionibus.* Si ahora no se hallan los libros, y legendas, que desfloró el B. Alano de Rupe, y convasó en sus escritos, esse no es defecto de este Venerable Padre, porque no le tocaba, el que se conservassen hasta la presente era, de la injuria, y variedad de los tiempos, y de otros fortuitos accidentes humanos, para que los posteriores immoderados Criticos, vieran, y leyeran en ellos los hechos, exemplos, y milagros assi de nuestro SS. Padre como de el Psalterio Mariano, ò SS. Rosario, que succedieron en aquel tiempo.

9 Ciertamente causa admiracion veer tanta hesitacion, ò incredulidad en esta materia de los Auctores de la Biblioteca: despues de veer tan innumerables, gravissimos, doctissimos, y eruditissimos Varones, q̃ han ido floreciendo en diversos tiempos unidos, y conformes en dar credito à lo que nos dexò escrito en sus devotissimos libros de el Santo Padre Alano, no siguendo unos à otros *more ovium,* sino atendiendo à su gran virtud Religion, santidad, doctitud, junto con la fama de sus milagros, en confirmacion de su devotissima, y saludable Doctrina: dando credito à sus narraciones, como à predicador escogido por la Reyna de los Angeles, para reparar, renovar, y restablecer la utilissima para las almas Angelica devocion de el SS. Rosario, que ya estaba casi de el todo borrada de la memoria de los hombres,

bres, ſiguiendoſe de ſu Apoſtolica predicacion tan feli-
ces efectos, ſazonados frutos, como lo enſeña la experiencia en todo el Orbe Chriſtiano.

10   Yo no me puedo perſuadir, ni hazer otro juycio, ſino que eſta notable incredulidad de los immoderados Criticos nace de q̃ quieren llevar todas las coſas por
un Raſero. Quiero decir, que me parece, quieren en la
materia de Hiſtorias una total evidencia de la verdad, y
aſſi quieren Mathematicas demonſtraciones para dar aſſenſo á qualquier narracion hiſtorica. Pero eſto nace de
no traher á la memoria lo que el Principe de los Philo-
ſophos enſeña en ſus Ethicas Morales, y declara nueſtro
Doctor Angelico: *diſciplina enim eſt* (dice Ariſtote-
les) in tantum certitudinem quærere ſecundum unum-
quodque genus, in quantum rei natura recipit. *Proxi-*
mum enim videtur Mathematicum perſuadentem ac-
ceptare, & Rhetorem demonſtrationes expetere. La
certidumbre de las coſas ha de ſer ſegun pide la naturaleza, y condicion de ellas miſmas. Igualmente es coſa vi-
cioſa querer, ó acceptar en el Mathematico perſuacio-
nes Rhetoricas, ó pedir á el Rhetorico demonſtraciones Mathematicas: valtanle á el Rhetorico ſus perſua-
ciones, y le ſon neceſſarias á el Mathematico ſus demonſtraciones.

11   La Hiſtoria pues, eſtriba toda en la Auctoridad
de el Hiſtoriador: para dar credito à lo que dice, ó eſcribe, ſe debe atender en que ſea *Veraz, ó Veridico:*
porque la alma de la Hiſtoria es la *Verdad.* Y de mas á
mas, que ſea *Inteligente, Prudente, y Diſcreto* con Inteligencia, Prudencia, y Diſcrecion, para que ſepa diſ-
cernir lo falſo de lo verdadero, y lo verdadero de lo falſo, que no ſea cito credente, ni tardo en dar credito:
De Ingenuidad en el decir, y en el eſtylo de *Candor.* Y
ſi à eſtas prendas ſe juntan *Bondad, Virtud, y Santidad,*
mucho q̃ mejor: ſerà entonces como ſuelen decir, *miel*
ſobre buñuelos. Todo eſto ſe halla en nueſtro Eſcritor
el Beato Alano de Rupe, Apoſtol ſegundo de el Santiſ-

simo Rosario, como consta de las deposiciones de los gravissimos Escritores en el capitulo antecedente alegados, y entre ellos Coetaneos, y Suppares à el mismo Alano. Otros muchos se pudieran alegar, que han florecido en espacio de casi trecientos años, que lo han elogiado, y han adoptado, valido, y aprovechado, aprobando lo q̃ el Ven. Alano dexò escrito de los hechos de N. SS. Padre en la Institucion de el Psalterio Mariano, de su predicacion, de la fundacion de su devotissima Cofradia: y de los milagros de el SS. Rosario, que succedieron en tiempo de nuestro SS. Patriarca Auctor de este Angelical culto Mariano.

12   Doy fin à este capitulo con unas palabras, que me parece vienen bien á lo ya dicho. Y son de aquel gran varon tantas vezes citado: nuestro discretissimo P. M. Cano: oygamos su Doctrina en materia de Historia. *Qui ad credendum nimium est Tardus, jure reprehenditur, multò hic (in Historia) magis, si cum pluribus Historicis probatis, gravibusque, dissenserit.* Quantos han escrito la vida de el B. Alano, ó han tratado de sus prendas, virtud, santidad, milagros, y escritos, lo han tenido por veridico, por docto, por discreto, prudente, de excelente opinion, de gran bondad, y santidad: y estos son tantos, que son innumerables, graves, doctos discretos, eruditos en las divinas letras, en Historias Ecclesiasticas, y Seculares: pues dissentir de el parecer, y juicio de tantos varones eminentes, no carece de reprehension su incredulidad.

Cano de locis lib. 11. cap. 4.

CAPITULO UNDECIMO.

De el credito, que merecen las Revelaciones de el Beata Alano de Rupe.

1   NO TODO QUANTO ESCRIBIO EL B. Alano de Rupe de hechos de N. P. S. Domingo, milagros, y exemplos de el Psal-

Pſalterio Mariano, lo copiò, ò extrajo de los eſcritos de
los VV. PP. Fr. Juan de Monte, y Fr. Thomas de Templo, y de otras legendas, que ſe hallaban en ſu tiempo:
ſino que muy mucho alcanzò, y ſupo por Revelaciòn
ſuprema, como èl miſmo teſtifica. Aqui tratarè de el
credito, que merecen eſtas Revelaciones, Viſiones, y
Apariciones de Chriſto nueſtro Señor, de ſu SS. Madre,
y de N. S. Patriarca, à el Santo Alano hechas.

2   Y ante todo ſe ha de notar, y traer à la memoria,
que ay dos generos de Revelaciones. Unas de los Eſcritores Canonicos, y ſe hallan en la Biblia Sagrada, y otras
hechas à perſonas particulares, virtuoſas, y Santas. Porque, como dice nueſtro Doctor Angelico, en ningun
tiempo ha faltado de la Igleſia Catholica el Eſpiritu de
Prophecia: *Singulis temporibus non defuerunt aliqui*
Prophetiæ ſpiritum habentes: Non quidem ad novam
Doctrinam Fidei depromendam, ſed ad humanorum
actuum directionem. Las primeras Revelaciones con-
tienen doctrina Catholica infalible: y todo Chriſtiano debe creerlas. Las ſegundas no conſtituyen Fee Divina,
ſuelen merecer la Fee humana algunas. Y à algunos ſe
concede eſta gracia para utilidad de muchos. Es verdad, que no ſe han de creer deligero: porque el que de
preſto cree, manifieſta un corazon liviano. Si el ſin es
bueno, y Santo, y la perſona, à quien ſe hacen las Revelaciones, es buena, virtuoſa, y ſanta, y de exemplar vida,
merecen credito, ſino infalible, el que ſe debe à un doctor, que con ſu exemplar vida, authoriza la Doctrina,
que enſeña.

D. Thom. 2. 2.
q. 174. art. 6.

3   Eſta doctrina enſeñò S. Pablo en la primera Carta à los de Theſalonica, quando les dice: *Prophetias no-*
lite ſpernere: No deſprecieis, ò no querais deſpreciar
las prophecias. Eſto encargaba, y mandaba el Sto. Apoſtol, dice Santo Thomas: porque entre aquellos Theſa-
lonicenſes havia algunos, que tenian eſpiritu de prophecia, y otros los deſpreciaban, teniendolos por demen-
tes:

1. Theſſal. 5.
D. Thom. ib.
lect. 2.

tes: *Aliqui enim apud illos spiritu prophetiæ erant pollentes, qui ab eis reputabantur insani*: escribiò el Doctor Angelico.

4   Y para que no se engañassen, les diò una regla cierta para discernir entre Prophecias, y Revelaciones verdaderas, y falsas: y assi à aquella su admonicion immediatamente añade: *Omnia probate, quod bonum est, tinete; ab omni specie mali abstinete vos.* Esta es la piedra *de toque* en esta materia. Y en este passo el Expositor de el Apostol, Santo Thomas con su breve estylo declara la Apostolica Regla, notando en ella tres puntos. Dice pues, el Doctor Angelico: *In hac materia debet esse diligens examinatio, boni electio, mali abjectio.* En esta materia de Prophecias, Visiones, Revelaciones, y Apariciones, que todas van por esta regla: ha de hazerse diligente examen: eleccion de lo que fuere bueno: y desprecio de lo malo, ó que tiene apariencia de mal. Quien se ciñere à los terminos de esta doctrina Apostolica, no errarà el juycio de esta obscura materia.

5   Viniendo ahora à tratar de el credito, que merecen las Visiones, Revelaciones, y Apariciones, que el B. Alano de Rupe escribiò haver tenido, aunque hablando en tercera persona: digo, que merecen mucho credito, tanto, y aun mas, que el que se suele dar à un Historiador Coetaneo, ò Suppar, veridico, inteligente, discreto, ingenuo. Lo primero: porque el que tuvo estas Visiones, Apariciones, y Revelaciones, era muy capaz, y suficiente, para examinarlas con inteligencia, y diligencia, y esto es lo primero, que pide en esta materia S. Pablo. *Omnia probate:* y Santo Thomas: *In hac materia debet esse diligens examinatio.* Que nuestro B. Alano era muy suficiente, para examinar sus Revelaciones consta: porque era Religioso, Sacerdote, Maestro, Doctor graduado en la Universidad de Rostoch: que havia con aplauso regenteado las Cathedras de Philosophia, y

Theo-

D. Thom. loco cit.

Theologia, versado en las Sagradas Escrituras, Santos Padres, experto en la Mystica Theologia, criado en la Doctrina de el Doctor Angelico, educado en los Claustros de la Sagrada Orden de Predicadores, dedicada à el estudio de las Divinas letras, y salud de las almas, mediante la Doctrina, y predicacion: donde nunca faltan Doctores, Maestros eminentes, con quienes consultar las dudas, que se pueden ofrecer en el camino de la perfeccion.

6 Buen testimonio da de esto aquella Clarissima V. y gran Madre, Santa Teresa de Jesus digo: que aunque hombres muy grandes, muy doctos, espirituales, y Santos havian aprobado su espiritu, sus Visiones, Apariciones, y Revelaciones: no se sossegaba de el todo en sus temores: y como ella dice en una Carta la XIX. num. 11. Vn dia le dixo à su Confessor: *si queria tratasse algunos grandes Letrados, aunque no fuessen muy dados à la oracion? Porque ella no queria sino saber, si era conforme à la Sagrada Escritura lo que ella tenia.* Y en el numero 12. de esta Carta añade: *Con este intento comenzò à tratar* con Padres de la Orden de el Glorioso Santo Domingo. Omito la nota, que à este numero haze el muy Venerable, è Illmo. Señor Dr. D. Juan de Palofox, que podrá veerlo alli el curioso, si gustare.

7 Que el B. Alano hizo exactas diligencias en el examen de sus Visiones, y Revelaciones, consta por todo el capitulo X. de su Apologia, que presentò, y ofreciò al Ven. Sr. Obispo de Tornaco: alli §. 2. dice: *Hæc autem credere frequentiùs non valui, humanis ductus rationibus. Tandem verò altiori quadam, & interiori vi coactus sum isti Revelationi assentiri. Idque ita, ut non solùm ea esse vera credam, sed sciam quoque personam. Et per signa infallibilia, id ipsum cognovi, non semel duntaxat, verúm persæpe.* La causa de hablar Alano en nombre de tercera persona, la dà el mismo en

el

el numero 4. de este §. *Quia persona hæc vivit adhuc, non possum nominatim manifestare ob periculum vanæ gloriæ, mundanæ vanitatis, ac etiam tribulationis: talia enim absconde debent in vita, & post mortem laudari.*

8 Y por lo que el mismo Venerable Padre en este mismo §. dice, consta, que no solo el examinò con diligencia necessaria sus Visiones, y Revelaciones, sino tambien otras Personas, que serian Religiosos doctos, y letrados de su misma muy Religiosa Congregacion. *Et non ego* (dice Alano) *solus hæc scio: sed plurimi viventes certissimè de illa cognoverunt, non humana, sed sola Dei revelatione, quo confidentiùs dicere audeam, quæ dixi.* Gran prueba es esta de la verdad de las Revelaciones de Alano: quando à otras muchas personas revelaba Dios las Revelaciones, que hacia, ò havia hecho à su Siervo Alano: empero tratando de el anillo, que le diò la Sacratissima Virgen Maria en arrha, y prenda de su desposorio con la gran Señora, escribe en el mismo capitulo §. 6. estas palabras: *Singulare est autem de annulo: qui quidem optimè sentitur à quibusdam, rariùs autem videtur. Quod supradictis universis est, mirabilius: eò quod ibidem quædam quodammodó Gloriæ subtilitas appareat. Et quantum ad me, hunc annulũ tetigi, non sine magno gaudio, nec humano, sed longè altius majore.* En el capitulo VIII. de este Opusculo, estàn puestas las atestaciones, con que confirma lo que dice de sus Visiones, Apariciones, y Revelaciones, este Santo Padre.

9 Las dos partes restantes de la Regla, que son como ha dicho Santo Thomas: *Boni electio, & mali abjectio,* se conoce muy claro hallarse en estas Revelaciones de Alano, en ellos todo es bueno, justo, y santo, ni apariencia, ni sombra de malo se descubre en ellas. Las Revelaciones dignas de credito, y q̃ se tienen por verdaderas, son aquellas, que se ordenan à la edificacion

de

de los que comienzan à la exhortacion de los que aprovechan: y á consolacion de los que se adelantan en el camino de la perfeccion: esto lo enseña San Pablo à los de Corintho: *Qui prophetat, hominibus loquitur ad* 1. Corinth.14. *ædificationem, & exhortationem, & consolationem.* Por esto dice el B. Alano en el cap. de la Apologia 22. B. Alano in Apolog. capit. 22. *Quæ mira de Psalterio* (Christi, & Mariæ) *ex Dei, Deiparæque misericordia revelantur, & tacito nomine ad ædificationem, & instructionem commemorantur, ea nemo tenetur credere, qui vult, & potest, capiat, sed viderit, qui contempserit, &c.* En el numero tercero prosigue: *Quas novas, & nuperas revelationes commemoro, sicut scio: illos non assero adhuc ab Ecclesia esse probatas, sed tanquam pias cuiusque devotioni, & libertati audientium, ac legentium relinquo.* Esto escribe, no porque Alano tenga en ellas alguna duda, sino por humildad profunda.

10 Y por tanto en los numeros 4. y 5. concluye su discrecion: *Etsi non habeant aprobationem, aprobabiles tamen sunt. Nec minus, quam earum similes, quas probatorum Scriptorum passim monumenta loquuntur, nec ipsas adhuc solemni attestatione aprobatas, & non ideo reprobatas. Neque Doctrinæ, Disciplinæ, aut Canonibus Ecclesiæ quicquam repugnantes. Psalterij quoque, id est, Orationis Dominicæ, & Salutationis Angelicæ Divinam Dignitatem, quid obstat, quo minus Deus gloriosis revelationibus, & miraculosis operationibus dignari velit, aut valeat? Cum earum finis, & usus nostra sit Sanctificatio, & Salvatio.*

11 Quatro condiciones tienen las Revelaciones de el B. Alano, que les consilian mucho credito. Nuestro Doctor Angelico sobre el texto de San Pablo citado à los de Corintho: *Qui prophetat, hominibus loquitur,* 1. Corinth.14. *&c.* Distingue quatro modos, ò grados de Visiones, ò Revelaciones, y concluye, que todos estos grados se pue-

Div. Thomas
sup. hunc loc.
lect. 1.

den hallar unidos en un mifmo Sugeto, y entonces la Revelacion es perfectamente Prophecia: *Aliquis,* dice el Santo Doctor, *dicitur Propheta, qui habet ista quatuor, scilicet, quod videt imaginarias visiones, & habet intelligentiam de eis, & audacter annunciat alijs, & operatur miracula.* Estos quatro modos se hallan en las Revelaciones de el B. Alano. Vision imaginaria: Luz de inteligencia: Animo resuelto en anunciarlas, enseñarlas, y predicarlas, y operacion de milagros en comprobacion de su verdad. Y todo esto se debe ordenar segun el Apostol: *Hominibus loquitur ad aedificationem, & exhortationem, & consolationem.*

12 Que el B. Alano animosamente anunciò, enseñó, y predicó sus Visiones, Apariciones, y Revelaciones, es constante, y èl mismo lo confiessa, y testifica: *Haec,* dice, *saepius praedicavi, & docui.* No manifestando, ni expressando la Persona, à que se hacian *sus* Revelaciones por las causas, que yá se han dicho. Y esto con parecer de Personas doctas, espirituales, y superiores, como tan humilde, y religioso. Y no tan solamente las predicaba, y enseñaba de palabra, sino que las escribiò, y las defendió en una bien trabajada Apologia (que presentò à el V. Sr. Obispo de Tornaco) que se extiende por veinte y quatro capitulos, en defensa de lo que predicaba, y enseñaba, con el fin santissimo de restaurar, renovàr, y restablecer en la Iglesia la antigua devocion de el Sacratissimo Psalterio Mariano, que yá estaba casi de el todo en el Pueblo Christiano olvidada.

13 El quarto grado, que es la Operacion de Milagros, y el complemento de las Revelaciones sirve de *Sello,* para que se tengan por ciertas las Revelaciones, y Prophecias: *Quartum est,* dice Santo Thomas, *Operatio Miraculorum, quae sunt ad certitudinem Prophetiae::::Nisi enim faceret aliqua, quae excederent operationem naturalem, non crederetur in his, quae naturalem cognitionem transcendunt.* Que el Beato Alano

Alano hizo milagros en vida, y defpues de fu vida, juzgo, que ninguno fe atreverà à negarlo; porque fon tantos los Auctores, que lo dicen, afirman, y teftifican, y muchos de ellos Suppares, que fuera intolerable negarlo. Veafe en el capitulo IX. quan graves fon los Auctores, que lo han efcrito.

14 Que eftos milagros, que hizo en vida, quando predicaba fus Vifiones, Apariciones, y Revelaciones, para renovar la utiliffima devocion de el SS. Rofario, en el Pueblo Chriftiano, lo afirma, aunque en cabeza agena, el mifmo V. Alano en la 2. part. cap. 4. §. 1. de fu Pfalterio Mariano, donde dice, que Dios Nueftro Señor *Benigniffime dignatus eft* revelare cuidam Patri Fr. Ordinis Prædicatorum, *per quod* (Pfalterium Chrifti, & Mariæ) *jam diú in defidiofa hominum oblivione fepultum (gratia Dei cooperante)* inaudita, & innumera peracta funt miracula: & vero præfertim per prædictum Fr. Prædicatorem, fpecialiter in Pfalterio Deo, Dei, aræque devotum. Todos los que han leido, y leen efta Claufula, entendieron, que efte Padre Predicador de el Orden de Predicadores, dedicado efpecialmente, en el Pfalterio Virginal â Dios, y à fu SS. Madre, no fer otro, que el mifmo V. Alano de Rupe, à quien fe hizo la Revelacion para renovar el Pfalterio Mariano, cuya devocion fe hallaba fepultada en el perezofo olvido de los hombres. Pues los efectos de efta fantiffima devocion nuevamente predicada, fueron inauditos, è innumerables milagros: y principalmente fe obraron eftos milagros por el dicho P. Predicador. Y efto no lo pudiera efcribir, ni aun en tercera perfona decir, fi no fueran los milagros muy publicos en el tiempo, que efcribia, quando vivian, los que oían, ò havian oído fus Sermones.

15 Affentado, pues, que el B. Alano hizo milagros en confirmacion de fu Doctrina, y Predicacion: Eftos milagros fon un argumento muy folido, que acredita

las

las Visiones, Apariciones, y Revelaciones de el Beato Alano de verdaderas. Oígamos à nuestro Doctor Angelico, que es la *Piedra de toque de la verdad.* Este en la exposicion de la Epistola segunda à los de Thessalonica, dice: *Nullus contra* fidem facit vera miracula, *quia Deus non est testis falsitatis, unde* aliquis prædicans falsam doctrinam, non potest facere miracula, *licet aliquis habens malam vitam* posset. Y en la 2. 2. quæst. 178. art. 2. in corpor. escribe su angelica pluma: *Vera miracula non possunt fieri, nisi divina virtute. Operatur autem ea Deus ad hominum utilitatem: hoc dupliciter, uno quidem modo* ad veritatis prædicatæ confirmationem. *Alio modo* ad demonstrationem sanctitatis alicuius, quam Deus hominibus vult proponere in exemplum.

16 Estos dos modos de obrar milagros la Divina Omnipotencia, se hallan en los que obró su Magestad mediante su Siervo Alano. Demonstró por ellos la santidad, proponiendola como exemplar de su virtud, religion, y perfeccion, para que imitassen los hombres sus heroycas operaciones. Y esta virtud, y santidad le consilió el titulo de Beato, mediantes tambien con especialidad, los que succedieron ya difunto. Obró tambien Dios milagros en confirmacion de la saludable doctrina, que enseñaba, y predicaba. Y haviendo sido el fin principal, para que Dios, y su Madre SS. lo eligieron, el reparar la devocion de el Psalterio Mariano, ó SS. Rosario, erán muy congruentes, y convenientes para instruir à este nuevo Apostol, las Visiones, Apariciones, y Revelaciones, yá de Christo, yà de su BB. Madre, yá de N. G. P. Sto. Domingo, quienes alicionassen à Alano, en lo que havia de enseñar, y predicar de esta Saluberrima, y Celestial devocion de el SS. Rosario, utilissima, y acomodadissima para todo el Pueblo Christiano. Y assi para que diessen los Hombres credito à este Embajador nuevo, y celico en su predicacion:

Div. Thomas sup. cap. 2 lect. 2. ad Thesal 2.

cion: era convenientissimo, que acompañassen à sus Sermones, los milagros evidentes, como *Sello real, y divino*, que demonstrassen la verdad, de lo que enseñaba, y predicaba.

17 Que para invocar, y restablecer en el Pueblo Christiano la devocion de el SS. Rosario, que ya estaba sepultada en la tierra de el olvidado humano, era convenientissimo, que precedieran Revelaciones celestes, y se siguieran milagros evidentes, que auctorizassen la predicacion de el B. Alano, se comprueba con un argumento de menos, à mas: ò de menor, à mayor, formado en la misma materia de el SS. Rosario. Yà se ha dicho, que el año de 1475. se renovò en nuestro Convento de Colonia, assi la Sacratissima devocion de el Rosario, y la restauracion de su antiquissima Cofradia, que havia mas de cien años, que estaba desierta, y desolada: y es ciertissimo, que para consecucion de tan santissimo fin, huvo Revelaciones, y milagros. Dixe, que *es ciertissimo:* porque lo testifica, quien se halló presente à todo este negocio, y con cuya auctoridad se efectuò la renovacion de esta santissima devocion, y se aprobó, y confirmó la restitucion de su nobilissima Cofradia, que de tiempo antiguo existia en aquel ilustre Convento Coloniense. Este es el RR. è Ilustrissimo Obispo de Forly, Nuncio con potestad de *Legado à latere*, de la Santidad de Sixto IV. en toda Alemania, que en la Bula, que comienza *Non defuit,* dada à 10. de Marzo de 1476. dá el siguiente testimonio: *Sanè nuper revelatione fidelibus fidedignis facta,* & miraculis evidentibus hoc confirmantibus: ipsa Deipara Virgo *antiquam devotionem, & Confraternitatem Rosarij eiusdem Virginis, in Prædicatorum Coloniensi Monasterio::::: Renovare* voluit, & jussit, &c.

18 Aqui tenemos Revelaciones, y para su total credito, confirmadas con milagros evidentes. Dixe Revelacio-

laciones, aunque el Nuncio dice *Revelatione facta*, como las Personas, à quienes la SS. Virgen reveló, y declaró su voluntad, no fue una sola, sino muchas: *Fidelibus fidedignis*: y assi la Revelacion fue una en la *especie*: fueron algunas en *individuo, ò numero*. Y si los fieles, à quienes se hizieron las Revelaciones eran fidedignos, ò dignos de credito, para què fueron los milagros evidentes? Para confirmar la verdad de las Revelaciones: y se supiesse ciertamente, ser voluntad de Maria SS. y mandato suyo, el que en aquel Convento se renovasse la devocion de el SS. Rosario, y se restableciesse su antigua Cofradia. No dice el Legado Apostolico, quienes eran estos *Fieles fidedignos*, à quienes Nuestra Señora manifestó su voluntad, y mandato. Pero sin ponernos à adivinar por Historias, à lo menos fueron dos, y ambos Priores de el Convento de Colonia: El primero à quien la Reyna de el Cielo declaró esta su voluntad, era un Varon muy Santo, *que* governaba como Superior aquel ilustre Convento Coloniense el año de 1474. à quien mandò la Madre de Dios, que en un Domingo, que havia de predicar en la Cathedral de aquella Ciudad: declarasse la Revelacion, que havia tenido, à todo el Pueblo Coloniense: y en comprobacion de lo que predicaba, muy en breve tiempo sucedieron tres señalados milagros, mediante la devocion de el SS. Rosario, que narra en su libro la devocion de el Rosario, el P. M. Fr. Geronymo Taix, Auctor Suppar, pues ya era Prior de nuestro Convento de S. Onofre de Valencia el año de 1538. donde se puede veer. Este mismo año falleció el dicho Prior, y le succedió en el Oficio el M. R. y Ven. P. Mro. Fr. Jacobo Sprengher (Inquisidor que fue en toda Alemania) el mismo año de 1474. à quien apareció tambien la SS. Virgen Maria, y le mandò pusiesse en execucion, lo que su Antecessor havia comenzado con su predicacion. Y el bendito Prior Mrò. Sprengher, se

Taix lib. de Ros. cap. 3.

dió

diò tanta prifa en executar el mandato de la Reyna de
el Cielo, que â 8. de Septiembre de 1475. fe renovò
efta Santiffima devocion, y reftaurò fu Cofradia de el
SS. Rofario en nueftro Convento de Colonia: figuien-
dofe â efta Innovacion, el veerfe milagrofamente libre
la Ciudad de Colonia, y aun Alemania, de la guerra, è
inminentes peligros, que les amenazaban, como el Legado Apofto ico teftifica en dicha Bula, que añade â las
palabras de el numero 17. *Quatenus fidelium Confratrum, ad hoc adjuvantibus orationibus, bella, aliaâ
imminentia pericula à dicta Civitate Coloniensi, &
Alemania averterentur.*

19   De lo dicho, que fucediò en la renovacion de
la devocion de el SS. Rofario en Colonia, y reftaura-
cion de fu antigua Cofradia en nueftra Iglefia: fe forma
un grande argumento de *menor, â mayor,* como decia: Si para renovar en la Ciudad de Colonia la devocion de el SS. Rofario, y reftablecer en nueftra Iglefia
fu antigua Cofradia, que alli exiftia, y eftaba defierta, y
defolada, precedieron Revelaciones de la SS. Virgen
Maria, hechas â Perfonas fieles fidedignas: y para que
ninguna duda tuviera la incredulidad humana, en que
aquella era voluntad, y mandato de la Piadofiffima
Reyna de el Cielo, precedieron, y fe figuieron prodigios, y milagros evidentes, en confirmacion de las Apariciones, y Revelaciones hechas â fus Siervos medianeros en negocio tanto. Haviendo Dios nueftro Señor
deftinado, y fu SS. Madre efcogido, y elegido â nueftro B. Alano de Rupe, para mayor empreffa, y mas dilatada Provincia, inftituyendole fegundo Apoftol de el
SS. Rofario, y Embajador de la Reyna de el Cielo â
los hombres de la tierra, que tenian cafi de el todo olvidada efta Sacratiffima devocion, para ellos tan util, y
proficua, graduandole de univerfal Predicador de efte
Mariano Culto, de fus excelencias, prerrogativas, virtudes, utilidades, qué marabilla es, el que tuviera Vi-
                                                                    fiones,

siones, Apariciones, y Revelaciones, Platicas, y con-versaciones, sobre la materia de su embajada el B. Ala-no de Rupe, con Christo, y su SS. Madre, y N. P. Sto. Domingo, primer Apostol de esta Celestial, y Di-vina devocion?

20   Para una empressa tan dilatada, universal, ardua, y expuesta à dudas, y aun contradiciones (como ordi-nariamente sucede à todas las cosas buenas, y santas) convenientissimo era, que el Embajador estuviesse muy bien instruido, con noticias ciertas, y claras, como ha-via tenido principio en la Iglesia esta devocion, como se havia predicado, y promulgado. Como se havian fundado Cofradias de este Divino Instituto en alabanza, honra, y gloria de la BB. Virgen, y de Dios Madre. Debia tambien tener noticias claras de los buenos su-cessos, conversiones admirables, de los exemplos, y mi-lagros acaecidos en tiempo de N. P. Sto. Domingo, mediante la devocion de el SS. Rosario, que el S. P. predicaba. Y noticias como havia descaecido, y res-friado aquel primitivo fervor, conque los fieles havian abrazado esta devocion divina. Como por mas de cien años la tenian abandonada los Pueblos, olvidada de las gentes, y casi de el todo borrada de la memoria de los hombres. Necessitaba este nuevo Embajador Mariano para emprender tan grande, y dificultosa empressa de especiales divinos auxilios, y no hai duda, que sin ellos no podia salir con su demanda. Entre estos especiales auxilios entran las gracias, favores, y dones, conque la Sacratissima Virgen adornó, y enriqueció à su Siervo Alano, como èl narra en sus escritos. Y haviendo de enseñar, y predicar Visiones, Apariciones, y Revela-ciones, que son cosas sobrenaturales, necessario era, ô muy conveniente, que hiziesse milagros evidentes; porque como ha dicho Sto. Thomas: *Nisi enim face-ret aliqua, quæ exedunt operationem naturalem non crederetur in his, quæ naturalem cognitionem trans-*
cen-

cendunt. Haviendo pues, hecho milagros en confirmacion de las cosas sobrenaturales, ò que excedian el conocimiento natural, como comunmente dicen los que
de Alano escriben: son muy dignas de credito sus Visiones, y Revelaciones: por tener el sello de la verdad,
que son los milagros verdaderos.

21   Mas: la grande certidumbre, que el B. Alano
tuvo de sus Revelaciones, que las testificaba con juramento, es un argumento convincente, de que no eran
devotas imaginaciones, consideraciones pias, ni meditaciones santas. Para declarar, y promover este argumento, oygamos una Doctrina muy solida, y bastantemente
clara, de nuestro Doctor Angelico. Pregunta el Santo
Doctor: si el Propheta verdadero discierne siempre,
que es lo que dice movido de su proprio espiritu: y que
es lo que dice movido de el Espiritu Divino? A esta
question responde Santo Thomas con una admirable, y
clara distincion. Y dice assi: *Quod mens Prophetæ du-
plicitèr à Deo instruitur. Uno modo* per expressam revelationem: *alio modo* per quendam instinctum, *quem
interdùm etiam nescientes humanæ mentes patiun-
tur, ut Augustinus dicit secundo super Gen. ad lite-
ram.*

D. Thom 2. 2.
q. 171. art. 5.

22   Supuesta esta Angelica distincion, responde
el Santo Padre: *De his ergo, quæ expressé per spiritum prophetiæ cognoscit, maximam certitudinem habet, & pro certo habet, quòd hæc sunt divinitus sibi revelata.* Y lo prueba el Santo Doctor con unas palabras
de el Propheta Jeremias: cap. 26. y son estas: *In veritate misit me Dominus ad vos, ut loquerer in aures
vestras omnia verba hæc.*

Jerem. 26.

23   Empero, prosigue Santo Thomas: *Ad ea, quæ
cognoscit per instinctum, aliquando sic se habet, ut non
plené discernere possit, utrùm hæc cognoverit aliquo
divino instinctu, vel per spiritum proprium. Non au-
tém omnia, quæ cognoscimus divino instinctu sub certi-*

X

ti-

titudine prophetica nobis manifestantur. Talis enim instinctus est quoddam imperfectum in genere Prophetiæ.

24   Por esta Angelica Doctrina se viene en conocimiento, que las Visiones, Apariciones, y Revelaciones de el B. Alano fueron verdaderas, y ciertas, y no meditaciones pias, ni parabolas, ni similes compuestos allá en la fantasia. Quando las Revelaciones son expressas, y claras, quien las tiene conoce la verdad de las Revelaciones con *certidumbre maxima*, como dice Sto. Thomas, y puede decir el que las tiene, con Jeremias: *In veritate misit me Dominus ad vos, ut loquerer in auribus vestris omnia verba hæc.* Pero quando la Revelacion no es expressa, y clara, sino obscura, v. g. quando se conoce lo revelado por instincto, no puede el que tiene esta mocion, discernir, si es por instincto Divino, ò si es por instincto proprio: porque aunque el *instincto* sea Divino, como este sea *quoddam imperfectum in genere Prophetiæ*, ò de Revelacion, no puede decir este con certidumbre: *in veritate misit me Dominus, &c.* Empero, el Beato Alano tuvo *certidumbre maxima* de sus Visiones, y Revelaciones, en tanto grado de certidumbre, que las testificó con juramento assertorio, y execratorio, y lo mismo, y con la misma certidumbre asseveró los exemplos, y milagros de el SS. Rosario, que succedieron instituyendo, enseñando, y predicando nuestro SS. P. esta devocion celestial. De suerte, que Alano en propria persona, quando enseñaba, predicaba, y escribia, para los venideros, podia decir con Jeremias: *In veritate misit me Dominus ad vos, &c.*

25   Pero tu modestia imitando à el Doctor de las Gentes (que tratando de sus Visiones, y Revelaciones) hablaba de ellas en tercera persona, decia: *Scio hominem &c.* Por evitar especialmente la vanidad (que hasta en las cosas buenas, y santas se suele meter, y ocultar) profirió

firiò lo que fabia de cierto en perfona agena, como fe
vee en la 2. parte fu de Pfalterio cap. 4. §. 1. donde dice:
*Benigniſſimè dignatus eſt (Deus) revelare cuidam
Fr. Patri Ordinis Prædicatorum, &c.* Pero como
dice N. P. S. Auguſtin, citado de nueſtro Maeſtro Gorran, fobre el lugar apuntado de San Pablo: *Nihil depe-
rit veritati, quando res ipfa dicitur, & jactantia quodammodò evitatur.* Y con tanta conſtancia defendia
fus Viſiones, y Revelaciones, &c. Que en fu Apologia
dixo: *Sepiùs hæc prædicavi, & docui.*

26   Concluyefe claramente, pues, que las Viſiones,
Apariciones, y Revelaciones de el B. Alano ſon verdaderamente tales, verdaderas, y ciertas. Y aſſi la Iglefia,
tratando de la eleccion, que la Reyna de el Cielo hizo
de la Perfona de Alano para Reparador de la devocion
de el SS. Rofario en el Pueblo Chriſtiano, dice: que fue
expreſſa Viſion, Aparicion, y Revelacion, quando le
mandò renovara eſta Divina devocion: oygamos como
lo expreſſa N. M. la Iglefia en nueſtro Breviario: *Cùm*

Breviar. O. P.
lect. IV. in die
8. SS Rofar.

*.. Célebris Rofarij confuetudo, vel hominum negligen-
tia, vel dæmonis arte, paulatim cœpiſſet excidere, ut
pené jam extincta videretur:* Sacratiſſima Virgo immenfo circundata lumine, F. Alano Britanno Eximio
Concionatori, fe videndam exhibuit, atque monuit:
ut tum ipfe, tum ejus Socij Prædicatores collapſam Sacri Rofarij devotionem totis viribus reſtituere conarentur, &c. La Sacratiſſima Virgen rodeada de immenfa
luz fe apareció para q̃ la viera fu fiervo Alano: y le amo-
neſtó, que repaiara la devocion de el SS. Rofario: aqui
tenemos Viſion, Aparicion, y Revelacion. Ya fe vee,
que en tanta, y con tanta luz, que la llama *immenfa,* havia de veer muy bien à la Madre de la Divina Luz la
Reyna de la gloria fu devotiſſimo fiervo Alano. Veaſe
ahora ſi una Revelacion con *immenfa luz* es Revelacion expreſſa, que engendra, y caufa *certidumbre maxima,* como enfeña el Maeſtro de las Efcuelas. Eſta Re-

X 2

ve-

velacion està positivamente aprobada por la Iglesia. Y
embuelve en sì los grandes favores, que à la Persona de
Alano hizo entonces la gran Señora, que el escribió en
su Partenico Psalterio.

27 Queriendo los Auctores de nuestra Biblioteca
en algun modo dorar los *lunares*, ò *pecas*, que juzgan,
hai en las narraciones de el B. Alano (especialmente en
las Visiones, Apariciones, y Revelaciones à el hechas, y
en los exemplos, y milagros, q̃ sucedieron en la predicacion del SS. Rosario por N. P. S. Domingo) nos trahen
à la memoria las Revelaciones de la V. Sta. Isabel, Religiosa del Monasterio Schanangiese, q̃ tuvo marabillosas
Revelaciones, de circunstancias de la Passion de Christo, y de la preciosissima muerte de la SS. Virgen, y de
su Assumpcion gloriosa, diciendo, *que fue à los qua-*
renta dias, y fue llevada la Gran Señora à el Cielo
en cuerpo, y alma el dia 23. de Septiembre. Puntos
que los Varones *emunctæ naris* juzgan no se han de adoptar en las Historias. Y con este exemplo nos dicen: *ex*
his, seu adversus Elisabeth sanctitatem, seu contra
Alani pietatem, nihil concluditur.

Bibliot O P.
tom 1 p. 852.
col. 1.

18 Mas este exemplo de que se valen nuestros rigidos Criticos para poner en salvo la piedad, virtud, y
santidad de el B. Alano, no sirve para este fin. Porque
hay mucha disparidad entre un sugeto, y otro: y consiguientemente la ha de haver entre sus Revelaciones.
Lo primero: ninguna Revelacion del B. Alano se opone
à lo q̃ enseña N. Sta. Fee Catholica, ni à decreto de Summos Pontifices, ni Sagr. Canones, ni à la disciplina Ecclesiastica, ni à buenas costumbres, ni se encuentra con
alguna tradicion comunmente recibida de los fieles: sino antes se conforman sus Revelaciones con la tradicion
constante, por mas de quinientos años, y Bulas de los
Summos Pontifices, de que N. SS. Patriarca S. Domingo es Auctor de el SS. Rosario, Fundador de su Ven.
Cofradia, y Eximio *Predicador* de esta saluberrima

de

devocion en el Pueblo Chriftiano, que la promulgò en
Efpaña, Menor Bretaña, en las partes Tolofanas, en Roma, è Italia, y en otros Dominios de Europa.

29   Mas la Revelacion, de que la BB. Virgen Maria no fubiò el Empireo en cuerpo, y alma hafta quarē-
ta dias defpues de fu preciofiffima muerte, fe opone á la
antiquiffima Tradicion de la Santa Iglefia, que con San
Juan Damafceno *Oratione 2. de Dormitione Deiparæ*,
tiene, que la Affumpcion triumphante de la gran Sra. en
cuerpo, y alma fue á los tres dias defpues de fepultado fu
Sacratiffimo Virginal Cuerpo en el Huerto de Gethfe-
mani. *Ex antiqua accepimus Traditione*, &c. dice el
Santo Padre. Conque no es marabilla, q̃ no aprueben, ni
admitan comunmente los Doctores aquella Revelacion,
ù opinion, que fe opone à una Tradicion antiquiffima,
y univerfalmente recibida en la Santa Iglefia.

30   Lo fegundo: porq̃ comunmente hablando, mas
credito merecen las Revelaciones de los hombres Santos, que las de las Santas mugeres. En lo natural, y aun
en lo Moral, por lo comun, las mugeres tienen mas viva la imaginacion, ò aprehenfion, y mas facil la credulidad, mas facilmente creen lo imaginado: y como carecen de letras, y no faben aplicar las reglas, que enfeñan
los Santos Padres, y Doctores, para difcernir las Revelaciones verdaderas de las que no fon fino apparentes,
neceffitan de buen Director, que alumbre, dirija, y go-
vierne efta materia myftica. Y por la mifma razon los
hombres no letrados neceffitan, de quien los dirija.
Mas los letrados, y doctos fe pueden ayudar mucho con
fus letras, y con los libros, que tratan de eftas materias,
para hazer diftincion entre unas, y otras Revelaciones,
verdaderas, ò aparentes.

31   Lo tercero: aunque la Virgen Santa Ifabel Scha-
nangienfe hizo milagros, eftos manifeftaban fu fantidad,
mas no calificaban fus Revelaciones, como ciertas. No
tenia efta Santa Religiofa cargo, oficio, ni eftado de predicar

dicar à los Pueblos, de enseñar los ignorantes, corregir los errados, levantar al caido, alumbrar à el principiante, conducir à el aprovechado, mantener al perfecto, y sus Revelaciones directamente no se ordenaban à este fin, y mas en cosas, no necessarias, ò conducentes à la salvacion. Y assi sin detrimento, ò diminucion de su sanctidad, se pueden hallar entre sus Revelaciones, unas ciertas con luz clara, y expressa: y otras, que parescan dictadas por instincto Divino, y ser en realidad dictadas con espiritu humano proprio. Y como ha dicho el Doctor Angelico: *Non omnia, quæ cognoscimus Divino instinctu, sub certitudine prophetica nobis manifestantur.* De suerte, que puede uno prophetizar por instincto Divino, sin que entienda, que prophetiza: y otras vezes pensar, que habla por instincto Divino, y hablar por instincto humano, y movimiento proprio. Y entonces no puede jurar lo revelado: porque no es Revelacion expressa.

23　Pero à el B. Alano tenia la Divina Providencia destinado para otro muy distinto estado, y oficio, à el de la Virgen Santa Isabel, como de Doctor, Maestro, y Predicador de la verdad: y assi sus milagros calificaban su verdadera, sana, y segura Doctrina: y confirmaban ser sus Revelaciones *expressas,* q̃ causaban en su mente *certidumbre maxima,* de tal manera, q̃ podia sin detrimento de la verdad, ni lesion en su conciencia con juramento testificarlas. Haviale elegido la Sacratissima Virgen de Dios Madre para restituir à su pristino estado su gratissimo culto de el Sagrado Rosario (cuyas fragrantissimas Rosas havian estado por mas de cien años por desidia, y negligencia de los hombres, astuta malicia de el capital enemigo de el genero humano, deshojadas, marchitas, aridas, y arrojadas en la tierra de el olvido: sin dar frutos de honra, y honestidad) y para que refloreciesse, y fructificasse de nuevo en la Iglesia (como havia florecido, y fructificado en tiempo de Santo Domingo, y siglo,

glo, y medio defpues) Y affi fi fus Revelaciones no fueran tales, quales las predicaba, que fructos havia de fa-
car de fu enfeñanza, y predicacion? Dixeramos, q̃ era
uno de aquellos Prophetas falfos, de quienes dixo el Soberano Maeftro en fu Evangelio: *attendite à falfis*
Prophetis: à quienes compara el Señor à las efpinas, y
abrojos, de quienes no fe cogen ubas, ni higos: *Nun-*
quid colligunt de fpinis ubas, aut de tribulis ficus? Math. 7.

33   Ninguno podrà negar (aunque quiera cerrar los
ojos à tanta luz) que el B. Alano de Rupe enfeñando, y
predicando fus Vifiones, Revelaciones, Apariciones,
los exemplos, y milagros de N. P. S. Domingo mediante el SS. Rofario (de que trata en fus efcritos) hizo en
el Pueblo Chriftiano increible, ò inefable fruto en todo
genero de perfonas, affi rudas, como doctas: verificandofe en el lo que como ya fe dixo, dixò S. Pablo: *Qui*
prophetat hominibus loquitur ad ædificationem, &
exortationem, & confolationem. Y defde aquel tiempo, en q̃ vivia, ha ido creciendo mas, y mas cada dia efta
Divina devocion de el SS. Rofario con la gracia de Dios,
y favor, y Patrocinio de la Reyna de el mifmo Sacratiffimo Rofario: de modo que aunq̃ no fe havian cumplido,
cincuenta, y nueve años defpues del tranfito del B. Alano: y pufo en gran confideracion, ò admiracion à el
Summo Pontifice el Sr. Clemente VII. notando quan Bullar. O. P.
faludable, provechofo, y fructuofo havia fido, y era à la t. 4. *Etfi tem-*
Religion Chriftiana el inftituto de el SS. Rofario: aten- *poralia* à 8. de
cion merece la confideracion de el Santo Papa. *Confi-* May. de 1534.
derantes igitur, quàm falubre, & fructuofum Religio-
ni noftræ fuerit Rofarij inftitutum, quàm que ex inde,
provenerint, & quotidie proveniant bona: *quàmobrem,*
tum Clerici, tùm Laici, tàm mafculi, quàm fœminæ
ad tantum devotionis fervorem devenerint quod Deus,
& ipfa Virgo, ad cujus honorem fuit originaliter inftitutum, eofdem, non folùm gratijs decorare, verùm etiam
miraculis, & fignis quamplurimis illuftrare, non dedig-
na-

gnatur. Eſto atendia, meditaba, y conſideraba en ſu ca-
paciſſima mente eſte Summo Pontifice, de quan ſaluda-
ble, y quan fructuoſa era á la Religion Catholica la devocion Angelica de el Santiſſimo Roſario.

34   Y no ſon menos notables las expreſſiones, con
que la miſma Igleſia (quando ſe inſtituyó la Fieſta de el
SS. Roſario deſpues de Victoria Naval contra el Turco) declara, y manifieſta la extencion de eſta SS. devocion en todo el Orbe Chriſtiano, atencion merecen ſus
voces: *Vix verbis exprimi poteſt, quantum prædica-*
tione, & opera Fratrum Prædicatorum Divina iſta devotio in Chriſtiano Populo fuerit ubique propagata:
quot, quantæ que in honorem Dei Genitricis ſub Roſarij nomine fundatæ ſint ſocietates: *in quas Principes,*
Reges, Imperatores, atque Eccleſiæ Præſides, pro
ſummo ducunt honore cooptari. Y todos eſtos notables,
y admirables efectos, y frutos, no ſon originados, y
emanados de el granito de moſtaza, reſembrado mediante la fervoroſiſſima predicacion de el SS. Roſario
por el B. Alano de Rupe, à quien eſcogió la BB. Virgen por ſegundo Apoſtol, zeloſiſſimo Cultor de eſta
Celeſtial planta, á la miſma gran Señora gratiſſima? Ella
ha crecido de manera en un Arbol tan frondoſo, que
ha eſtendido, y dilatado ſus floridas ramas por toda la
tierra Chriſtiana: donde las Almas devotas de ſus Cofrades, como Aves de el Cielo, hallan manſion quieta,
contemplando ſus Divinos Myſterios, y cantando Oraciones Dominicas, y ſalutaciones Angelicas. Muy favorecido, pues, eſtaba de la Divina gracia: y muy bien inſtruido de la Madre de la miſericordia eſtaba el B. Alano de Rupe, para ſalir bien con tanta empreſſa: fuerzas
ſuperiores, y aun ſobrenaturales eran neceſarias, para
renovar la devocion de el Pſalterio Mariano, y reſtable-
cer ſus Cofradias: mas dificil ſuele ſer renovar una coſa,
que hazer, ò comenzarla de nuevo. Quinze años con
continuos trabajó, como buen jornalero, conducido de
la

la Madre de familias, para que refloreciera ſu Roſal, ò
Roſario, y ſus Roſas volvieſſen à dar fructos de
honra, y honeſtidad, enſeñando, predicando,
y eſcribiendo ſus utiliſſimos libros para
enſeñanza de los venideros.

CAPITULO DUODECIMO.

Reſpondeſe à las objecciones, que contra los he-
chos de N. P. S. Domingo, y milagros de el SS.
Roſario, què narra el Beato Alano, hazen
los Criticos ſeveros.

1 **P**ARA DAR COMPLEMENTO A LA
defenſa (que tal qual ha procurado hazer mi inſuficiencia) de el B. Alano de
Rupe, reſta diſſolver las objecciones, que
los rigidos, moroſos nuevos Criticos en
eſte ſiglo XVIII. han hecho, ò hazen contra los hechos,
que en ſus eſcritos narra el B. Alano de nueſtro SS.
Patriarca, ſuccedidos en la inſtitucion, publicacion, y
predicacion, de la devocion de el SS. Roſario, de que
nueſtro Santo Padre es Auctor como ſe ha probado de
diverſos modos.

2 Mas antes de entrar en eſta lid literaria, para al-
lanar algo la paleſtra, conviene hazer algunas notas. Y ſea
la primera: Una quexa general, que contra los Criticos
nimios, y moroſos haze N. RR. P. M. Gen. Fr. Antonino Bremond en ſu eruditiſſimo libro *de Stirpe Guz-*
mana S. Dominici. Dice pues, ſu Rma. *Celeberrimus*
Auctor, Honoratus à Sancta Maria, de Criticis hu-
jus ævi loquens, queritur, quòd dum miris laudibus
efferunt Scriptores quibuſcum ſentiunt, & eorum er-
rata tegere norunt. Veteres ſibi contrarios aſpernan-
tur, flocci faciunt, in extremis habent: ſiquid verò

N. R. P. M G.
De Guzmana
Stirp S. Dom
cap. 16. n. 4 ex
Mrô. Honorat
à S. Mar. lib.
2. Reflex. ſup.
Reg. 11 uſum
Crit. Diſſer. 6.
art. 5. §. 1. p.
200.

Y

pec-

peccaverint, isti, verba singula Critici consectantur, ipsis, vel minimos errores ita crimini dant, ut contumelijs, quibus possunt, ipsos inquinent. Esta quexa de estos dos clarissimos varones se funda, en lo que han observado en los immoderados Criticos de este tiempo.

3. De esta general quexa desciende N. RR. P. M. Gen. à formar otra quexa especial: sentido con mucha, y justissima razon de veer à un varon de todos venerado hasta este siglo, de grande nombre, de excelentissima opinion, y de gran verdad, como el B. Alano de Rupe, ser ahora despreciado, tenido en poco, sindicado, y sus escritos censurados, de unos pocos immoderados, y rigidos Criticos de este tiempo. Oygamos su justa, y bien sentida quexa: *Id infelicitatis nuper expertus est Btus. Alanus à Rupe. Aliquod nomen, decusque gesserat à tribus circiter seculis. Bene, optimè audiebat. Habebatur Pius. Pietas ipsi Beati famam consiliaverat. Claro etiā rumore erat, non apud imperitum vulgus duntaxat, sed apud Scriptores præstantissimos, Joannem Tritemium Monachum Ordinis S. Benedicti, Alano Supparem, Sixtum Senensem, virum emunctæ naris, aliosque, qui vel de Scriptoribus Ecclesiasticis, vel de Alumnis Ord. Prædicatorum Pietate Claris ab anno 1475. quo vivere desijt Beatus Alanus ad hæc circiter tempora meminerunt, ut ocasione data dicetur. Verùm paucis ab hinc annis infelix ille [si Superis placet] ab amplissima, quam descripsi, fortuna, ad inclinatam, ac propè jacentem miser descivit. Non nullos enim reperias, quibus & ipsum Alani nomen scelus erit, si Virum laudes. Quid mali fecerit? Si petas à me: dicam: Natalium Patris sui Dominici splendori favet: Ac eundem Sanctissimum Patriarcham Auctorem esse Rosarij sic probat Alanus, ut si Beatum illum audire velis, utraque causa finita est.* Hasta aqui el RR. P. N. M. Gen. en el citado

do

RR. N. M. G. loco cit.

do libro, que dedicò, y ofreciò à N. SS. P. Benedicto
XIV. que hoy rige, y govierna la Iglefia Catholica.

4 Quienes fean eftos immoderados Criticos, que
tanto defprecian los efcritos de nueftro Beato Alano, q̃
aun de oyr fu muy venerable nombre fe ofenden, de
quienes habla N. RR. P. M. General, lo ignoro. Por lo
que toca à nueftros Nomenclatores de la nueva Biblioteca: veo, que no dexan de alabar la Perfona de Alano
de Pia, y Devota, efpecialmente en promover la devocion de el SS. Rofario con fus frequentes fermones en
el Pueblo Chriftiano. Pero (como los efcritos de Alano, no eftan compueftos, guifados, y fazonados à fu gufto, y paladar delicado) fu feveriffima Critica halla contrariedades (que con exceffo ponderan) à las Hiftorias
antiguas, y Vida de N. P. S. Domingo, que efcribieron
Auctores Coetaneos, ò Suppares al tiempo de N. S. Padre, y affi fe atrevieron à pronunciar efta no merecida
cenfura: *Ea, que de S. Dominico narrat* [Alanus] *ita
cum veris ejus geftis pugnant, ejus Hiftoriæ adeò funt
diffona, & contraria: ut nulli cordato placere poffint,
nec ab Hiftorico veritatis Amico, & Cultori adoptari.*

5 En eftas palabras mueftran la difplicencia con que
havian leido eftos Cenfores los efcritos del Beato Alano. Mucho acriminan las narraciones de el Reftaurador
de el SS. Rofario aquellos dos adverbios *Ita,* y *Adeò,*
como fi dixeran, no hai forma, ni modo, ni camino alguno de concordar las narraciones de Alano en lo que
toca à los hechos de Sto. Domingo N. S. P. con los hechos verdaderos, que conftan por las Hiftorias efcritas,
que nos dexaron los Hiftoriadores Coetaneos, ò Suppares. Y fiendo efto affi à ningun varon cuerdo pueden
en ningun modo agradar fus narraciones: ni Hiftoriador
alguno, amigo de la verdad, y cultor de ella, puede adop-
tarlas, convafarlas, è ingerirlas en la Hiftoria, que efcri-
biere de N. P. S. Domingo. Mas yo, fi la Sactitiffima

Y 2   Vir-

Virgen nueſtra Señora (à quien tan deveras ſirviò el
B. Alano, y à quien como Maeſtra oyò de ſu veraciſ-
ſima voca mucho de lo que eſcribiò de el Santiſſimo
Roſario, y de N. P. S. Domingo) me ayuda con ſu gran
Patrocinio, me expongo, aunque tan inerudito, à deſvanecer, y diſſolver eſta diſcordia, diſonancia, y contrariedad, tan ponderada. Y no ſerà marabilla: que muchos ſiglos ha que S. Juan Chriſoſtomo eſcribió. *Sæpé*
abjectus quiſpiam, & vilis invenit, quod Magnus, &
ſapiens vir præterit. Noteſe el adverbio *Sæpé,* en que
quita el Santo Padre la admiracion.

6. Lo ſegundo, que ſe ha de notar es; que la principal obra, que eſcribiò el B. Alano, es la que tiene eſte titulo: *Pſalterium Chriſti, & Mariæ,* que ſe divide
en cinco partes, como queda dicho. Eſta obra, ó libro,
ſe diò à la prenſa, y ſaliò à luz publica en Friburgo año
de 1619. otros dicen año de 1629. hizoſe la impreſion
por eſtudio, y diligencia de el P. M. Fr. Juan Andres
Coppenſtein. Andaba antes eſta obra manuſcripta en
manos de algunos, y deſde que falleció el B. Alano, haſta que ſe imprimió la primera vez, paſſaron por lo menos ciento, y quarenta, y quatro años, deſde el año de
1475. haſta el año de 1619. Mas eſta obra como corre,
no conſerva ſu eſtylo primigenio, en que la eſcribiò ſu
Auctor; ſino con el que le dió el Editor Maeſtro
Coppenſtein, que la hizo revivir, y eſto ſe nota en el
Titulo, que ahora tiene *Beati Fr. Alani Redivivi &c.*
Y eſto miſmo confieſſa el Editor en capitulo 24. de la
parte quarta. *Lector: Hunc Sermonem accuratiore cu-*
ra conſcriptum à B. Alano reddimus ad verbum: cæ-
teros tolerabiliore ſtylo contraxi: niſi quod exempla
ſubjecta explicatius enarravi. Noteſe el verbo *con-*
traxi, que indica, haver compendiado mucho, y el adverbio *explicatius,* que expreſſa ſus addiciones. A eſto
ſe junta, que haviendo corrido eſta obra, como ſe ha
dicho, manuſcripta, puede haver contrahido algunos lu-

na-

nares de los Amanuenses, ó transumptores, que hágan obscuro el concepto, ò narracion de el Auctor de el libro, y aunque la altere. Y quizas lo que es defecto de el Amanuense, se quiera, y aun sin querer, se atribúya à el Escritor de la obra.

7 Reconociòlo assi nuestro Maestro Coquecio en su libro *Viscera Materna,* quien dice: *Hæc Alanus sub alia cute Redivivus. At utinàm genuino illius stylo eadem ipsa res, multæ aliæ plures, queamdmodum scilicet ipsemet scripsit, prodirent. Plus enim viræ, pietatisque habet, Sanctis quidem familiaris, & usitata illiús, qua floruit ætatis, oratio; simulque gratiore rerum, quæ dicuntur, scribunturve candore enitescit.* No me persuado, q̃ el Editor de esta obra mudasse cosa alguna, quanto à la substancia de lo que escrivió Alano: pero si quanto à los accidentes, ò circunstancias, que pudieron intervenir en el hecho, que variada alguna de ellas, haga dificil la inteligencia de el hecho, ò succeso.

8 Vengamos ya à dissolver las objecciones, que han hecho nuestros Nomenclatores contra los escritos del B. Alano. Esta la primera objecion: Que Alano en la 3. parte cap. 23. [donde escribe un Sermon, que dice se revelò N. P. S. Domingo, haver predicado, cuyo Thema es *Cantate canticam novam,* &c.] dà à entender, que la fiesta de el *Corpus Christi* ya se havia instituido, viviendo N. S. Padre, lo que es una grande ignorancia. Las palabras de Alano, como dichas de nuestro Santo, son estas: *In hodierna SS. Corporis Christi solemnitate,* &c. La fiesta de el *Corpus Christi* instituyò el Papa Urbano IV. que fue electo Summo Pontifice muchos años despues de el transito de N. S. Patriarca à la gloria. Y concluyen su objeccion: *Cujus sit errorum, an Auctoris, an Editoris, examinent, quibus otium est. Certè hinc patet, Concionem nunquam à Sancto Dominico dictam.*

Coquec. Visc. Mat. cap. 13. pag. 229.

9 An-

9 Antes que imprimieran su Biblioteca nuestros Nomenclatores, tenia dada solucion à esta objeccion el R.
Fr. Seraphin Thomas Miguel en la nota 128. à la Vida
de N. P. Sto. Domingo, que diò à luz el año de 1709.
quinze años antes que saliera à el publico la Biblioteca.
Y responde: Que las palabras citadas de el sermon no
quieren decir, que ya en tiempo de N. P. S. Domingo
se havia instituido la fiesta de el *Corpus Christi*, que se
celebra en toda la Iglesia Jueves despues de la Octava
de Pentecostes, ni que era Jueves Santo. Porque la fiesta universal de el *Corpus* la instituyò Urbano IV. el año
de 1264. Ni era Jueves Santo: porq̃ esse dia dixo Missa
el Santo Padre, y predicò tres vezes esse dia en la Cathedral; lo que no se compone con las Rubricas, y oc-
cupaciones de aquel dia. A que se añade, que ni Alano,
ni el Editor podian imaginar, que ya se havia instituido
la fiesta de el *Corpus Christi* en la Iglesia universal. Porq̃
que Sacerdote, ò Ecclesiastico obligado à rezar las horas
Canonicas, por corto que sea, puede ignorar, q̃ la fiesta
universal la instituyò dicho Pontifice? Pues en las lecciones, que para esta universal fiesta compuso el Doctor Angelico Santo Thomas, leen todos los años los q̃
rezan el Oficio Divino aquella clausula: *Romanus autem Pontifex Urbanus. IV. hujus Sacramenti devotione affectus, piè statuit, præfatæ institutionis memoriam prima Feria V. post Octavam Pentecostes à
cunctis fidelibus celebrari.* Esto qualquier Clerizonte,
ò Monacillo, que assiste à Coro, lo sabe.

10 Pero esto no quita, que antes que se instituyera esta universal fiesta en la Iglesia, se celebrassen fiestas,
y con mucha solemnidad de el SS. Sacramento. Y dichas fiestas particulares se podian muy bien llamar: *So-
lemnidades de el SS. Cuerpo de Christo, ò de el SS.
Sacramento.* Por que no? Que repugnancia, ò absurdo
se encuentra en esto? Los que hizieron este argumento, para darle fuerza, y vigor (si algo probara contra

Ala-

Alano) havian de haver romado el trabajo de q̃ aquellas palabras del Sermon eran palabras formales de Alano, y no encargar eſta averiguacion à el que eſtuviere
ocioſo. En que ſe vee no havian hecho las neceſſarias
diligenias para convencer con evidencia à los Lectores
à que Alano en eſte hecho diſſonaba, y contradecia à la
verdadera Hiſtoria de eſta fieſta univerſal inſtituida por
el Señor Urbano IV. Muy de prieſa corrieron las plumas de los Objectantes en un paſſo, y punto, que les pareciò diſſono, y contrario à la verdadera Hiſtoria de la
Inſtitucion de el fieſta de el *Corpus Chriſti.*

11 Y hagaſe reflexion, que dudando los que hazen
la objeccion, ſi aquellas palabras: *In hodierna SS. Corporis Chriſti ſolemnitate*; ſon de *Alano*, ò de el *Editor* concluyen, que el error, ò ſea de Alano, ò ſea de el
Editor (ya ſe ha viſto, que no hai error en las palabras:
porq̃ no hablan de *fieſta univerſal*, ſino de *fieſta particular*, que en qualquier Igleſia ſe podia hazer, ò celebrar à el SS. Cuerpo de Chriſto, ò SS. Sacramento) concluyen, como decia: que aquel Sermon nunca lo predicò Sto. Domingo nueſtro Padre *Hinc patet*, dicen,
Concionem nunquàm à Sto. Dominico dictam.

12 Yo no alcanzo, ni entiendo, como de eſte antecedente [*ſea el error, ò errata de Alano, ò de el Editor*] ſe infiera eſta conſequencia: *Hinc patet, Concionem nunquàm à Sto. Dominico dictam.* Supongamos,
que la llamada *errata*, ò *error*, no es de Alano, ſino de
el Editor. En eſta ſupoſicion: ſi hai error en decir *in
hodierna, &c.* el error no es de Alano, ſino de el Editor, que mudó las palabras, que havia eſcrito Alano: como pues de eſtas palabras de el Editor: ſe infiere es patente, que N. P. S. Domingo nunca predicó el ſermon
hinc patet? Si el Editor mudó las palabras: que culpa
tiene Alano en eſta mudanza: que ya havia muerto por
lo menos ciento, y quarenta, y quatro años antes? Luego
ſi las palabras, *ut jacent*, no ſon de Alano: ningun argumento

mento tienen contra Alano los Nomenclatores, para decir con la ponderacion, que se ha visto, que el hecho, que narra Alano (que es el sermon) es dissono, y contrario à la verdadera Historia de la institucion de la fiesta universal de el *Corpus.* Alano pudo escribir: *en la solemnidad, que oy celebramos de el SS. Sacramento.* Y variar los terminos el Editor, y decir: *en la solemnidad de el Cuerpo de Christò, que oy se celebra:* Que para la verdad de haver predicado aquel sermon N. P. S. Domingo haze muy poco, ò nada el explicarse con aquellas palabras equivalentes, pues se deben entender, como las entendiò muy bien el Padre Maestro Seraphin. En conclusion los Nomenclatores hizieron muy poco caso, ò ningun aprecio de la atestacion, que el B. Alano da en el examen Theologico, que està en el §. XVIII. de el citado capitulo 23. donde dice: *Et hæc S. Dominicus se fecisse alicui Persona (scilicet Novello Sponso Maria* satis mirificè demonstravit. Palabras, en que el B. Alano manifiesta, que esta Revelacion, no fue obscura, por instincto Divino, sino clara, y expressa, en en que la persona à quien se haze, tiene de ella *certidumbre maxima,* como el Angelico Doctor ha dicho. Y aun algo mas, que expressa huvo de ser esta Revelacion como indica Alano en aquellas palabras ultimas: *Satis mirificè demonstravit.*

13. La objecion segunda es: que de la narracion, que Alano escribe 2. parte cap. 3. (donde trata de la predicacion de el Santissimo Rosario, que N. G. P. S. Domingo en Tolosa hizo con tantos prodigios, portentos, milagros, è inauditas marabillas, que dice Alano succedieron) no se halla siquiera una sola palabra en alguno de los Historiadores, que escribieron la vida, y milagros de N. P. S. Domingo anteriores à Alano, ni alguno de los muchos testigos, q̃ se examinaron en las partes de Tolosa; para la Canonizacion de el Santo glorioso en sus deposiciones, hizo mencion, ni memoria de tales prodigios, marabillas, y milagros.   14 A

14 A efta objeccion fe refponde, que es argumento puramente negativo. Y affi no obftante el filencio de los Auctores Coetaneos, y Suppares fobre efte portentoffo hecho de N. SS. Padre, ni que los Teftigos examinados para la Canonizacion de nueftro Santo, no digan una fola palabra de fantas marabillas, como dice Alano fucedieron: con todo, haviendo fido Hiftoriadora de efte marabilloffo hecho la BB. Virgen Maria Madre de la Agnicion, y de la verdad, aun defpues de dos figlos y medio, no debemos, ni podemos poner duda, ni mover queftion, de fi fucedió affi, ó no. Porque como dice el Evangelifta San Juan en fu Canonica, primera Epiftola, cap. 5. *Si teftimonium hominum accipitis: Teftimonium Dei majus eft.* Digàmos nofotros: Si acceptamos el teftimonio de un Efcritor de aqüel tiempo, en que fucedió el cafo, ó proximo, ó Suppar, ó de algun teftigo examinado para la Canonizacion de N. S. P. el Teftimonio de la Gloriofiffima Reyna de el Cielo Madre de Dios, es mayor en qualquier menfura de tiempo, que lo dé.

15 Que efte teftimonio lo aya dado la Reyna de la Gloria, lo teftifica el B. Alano de Rupe, fu Capellan, y Secretario, quien al pie de efta Hiftoria marabillofa, dà fee en efta forma: *Et hac omnia Tiffima Deigenitrix Virgo Maria cuidam (quem defponfavit per annulum, & Pfalterium militandum ex crinibus ipfius Virginis Mariæ in collo Sponfi pendens) Narravit vifibiliter, & fenfibiliter effe veriffima.* Palabras, que clariffimamente denueftran, que efta Vifion, Revelacion, y Narracion, fueron expreffas, que como ha dicho nueftro Angelico Doctor, caufan en la perfona, à quien fe hazen certidumbre *maximas.* (O)

16 Es verdad, que eftas Revelaciones de el Beato Alano no fon de Fee Catholica, como ni las que fe hazen à Varones Santos, y Mugeres Santas: pero no phftante, merecen mucho credito, como (fe ha probado

Z
en

en el capitulo antecedente) á lo menos, y aun quizàs mas, que la Historia de un Auctor Coetaneo, ò Suppar, Christiano, Docto, Discreto, Prudente, Virtuoso y Veraz. Y hagasse reflexion en lo que dice Alano, *Hæc omnia esse verissima,* palabras, que segun Alano: dixo la Sacratissima Virgen Maria Madre de Dios. Y, como podria dar fee, y testimonio de esta Revelacion (si no fuera assi) un Varon tan pio, santo, docto, y erudito, no solo en Sagrada Escritura, sino en la Theologia, assi Escolastica, como Mystica? Vease lo que de este Ven. Varon han dicho los gravissimos Escritores, que han calificado (fuera de otros muchos) la Virtud, Veracidad, Doctrina, y Predicacion de este Segundo Apostol Mariano, en el cap. IX.

17   De este hecho Historial (aunque compendiosamente) de haver N. P. Sto. Domingo (amonestado de la SS. Virgen Maria) instituido, y predicado en las *partes de Tolosa* el SS. Rosario, como remedio especial contra la heregia de los Albigenses, dan testimonio la Iglesia en sus Oficios Divinos, y los Summos Pontifices en sus Diplomas. En el Oficio de el SS. Rosario, con aprobacion de mas de ciento y cincuenta años, dice la

Breviar. O. P. lect lv in fest. SS. Rosar.

Iglesia en nuestro Breviario: *Cum Albigensium hæresis Sacrosanctæ Matris Dei Dignitati potissimum infesta, in Regione Tolosatium impiè grassaretur, Beatissimus Pater Dominicus, qui eo tempore Prædicatorum Ordinis fundamenta jecit, in eam hæresim debellandam totus incumbens, obidque BB. Virginem assiduis precibus interpellans ab ipsa monetur, ut Rosarium omni mentis fervore prædicet, velut singulare ad evertendas hæreses, & vitia extinguenda præsidium, &c.* Casi con las mismas palabras dà testimonio

Bullar. O. P. t. 6. pag. 551.

la Iglesia en el Oficio nuevo (inserto en el Breviario Romano, por Decreto de la Sagrada Congregacion de Ritos de 1725.) de este hecho, y sucesso en las partes de Tolosa: donde predicò N. SS. Patriarca esta santissi-

Supr. cap. 2.

tiffima devocion de el Pfalterio Mariano. Veafe en el
fegundo capitulo los teftimonios de Pontifices, efpecialmente la teftificacion de el SS. Pontifice Maximo
el Sr. S. Pio V. Y de eftos teftimonios de la Iglefia, y
Summos Pontifices, queda comprobada, como verdadera la Revelacion de la SS. Virgen, hecha à el Beato
Alano de la folemniffima publicacion, y predicacion
de el SS. Rofario, de que no hizieron mencion los
Hiftoriadores Coetaneos, ò Suppares, ni hablaron los
Teftigos examinados, para la Canonizacion de N. P.
Sto. Domingo.

18 „Tuvo la grande humildad de N. SS. P. (dice
„el P. Mro. Fr. Seraphin Thomas Miguel, en la nota
„198. de la Vida de N. Sto. Patriarcha) ocultos los
„favores recebidos en la Cueva de S. Sylveftre, y lo que
„quando promulgó el Rofario en Tolofa fucediò, tam-
„bien lo eclypfó el tiempo, à que ayudò mucho tan-
„tos tumultos, y eftruendo de guerras, y el defcuydo
„(que no fe puede negar) de nueftros Mayores. Hafta
„que Maria SS. reveló el fucello à el B. Alano, quan-
„do le intimaba la renovacion de el SS. Rofario, conf-
„tituyendole fu Predicador, y como fegundo Apoftol
„de efte Angelico exercicio. Hafta aqui el citado
„Doctiffimo Maeftro.

19 Ni folo à el B. Alano reveló la Sacratiffima Madre de Dios las gracias, y favores, que hizo la liberal
mano de Dios, mediante la gran Señora, à fu Siervo
Domingo; pues tambien los reveló à la Ven. Benedicta
Florentina, como teftifica Alano part. 5. cap. 27. Ma-
nifeftolos tambien à la Gloriofa Santa Brigida, como
parece en el libro 3. cap. 16. 17. y 18. Y affi mifmo à
la Ven. Virgen Doña Marina de Efcobar (hija efpiritual de el V. P. Mro. Luis de la Puente) como confta
de el libro 1. cap. 22. de fu Vida. Defuerte, que la SS.
Virgen Maria, no folo fe ha hecho Panegyrifta, fino
como Hiftoriadora de fu Vida, y Operaciones, que de-

xaron

xaron los Historiadores de el Santo Padre en silencio. Y siendo la Historiadora Madre de el Verbo Eterno: porque razon no se han de adoptar, ni insertar, ni enquadernar las dichas Revelaciones en la verdadera Historia de la Vida de N. Glorioso P. Sto. Domingo, como juzgan los Censores de los Escritos de Alano? Lo contrario de este juicio han hecho innumerables Escritores de gran juicio, sesso, circunspeccion, y dignos de veneracion.

20 Historia canonica es, la que escribió el Gran Caudillo de el Pueblo Hebreo el Santo Moyses: en cuyo primer libro (de los cinco que escribió) se lee la Historia de la Creacion de el mundo, las Vidas de los Patriarchas, que florecieron, no solo cercanos à su tiempo despues de el Diluvio, sino de los muy remotos à su edad, antes de el Diluvio: y aunque ninguno de los que vivieron antes de el Diluvio dexó libro alguno, por donde governarse (porque el Santo Caudillo es absolutamente el primer Escritor) con todo es verdadero Historiador: siendo assi, que lo que escribió de los Patriarchas Anteluvianos, precissimente, con certidumbre lo supo, por divina Revelacion. Verdad sea, como lo es, que lo que escribió de los Patriarchas Postluvianos, lo pudo saber por relacion, y tradicion, y por conocimiento, y experiencia propria, à que concurrió tambien la Revelacion divina, para que en nada errara. Y por esso es Historiador, Propheta de lo passado, como dice N. P. S. Antonino de Florencia: *Propheta dicitur, scilicet, Proculsans, quia de præteritis, ut de Creatione Mundi, & de Patriarchis, de quibus in Genesi agitur.* Y S. Gregorio Magno, citado de nuestro Dr. Angelico: *Prophetia quædam est de futuro, & quædam de præterito, sicut quod dicitur* Genes. 1. *In principio creavit Deus Cælum, & Teram.*

21 Moyses, pues, todo quanto escribió, lo supo por

Div. Antonin. 3. part.

Sunum tit. 13. cap. 9.

Div. Thomas 2. 2. q. 171. art. 5.

por Revelacion, y muchiffimo de lo que efcribiò, no lo
fupo de otro modo, que por Revelacion. Y con todo
effo es verdadero Hiftoriador: digo *Verdadero*, no folo por la verdad que dice, fino porque real, y phyfica-
mente es *Narracion de hechos fucedidos.* De que fe
infiere, que lo que fe fabe de hechos paffados por fola
Revelacion, fon hechos Hiftoriales, ò Hiftoriables: y
por configuiente, fe pueden adoptar, entretexer, y
combazar por qualquier Hiftoriador, *Amigo, y Cultor
de la verdad.* Porque fi las Revelaciones eftàn exami-
nadas diligentemente, y no hay en ellas apariencia de
mal, fino utilidad, y provecho efpiritual para las almas,
no hazer de ellas cafo, y no reputarlas por dignas de
efcrebirlas en las Hiftorias, es ya hazer defprecio de
ellas, y es contra lo que amonefta, y encarga S. Pablo:
Prophetias nolite fpernere. Y con efta atencion graviffimos, y clariffimos Hiftoriadores, las Revelaciones
de el B. Alano, y efpecialmente efta, han combaffado
en fus Hiftoriales Efcritos, como verdaderas, y creí-
bles, à lo menos con fee humana, prudente, y difcreta,
que bafta para una buena, y provechofa Hiftoria.

22   Doi fin à efta refpuefta, con el juicio, y la aprobacion, que diò à efta Revelacion hecha à el B. Alano
de Rupe (por la Sacratiffima Reyna de el Cielo, de
Dios Madre, Inventora Suprema de el SS. Rofario, y
Motora Superior de fu predicacion) el RR. y Erudif-
fimo P. Fr. Juan de Cartagena, de la Orden de N. S.   **RR.P.Cartag.**
P. S. Francifco, en el tomo 3. de fus celebres Homi-   **tom. 3.**
lias, donde expreffa fu parecer defpues de muy bien
eftudiado el punto diciendo: *Caterum indubitanter
arbitror, Formulam hanc Rofarij, certo, & ftatuto
numero ::: Ortum, & Primordium habuiffe à SS.
Dominico, Inclyte Ordinis Prædicatorum Patriarcha :::: Cum ad exterminandam Albigenfium hære-
fim, per varia loca graffantem, à Beata Virgine motus, & edoctus tanta Magiftra, Duce, Rofarij, xenillo-*
di

di Antidotum invenit: non absque ingenti Dei miraculo edocens. *Quod, ut radicitùs innotescat:* ex auctentica valdè revelatione ipsius Dei Genitricis facta Beato Alano de Rupe, *Ordinis Prædicatorum, in Divinis Scripturis* Viro versatissimo, *in Concionibus habendis ad populum* ferventissimo, vitæ sanctitate integerrimo, B. V. Mariæ amatori ardentissimo, ac Rosarij diligentissimo evulgatori, *ut tradit Tritemius in Catalogo Scritorum Ecclesiasticorum.* Y despues, *atque hinc est, quod Sacri Pontifices* unanimi consensu *in Bullis suis in favorem Rosarij expeditis,* pleno ore, *Magnum Patriarcham Dominicum,* ejus Institutorem vocant. Yo no se, que mayores elogios se pueden decir de el Auctor, que tuvo, y escribiò esta Revelacion, que llama *Auctentica valde ipsius Dei Genitricis facta B. Alano.* A quien elogiando con cinco adjetivos, todos son superlativos: en las Sagradas Escrituras versatissimo: en los Sermones al Pueblo fervorissimo: en la santidad de vida integerrimo: el amor à la Reyna de el Cielo ardentissimo: en promulgacion de el SS. Rosario diligentissimo, citando para estos encomios à el Ven. Abad Tritemio.

23 La objecion tercera, que hazen los Nomenclatores es, que tratando Alano de el Cardenal Conrado, quiere, que en su juventud fuesse Condiscipulo, y Cõpañero de N. P. Sto. Domingo, estudiando con èl en Osma, que el Santo le reduxo à vivir bien, tomando el Habito de Monge Cisterciense: *Cum çertò,* dicen, *Cardinalis ille in Hispanijs moratus non sit, nec studuerit, sed in Germania.*

24 Ninguna dificultad tiene esta objecion, porque se niega el supuesto, y se prueba con evidencia ser falso. El B. Alano en la 5. part. cap. 7. trata de un Cardenal devoto de N. Sto. P. las palabras, que como dichas de la SS. Virgen, trahe Alano en el citado capitulo, son estas: *Exemplum tibi dico* de quodam Cardenali *Sancto*

cto *Dominico contemporaneo, qui prius fuerat So-*
cius Sancti Dominici in Scholis Oxoniæ (Oxomæ,
ha de decir) *poftmodùm devotus Sancti Dominici, &*
familiaris erat, & ita ejus meritis, & precibus Or-
dinem Cifercienfem intravit in Hifpanis. Hic igitur Cardinalis S. Mariæ de Tranftyberim factus. *Cum*
aliquando Romæ Dominicum meum de Pfalterio meo
prædicantem ferventiffimè audiviffet; mirabilitèr
compunctus, & allectus fuavitate fructuum Pfalte-
rij, accercito Dominico, modum fpecialem illud
orandi didicit. Y defpues añade, que efte Cardenal,
Legatione fungens miffus ad fideles, qui bellabant
contra impios Saracenos in terra Sancta, cum præ-
dicaret ibidem Pfalterium meum, ab hoftibus mira-
bilem obtinuit victoriam.

25   De efta narracion, y fu contexto, como fe lee
en el cap. citado, fe viene en conocimiento clariffimo,
que el B. Alano no trata, ni habla, ni efcribe de el Cardenal Conrado de Urach, hijo de el Conde Seyne, Cafa nobiliffima en el Imperio de Alemania. Lo primero,
porque en todo el capitulo, con fer largo, no fe dice,
ni expreffa fu nombre, folamente dice la narracion: *de*
quodam Cardinali. Pero de dònde confta, que habla
de el Cardenal Conrado Aleman, conque le baptizan,
los que hazen la objecion?

26   Lo fegundo, no fe trata en dicho capitulo de
un Cardenal Aleman, fino de un Cardenal Efpañol, ò
à lo menos de un Cardenal criado en Efpaña en fus
tiernos años, ò infancia, ò puericia, como parece, de
que fue Compañero, y Condifcipulo, quando nueftro
Padre andaba en la Efcuela en Ofma: en *Òxoma* digo,
no *Exonia,* que es errata de el amanuenfe, ò de la
prenfa. *Oxonia* es Ciudad de Inglaterra, y aqui fe habla de Ciudad de Efpaña, y efta es *Ofma,* y en latin
Oxoma, Obifpado donde el Sto. Padre naciò. Y efte
eftudio en Ofma, folo pudo fer en fus infantiles años,
por-

porque quando el Santo llegò à los siete años, sus Venerables Padres lo entregaron à un Tio suyo Arziprestè, para que aprendiera la Grammatica, y Rhetorica especialmente, para que deprendiesse, y se exercitàsse en el oficio de el culto Divino, y canto eclesiastico: y cumplidos los catorze años le embiaron sus SS. Padres à curfar Estudios mayores à la Universidad de Palencia, donde en aquel tiempo estaban las Escuelas de el Reyno de Castilla. Y assi no fue Condiscipulo N. Sto. P. de el dicho Cardenal, en la juventud, como dicen los Nomenclatores, sino como he dicho en los años de infancia.

27 Lo tercero, el Cardenal, de que habla el Beato Alano como se vee por el contexto, tomò el Habito Monacal, y professò la Sagrada Orden de el Cistel de España: el Cardenal Conrado lo tomaria en la Alemania alta, ò baxa. De este Cardenal Conrado escriben los Auctores, que primero fue Abad de Villar en Brabante, fue despues Abad de Claraval en Francia, y ultimamente Abad General de la Sagrada Orden de el Cistel. De el Cardenal, de quien Alano habla, no se sabe, que oficios, ò empleos tuvo en su Sagrada Religion.

28 Lo quarto: à Conrado criò *Cardenal Obispo Portuense* Honorio III. el año de 1219. El Cardenal de nuestro exemplo fue *Presbytero Cardenal*, con el titulo de *Santa Maria Transtyberim*, como se dice en la Narracion de Alanò. Mas, este Cardenal Transtyberim tenia con N. Sto. Patriarcha amistad antigua, y à persuacion de el Sto. havia abrazado en España el estado Monacal, y ya Cardenal aprendiò la devocion de el Psalterio Mariano, predicando en Roma N. P. Sto. Domingo, y à peticion suya lo instruyò el Sto. P. en el modo de rezarle con fructo. Y por todo esto no podia ignorar, que Santo Domingo havia instituido la Orden de Predicadores, que confirmò solemnemente à 22. de Diciembre de 1216. Honorio III. Empero el

Carde-

Mag. Seraph.
not. 682 al 11.
cap. de el lib.
5. Vit. S. Dom.

Cardenal Conrado aun el año de 1221. tenia muy pocas noticias de nueſtro inſtituto, de el fin de ſu inſtitucion, y de ſus exercicios religioſos, como lo moſtró en las dudas, que padeciò, hallandoſe aquel año hoſpedado en nueſtro Convento de Bolonia, quando abriendo un Miſſal para ſaber à que fin ſe havia fundado nueſtra, (entonzes nueva) Religion. Y encomendando à Dios la ſuerte, habierto el Miſſal en la primer linea de la primera plana leyò *laudare, benedicere, & prædicare.* Palabras de el prefacio de la Santiſſima Virgen Maria, ſegun nueſtro Rito. Y conſideradas las palabras que leyò, al punto, *ab eo omnes dubietatis tenebræ difugerunt:* entendiendo qual era nueſtro inſtituto, fin de ſu inſtitucion, y ſus empleos, que profeſſaba nueſtra Sagrada Orden de Predicadores.

29 Finalmente, à el Cardenal Cônrado lo embiò Honorio III. *Legado à Latere* à las Cortes de Francia, y Alemania. El Cardenal, de quien trata Alano en dicho capitulo 7. fue embiado *Legado à Latere* à tierra ſanta. De todo lo dicho conſta con mucha claridad, que el Cardenal de el exemplo de el B. Alano, ni es, ni puede ſer el Cardenal Conrado, como ſupuſieron, y creyeron los que hizieron eſta objeccion.

29 La objeccion quarta es ſobre el cap. 17. de la 2. parte, en que deſcribe el Beato Alano el cautiverio de N. P. S. Domingo con ſu Compañero en las Coſtas de Galicia, donde el Santo andaba predicando: y alli los cautivaron unos pyratas, y los llevaron à ſu galera, y los ligaron al remo por eſpacio de tres meſes, y todo lo demas que alli cuenta Alano, que obrò la Santiſſima Virgen de milagros, y prodigios para librar à el Santo, y ſu Compañero: y de la converſion de los pyratas, y inſtitucion de la primera Cofradia del SS. Roſario, y la llegada de la galera à un puerto de Menor Bretaña, &c. Contra eſta narracion, ẏ muy à lo largo eſcribe Alano, dicen los Nomenclatores, que eſta Provincia de la Menor Breta-

fia jamas la vido N. P. S. Domingo: *Quàm Provinciam nùnquam Dominicus vidit.* Y fi les preguntamos como, ò por donde faben, que nueftro Santiffimo Patriarca nunca vido la Provincia de la Menor Bretaña? Nos refponderan: que por el alto filencio de los Efcritores de la vida, y hechos de nueftro Santo Padre, que precedieron à Alano.

31 Pero efte alto filencio no obfta. Porque certificando el B. Alano, que la Santiffima Virgen Madre de Dios le revelò efta peregrina Hiftoria, y prodigiofo fucefso, en efta fupoficion fe le debe dar enteriffimo credito à la Madre de la Eterna Sabiduria en qualquier mēfura de tiempo, fin que pueda obftar en ningun modo el filencio de los Hiftoriadores de la vida de N. P. S. Domingo Coetaneos, ò Suppares. De fus Revelaciones dice el B. Alano, que aunq̃ no eftan pofitivamente aprobadas por la Iglefia (algunas ya lo eftan) fon con *todo* aprobables, no menos, que otras muchas femejantes, q̃ fe leen à cada paffo en los libros, è Hiftorias, que han efcrito varones pios, doctos, difcretos, veridicos, y verfados en la Divina Efcritura, Theologia Efcolaftica, y Myftica. Y aunq̃ no eften aprobadas: no por effo fe han de tener por reprobadas: *Tamen,* dice, *non idcirco reprobatas, neque Doctrinæ, Difciplinæ, aut Canonibus Ecclefiæ, quidquam repugnantes.* Efto decia con gran juicio, y humildad profunda efte Ven. Padre. Y a fe ha demoftrado el credito, que merecen fus Revelaciones, muy fuficientemente.

Alan. part. 1. cap. 21 §. 5. num. 4.

32 A el alto filencio, que es argumento negativo, fe refponde con la Doctrina, que enfeña el clariffimo, y moderado Critico de efte tiempo, nueftro Maeftro Graveffon, que hablando expreffamente de el SS. Rofario, dice: *Argumento, quo utuntur merè negativum eft: ac fubindè juxta peritorum Criticorum Regulam, nullius momenti, & ponderis effe debet: contra pofitiva, & diferta aliorum Scriptorum teftimonia.* Veafe

Gravef. tom 5. Hift Eccl. col. 6 pag. mibi. 522.

quan-

quantos graviffimos, doctiffimos, y eruditiffimos Efcritores, affi nueftros, como extraños dan pofitivo teftimonio de la ciencia, letras, virtud, Religion, fantidad, y
milagros de el B. Alano de Rupe. Como pues fe compone, y compadece fantidad docta, expuefta por fu eftado, è inftituto à enfeñar, predicar, y efcribir verdades: y en lugar de hablar, y efcribir verdades, predicar,
y enfeñar imaginaciones proprias, ó confideraciones de
fu entendimiento, por Revelaciones, Vifiones, y Apariciones verdaderas de Chrifto, de fu Santiffima Madre,
y de N. P. S. Domingo? Y vender por milagros, y
exemplos verdaderos, parabolas, hiftorietas, y exemplitos, fraguados allà en la fantacia? Doctrinas femejantes,
no creo yó, que las apruebe Dios, ni las confirme por
verdaderas con milagros: mas para aprobar por buenas, ò
verdaderas las Vifiones, Apariciones, y Revelaciones;
aunque feañ de hechos hiftoriales, como cofas fobrena-
turales, no nos hemos de valer de las Reglas de la Critica natural, ò adquifita, digamoflo affi: fino de una Critica fobrenatural: quiero decir, nos hemos de valer, y
ufar de las Reglas de la Sagrada Efcritura, de los Santos
Padres, Doctores, Theologos Efcolafticos, y Theologos Myfticos. Y fi fegun eftas Reglas fon buenas las
Revelaciones, que nada fe halla en ellas de malo, nada
contra la Efcritura, nada contra la Doctrina de los SS. PP.
nada contra la Theologia Efcolaftica, y Myftica: que promueven la virtud, q augmentan la piedad, devocion, culto Divino, y de los Santos: merecen credito, eftimacion, y veneracion, y fe deben reputar por verdaderas.

33   Ni las Reglas de la buena, y moderada Critica
fe pueden oponer à las Reglas de la Theologia Myftica.
Y la razon es: porque como dice el Principe de los
Philofophos en fus predicamentos: lo bueno no fe opone, ni es contrario à lo bueno, ni una virtud fe opone
à otra virtud. Y de efto dà la razon el Doctor Angeli-

co,

co. *Hoc* (ſcilicet Contrarietas) *in bono virtutis eſſe
non poteſt: quia bonum virtutis non accipitur, niſi
per convenientiam ad aliquid unum, ſcilicet ad rationem.* Y aſſi ſi por las Reglas de la Theologia Myſtica, Eſcolaſtica, Poſitiva, y Doctrina de Santos Padres,
è Igleſia, las Revelaciones no tienen ſombra de mal,
ſino antes de bien, no pueden, ni deben los Criticos
Cenſores de Hiſtorias por el ſilencio de los Eſcritores
antiguos Coetaneos, ò Suppares, deſpreciar, cenſurar,
ni contradecir las Revelaciones hiſtoriales nuevas, que
ſon arregladas à la Sagrada Eſcritura, Santos Padres, y
Doctores Theologos. Ni es cito credente, quien ſe vale de la Regla de el Doctor de las Gentes (*Prophetias
nolite ſpernere: òmnia probate, quod bonum eſt tenete: ab omni ſpecie mali abſtinete vos.*) para dar credito [à lo menos el que ſe da á un Hiſtoriador veridico,
docto, prudente, ingenuo, y virtuoſo] á las Revelaciones: en que el Divino Apoſtol no pide mas, que *lo que*
ſumariamente expuſo, y expreſſó N. P. S. Thomas: *In
hac materia debet eſſe* Diligens examinatio: boni electio, mali abjectio. Atendiendo à eſta Doctrina Apoſtolica, y Angelica innumerables grandes Doctores,
grandes Hiſtoriadores, grandes Predicadores, han aprobado, han inſertado, y han referido en los Pulpitos las
Revelaciones, milagros, y exemplos de el Santiſſimo
Roſario, que ſe leen en los eſcritos de el B. Alano, y
con mucho fructo en quienes los leen, ù los oyen predicar.

·34 La V. objeccion, que hazen nueſtros Severos
Criticos, dice: *Idem* (ſcilicet judicandum) *de Dominici itinere Pariſios per Germaniam part. 3. cap. 3.
(vel 20.) & de Caſtro ad Renum, vel Danubium, in
qno dæmones ſub ſpecie puellarum formoſiſſimarum
Rectorem, & ſatelites deludebant: quam viam San-
Ctus nunquàm arripuit, qui nec Pariſios venit, niſi
ſemel ex Hiſpania.* Idem brevi de omnibus, quæ de
Sancto narrat.   35 Las

35 Las palabras de el B. Alano, contra las que fe forma efta objeccion V. fon eftas 3. part. cap. mihi 20. *Exemplum legitur: quod etiam BB. Virgo Maria cuidam fibi devoto Novello Sponfo, mirificè revelare dignata eft. Clariffimus Sponfus meus (inquiebat Sponfa Dei) S. Dominicus ex urbe per Germaniam iter Parifios inftituerat: Fratribus fex alijs ejufdem Inftituti ipfum comitantibus, &c. ibi legenda.*

36 A efta objeccion refponde nueftro muy erudi-to Efcritor de la vida de N. P. S. Domingo el P. M. Fr. Seraphin Thomas Miguel en la nota 618. á el cap. 13. de el lib. 4. Diciendo, que el B. Alano efcribiendo: *yendo el S. de Roma á Paris,* fe equivocò por decir: *Viniendo de Paris à Roma.* Venero la refpuefta de tan grande Hiftoriador. Pero yo me perfuado: que fi hay errata en lo impreffo, la equivocacion no fe puede atribuir à el B. Alano, fino à el amanuenfe, ò el Editor. Porque efcribiendo Alano lo que la Santiffima Virgen le reveló, ó le havia revelado, no parece que fe havia de equivocar en la narracion efcribiendo una cofa por otra. Y quando la Revelacion es expreffa, aunque paffe mu-cho tiempo, nofe olvida.

37 Mas facil, y genuina folucion me parece (rete-niendo la leccion, como fe halla en Alano) diciendo: que el B. Alano habla de el mifmo viage de N. P. S. Domingo, de que tratan, y efcriben los Hiftoriadores, ǭ antecedieron à Alano. Porque los terminos *à quo, y ad quem,* de él viage de nueftro Padre affi en los Ef-critores Coetaneos fon unos mifmos. El termino *à quo,* es Roma. Y el termino *ad quem ultimado,* es Paris. Digo, que el termino *ad quem ultimado* es Paris, por-que en Paris terminó la *ida* de N. S. P. y en Paris cô-menzò la vuelta, ò la venida de el Santo à Italia de dôn-de havia falido. Y el tiempo es uno mifmo, affi en los Auctores anteriores à Alano, como en efte Venerable Padre. Defpues de confirmada la Orden de Predicado-

res

res, quiso nuestro Santo Patriarca visitar á sus hijos (que
aunque pocos, à fines de Agosto de el año de 1217.
comenzó à esparcirlos à varios Reynos, y Provincias.)
Y estando ya el Sto. Padre en Roma à fines de Octubre
el mismo año, despachò desde Roma otros hijos à otras
partes, á que estableciessen su Sagrada Orden) el año
pues siguiente de 1218. haviendo dado el Santo habito,
y profession à el B. Reginaldo N. P. S. Domingo (pas-
sada la Pascua de Resurreccion, que esse año de 18. ca-
yò á 15. de Abril) saliò el Santo de Roma à su visita, y
la havia ya concluydo á fin de Agosto de 1219. Tiempo cierto, en que se hallaba el Santo Patriarca en su
Convento de Bolonia. La diferencia, ò diversidad entre Alano, y entre los Escritores, que le antecedieron,
consiste, en que Alano dice, que nuestro Santo Padre
passò por Alemania, y llegó à Paris, donde terminò la
visita: los Escritores Coetaneos no mientan à Alemania,
sino à España, que no menciona Alano.

B. Jord. in Vit. S. Dom.

38 Oygamos à el B. Jordan, á quien siguen el B.
Umberto, Apoldia, Guidon, y San Antonino: *Eodem
anno* [1218.] *perexit in Hispaniam Sanctus Dominicus: ibique duabus Domibus instauratis, una apud
Madrid, quæ nunc est Monialium, altera verò apud
Segobiam, quæ prima fuit Domus Fratrum in Hispania. Revertens inde Parisius venit anno MCCXIX.
Paululùm demoratus venit Bononiam.* Alano dice
alli: *Sanctus Dominicus ex urbe per Germaniam iter
Parisius instituerat, Fratribus sex alijs ejusdem Instituti ipsum Comitantibus.* Estas dos narraciones no
son contrarias, ni se oponen: porque como dice el pro-
loquio de los Philosophos: *affirmatio unius non est
negatio alterius.* Decir los Escritores anteriores à
Alano, que N. P. S. Domingo, de Roma fue à España,
y de España à Paris, no es decir que no passò por Alemania: Ni decir Alano, que nuestro Santo Padre de
Roma por Alemania vino à Paris, no es decir, ó negar,
que fue, ó estuvo en España. 39 Pu-

39 Pudo muy bien falir de Roma, ir à Bolonia, y de alli à Alemania, defpues ir à Efpaña, y de aqui à Parìs, y concluida la vifita volverfe à Italia N. Sto. Padre. Y affi decir el Beato Alano, lo primero, y lo ultimo: y los Auctores anteriores à Alano decir, lo fegundo, y lo ultimo, no tiene contrariedad. Pero dicen los que hazen efta objeccion, que efte viaje de Roma à Alemania nunca lo emprendiò N. P. S. Domingo: *quam viam Sanctus Dominicus nunquam arripuit.* Y como lo faben, ò por donde? Dirán, que por el filencio de los que efcribieron la vida de el Santo, muy anteriores à Alano: porque lo huvieran efcrito, fi effe viaje lo huviera N. S. Padre hecho.

40 Atendamos pues, lo que dexaron efcrito los Auctores Coetaneos, ò Suppares, de el viaje, que hizo N. Santiffimo Padre à Efpaña, que es cafi nada. Pues que dicen? Dicen lo que ya fe ha vifto en el numero 38. que el año de 1218. fue N. P. S. Domingo à Efpaña: que el Convento, que fe havia comenzado à fabricar para Religiofos, lo còvirtiò en Monafterio de Monjas de fu Orden: y que eftuvo el Padre Santo en Segobia, donde fundò Convento de Religiofos, ã es el primero de la Provincia de Efpaña. Y de Efpaña paffò à París el año de 1219. Y de Parìs llegò à Bolonia à fin de Agofto de effe año. Pues en mas de un año no hizo N. S. Patriarcha mas? Pues effo es cafi nada para aquel grande animo, ó efpiritu agitado de el Divino Efpiritu, y ungido con el oleo de la ardentiffima caridad de el proximo, que no lo dexaba eftar quieto un momento fin obrar heroycamente. De aqui fe viene en conocimiento, quanto? quanto? quanto dexaron de efcrebir de los hechos de nueftro Santo Padre los Auctores, que antecedieron à Alano, contentandofe con decir alguna cofita, que es cafi nada en tanto tiempo.

41 Y con fer tanto el filencio de los que precedieron à el Beato Alano, no fue tanto en efte cafo: que algun
gun

gun otro Auctor lo dexò eſcrito. Dicelo el miſmo Alano *Exemplum legitur, quod etiam Beatiſſima V.Ma-
ria*…*mirificè revelare dignata eſt.* Luego antes que la
Santiſſima Madre de Dios ſe lo revelara à Alano, ſe leìa eſte exemplo en algun libro. Tambien aquel adverbio *mirificè* califica la revelacion de cierta, y verdadera: dando à entender, que ſe havia hecho la revelacion
con alguna ſeñal marabilloſa, que afianzaba ſer cierta, y
verdadera, la Aparicion. Mas: en el miſmo cap. 20. §.
3. n. 1. hablando Alano de el Caſtillo donde los ſalteadores tenian ſu eſtancia, declara el Venerable Padre que
lo tenia muy bien conocido, y aſſi dice: *Locum de nomine appellare non audeo, neù quàm in præſentiarúm
incolam notam infamiæ ſibi intorqueri conquerantur.
Nam etiàm nunc ibidèm forté nefanda geruntur.* Y à
el fin del cap. 21. ſiguiente, en que eſcribe el ſermon,
ꝗ como afirma, predicò N.P.S. Domingo de las quinze
beſtias, figuras de los quinze vicios, en que eſtaban los
ſalteadores ſumergidos: da el B. Alano eſte teſtimonio:
*Sanctus Dominicus quoque illa XV. monſtra, ut iſtis
oſtenderat, depingi curavit, quæ hodieque pictura
perdurat. Licet abierit in oblivionem origo.* Indicios,
y circunſtancias tan individuales, que manifieſtan no
engañar, ni engañarſe, en lo que eſcribe.

42   Que en algun tiempo eſtuvo N.P.S. Domingo
en Alemania, ſe prueba con un teſtimonio muy auctentico. Nueſtro Santo Padre eſtuvo en la Ciudad de
Colonia, Ciudad principal de el Imperio: luego el Santo
Padre en algun tiempo eſtuvo en Alemania. Que eſtuvo
en Colonia, lo afirma el tantas vezes alegado D. Alexandro Obiſpo de Forly, Nuncio en toda Alemania con
poteſtad de Legado *à latere* de Sixto IV. Eſte, pues,
en una Bula ya otras vezes citada, que comienza: *Non
defuit,* à favor de el Santiſſimo, Roſario, dice: *Sanè
nupér* ipſa Deipara Virgo *antiquam devotionèm, &
Confraternitatem Roſarij ejuſdem Virginis* in Præ-
di-

dicatorum Colonienfi Monafterio, quondàm à Patre
dicti Ordinis Divo Dominico inftitutam, *renovari*
voluit, ac juffit. Aqui teftifica el Legado Apoftolico,
que la SS. Virgen Madre de Dios, quifo, y mandò, que
fe renovara la antigua devocion, y Cofradia de el Rofario de la mifma SS. Virgen, en el Convento de Co-
Ionia de la Orden de Predicadores, que en otro tiempo havia inftituido el P. de dicha Orden Sto. Domingo: *In Prædicatorum Colonienfi Monafterio, quon-*
dàm á Patre dicti Ordinis Divo Dominico inftitu-
tam. Luego en algun tiempo eftuvo N. P. Sto. Domingo en el Convento nueftro de Colonia, y fundò, è
inftituyó la Cofradia de el SS. Rofario, y por configuiente en algun tiempo, *quondàm,* eftuvo en Alemania N. SS. Patriarcha.

43   Si alguno preguntare, por donde, ô como fupo,
el Legado Apoftolico, que en nueftro Convento de
Colonia eftuvo, è inftituyó N. Sto. P. la Cofradia de
el SS. Rofario? No diciendo alguno de los Efcritores, q̃
antecedieron à Alano, q̃ el Sto. P. eftuvo en Alemania,
y por configuiente, ni en Colonia? Se refponde, que
non omnia, quæ facta funt, fcripta funt. Y affi por la
conftante tradicion, que en aquel Convento Colonien-
fe havia, heredada, y continuada entre los Religiofos,
de unos en otros (*tomo de Padres, à hijos*) lo que pudo faber muy bien el Legado, con cuya auctoridad, fe
hizo la innovacion de la Cofradia de el SS. Rofario en
aquel Convento. Tambien (como en otra ocafion fe
ha dicho) para reftablecer la devocion, y renovar la
Cofradia de efte Mariano Culto en aquel Convento
(como queria, y mandó la mifma Virgen SS.) precedieron Revelaciones de la mifma Señora Reyna de el
Cielo, hechas à perfonas fieles, fidedignas, confirmadas
con milagros evidentes, y aprobados, como el mifmo
Legado de ciencia propria teftifica. Pues por eftas
mifmas auctenticas Revelaciones, fe podia muy bien

faber,

saver, que en otro tiempo inftituyò en aquel Convento, dicha devotiſſima Cofradia N. G. P. Sto. Domingo.

44 Mas: antes de la renovacion de eſta utiliſſima
Cofradia en el Convento de Colonia, huvo diſputas,
controverſias, y conſultas de Maeſtros, y Doctores en
Theologia, ſobre la verdad de aquella Cofradia, què
eſtuvo alli erigida en tiempo antiguo, y aun ſe conſer-
vaba en la Igleſia de dicho Convento, Altar eſpecial
con Imagen de Nueſtra Señora de el SS. Roſario. Y el
Legado de todo bien informado muy por extenſo, ſegun lo que conſtaba por la Tradicion, por las Hiſtorias, y por otros monumentos de aquel Convento, dixo en la citada Bula: *In Prædicatorum Colonienſi
Monaſterio, quondàm à Patre dicti Ordinis Divo
Dominico inſtitutam.*

Mag. Taix cit.

45 El no haver hecho mencion el B. Alano (en
eſte Viage de Roma à Paris por Alemania) de *haver
ido* N. Sto. P. à Eſpaña, no fuè ignorancia, ni olvido,
ni negar, que el Santo en eſta ocaſion eſtuvo en aquel
Reyno: fue ſi ceñirſe en ſu narracion, à lo que venia
à ſu propoſito, que era referir el caſo de la Converſion de aquellos Salteadores, que tenian ſu eſtancia, y
aſſiento en aquel tranſito de Alemania, à quienes ludi-
ficaban los Demonios en figuras de mugeres, mozas, y
muy hermoſas. Caſo, que Alano yà havia leido, pero
la SS. Virgen ſe lo revelò con todas ſus circunſtancias.
Que no fue ignorancia, ni olvido, ſe haze patente, porque en la 5. part. cap. *mihi* 20. narra Alano otra Converſion, que hizo N. P. Santo Domingo en Zaragoza,
mediante la devocion de el SS. Roſario, que predicaba,
en el tiempo que vino à Eſpaña, deſpues de confirmada ſu Orden de Predicadores. Eſta es la Converſion, de aquel muy noble Cavallero, Conſanguineo de
N. Sto. P. llamado D. Pedro, Varon en el Reyno de
Aragon, que habitaba en Zaragoza. Que eſta Converſion milagroſa ſucediò en eſta eſtada de Eſpaña de N.

B. Alano part.
5. cap. 20.

P.

P. se convence, de que en ella intervino el muy Ven.
P. Fr. Bertran de Garriga, principal Compañero, que
desde Bolonia donde se hallaba, acompañó en todo el
camino hasta Paris, à Santo Domingo N. P. *Ad hunc
Varonem* (dice Alano) *missit* (Sanctus Dominicus)
*Psalterium B. Mariæ Virginis, sive Patri loquiuũ,
per quendam Religiosum nomine Bertrandum.* De
donde consta, que el B. Alano muy bien sabia, que N.
P. Sto. Domingo, parte de el año de 1218. y parte de
el de 1219. estuvo en nuestra España.

46 Y assi mismo consta, que quando Alano dice,
que N. P. Sto Domingo de Roma por Alemania fue
à Paris, habla de la misma caminata, de que tratan los
Escritores, que le antecedieron, que afirman, que de
Roma fue à España, y de España à Paris. Pero los que
hazen la objecion, juzgando que Alano narra otro viage de N. Sto. P. de Roma à Paris, distinto de el viage,
de que hablan los Auctores anteriores à Alano: añaden
en su objecion, que Sto. Domingo una sola vez fue, ò
estuvo en Paris, y esta unica vez es, quando vino à Paris de el viage, que havia hecho à España despues de
confirmada su Religion: *Qui* (Sanctus Dominicus) *nec
Parisios venit, nisi semel ex Hispania.*

47 Pero comunmente todos los Escritores, que han
florecido despues de el B. Alano, en el espacio de casi
trecientos años, hazen mencion à lo menos de otro
viage à la Corte de Paris (fuera de el que hizo N. Sto.
P. el año de 1219. viniendo de España.) Y este viage
lo hizo antes de la Confirmacion de la Orden de Predicadores, y se fundan para afirmarlo, en que el B. Alano de Rupe (en el Compendio fol. 4. y en el Psalterio
de Christo, y de Maria, part. 5. cap. 36.) dice: *Legitur de Blanca Matre S. Ludovici, quæ cum rogaret
BB. Dominicum, &c.* Hallabase la Serenissima Señora Princessa Doña Blanca, con la mortificacion de no
tener fructo, que succediera en aquella Corona des-

pues

Lemovic. libr.
2. cap. 10 de
Vit. Fr. Sera-
phic. lib. 4.
cap. 3 4. 5 6.
& 7. & not.
600.
Mag. Medran.
1. part. lib. 3.
cap. 51. num.
381.

Bzovio.
Castelano.
Flaminio.
Castillo.
Obisp de Mo-
nop.
Nicol. Strata.
Fernandez.
Godoy Passa-
dos. Seraphic.
&c.

pues de los dias de su Esposo el Principe Luis VIII. y entrasse à governar aquel poderoso Reyno, como todos sus naturales deseaban. Porque aunque aunque la Santa Princessa con el primer fructo de su matrimonio havia alegrado todo el Reyno, pero este gozo, y alegria, duró muy poco, por haver fallecido este Principe de edad muy tierna, como por muy cierto lo afirma N. Mro. Fr. Jayme Percin, en su *Monumenta Conventus Tolosani. Qui tamen diu non vixit.* Y haviendo llegado à aquella Corte N. G. P. Sto. Domingo, le rogó la Serenissima Princessa Doña Blanca su Paysana, interpusiesse con Dios sus oraciones, y suplicas, que creia serian muy eficaces, ante la Divina Magestad, para conseguir, y assegurar la succession à la Corona con fructo de bendicion, deseo comun de todo el Reyno. N. SS. Padre impuso à la Santa Señora en la devocion de el SS. Rosario, *remedio universal* de todos los trabajos, necessidades, y desconsuelos de los devotos de este facil, y prompto remedio, el Culto de el Psalterio Mariano. Y abrazando la devotissima Princessa el consejo de N. P. Sto. Domingo, à 25. de Abril de 1215. dió à luz la Serenissima Princessa à aquel Reyno un Excelentissimo Principe, y à la Iglesia un Gloriosissimo Santo, norma, dechado, y regla de Santos Reyes, el Sr. S. Luis IX. de este nombre. El dia, mes, y año de este felicissimo natal, constan, dice el citado Mro. Percin, de los annales de el Reyno de Francia: *Ex annalibus Francicis certum est, Ludovicum IX. anno 1215. die 25. Aprilis natum esse.* En que ocasion, ò en que año dió N. P. Sto. Domingo à la devotissima Princessa Doña Blanca el saluberrimo consejo, de que abrazasse la devocion de el SS. Rosario, para dar à el Reyno de Francia un Rey, qual ella, y todos sus Vasallos deseaban: no lo expressa el B. Alano de Rupe. Y assi los Auctores (aunque concuerdan, en que fue antes, que instituyera, se aprobara, y confirmara la Sagrada

Mro. Percin Mon. Conven. Tolos. Sec. 1. anno 1213. n. 15.

En las Historias de Francia se lee, segun el P. M. Fr. Jacobo Bruno Teatro Sacro de el SS. Rosario lib. 11. part. 417. que la Señora Doña Blanca decia: *Dedit mihi Deus meritis Rosarij sua Matris, & Servi sui Dominici filium Ludovicum, bonum Haeredem Gallorum.*

da Orden de Predicadores) fe dividen en dos opiniones, en feñalar el año, en que dió tan acertado confejo à la Santa Princeffa N. Sto. P.

48 Unos fon de parecer, que el año de 1206. y effo muy al principio de el año, à el ufo nuevo. Entonces dicen, tuvo orden el Sto. Obifpo de Ofma D. Diego de Azeves (que acompañado de N. P. Sto. Domingo, havia ido à las *Marcas*, ô Reyno de Ungria por Embaxador de el Rey de Cattilla D. Alonfo el *Bueno*) de paffar à la Corte de Paris, à vifitar en fu nombre à los Reyes Chriftianiffimos, y los Principes fus Hijos, cuyo Primogenito heredero eftaba cafado con la Sereniffima Princeffa Doña Blanca, Hija de el dicho D. Alonfo el Bueno, Rey de Cattilla. Y de efte Orden dá una muy buena razon el P. Mro. Medrano; porque dice: *Que no es creible en la atencion, y cariño de el Rey Don Alonfo, dexaffe de mandar à el Embaxador D. Diego, vifitaffe à una Prenda tan de fu amar, como Doña Blanca, y à quien tan cercanamente tocaban los interezes de fu Corona.* Y yendo el Santo Embaxador à Paris, fue con èl fu infeparable Compañero N. Padre Sto. Domingo.

Mro. Medrano tom. 1. lib. 1. cap. 18. num. 189. Hift. Prov. Hifpan.

49 Otros Auctores fienten, que efte faludable confejo dió à la devotiffima Princeffa Doña Blanca N. P. Sto. Domingo, defpues de la memorable, y milagrofa victoria, que las armas de la Iglefia governadas por fu General el gran Defenfor de la Fee el Conde Simon de Montfort, alcanzaron de los hereges Albigenfes, y fus aliados fobre la Plaza de Muret. Dixe *Milagrofa*; porque fiendo el exercito de los enemigos formidable, pues fe componia de cien mil combatientes, con folos ochocientos Cavalleros, en breve tiempo deftrozò el Conde Montfort (en Campaña) aquel numerofiffimo exercito de enemigos: murieron de ellos à manos de los Cruzados mas de veinte mil, fin otros muchos, que en la vergozofa fuga fe hecharon à el agua,

por

Mro. Seraph.
in Vit. S. Do-
minici libr. 2.
cap. 15.

por escapar la vida, y la perdieron ahogados. No haviendo en el choque perdido Montfort, mas que un
Cavallero Cruzado, y seis Soldados ordinarios. Diose
esta batalla, y se alcanzò esta milagrosa victoria en la
Octava de la Natividad de la SS. Virgen, Jueves treze
de Septiembre de el año de 1213. Luego el Viernes
siguiente dieron fee, y testimonio siete Obispos, y tres
Abades, que se hallaron presentes en Muret, en una
Carta circular, que remitieron à la universal Iglesia,
para que se diessen à Dios las gracias, por tan insigne
Victoria: y quedase *ad perpetuam rei memoriam*, en
los annales de la Iglesia. Leese en los monumentos de
nuestro Convento Tolosano de N. Mro. Percin, quien
dice: *Cæterum non unus Auctor Scriptum hoc S. P.
N. Dominico tribuit, ut D. Andoque Consiliarius
Bitterrensis dicit, &c.*

Mro. Percin
de hæresi 2. p.
cap. 5. in fin.

50   Esta victoria se atribuyó à el Patrocinio de Maria SS. y devocion de su Rosario, y à las Oraciones de
N. P. Sto. Domingo, que se halló presente à todo:::
Y en prueba de esto dice el citado Mro. Percin: *In-
dubitataque est Urbis Mureti fides: in cujus testimonium Primum omnium SS. Rosarij Sacellum. In
Parochiali Ecclesia S. Jacobi Mureti, erectum est
eodem anno 1213. prout videre est, veteribus Scriptum caracteribus ad ingressum dicti Sacelli. In cujus tabula ad Altare representatur ex una parte
Stus. Dominicus, flexis genibus, recipiens Rosarium
una manu, & tenens Crucem tribus sagittis confixam,
è qua pendet Crucifixus ex altera: ex alia parte tabulæ representantur Fulco Tolosanus Episcopus, &
post ipsum Simon Montisfortis, pariter flexis genibus, depicti.*

Mon. Conven.
Tol. ann. 1213
num. 12.

51   Despues de esta milagrosa victoria, fue embiado à la Corte de Paris, por el Conde Simon de Montfort N. P. Sto. Domingo, à dar noticia à el Rey Chris-
tianissimo Phelipe Augusto de todo lo sucedido en la
Bata-

Batalla fobre Muret, y la Victoria milagrofa confeguida de los rebeldes Hereges Albigenfes, como á Señor Soberano de el Condado Tolofano. Ningun Embaxador mas à propofito para efte empleo, que N. P. Sto. Domingo, de quien dice nueftro Mro. Percin: *Cum quo omnia, & fine quo nihil in fidei negotio concludebatur.* En efta ocafion, pues, vifitando N. P. Sto. Domingo á la Princeffa Doña Blanca, fegun el P. Maeftro Fr. Thomas de Malenda, á quien figue Percin, y otros: y pidiendole ella fus oraciones para dar Succeffor á el Heredero de aquella Corona, el Principe Luis VIII. fu Efpofo le aconfejó fe valieffe de la devocion de el SS. Rofario. Y que en efte año de 1213. dió efte confejo, fe haze mas verifimil, que no en el de 1206. porque defde el principio de el año de 1206. hafta el nacimiento de S. Luis, que fue à 25. de Abril de 1215. van mas de dies años, y un parto, y concepto, que fe tiene por milagro de el SS. Rofario, no fe havia de retardar tan dilatado tiempo, fiendo el SS. Rofario (como dixo la Reyna de el Cielo à el B. Alano) *contra quævis adverfa* præfens auxilium. Mas, la Princeffa Doña Blanca no era infecunda, como algunos Auétores han efcrito, pues como afirma el P. Mro. Percin, como indubitable, antes que à S. Luis, tuvo la dicha Princeffa otro hijo, que murió en edad tierna. Y haviendo cafado efta Señora efpañola por el año de 1200. con el Principe Luis VIII. aun viviria efte Niño hijo primero el año de 1206. Y no haviendo, defpues de efte primer parto, dado otro fructo de fu Matrimonio, hafta mas que mediado el año de 1213. fe le doblaba la pena, y mortificacion en haver perdido el primer hijo, y no lograr fegundo en tanto tiempo.

52 Efte viage de el año de 1213. y el otro de el año de 1206. de N. Sto. P. à la Corte de Paris, totalmente los niegan, como fe ha vifto en la quinta objecion, los que la hazen: *Qui* (Stus. Dominicus) *nec Parifius*

Percin de her. cap. 4. num. 5.

Alano 5. part. cap. 35. Que cum devote fecifset, poft breve fpaciú, precibus B. Virg. Mariæ concepit, &c.

Ecclef. in Brev O. P. leét. V. in die 8. Rofar.

Percin Monac. Conv. Tolof. Sec. 1. ad ann. 1213. n. 15.

risios venit, nisi semel ex Hispana. Y todo el fundamento de esta negativa es: q̃ los Escritores anteriores à
Alano, cuyas obras existen, no hazen mencion de otro
viage de N. Sto. P. à Paris, sino solo de el q̃ hizo desde
España à Paris el año de 1219. Pero se responde, que
aquel silencio, no fue de todos los Escritores, que antecedieron à el B. Alano, pues en su tiempo se hallaba
libro de Auctor à el anterior, donde se leia este consejo, que el Sto. P. diò à la Princessa Doña Blanca: *Legitur*, dice Alano, *de Blanca, Matre S. Ludovici
Regis Francorum, &c.* Decir que en tiempo de el B.
Alano, no havia tal libro, donde se leia, lo que escribe
el Ven. P. en aquel cap. 35. de la 5. parte de su Psalterio: consiguientemente se dice, que este Santo Varon,
que lo afirma era mendàz en sus palabras, doloso en sus
labios, ilusor con sus disimulados artificios. Que alla el
Christiano Lector prudente, discreto, y pio, *puede
considerar* si esto se puede decir, ò imaginar, *opinar*,
creer, y juzgar de un Varon bueno, virtuoso, justo,
religioso, docto, predicador, santo, y milagroso, como
le han tenido por tal en el espacio de casi trecientos
años, los que han escrito, hablado, y tratado de èl, como queda dicho en otros lugares de este Opusculo.

53   A principios de el año de 1206. determinò N.
P. Sto. Domingo quedarse de una vez en las partes de
Tolosa à debelar con la gracia de Dios, y Patrocinio
de Maria SS. las heregias pestiferas, y detestables de los
Albigenses, que havian infestado muy mucho aquellas
tierras, y permaneciò en esta gloriosa demanda (para
que Dios le havia destinado como Capitan valeroso de
la Fee, con la espada de la divina palabra, que puso en
sus labios) hasta mas de mediado el año de 1215. que
fue à el Consilio Lateranense IV. en compaña de el
Ven. Sr. D. Fulcon, Obispo Tolosano. Pues en tanto
tiempo de diez años, le hemos de tener tan ligado en
aquella tierra, que una, ù otra vez, no fuera, aun por

breve

Eccles. B. Do-
minicus Pastor
& Dux incly-
tus in populo
Dei factus. ex
Bull. Canoni-
zationis.

breve tiempo á la Capital de aquel Reyno de Francia?
A cafo nueftro Santo Padre eftaba alli como roca im-
moble, que no podia dar un paffo con el cuerpo à otra
parte? Por ventura, eftaba afido de aquel efpacio de
tierra, como el pulpo adhiere à los arrecifes, y con fus
muchos pies, ó muchos brazos aprenhende lo que encuentra, que primero lo harán pedazos, que fuelte la
preffa? Tan materialmente eftaba nueftro Santo Padre
en aquellos payzes Tolofanos, que ni por breve tiempo
podia hazer algun viage, ò algunos viages à otras partes
de el mifmo Reyno Galicano? Y fi efto no es creible,
quien nos dirá quantos viages hizo en el efpacio de cafi diez años hafta el Concilio Lateranenfe? O quantas
ocafiones fe pudieron ofrecer à nueftro Santo Padre de
ir á la Corte de Paris! Confiderefe la empreffa, que tenia entre manos de reducir à aquellos reveldes heregos
al gremio de la Catholica Iglefia, en que antes eftaban,
antes de pervertirfe: y pacificar aquel gran Condado,
cuyo Principe grande herege havia abandonado el fupremo dominio, que en el tenian los Señores Reyes
Chriftianiffimos de Francia; en un negocio tan arduo
quantas dificultades fe ofrecerian, que tratar; conferir,
y deliberar en la Corte de Paris con el fupremo Señor
de aquella Provincia? Veafe ahora fi nueftro Padre Santo Domingo era fugeto muy à propofito para arbitrar
medios juftos, y feguros para la reduccion de aquella
engañada, y enagenada gente à el rebaño de la Santa
Iglefia Catholica: fiendo el Santiffimo Padre efcogido
de Dios para fegundo Apoftol de la Narbona, y Tolofa.
Y affi como ha dicho el Padre Maeftro Percin, con
Santo Domingo todas las cofas, y fin Santo Domingo
nada fe concluia en el negocio de Fée: *Cum quo omnia,*
& fine quo nihil in negotio Fidei concludebatur.

54　Si tuvieramos una Hiftoria de la vida de N. SS.
P. y Patriarca S. Domingo como aquella, que defeaba
tener el G. P. S. Juan Chrifoftomo de los hechos, y vidas
de los Principes de la Iglefia S. Pedro, y S. Pablo, quizas

tuviera fuerza el argumento negativo, contra los q̃ añadiessen à lo que escribieron los Auctores Coetaneos, ò
Suppares. Oygamos como expressa su deseo aquella
boca de oro. *Sed utinam non defuisset, qui nobis Apo-*
stolorum historiam diligentissimé traderet, non tan-
tùm quid scripserint, quidvè locuti sint; sed ut sese
per omnem vitam habuerint, quid & quãdo comederint,
quando sederint, quò ièrint, quid diebus singulis ges-
serint: & in quibus partibus vixerint. Quam introiè-
rint domum, quò navigaverint: ubinam applicuerint:
atque omnia diligenter exponeret. Adeò illorum omnia
eximia utilitate referta sunt. Verùm quoniam igno-
rant plurimi quantum hic lateat lucri, idcirco cul-
pare contendunt. Si enim cum loca tantùm cerminus,
ubi sederunt, seu vincti sunt; loca, inquam, inani-
ta, illuc sæpe dirigamus animum, virtutesque illo-
rum conspiciamus, & expergiscimur, & promptiores
evadimus: multò id profectò magis fieret, si verba
illorum, & reliqua gesta audire contigisset. Certè de
amico per libentèr quis interrogat, ubinam degit, quid
facit, quò procedit? Nòn longè dignius de communi-
bus orbis Magistris id fieri decuit? Hasta aqui expressò
con su bien cortada pluma el devotissimo deseo, q̃ tenia
el P. S. Chrisostomo de saber, quanto hizieron, que hablaron, à donde caminaron, à donde fueron, &c. los Sagrados Apostoles Maestros de el Orbe. Dixe: *que qui-*
zas tuviera fuerza absoluta el argumento negativo,
contra los que añadiessen à lo que dexaron escrito los
Auctores Coetaneos, ò Suppares. Porque aunque huviera un Escritor tan diligente como queria, ò deseaba el Chrisostomo, pudieran quedarse por escribir algunos hechos, ò successos ocultos, que no llegassen à noticia de los hombres. Y estos pudieran saberse por revelacion Divina, ò por otros caminos de la Divina providencia: y en tal caso probados por las Reglas, que enseña la Escritura Sagrada, y Santos Padres podian aña-
dirse, à lo que havia escrito aquel diligentissimo Historiador.

55 Ob-

D. Chrisost. in
Ep. ad Philem.
argum. tom 4.
fol. 375. pag.
2.

55 Objeccion VI. omito, dice uno de los Auctores de la Biblioteca, *Omitto, cum parte V. cap. 38. Domi-nicum exhibere in æde Stæ. Mariæ fuper Minervam habitantem. Quod illum* (Alanum) *arguit in Hiftoria Ordinis peregrinum, qui hanc Domum nefcierit fub Gregorio X. tantum anno fcilicet MCCLXXV. no-ftris Romanis conceffam.*

56 Se refponde, que leidas con atencion las palabras, como ahora fe leen en dicho cap. 38. de Alano, no dicen, que Santo Domingo, y fus Efpirituales hijos ya habitaban en la cafa de Santa Maria fobre Minerva; fino que eftaba nueftro Santo Padre predicando cerca de la Iglefia de la Minerva: y acabado el fermon dixo Miffa en aquella Iglefia. Lo que todo pudo muy bien fucceder, fin que entonzes ni el Sto. ni fus Religiofos habitaran, ni tuvieran por fuya aquella Iglefia, y Cafa. Las palabras, *ut jacent,* en el citado capitulo fon eftas. *Cum infra dies circitér duodecim, nullibi reperiens* (Maria Itala) *auxilium:* Prope Minervam occurriffet, & ibidém de Mariæ Pfalterio B. Dominicum mirabilia prolixè præ-dicare, audiviffet, in Ecclefia ibidem manfit, ut ejus Miffam mereretur audire. De qual de eftas palabras fe colige, fe figue, fe infiere, que ya nueftro Santo Padre habitaba, vivia, y moraba en la cafa de la Minerva: de que eftaba predicando junto à la Minerva, donde le oyò aquella Matrona las grandes excelencias de la devocion del Santiffimo Rofario? No de que acabado el fermon, dixo el Santo Miffa en aquella Iglefia: ni de que efperò aquella Señora, mientras fe preparaba, y fe reveftia: tan poco: porque fin morar, habitar, y vivir alli podia nuef-tro Santo Padre hazer uno, y otro, y aun predicar. Y con tan ningun fundamento fe traduce à el B. Alano de peregrino, é ignorante de la Hiftoria de la Or-den?

57 Mas aunque clara, y expreffamente dixera, que habitaba en la cafa de fanta Maria fobre Minerva nuef-

tro

tro Santo Padre, no se debia atribuir essa ignorancia
à el Beato Alano, sino à el Amanuense, ò à el Editor,
que presumiendo que el primer Convento que la Religion tuvo en Roma, era la casa de la Minerva, lo puso
por su congetura, haviendo casi trecientos, y cincuenta
años, que dicho Convento Minervitano se tenia por el
principal Convento de la Provincia Romana. Y digolo
assi: lo primero: porque el Maestro Guillermo Pepin
Ebroycense, y Suppar à Alano (y quando su libro no
havia salido à luz mediante la prensa) en el sermon IV.
de el Thema: *Salutate Mariam* §. V. trahe este mismo exemplo tomado, como el dice, de el libro de el
Rosario de el Maestro Alano de Rupe, no expressa, ni
indica el lugar donde succediò, ni donde vivia, ò moraba nuestro Santissimo Patriarca. Lo segundo: el Auctor de los Annales de el Santissimo Rosario desflorò este exemplo de el Compendio de Alano, cuyo titulo es,
Compendium Psalterij SS. Trinitatis: y dice Fernandez: *Entrando* (la Matrona virtuosa) *por la Iglesia* de
Santa Sabina, *à donde vivia* (el Santo) *oyendo, que estaba predicando ilustres grandezas de el Rosario, &c.*
Y el Venerable Padre Presentado Possadas dice succediò este caso en *Santa Sabina.* Y decir Fernandez:
à donde vivia, es decir, que este exemplo succediò
despues de haver nuestro Santo Padre, y sus Compañeros, desocupado el Convento de San Sixto (donde al
principio vivieron) para las Monjas Transtiberinas, y
otras, que por auctoridad de el Papa Honorio III.
reformò nuestro Santo Patriarca. Y á el Santo, y sus
hijos endonó el mismo Pontifice la Iglesia de Santa Sabina, donde havia confirmado con toda solemnidad la
Orden de Predicadores.

58   La VII. objeccion, que hazen los Nomenclatores, es sobre la narracion, que haze Alano part. 5. cap.
27. notando la grande diferencia, que se halla entre la
Historia de Constantino Obispo de Orbieto, y la nar-

racion de Alano de Rupe, que cuentan la converfion de Benedicta Florentina. Y dicen, que todo lo demas, que fe halla en Alano, y no fe halla en Conftantino, es adicion, ò ampliacion de Alano. Y aun en lo añadido hay algunas cofas, que no fon confonas à la recta fee, fi fe toman à la letra. Como quando dice, que la Santif-fima Virgen Maria ayudò la Miffa, que Santo Domin-go dixo, y que la mifma Señora en la accion de la fum-pcion comulgò, y acabada la Miffa, ayudò à el Santo à defnudar las veftiduras fagradas. Eftas fon las palabras de los Objectantes: *Vt cùm Beatam Virginem in alta-ri exhibet [Alanus] cum Beato Dominico celebrante: Sacrificium dividentem, partemque Hoftiæ, & Cali-cis fumentem, & bibentem: & poftea ad veftes Sacras deponendas adjuvantem. Quæ nifi modo quodam fpi-rituali [meam fateor mentem excedente] nefcio quis Theologus ferat.*

59 Efta dificultad, que tanto encarecen los que ha-zen la objeccion, no han padecido innumerables Theo-logos, que han vifto, leido, y muy bien de efpacio han confiderado lo que en el capitulo 27. de la 5. parte de-xò efcrito el Ven. Alano, porque tenian en la memoria la fentencia de el Pontifice S. Gregorio Magno: *fcien-dum nobis eft, quòd Divina Operatio, fi ratione com-prehenditur, non eft admirabilis.* Efta vifion de Bene-dicta Florentina, ò fue imaginaria, ò corporea. *Si ima-ginaria,* no tiene dificultad alguna: porque en las Vi-fiones imaginarias no fe ha de parar en la imagen, fino en la fignificacion, ò en el fignificado, porque la imagen es figno, y como figno manuduce al fignado, q es como alma de el figno. Que efta Vifion fue imaginaria lo dice el Annalifta de el Santiffimo Rofario nueftro Fernan-dez lib. 2. cap. 14.

D. Greg. tom. 26. in Evang.

60 Si la vifion fue corporea, es cofa admirable, pe-ro no impofible. Què impofibilidad hay, en que la SS. Virgen, ya Gloriofa, acompañada de Angeles affiftiera

a

à la Missa, que su siervo, y Capellan celebraba: ò ayuda-
rà à su querido espiritual hijo Domingo como Madre
muy especial? Què indecencia se divisa en esto? *Cum*
assistentia Virginis Mariæ, & plurimorum Angelo-
rum, dice Alano. Ninguna repugnancia, se descubriò,
en que la misma Gloriosissima Reyna de los Angeles
con sus sacratissimas manos ayudara à deponer las ves-
tiduras sagradas, con que nuestro Santo Padre havia celebrado el sacrosanto Sacrificio de la Missa. Mayores
actos, y excessos de humildad sin comparacion, se leen
en los libros, ò Historias, haver executado en ocasiones
la Benditissima Virgen Madre de Dios, reynando ahora en la gloria con sus devotos. Y por ahora traygamos
à la memoria aquel caso, ò exemplo, que narra Cesario,
y se refiere en el espejo magno de exemplos, que exer-
citò la Gloriosa Reyna de el Cielo con un Caballero
Soldado, devoto de la Salutacion Angelica, ò Santissimo
Rosario, que haviendo entrado en una Iglesia à cumplir
con su pension diaria: y dado cumplimiento à ella: al
salir de el Templo hallò à la Santissima Virgen Maria
teniendo al Cavallo (que el Soldado havia dexado à la
puerta) por el freno: y al querer el devoto montar en
el bruto la misma Señora de el Empireo con sus puris-
simas, y benditissimas manos tuvo el estribo para que su-
biera, y se sentasse en la silla el Caballero.

61   Finalmente, què implicacion se encuentra en
que la Santissima Virgen ya gloriosa, comiera, y bebie-
ra, no por necessidad, sino por potestad? De fee es, que
Christo nuestro Señor despues de su Resurreccion gloriosa comiò, y bebiò con sus discipulos Act. 10. ℣. 42.
dixo San Pedro: *manducavimus, & bibimus cum illo,*
postquam resurrexit à mortuis. Y consta expressamente de el Evangelio. Veale à nuestro Doctor Angelico
sobre el cap. 21. de S. Juan lect. 2. y en la 3. part. question 55. art. 6. ad prim. que concluye: *Vt enim Augu-*
stinus dicit de Civitate Dei: non potestas, sed egestas
eden-

Spec. exempl.
Verb. Salutat.
Ang. exemp. 2

Actuum capit.
10. ℣. 42.

S. Thom. sup.
cap. 21. Joann.
lec. 2. & 3 p. q.
55. art. 6. ad 1.

edeudi corporalis Reſurgentium aufertur. Vnde ſicut
Beda dicit: Chriſtus manducavit poteſtate, non ege-
ſtate.

62 Grandes Expoſitores de el cap. 24. de San Lucas defienden, que Chriſto en el Caſtillo de Emaus,
deſpues de haver cenado con los dos diſcipulos les mi-
niſtrò la ſagrada Euchariſtia conſagrando el Pan, que
tenia en ſus Divinas manos. *Factum eſt,* dice el Evan-
geliſta, *dum diſcumberet cum eis, accepit Panem, &*
benedixit, & porrigebat illis. Y favorecen mucho
eſta ſentencia San Auguſtin lib. 3. *de Conſenſu Evan-*
geliſtarum cap. 25. Y el Venerable Beda ſup. Luc. lib.
6. cap. 98. Y ſegun eſta expoſicion dice el muy Erudito Padre Sylveira. *Valdé probabile eſt, quód Chriſtus*
Dominus ipſe Sacram Euchariſtiam acceperit.

N. Nicol. Go-
rran hic. Corn.
à lap. hic. Syl.
tom. 5. lib. 9.
cap. 3. quel. 15
à num. 39.

63 Demas de lo dicho: ſi atendemos bien las palabras de el B. Alano, no ſe conoce por ellas, que la Santiſſima Virgen Maria comulgara en eſta Miſſa, à que
aſſiſtiô. Porque Alano ſolo dice: *In qua* (Miſſa) *Virgo*
Maria partem Hoſtiæ & Sanguinis Chriſti accipiens
Dominico ſibi familiariſſimo communicavit. Para verificar preciſſamente eſtas voces, no me parece ſer ne-
ceſſario decir, que la Sacratiſſima V. Maria comulgó *ſub*
utraque ſpecie, vel ſub una ſpecie Panis, en eſta Miſſa. Porque no expreſſan a mi parecer otra coſa, ſino
que queriendo la gran Reyna de el Cielo moſtrar el
g andiſſimo amor, y ſumma familiaridad, que tenia con
nueſtro Sto. Patriarca: tomò la miſma Madre de Dios
parte de la *Hoſtia conſagrada,* y parte de el *Sanguis,*
y con ellas comulgó à ſu gran devoto Siervo Domingo. Y aſſi no Sto. Domingo comulgó à la Madre de Dios,
ſino la Madre de Dios comulgó à Sto. Domingo. Fine-
za, que quizo hazer la Puriſſima Virgen *in ſignum ſum-*
ma, & ſingulariſſima amicitiæ, tanquam Sponſa cum
Sponſo: añade el B. Alano.

64 A lo que añade la objeccion, que todo lo que
hay

hay en la narracion de Alano, que no se halla en la relacion de el Obispo de Orbieto nuestro Constantino, de la Conversion de nuestra Venerable Benedicta: es ampliacion de Alano. Digo, que ò Benedicta no refirió á Constantino todas las Visiones, que tuvo, sino su conversion: ó lo que se halla en Alano, y no en Constantino, succedió despues de algun tiempo de su ultima conversion: y lo que no supo Constantino, lo reveló la Santissima Virgen à su devotissimo Siervo Alano. Vease en el capitulo VIII. la testificacion, que da el B. Alano en testimonio de la Conversion de la Ven. Benedicta Florentina, con que assegurá la verdad de lo que escribe, con legendas: y con revelaciones, que afirma con juramento.

65　La objeccion VIII. se reduce à estas palabras: *Sunt & alia plura ejusdem tenoris, ut cum Dominicum Sponsum Virginis vocat; quo titulo, nec Sanctus se, nec illum vitæ ejus Scriptores laudati ornarunt. Vel cùm Alanus ipse se à B. Virgine in Sponsum acceptum, & torque in collo, annulloque in digito, utroque ex crinibus ipsius Virginis concinnè facto, ab ipsa donatum. Imò & ipsa ubera Virginea sugere sibi permissum, quod egerit avidiùs. Quæ nisi spiritualiter intelligantur, vix capias, aut patiaris.*

66　Comenzando por lo ultimo, respondo diciendo, que el B. Alano abundantissimamente satisface en la primera part. c. 10. de su Psalterio (que es la Apologia, que exhibió à el Ven. Señor Obispo de Tornaco) declarando como pudo gustar el dulcissimo nectar de los Virginales pechos de la Sacratissima Virgen Maria, Madre de Dios, ya Gloriosa: y prendarse con el collar, y anillo formados de los mundissimos cabellos de su muy ven. cabeza. Donde dissuelve, y desvanece las razones humanas, que como humo negro se oponen à las operaciones sobrenaturales, y Divinas.

67　Solo propondré algunas palabras, que dexó escrito

critas efte Venerable Maeftro en el citado cap. §. 4.
Accepimus S. Bernardum Mariæ Virginis ubera fu-
xiffe. Sta. Catharina Senenfis de Fonte lateris Chri-
fti bibit: & Sanctorum quidam etiam de SS vulneri-
bus Chrifti biberunt, ut adufque inebriationem fpiri-
tus, cum inenarrabilibus gaudijs tracti exultariut.
Quis autem aufit affirmare iftæ hæc meras fuiffe, va-
nafque phatanfias? Præfertim cum Ecclefia refutet
phantaftica, & condemnet. Muchos femejantes favores,
y gracias fe leen en las vidas de los Santos, y fantas. Veafe en el efpejo Magno de los exemplos uno, que refiere copiado de nueftro doctiffimo, y eruditiffimo V. Vicente Bouovacenfe de un muy devoto Clerigo, q̃ con-
tinuamẽte alababa à la Reyna de la gloria con la *Saluta-*
cion Angelica, à quien curò lengua, y labios la Reyna
de el Cielo con leche de fus Virginales pechos. Y de
aqui dice el B. Alano: *Inde* Lac Mariæ Virginis in terra, *ceteras inter Reliquias multis in Ecclefijs repe-*
ritur. Y fi algun curiofo preguntare como en fingular
fe haga, ù obre efte marabillofo favor? refponde Alano:
Sed quo id modo in fingulari? ignoro. Nàm quæ funt
in terris, vix cum labore agnofcimus: quæ autem funt
in Cælis, quis inveftigavit? inquit Sapiens cap. 9.
Nemo enim novit, quæ funt, vel quæ eft gloria Beato-
rum, nifi Spiritus Dei, & cui Deus voluerit revela-
re. Aqui viene el dicho de San Gregorio Magno: *Di-*
vina Operatio, fi rationé comprehenditur, non eft ad-
mirabilis.

68 El efpiritual, y fobrenatural defpoforio de la Santiffima Virgen Maria con fu devotiffimo Siervo Alano
de Rupe, lo teftifican quantos han efcrito fu vida, ò venerado fus Revelaciones, ó han predicado de el Santiffimo Rofario, ò han elogiado fu reftaurador, varones
graves, doctos, eruditos, prudentes, difcretos, Theologos, de que ya fe han individuado algunos. Bafe para
ahora un Theologo de gran nombre el M. R. P. M. Fr.

Dd   Juan

Spec E Everb.
Maria exempl.
2.

Sapient. 9.

Juan Martinez de Prado, que elogia á el Beato Padre con estas voces: *Beatus Alanus à Rupe Beatæ Virginis Mariæ Novellus Sponsus, & cultor deditissimus, & Rosarij Prædicator indefessus fuit.* Y el mismo Alano en muchas partes de su Psalterio Virginal habla muy expressamente, y haze mencion de este espiritual desposorio, aunque siempre en cabeza de otro. Y en el citado cap. 10. §. 2. n. 4. dice: *Verùm quia persona vivit, non possum eam nominatim manifestare, ob pericula vanæ gloriæ, mundanæ vanitatis, & etiam tribulationis. Talia enim abscondi debent in vita, & post mortem laudari.* Y esto assi succediò, q no haviendo el Santo varon manifestado la persona, de quien hablaba: despues ya difuncto se ha manifestado, que no era otra persona, sino el mismo Alano era el favorecido.

69	Semejante desposorio espiritual, es el que contraxo la Reyna de los Seraphines con su Capellan, Predicador, y accerrimo defensor de la incomparable pureza de la Madre de Dios contra los Albigenses N. P. S. Domingo. Pero no lo publicò, ni era conveniente, que lo manifestara: y no haviendolo publicado, ni aun en tercera persona, no podian saber este oculto sagrado secreto los Escritores de su vida. Como ni supieron otros singulares favores, que misericordiosamente le hizo el Señor, y su benditissima Madre: y assi no los notaron, ni pudieron escribir entonces sus Historiadores.

70	Uno solo manifestò en la ultima hora de su vida à sus espirituales hijos, imitadores de sus heroicas virtudes para su Doctrina, y edificacion, que fue el haverle conservado el Señor con su gracia, y su diligencia, hasta aquella hora con la Virginal pureza. Y con todo (como certificò el Venerable Prior de Bolonia Fr. Ventura de Verona, testigo en el processo, que se actuó para la canonizacion de el Santo Padre) tuvo despues algun

gun escrupulo su muy delicada conciencia de haverlo manifestado en ocasion tan opurtuna para exemplo. Pero si el Santissimo Patriarca no manifestó en vida este tan especial favor de la Sacratissima Madre de Dios, lo manifestó el Santo Padre, lo manifestó triumphante ya en la Gloria à su querido hijo espiritual Alano: *Extra me factus* (le dixo Santo Domingo) *per raptum, manifesto in lumine contuebar coram me* Amicam meam, quam mihi quæsivi à juventure Sponsam charissimam Dei Genitricem. Y la misma Gloriosissima Virgen en varias ocasiones hablando con Alano de el Santo Patriarca le daba este soberano titulo: *Clarissimus Sponsus meus Sanctus Dominicus.*

Sap. 8.

Alan. 3. part. capit. 19 mihi serm. de salut. Ang. in prol.

71 De este celestial desposorio de N. P. S. Domingo, que la Reyna de la Gloria celebró, hablando Juan Pedro Gresensi, Theologo de el Cardenal Colona lib. 3. narracion 1. pag. 73. col. 2. dice estas palabras vertidas de el idioma Italiano en el Castellano por el Padre Maestro Seraphin: *Succedió despues de haver sido en presencia de Jesu-Christo, de su bendita Madre, en un extatico desposorio acceptado por Esposo. Quedando esta Celestial Señora en consequencia de ello Madre de la Orden de Predicadores: la qual por este titulo [entre otros] se nombraba al principio la Orden de Maria.*

Seraph. lib. 4. Vit. S. Dom. cap. 20. pagin. 338. & not. 646.

72 Varios desposorios espirituales, que ha celebrado la Emperatriz de los Cielos Maria Santissima con algunos Santos, y devotos Siervos suyos se leen en las Historias, y vidas de Santos. Desposòse la Madre de Dios con San Edmundo, como se lee en su vida, y en nuestro Ven. Vicente Bellovacense, segun el espejo citado de los exemplos. *Verb. Fæmina exemp. 6.* Se desposó tambien la gran Señora con el fundador de la Orden de el Cistel San Roberto, como narra al Ven. Surio en su vida; en las Chronicas de la sagrada Orden de Premostre se dice, que este especialissimo favor Maria

San-

Santiſſima hizo à el Beato Hermanno como nota nueſtro Maeſtro Coquecio *lib. Viſcera Materna* cap. 19. Y en el citado eſpejo ſe pueden veer otros: *Verb. Fœmina* exemplo 9. *Verb. Maria* exemplo 3. y *Verb. Salut. Angelica* exemplo 2.

73   Finalmente eſtos eſpirituales deſpoſorios de la Princeſa de las Gerarquias Celeſtiales con algunos eſpeciales Santos y devotos ſuyos no tienen mas dificultad en ſu creencia, à lo que parece, que los deſpoſorios aſſi miſmo eſpirituales, que ha celebrado nueſtro Rey, y Señor Jeſu-Chriſto con algunas Santas eſcogidas Virgines, como ſon Santa Cathalina Virgen, y Martyr, Santa Cathalina de Sena, Santa Roſa de Santa Maria, Santa Cathalina de Riccis, Beata Lucia de Narni, Santa Thereſa de Jeſus, y otras Santas glorioſas. Porque ſiempre unos, y otros deſpoſorios de el Hijo de Dios, y de la Madre de Dios, ſe ordenan à empeñar à los, y las favorecidos, y favorecidas, condecorados, y condecoradas, con tan noble caraƈter, y tan apreciable nomenclatura, à mas heroicas virtudes, y muy eſpeciales empreſſas, mas que las comunes por grandes, que hayan ſido. Y aſſi immediatamente deſpues de haver dado la mano de eſpoſo el Señor de el Cielo, y tierra à la Seraphica Virgen Santa Thereſa de Jeſus, le dixo, é intimó el Señor *Deinde ut vera Sponſa meum zelabis honorem.*

74   Y en eſta miſma conformidad celebrado el deſpoſorio eſpiritual de la Glorioſiſſima Maria Virgen con el B. Alano de Rupe: le conſtituyò la gran Señora Reparador de ſu Virginal Pſalterio, ò Celeſtial devocion de el Santiſſimo Roſario, le mandó (como èl miſmo teſtifica parte 1. capitulo. 16. §. 6.) *Diva Maria ſuo Sponſo mandavit gravitèr, & ſingulariter Iſthanc ſuæ laudis Confraternitatem, dudùm collapſam, rurſùs ad obſervantiam priſtinam inſtaurare ad majorem Dei, Deiparæque gloriam ſalutem mundi, & vitiorum extri-*

tirpationem. O que bien! Con que desvelo, cuydado, y diligencia, con que devocion fervor, y zelo se aplicò, cumpliò, y satisfizo este nuevo esposo Alano este grave, y singular precepto, ò mandato de su Reyna, y adorada Señora Maria Santissima ya su nueva espiritual esposa! Quinze años (dicen los que escriben su santa vida) consumiò en obedecer, y cumplir con este, para el dulcissimo mandato de su immaculada esposa, y amantissima Madre en negocio de tanta consequencia, è importancia, como renovar la Divina devocion de el Santissimo Rosario, ya por mas de cien años olvidada, y aun casi de el todo borrada de la memoria de los hombres, y restablecer su fructuosissima Cofradia abandonada de los mortales. Empeño, y empressa ardua, dificultosa, y expuesta à mil contradicciones de los mundanos, tibios, negligentes, perezosos, è indevotos. Y en fin las tolerò constante hasta salir vencedor con la ayuda de la Divina gracia, y patrocinio de su amabilissima esposa, y poderosissima Reyna: coronando sus continuas fatigas, y gloriosos trabajos con sazonados, y dulcissimos fructos de honra, y honestidad, que hasta oy producen las fragrantissimas Rosas de el Santissimo Rosario en todo el Orbe Christiano.

CAPIT. DEZIMOTERCIO.

Dissuelvense otras Objecciones.

DISSUELTAS YA (LO MENOS mal, que ha podido mi insuficiencia) las objecciones, que los Auctores de nuestra Biblioteca hizieron con su rigida, y nimia Critica censurando los Venerables escritos de el B. Alano de Rupe: por si acaso otros severos Criticos leyendo los mismos escritos ya defendidos, hallaren alguna, ó algunas clausulas, ó palabras, que les causen nausea à su muy delicado gusto: he recorrido la obra principal, que escribiò este Venerable Padre, que intitulò *Psalterium Christi, & Mariæ,* y no queriendo dexar sin solucion las palabras, ò voces, que al parecer puedan tener alguna sombra de dificultad, procurarê darles competente satisfaccion, aunque sea con mi inerudicion.

2   La primera Objeccion, que pueden hazer, es que Alano en la 1. part. cap. 8. §. 10. dice de N. P. S. Domingo: *Iste est Apostolus ille Psalterij, de quo Alma Dei Virgo, non semel ei facta Revelatione,* mandatum, formamque dedit ejusdem prædicandi. *Et verò prædicavit, circumque tulit, per omnem Hispaniam, Italiam, Galiam,* Angliam, *& Alemaniam.* De estas palabras la penultima *Angliam* harà dificultad: porque N. P. S. Domingo nunca passò à predicar à *Inglaterra,* ni estuvo en aquella Isla, ni hai rastro de que alli predicasse, ni aun en el mismo Alano, ni entre los diversos hechos, que nuestro Santo Padre escribiò, se halla alguno por donde se pueda conjeturar, que huviesse aportado à aquella Isla en algun tiempo.

3   Sea la respuesta, que algun Amanuense, ò el Editor leyendo en Alano 2. part. capit. 3. y 3. part. cap. 22. que N. P. S. Domingo estuvo en *Bretaña,* y que alli predicó la devocion de el Santissimo Rosario, alli estableciò la primera Cofradia de el Psalterio Mariano: sin reparar, ni atender, que el B. Alano habla de la *Menor Bretaña,* que es Provincia, y Ducado, aunque oy incorporado en la Corona de Francia, en el continente de aquel Reyno: juzgô, que era Inglaterra, que tambien se denomina *Bretaña* aunque para distinguirlas, la una se dice *Bretaña mayor,* y la otra *Bretaña menor:* aquella es el Reyno de Inglaterra, y esta es Ducado en el continente de Francia. Y queriendo expressar mas su errado concepto, mudò el nombre *Britannia* en el de *Anglia.*

4 Y

Alano 1. part. cap. 8. §. 10.

B. Alan. 2. p. cap. 3. & 3. p. cap. 22.

4 Y no hay que admirar, que en efte error cayeffe el Amanuenfe, ò el Editor de la obra de Alano. Pues efto mifmo le fuccediò à un grande Predicador, y aun Erudito Hiftoriador, que hablando, y efcribiendo de el mifmo cafo, de que trata Alano en los Capitulos citados de la 2. y 3. parte: efcribiò fu concepto en efta forma: *En Bretaña fe fundaron las primeras Cofradias de el Rofario: Inglaterra eftrenò efta dicha: en aquella Ifla fe oyeron las primeras voces de Domingo perfuadiendo efta fanta devocion.* En que fe vee, que efte muy celebrado Maeftro fe aluciò tomando una Bretaña por la otra. Y lo q̃ expreffiffimamente dice el B. Alano de la *Menor Bretaña,* Ducado de Francia, lo acomodò à la *Mayor Bretaña,* Reyno de Inglaterra. Y affi no hai, que admirar de que por Bretaña, de que trata Alano, pufiera el Amanuenfe, ò el Editor *Anglia.* Juzgando, que no havia dos *Bretañas,* ò fi juzgò que havia dos hechò mano de la *Mayor,* debiendo hecharla de la *Menor.* De fuerte, que hallando quatro nombres Efpaña, Galia, Italia, y Bretaña, y fiendo los tres Reynos Efpaña, Italia, y Galia, hizo tambien Reyno à Bretaña, y la nombrò *Anglia,* ò Inglaterra, no fiendo Reyno, fino Ducado en Francia.

Tom. 2. tract. 5. n. 25. vid. de el mejor Guzman.

5 Entre los exemplos, que efcribiò el B. Alano en la 5. parte de fu Pfalterio, uno folo fe halla fuccedido en Inglaterra, que fe lee en el cap. 33. cuyo titulo es: *De Helena Anglicana meretrice per Pfalterium Virginis Mariæ converfa.* No dice Alano, en que tiempo fuccediò la converfion de efta meretriz, ni dice, que aprendiera efta Santiffima devocion de N. P. S. Domingo, por confejo, monicion, fermon, ò predicacion de el Santo Padre como lo dice en todos los mas exemplos, y milagros, que alli refiere Alano. Aprendiòla fi de algun fermon, ò platica, que oyò predicar, ò platicar las alabanzas de el Pfalterio Virginal, ò Santiffimo Rofario: *Audivit,* dice Alano, *quafdam laudes Pfalterij Bea-*

Part. 5. cap. 33.

tæ Virginis prædicari. De aqui nada se puede inferir, de haver estado, y predicado el Santissimo Rosario nuestro Santissimo Padre en Inglaterra.

Part.1.cap. 15.
§. 7. n. 12.

6   Objeccion 11. en la primera part. cap. 15. §. 7. n. 12. dice el B. Alano: *In exemplum nominàmus Dominam Joannam ex Britannia oriundam, Comitissam in Hispania Guzmanicam, que huic suum filiolum Dominicus innutrivit Disciplinæ.* Y en la 3. part. cap. 22.

Part. 3. cap. 22.
§. 1.

§. 1. vuelve à decir: *Et quod Mater ejus* (Dominici) *cujusdam Britanniæ Ducis Filia, indidèm oriunda, fuisset: tantò audiebatur attentiús, veluti cognato sanguine Ducis Magni propinquus* (Dominicus.) Esto, que Alano dice de que la Santa Señora Doña Juana de Aza, Madre de N. P. S. Domingo, decendia, ó trahia su origen, y sagre delos Señores Duques de la Menor Bretaña, no la ha dicho otro Escritor, ni algun Genealogista. Que el Padre de nuestro Santissimo Patriarca el Ven. Señor Don Felis de Guzman decienda de *dichos* Señores Duques de la Menor Bretaña, lo han dicho, y lo dicen muchissimos, y grandes Genealogistas, y Escritores, y entre ellos muy de proposito el Maestro Ambrosio de Morales: de q se puede veer al P. M. Fr. Seraphin Thomas Miguel en la vida Eruditissima, que escribió de nuestro Santo Padre en la Dissertacion primera.

7   Se responde lo primero: que en tiempo de el B. Alano en la Menor Bretaña la tradicion de el Parentesco de Santo Domingo con los Señores Duques de aquel Estado, corria con alguna alteracion en el Vulgo: que creia, que la cognacion de Consanguinidad, era por parte de la Santa Señora Doña Juana de Aza. Y assi Alano hablò conforme à la tradicion vulgar. Esta tradicion (quando escribia Alano) en su origen, y principio, tenia mas de quinientos años, y assi no ay que estrañar, que la huviera alterado el Vulgo. Algunos Auctores suelen à vezes seguir la opinion vulgar, en lo que dicen, ò escriben. Es exemplo muy auctentico de esto,

lo

lo que en el Libro fagrado de los Actos Apoftolicos,
refiere S. Lucas, haver dicho el Gloriofo Proto-Mar-
tyr S. Eftevan [en una difputa, que tuvo con los pefti-
naces Judios] unas palabras, que no concuerdan bien,
con lo que efcribiò Moyfes en el Genef. cap. 23. An-
tilogia, que compone el Ven. Beda, à quien figuen
grandes Doctores, y Eruditos Expofitores diciendo:
Beatus Stephanus vulgo loquens, vulgi magis in di-
cendo fequitur opiniones. Veafe al P. Mro. Cano de
Locis *lib. 2. cap.* 18. y Mro. Gravefton *tom. 2. Hift.*
Vet. Teftam. Colloq. 1.

Genef. cap 23.
V. Beda Cano
& Gravefson.

8   Lo fegundo fe puede refponder, que la familia
de los Señores de Guzman, y la familia de los Señores
de Aza, eftaban enlazadas con vinculo de confanguinidad, y afinidad con los Señores Duques de la Menor
Bretaña. Para claridad de efto fe ha de faber, y notar,
que los Efcritores de la Orden con muchiffimos Hiftoriadores, y Genealogiftas extraños, que tratan de los
Progenitores de N. P. Sto. Domingo, y entre ellos,
como he dicho, el Gran Mro. Ambrofio de Morales,
dicen, que el Tronco de la cafa, y familia de los Señores Guzmanes es un Cavallero llamado *Guillermo de*
Gutman, Hermano de un Duque, y Señor de la *Menor*
Bretaña, que vino à el Reyno de Caftilla, y ayudó va-
lerofamente à el Rey Caftellano en fus Conquiftas, contra los Mahometanos: y fe quedó en dicho Reyno, y
fundò un Caftillo vezino à *Roa,* que fe denominó
Gutman, por fu Fundador. Veafe à el P. Mro. Fr. Seraphin Thomas Miguel, à el cap. 1. de la Vida de N.
Sto. P. y en las notas à efte capitulo.

9   Efto notado, dicen los Hiftoriadores, y Genealogiftas, que efte Cavallero *Guillermo de Gutman,* haviendo cafado en Caftilla, tuvo de fu matrimonio un
hijo, que fe llamó *D. Nuño Nuñez,* y una hija llamada *Doña Ximena Nuñez.* De el Conde D. Nuño Nuñez, procede por varonia la cafa, y familia de *Guzman.*

Este Conde D. Nuño, puso en el Escudo de sus armas los *Armiños*, de los Duques da la *Menor Bretaña*.

Berganza tom. 1. lib. 5. cap. 41. num. 451.

La hija de D. Guillermo de Gutman, llamada *Doña Ximena Nuñez* [segun el P. Mro. Fr. Francisco de Berganza, en su primer tomo de sus *antiguedades de España* Benedictino] casó con el Rey D. Alonso el VI. que ganó á Toledo; pero el Matrimonio fue disuelto por el Parentesco, que havia entre el Rey, y esta Señora. Y afirma dicho Mro. Berganza, que esto consta por dos Bulas de S. Gregorio VII. y para esto cita á el Eminentissimo Sr. Cardenal Aguirre.

10   En esta Señora Doña Ximena Nuñez, huvo el Rey dos hijas, una llamada Doña *Elvira*, Progenitora de los Condes de Tolosa. Otra nombrada Doña *Teresa*. Su Padre el Rey la casó con el Conde D. Enrique de Borgoña. Dióle el Rey su Padre en Dote con titulo de Condado, todo lo conquistado, y por conquistar de los Moros de Portugal. El Conde D. Enrique, y la Condesa Doña Teresa, tuvieron una hija llamada *Doña Urraca Enriquez*, que casó con Don Bermudo Perez, Conde VIII. de Trava, hijo de el grande Conde VII. de Trava, y Trastamara D. Pedro Floraz. De el matrimonio de el Conde D. Bermudo Perez, y su Esposa D. Urraca Enriquez, nació una hija llamada *Doña Sancha Bermudez*, que casó con D. Garcia Garcèz IV. de este nombre, *Conde de Aza*, Padres que fueron de la *Beata Señora Doña Juana de Aza*, Madre dichosissima de N. Gloriosissimo Patriarcha Sto Domingo de Guzman. De lo dicho consta, que la Santa Madre de N. Sto. P. era descendiente de aquel Grande Heroe, D. Guillermo de Gutman [Progenitor, y Tronco de la casa, y familia de los Señores Guzmanes] quarta Nieta de el dicho Heroe, Hermano de el Duque de la Menor Bretaña. Estaba, pues, la Santa Doña Juana de Aza, en quinto grado de consanguinidad por linea recta, con dicho Conde D. Guillermo

de

de Gutman, Fundador de el Caftillo, que fe nombró de *Guzman.*

11 Ahora D. Nuño Nuñez [hijo de el mifmo Don Guillermo de Gutman, y hermano de Doña Ximena Nuñez] cafó con Doña Leonor Gonzalez de Cifneros, hija de el Conde de Afturias: y tuvieron por hijo à el Conde D. Nuño Rodriguez, que cafó con Doña Ximena Ordoñez, y de efte matrimonio fue frutto el Conde D. Rodrigo Nuñez de Guzman, que contraho Matrimonio con Doña Godo de Lara, de quienes nació el Ven. Sr. D. Feliz de Guzman, Raiz, y Tronco con fu Santa Efpofa la Beata Doña Juana, de la feliciffima de Vida N. SS. Padre, y Patriarcha S. Domingo de Guzman, Fundador fapientiffimo de fu clariffima Orden de Predicadores: *Felix vitis de cujus furculo: tantum Germen redundat feculo,* como canta la Iglefia en alabanza de N. Sto. Gloriofo. Defuerte, que el feliciffimo Sr. D. Feliz de Guzman fue tercer Nieto por linea retta, varonil de D. Guillermo de Gutman, Tronco de la cafa de los Señores Guzmanes, fegun la mas antigua, común, y recebida fentencia, de que confta con toda claridad, que el Ven. Sr. D. Feliz de Guzman, y fu Santa Efpofa Doña Juana de Aza, eftàn en quarto grado con quinto de confanguinidad en linea tranfverfal: unidos por fangre de D. Guillermo de Gutman, hermano de el Duque de la *Menor Bretaña.*

In Offic. Sanc. Dom.

Vid. M. Serap. Differt 1. ad Vit. Sanct. P. Dom.

12 Concluyendo, pues, efta refpuefta genealogica, digo: que no incongruamente fe puede decir, que la Santa Señora Doña Juana de Aza, Madre de N. P. Sto. Domingo, era oriunda, y confanguinea de los Señores Duques de la Menor Bretaña, por fu Madre Doña Sácha Bermudez. Y el Ven. Sr. D. Feliz de Guzman, Padre de N. Sto. Patriarcha, era oriundo de Efpaña: por fu Madre Doña Godo de Lara, y fus Progenitores Efpañoles, y en efta forma verificarfe fufictentemente, lo que leemos en el B. Alano 3. part. cap. 23. §. 17.

Et eo ipfo tempore eft in Hifpania revertus [Sanctus Dominicus] *unde, & Pater ejus ſ erat oriundus.* Otras cognaciones de confanguinidad, y finidad entre Padre, y Madre de N. Sto. P. ſe pueden deicubrir, que no ay ahora neceffidad de inveftigar.

Part. 2. cap. 17. Seet. 3.

13 Objecion III. En la part. 2. cap. 17. Sect. 3. donde el B. Alano eſcribe las Conftituciones, que dió la SS. Virgen [quando ſe inftituyó la primera Cofradia de el Pſalterio Mariano, ô SS. Roſario en la Menor Bretaña] á los Cofrades de efta SS. devocion, la Conftitucion VII. ſe expreffa con eftas palabras: *Ultra Paſchalem Confeſſionem, ter in anno confitebuntur, ſcilicet, in Pentecoſtes, Sancti Dominici, & Natalis, Feſtis.* Efta Conftitucion nada manda acerca de la *Comunion.* Porque ſupueftos los antiguos Canones, que mandaban comulgar tres vezes al año: *De Conſec.*

De Confecrat. dift. 2.

diſt. 2. Can. Etſi non frequentiùs, y *Can. Seculares.* En la Paſcua de Refurrecion, Pentecoſtes, y Natal de el Señor, no havia neceffidad de hazer de efto Conftitucion. La dificultad de efta Conftitucion confifte, en que en ella manda la SS. Virgen á los Cofrades, con-confeffar en la fiefta de N. P. Sto. Domingo. Y eftas Conftituciones las daba la Madre de Dios á el mifmo Sto. Domingo, para que las publicara á los nuevos Cofrades de la primera Cofradia de el SS. Roſario, que ſe eftableciò en la Menor Bretaña, y era viviendo el Sto. P. en efte mundo: luego no pudo mandar la Reyna de el Cielo, confeffafen los Cofrades en el dia de la fiefta de Sto. Domingo.

14 Refpondeſe con el P. Mro. Fr. Pedro Sanchez: *Quod iſte articulus quoad illam partem* [Sancti Dominici] *fuit revelatus B. Alano à BB. Virgine, & tunc jam Cathalogo SS. Beatus Parens erat aſcriptus. Unde inter revelandum Alano, quæ jam revelaverat Parenti N. Dominico, potuit B. Virgo addere articulum de Confeſſione in die B. Dominici.*

Magift Petrus Sauch. in Theolog. SS. Roſ. quæft. 8. art. 18. circa fin.

Quan-

Quando Maria SS. diò eſtas Conſtituciones á N. P.
Sto. Domingo, no eſtaba en ellas la Confeſſion de los
Cofrades el dia de Sto. Domingo: mas quando la Prin-
ceſſa de la Gloria las reveló á el B. Alano, para que renovara la devocion de el Santiſſimo Roſario, de nuevo añadió la Confeſſion de el dia de Nueſtro Sto. Padre:
pues ya eſtaba canonizado, queriendo honrar á ſu Siervo, y Capellan Domingo, y que ſus Cofrades hizieſſen
à Dios eſta penitencia obſequioſa, de purificar ſus con-
ciencias, para celebrar la fieſta de el Glorioſo Sto. que
fue el Auctor, y primer Apoſtol de el SS. Roſario, de
que ha reſultado à Dios tanta gloria, à la Madre de
Dios tanta veneracion, y culto, y tanta utilidad, y provecho á todo el Pueblo Chriſtiano.

15 Objecion IV. En la 3. part. cap. 19. num. 1.
dice Alano, que N. P. Sto. Domingo le reveló un Sermon, que havia predicado en la Cathedral de Paris de
el SS. Roſario, perſuadiendo eſta Angelical devocion,
cuyos puntos, y diſcurſos, ſe fundaban ſobre las palabras de la Salutacion Angelica. Y que le dixo N. Sto.
P. *Quid aliquando mihi contigerit olim degenti Pa-*
riſijs Lutetiarum, minime te celatum volo. Major iſt-
hic Eccleſia Metropolitana, eſt eademque Dei Genitri-
cis, & Intemeratæ Virginis Mariæ honori ſacra, &
dicata, &c. En tiempo de Sto. Domingo, la Igleſia
Mayor de Paris no era *Metropolitana,* ſino Sede Epiſ-
copal, ſufraganea de la Metropoli Sinonenſe, ni lo fue
en muchos años deſpues de el Tranſito de eſte mundo
de N. Sto. P. luego no pudo decir el Sto. Patriarcha,
que era *Metropolitana* la Igleſia Mayor Paricienſe.

16 Se reſponde, que no ſolo viviendo N. P. Santo
Domingo, la Cathedral de Paris no era Metropolitana,
pero aun muchos años deſpues de Alano, no lo era.
El Papa Gregorio XV. à ruegos, è inſtancias de el
Chriſtianiſſimo Rey Luis VIII. la erigiò, y elevò de
Sufraganea, à Metropolitana, como eſcribe N. Mro.
Gra-

Part. 3. cap. 19.
num. 1.

Gravesson, *en la 1. part. de el tomo 8. pag. mihi 133.*
colum. 2. de su Historia Ecclesiastica. Este Sto. Pontifice, fue electo à 9. de Febrero, y coronado à 14. de el mismo mes, año de 1621. Conque indubitablemente con el vocablo *Motropolitana,* no pudo N. Sto Padre condecorar à la Cathedral de Paris, ni tampoco darle este titulo el B. Alano. El Editor de la Obra de Alano, ù otro posterior adicionador, quiso dar este honorifico titulo à aquella Sta. Iglesia, por haver sido en su tiempo la exaltacion de aquella Iglesia à Metropolitana. El Auctor de los annales de el SS. Rosario, que copiò esta Revelacion, y Sermon de los Escritos de Alano, en el lib. 1. cap. 24. dos vezes la llama Cathedral, y no Metropolitana. Y el M. R. P. Fr. Juan de Cartagena (que lo que escribe en su tomo 3. de sus Homilias, de Revelaciones de el SS. Rosario, desfloro este caso, de los Originales de Alano) lo que dice en este passo es, que N. P. dixo à Alano: *Debebam in majori Ecclesia B. Mariæ prædicare.* Ni Alano, que viviò, moriò, y estudió en nuestro Convento de Santiago de Paris, podia ignorar, que aquella Santa Iglesia no era entónces Metropolitana, sino Sufraganea de la Metropoli Senonense. En esta Iglesia Cathedral Metropolitana de Paris, dice N. Mro. Percin: *In Ecclesia Cathedrali Parisiensi* antiquissimum Rosarij dedicatum est Sacellum. De que se puede muy bien congeturar, que desde que N. Sto. P. predicò en aquella Santa Iglesia este Sermon de el SS. Rosario, fundado en la Salutacion Angelica, se erigió aquella antiquissima devocion.

☐

Mro. Percin
Mon. Conven.
Tol. ann. 1219

CAP.

CAP. DECIMOQUARTO.

Predicar el Pſalterio Mariano, es predicar el Santo Evangelio, y â los Predicadores de el Santo Evangelio es muy proprio predicar el Santo Roſorio.

1   LOS AUCTORES DE LA CITADA Biblioteca tomo 1. pag. 852, preocupados de ſu Critica inmoderada, eſcribieron eſtas palabras: *Ante Alanum de Roſario non præbicabant, ſed neque etiam de Breviario, utrumque dicebant, & dicendum monebant. Erras, ſi Roſarium prædicare, nihil aliud eſſe, cenſes, quam Roſarium ſemper in ore habere. Hæreſes ex libris Sacris, ex Conſilis, ex SS. Patribus devellare, vitijs Chriſtianorum averruncandis, & verbo, & ſcripto incumbere: Neophitos, & ignaros Articulos Fidei docere: Veritates Evangelicas ex Pulpito declamare, ad omne opus bonum fideles excitare.* Hoc eſt Roſarium prædicare.

Bibliot. O. P. tom. 1. p. 852.

2   Y añaden: *His Dominicus deſudabat, Albigenſium impia dogmata ex Verbo Dei confutabat. Evangelium Matthæi, ſeu Domo, ſeu in itinere ſub manu ſemper habebat: Epiſtolas Pauli in ipſa Aula Pontificis exponebat. Sodalibus, ut idem facerent, continuo adhortabatur, illi dociles ad nutum obediebant. Vocabulum Roſarium, vel ſimile idem exprimens, non puto in ijs legendum.*

3   Bien eſtà, y muy bien, lo que dicen que hazia, enſeñaba, y amoneſtaba N. P. Sto. Domingo à ſus eſpirituales Hijos, Diſcipulos, y Compañeros. Pero decir, que antes que floreſciera Alano, no ſe predicaba de el SS. Roſario, ni por N. SS. Patriarcha, ni por ſus Sequaces, è Imitadores, yà de lo dicho en los Capitulos

V.

V. y VI. Consta lo contrario, como alli se ha probado, no con leves argumentos, sino con irrefragables testimonios. Y decir, que N. Sto. P. no predicó expressamente la devocion de el SS. Rosario, ó Psalterio Mariano: á mi parecer es negar [á lo menos implicitamẽte] que N. P. Sto. Domingo sea Auctor de el Psalterio Virginal, ó SS. Rosario. Y es *argumento à posteriori* de esta negacion el silencio, que se nota en toda la Biblioteca, que con ser tan grande, copiosa, y dilatada, ni una sola vez, se dice, se afirma, ò expressa, que el SS. Patriarcha Nuestro es, ò fue Inventor de el Rosario, Fundador de el Rosario, Institutor de el Rosario, ó Auctor de el Rosario [como ahora se practica en la Iglesia Catholica] como á cada passo lo dicen, lo afirman, y testifican los Summos Pontifices, la constante Tradicion, conservada por mas de quinientos años en la Orden de Predicadores: y lo tiene entendido, y *lo* canta el Pueblo Christiano.

4 En la instrucion, que nos dan estos Severos Criticos, no me quadra esta advertencia: *Erras*, dicen, *si Rosarium prædicare, nihil aliud esse censes, quam Rosarium semper in ore habere.* Predicar *el Rosario* [le parece à mi cortedad] es predicar *de el Rosario*, esto es, que el objeto, el assumpto, la materia, ò el argumento de el Sermon, Oracion, ò Platica, es el Rosario, con sus antecedentes, y consequentes, con sus anexos, y connexos, su principio, y fin, &c. y à este blanco, ò centro, enderezar, dirigir, y ordenar, como tiros, y lineas; los discursos, las pruebas, las confirmaciones, los exemplos, las persuasiones, exhortaciones, admoniciones, y peroraciones, y assi siempre, ò continuamente ha de tener en la mente, ó en la memoria el Predicador de el Rosario, el escopo de su Platica, Oracion, ó Sermon: y si esto es tener en la boca siempre el Rosario, sea muy en hora buena. Decir, que esto es *Error*, me parece no se puede sufrir. Diganlo los doctos

tos Abogados, que defienden una caufa; los Maeftros de la Rhetorica, los famofos Oradores, ò Predicadores, que difponen fus Oraciones, ò fermones en juicio, fin dexar de la mano fu principal argumento, fi efto es *Error*? Y fi efto es *Error*, havràn errado infinitos excelentiffimos Predicadores, que han tenido [como eftá dicho] fiempre el Rofario en la boca, *ò directe, ò indirecte, ò in recto, ò in obliquo*. Havràn errado, los que han efcrito fermones de el SS. Rofario, teniendo à la vifta el Rofario; y havràn errado, los que han dado à la prenfa, y luz publica innumerables libros de fermones de el SS. Rofario, en que no leemos otra cofa, fino el Rofario en el modo dicho. Mas: yo no alcanzo como fe puede predicar de el Rofario, fin mentar en todo el fermon Rofario, ò Partenico Pfalterio, ò con otro equivalente nombre, con folo predicar el Evangelio currente, û otro thema voluntario [no fiendo el Evangelio de el Rofario] fin que ni uno, ni otro thema fe aplique à el Rofario en algun fentido, aunque fea acomodaticio. Porque fiendo la fiefta, y fermon de el Rofario, como ferà la fiefta, y fermon de el Rofario, fin tomar en la boca el Rofario?

5   Lo que yo percibo con facilidad, es lo que afirma el B. Alano: *Que predicar el Rofario, ò Pfalterio Mariano, es predicar el Santo Evangelio*. Efte argumento lo promueve el Ven. Alano de muchos modos. Y con las largas experiencias, que tenia el Sto. P. de los marabillofos efectos, que caufaban los fermones de el SS. Rofario, ò Mariano Pfalterio, no folo à el auditorio ruftico, fino tambien docto, y erudito, lo predicaba, y por efpacio de quinze años no ceffò de predicar, y perfuadir à todos efta Divina devocion, como fe lo havia mandado la mifma Reyna de los Cielos, como confta de lo que dice la Iglefia en nueftro Breviario. *Sacratiffima Virgo immenfo circumdata lumine Fr. Alano Britanno eximio concionatori, fe vifendam*

Ff   *ex.*

exhibuit, atque monuit, *ut tum ipſe, tum ejus Socij Prædicatores, collapſam ſacri Roſarij devotionem,* totis viribus reſtituere conarentur.

6   Oygamos, pues, à eſte Evangelico Miniſtro, Apoſtol ſegundo, eſcogido para renovar eſta ſagrada, y ya antiguada devocion de el Santiſſimo Roſario. En la I. parte de ſu Virginal Pſalterio cap. 15 §. 6. *Conſtanter affirmo,* dice, predicare Pſalterium [B. Mariæ Virg.] nihil aliud eſt, quàm inducere populum ad devotionem, pœnitentiam, mundi contemptum, Ecclesiæque reverentiam. *Enim verò amorem, uſumque* Orationis *hujus in homine, citra mutationem Dexteræ excelſi verſari non poſſe exiſtimo.*

7   Y en el §. 2. dice: *Ordinis Prædicatorum* proprium eſt, planèque peculiare Pſalterium iſthoc prædicare: *idque ex profeſſione, nomine, inſtituto, exemplo, Sancti Patriarchæ Dominici, qui* [*ut nupèr revelatum eſt ab ipſomet*] *maximam ſuorum laborum, conſiliorum, exemplorumque partem hac in cura præcipua conſumpſit. Idem, cùm ex traditione accepimus, tum ex relictis ſcriptorum monumentis, ut legi.*

8   Y en el miſmo cap. §. 1. havia dicho Alano: *Dicitur Marci ultimo: euntes in mundum univerſum prædicate Evangelium omni creaturæ. Atque Pſalterium B. Mariæ Virg.* eſt Evangelium. *Conſtat enim ex duobus, quæ implicitè* quicquid uſquàm eſt in Evangelio, *complectuntur. Ergo prædicari debet omni creaturæ, id eſt, omni ſtatui Eccleſiæ, ab ijs quibus prædicandi neceſſitatem imperat officium.*

Dixo el B. Alano, que es *proprio, y peculiar de la Orden el predicar el Pſalterio Virginal,* por ſu Profeſſion, nombre, inſtituto, y exemplo de N. P. S. Domingo: *Exemplo Sancti Patriarchæ Dominici.* De eſte exemplo eſcribiò aquel gran predicador en ſu tiempo, y en eſte no olvidado nueſtro Venerable Guillermo Hebroycenſe: *Conteſtor vos Confratres Prædicatores,*

res, ut una libemus huic, ac tanta Reginæ libamen
sibi super aurum acceptissimum, sibi super mel dulcis-
simum, sibi super omnia libamina gratissimum. Libamen, dixerim, Virginei Rosarij, seu Psalterij Ma-
rialis. In hoc imitantes Divum Patriarcham Dominicum, qui ipsum nedum eidem Virgini libare dignum
ducebat: verùm & ad hoc Religionis tam Sanctissimum,
singulos hortabatur, animabatque, dicens dilectis Filijs suis: Exemplum dedi vobis, ut quemadmodum
ego feci, ita & vos faciatis.

9   Notable exemplo es el que nos dexò N. P. S.
Domingo en Tolosa, quando predicaba contra los abo-
minables errores de los hereges Albigenses, que narra
el B. Alano 2. part. cap. 3. advirtiendo nuestro Santissimo Patriarca el poco fruto, que hazia en aquellos hereges, con sus sermones, disputas, escritos, y milagros, le-
vantando los ojos à el Cielo, y mirando aquel monte altissimo de piedad, y misericordia la Sacratissima Virgen
Maria de Dios Madre, de donde esperaba los Divinos
auxilios, le embiaba sus devotas, y amorosas quexas, entre suspiros tiernos, y copiosas lagrimas, y al cabo de
tres dias de Oracion fervorosa, y durissima penitencia,
consiguiò lo que con sus humildes peticiones deseaba,
ỹ apareciendole la Gloriosissima Virgen Maria, que venia à consolar à su querido hijo, devoto, siervo, y Capellan Sto. Domingo, le dixo de esta manera: Domini-
ce fili, ac sponse intime: quia adversus inimicos fidei,
[inspirante Jesu, meque opitulante] depugnasti forti-
ter: ecce tibi ipsa quam invocas, adsum auxilio. Num-
quid probè nosti, quæ, & qualia Arma Trinitas ter S.
sima usurpavit, cùm orbem totum reparare statuisset?
Cui ille O Domina mundi! Tu te nosti me præclariùs,
Per te namque salus mundo venit: per quam te Mediatrice mundus reparatus est, ac redemptus: Quæ ar-
ridens familiari sponso: Trinitas, ait, Beatissima ad
orbis expugnanda scelera universa. Præcipua sibi io-

B. Alan. 2. p.
c. 3. §. 2. n. 4.

arma delegit Angelicam Salútationem [qua noſtrum
Pſalterium conſtat] tótius novi Teſtamenti fundamentum. Quo circa, ſi vîs, quem optas in prædicando fructum, meum prædica Pſalterium, & mox perſenties ter
Maximæ Trinitatis auxilium, &c.

10   No dan credito à eſte hiſtorial hecho à el Beato
Alano revelado, ni à lo que de eſta monicion de la Santiſſima Virgen ſe ſiguió, y obró nueſtro Santo Padre,
nueſtros ſeveros Criticos: por ſer un caſo muy mara-
billoſo, y ruidoſo, y no hallarſe memoria de el en Auctor anterior à Alano. Pero aunque los rigidos Criticos
no lo crean, nada importa: porque lo ha creido, y lo
cree todo el mundo aun deſpues de haver ſalido à luz
la Biblioteca. Mas que no lo crean, pues nos baſta para
darle credito el que la Igleſia tenga eſte hecho aprobado en el Breviario de nueſtra Religion Sagrada deſde
que ſe inſtituyò la annual fieſta de el SS. Roſario *por*
San Pio V. Gregorio XIII. y Clemente VIII. Y noviſ-
ſimamente le ha aprobado la Sagrada Congregacion de
Ritos en el nuevo Oficio para la univerſal Igleſia, en la
fieſta de el Santiſſimo Roſario, que inſtituyò el Señor
Clemente XI. aprobando el Decreto, que dicha Sagra-
Bullar. O. P. t.
6. de 3. de Oc-
tub. de 1716.
pag. 508.
da Congregaeion havia dado en tiempo de ſu anteceſſor Innocencio XII. que por ſu muerte no le aprobó.
Y ſe compuſo dicho Oficio en tiempo de el Sr. Benedicto XIII. quien lo aprobò, y confirmò en dos Decretos, uno dado à 26. de Marzo de 1725. y otro à 27. de
Septiembre de 1728. que ſe pueden vèr en el tom. 6.
pag. 551. y en el tomo 7. pag. 504. de dicho Bulario
Ord. Præd.

11   Mucha veneracion, atencion, y reflexion merecen las palabras, conque teſtifica eſte hecho, y Revelacion hecha à el B. Alano de Rupe, el glorioſo Pontifice Maximo nueſtro Santo Pio V. en ſu Breve *Conſue-*
verunt, en que dice el doctiſſimo, y Santiſſimo Papa.
Spiritu Sancto, [*ut piè creditur*] *afflatus B. Domi-*
                                                    nicus

nicus... *simili, qua nunc temporis occasione, qua Albi-*
gensium hæresis, partes Galliarum, & Italiæ miseré
grassabatur, levans oculos in cælum, & montem illum
B. V. Mariæ Almæ Dei Genitricis [*de quo sine hu-*
manis manibus abscissus est lapis ille, qui ligno Cru-
cis percussus, gratiarum aquas affluentér produxit]
respiciens, *modum facilem, & omnibus pervium, ac*
admodum pium orandi, ac precandi Deum, Rosarium,
seu Psalterium ejusdem B. Mariæ nuncupatum, ex-
cogitavit, excogitatumque, per S. R. Ecclesiæ partes
promulgavit, &c... Y como promulgò nuestro Santissimo Patriarca el Psalterio Mariano, ò Santissimo Rosario? Como pregonero nuevo venido de el Cielo, como
le elogia la Iglesia: *Præco novus, & Cælicus missus in*
fine seculi, &c. Lo promulgò predicando en las Iglesias, en las Ciudades, Cortes, Plazas, en los caminos. Lo
promulgò en España, en la Menor Bretaña, en las partes
de Tolosa, Francia, Italia, y Roma. Y á su exemplo, y
monicion hizieron lo mismo sus hijos espirituales, y
discipulos, como lo dice, y afirma su gran hijo, el Maximo Pontifice San Pio V. en el citado Breve: *Orandi-*
que modo prædicto per Affeclas B. Dominici, Fra-
tres videlicet Ordinis Prædicatorum divulgato,
&c.

Vid. hoc latius cap. 2. num. 10. 11. & 12.

Breviar. O. P.

12 Y es muy de notar, lo que dice el Santissimo
Pontifice, que S. Domingo N. P. *Spiritu Sancto, ut*
pie creditùr, afflatus; lo mismo dice el Sr. Clemente
VIII. en su Breve, que comienza, *Cùm B. Dominicus,*
dado á 22. de Noviembre de 1593. en que expressan
los Santos Padres, que nuestro Santo Padre movido de
el Espiritu Santo instituyò esta Santissima devocion,
puestos los ojos en aquel altissimo Monte de la Soberana Reyna de el Cielo excogitò este Partenico Psalterio,
ò Santissimo Rosario en que compendiosamente afirman, lo que extensamente narra el B. Alano, de la promulgacion de esta celestial devocion en las partes de
To-

Bullar O. P. t. 5. pag. 511.

Tolosa: quando se le apareció la Santissima Virgen Maria, consolando à nuestro Santo Padre en el desconsuelo de no hazer en aquellos hereges Albigenses el fruto, que deseaba con su predicacion. Y tengamos en la memoria esta clausula de los Santos Pontifices *Ut piè creditur:* luego *si creer esto, es cosa piadosa,* no creerlo, ò no dar credito à esta mocion de el Espiritu Santo que nuestro Padre S.to Domingo mediante Maria Santissima, tuvo en la institucion de el Santissimo Rosario en las partes Tolosanas, que será? Allá lo vea, considere, y componga el que no cree, ó no dá credito à este successo, ò historial hecho revelado.

B. Alan. part.
1.cap. 15. §. 8.

13 Otro exemplo, en q̃ se vee, y manifiesta la virtud, que tiene el Santissimo Rosario predicado para hazer fruto en los oyentes, nos pone à la vista el B. Alano en la 1. parte. cap. 15. §. 8. de un Parroco, ò Cura de almas, que havia gastado muchos años en predicar à sus feligreses, sin omitir parte alguna de su obligacion en su ministerio, doctrinando, enseñando, y exortando à los que estaban à su cargo lo bueno, justo, y santo, à lo que cada uno estaba obligado segun su estado. Y con todo no hazia el fruto, que deseaba con sus sermones en tanto tiempo: y viendo casi perdido su trabajo, y desvelo determinó de mudar rumbo, y tomar con empeño lo que le havia parecido argumento menos digno, de sus sermones, platicas, y exortaciones, que era la Santissima Oracion de el Sacratissimo Rosario de la BB. Madre de Dios: y en poco tiempo experimentó este vigilante pastor el grande fruto, que hazia en sus oyentes la predicacion de el Psalterio Mariano: y desengañado con la experiencia, decia: *Orationem aliàs suaseram: ad Psalterij Orationem nunquàm, ut nec Cathedra mea dignam, aut parem eam æstimarem. Psalterium denique commendare instituo: almæ Virginis Mariæ Patrocinium in vota per illud invocandum prædico. Seriùs, aut citiùs esse supremum vitæ periculum, instare cui-*

cuique denuncio. Nihil hac falutariùs Oratione Do-
minica, & Angelica Salutatione, nilque ufurpatu fa-
ciliùs excogitari poffe per antiqua illa ad Pfalterium
Chrifti, & Mariæ pietate prædico. Cæpto infiftebam
propofito, repeto, ingeroque idem, & fic annum occupo
dimidiatum: affirmo, major inde animorum, morum-
que confequuta eft mutatio, quam me videre unquam
memini. Hæc vis ab ufu Pfalterij, &c.

14   Dicen los citados Nomenclatores, que nueſtro
Santiſſimo Patriarca no predicaba: *Nifi veritates*
Evangelicas, folidam Apoftoli de Fide, & moribus Do-
ctrinam populis conftantèr prædicabat, quod agebat,
& fuis præfcripfit. Quien eſto eſcribe, parece quiere
decir, ò dar à entender, que predicar el Roſario, ò de
el Roſario, no es predicar verdades Evangelicas, ni
Doctrina ſolida de el Apoſtol, que trata de la Feè Catholica, y buenas coſtumbres, ſino Doctrina ſuperficial,
no digna de un Eccleſiaſtico Pulpito, ſino Doctrina de
un preceptor de niños parvulos, q van à eſcuela à dè-
prender en la Cartilla el A. Becedario.

15   Pero el B. Alano defiende muy bien eſta Sacratiſſima devocion, de eſta à mi parecer inconſiderada
nota. En la 1. part. cap. 15. citado §. 4. dice [eſte en
la predicacion expertiſſimo varon] *Si quærunt (Præ-*
dicatores.) alta, fi magna, fi Sancta, quid præ duobus
iftis? (fcilicet Pater, & Ave) fi nova, fi docta, fi copio-
fa ex plicatu, Hæc ipfum funt Teftamentum novnm,
fcientiarum fcientia, Divitum Divitiæ, ac tefauri.
In ijs Trinitas Sanctiffima eminet, Incarnatio refi-
det, Fidei documenta continentur univerfa: Quò ze-
lofiùs prædicanda funt ab omni illo, qui effe Dei, qui
coli, adorarique Deum defiderat.

Part. 1. cap. 15. §. 4.

16   En el §. 5. proſigue el electo de la Sacratiſſima
Reyna de el Cielo, para reparar la devocion de ſu Pſalterio en la tierra: *Oratio, cùm princeps in Ecclefia*
medium fit, à Deodatum fidelibus ad omne, feu bonum

ob-

obtinendum, seu malum avertendum: cùmque una sit partium pœnitentia ad satisfaciēdum spectans: utroque autem summoperè Christianum vulgus indigeat: omnino *necesse est Concionatoribus, adorandum Deum exhortari populum &c. plurimaque* posigue.

17 Y en el §. 6. añade: *Psalterium verò is talis est orandi Ritus, qui continet, docet, & eam frequentat Orationem, quam solam solus docuit Iesus: Salutationem eam quam cœlo delatam accepimus:* nihil hæ ex homine, nihil alicundè, ex Deo solo habent omnia. *Cùm autem Divinis sub Officijs Ecclesiæ, fidelibus sit orandum cæteris: Quid Orationum diviniùs repetire unquàm possunt, Psalterio Dominico, & Angelico SS. Trinitatis? Quid etiam predicandi argumentum par* isti *adinvenire concionatores valebunt?*

18 Y para que se vea, quanta razon tiene este segundo Apostol de el Psalterio Mariano en lo que dice, y escribe: brevemente diré algo de las partes de que se compone esta Oracion de el Sacratissimo Rosario. De la Oracion Dominica, ò *Pater noster:* que quinze vezes se repite en el Virginal Psalterio, dixo el antiguo Tertuliano: *Oratio Dominica est* quasi Breviarium Evangelij: *quia dùm hanc Orationem fundimus, simùl admonemur: quid credere, quid sperare, quid amare: quem colere, quid fugere, quid appetere, quid contemnere debeamus.*

19 De esta Divina Oracion trata en varios lugares el Doctor Angelico N. P. Santo Thomas. Atendamos lo que dice en la 2. 2. quæs. 83. art. 9. *Dicendum, quod Oratio Dominica* perfectissima est: *quia, sicut Augustinus dicit ad Probam: Si rectè, & congruentèr oramus, nihil aliud dicere possumus, quàm quod in* illa *Oratione Dominica positum est....... In Oratione Dominica, non solùm petuntur omnia, quæ rectè desiderare possumus, sed etiàm eo ordine, quo desideranda sunt: ut sit hæc Oratio, non solùm instruat po-stu-*

Tert. apud N. Iacobum Bruno, Tract. Rosar. lib. 2. cap. 1.

ſtulare, *ſed etiam ſit informativa totiùs noſtri af-*
fectus, &c. Tan excelente, y tan perfecta es eſta Santiſſima Oracion, que qualquiera otra Oracion, que no ſe
arregla à eſta en ſus peticiones, no es buena, ni perfecta. Porque eſta Oracion Dominica es la norma, la regla,
y menſura de lo que ſe puede, debe, y conviene pedir
à Dios, en todo tiempo, lugar, y neceſſidad.

20   La Salutacion Angelica es una Oracion laudatoria à Maria Santiſſima, que abraza, y comprehende
quantas alabanzas podemos dar á la Soberana Madre de
Dios. S. Pedro Damiano dixo: *Traditur Epiſtola Ga-* Damian. ap. eit
brieli Archangelo, in qua Salutatio Virginis, Incarna- Bruno tractat.
tio Dei, Redemptio hominum, Renovatio mundi con- de Roſar.
tinentur. Noteſe lo que cuenta San Lucas, hizo la Santiſſima Virgen quando oyò eſta Oracion (que eñ ſu
Santiſſimo Roſario ſe repite ciento, y cincuenta vezes)
Cogitabat qualis eſſet iſta Salutatio. Donde nueſtro Luc. cap. 1.
Eminentiſſimo, y muy Venerable Cardenal Hugo de
Santo Caro: nota el verbo *Cogitabat,* y dixo: *Meritò* V. Hug. ſup.
Cogitabat: *quia nimirùm ſimplex, & humilis, nihil* Luc. cap. 1.
tale penitus ſperabat, & ideò Cogitabat, *qualis eſſet*
iſta ſalutatio: quàm admirabilis, quàm ſublimis, quàm
ſalutaris: *Per eam enim totus ſanatus eſt mundus, in*
quo non erat á planta pedis uſquè ad verticem ſani-
tas.

21   De eſta Oracion Angelica, con que ſaludando
alabava el celeſte Paraninfo á la que *in proximo* havia
de ſer de Dios Madre, dice el B. Alano en la 4. part.
cap. 3. §. 6. *Hæc Oratio Salutatoria, parva verbis;* Alano part. 4.
magna myſterijs: brevis ſermone, alta virtute: ſu- cap. 3. §. 6.
per mel dulcis, ſuper aurum pretioſa: ore cordis eſt
jugitér ruminanda, labijſque puris creberrimé repe-
tenda. Verbis enim pauciſſimis contexitur: & in la-
tiſſimum torrentem cæleſtis ſuavitatis difunditur.
En el miſmo §. 6. ſe pueden veer otras excelencias de
eſta Salutacion Angelica.

22 Y què dirèmos de los Divinos Myſterios, q en el Santiſſimo Roſario ſe meditan, ò conſideran? Solo dirè lo que dos Santos Padres dicen de el Pſalterio Davidico, aplicandolo al Pſalterio Partenico, aquel era figurà de eſte en buena alegoria: y aſſi lo que de aquel ſe dice, mucho mejor ſe dirà de lo por él figurado. De el Pſalterio Davidico dice el Doctor Angelico: *Omnia, quæ ad Fidem Incarnationis pertinent: ſic dilucidè traduntur in hoc òpere (Pſalterij Davidici) ut ferè videantur Evangelium, & non Prophetia.* Pues ſi en el Pſalterio de David todo quanto ſe dice en Prophecia, que pertenece à la Fee de los Myſterios de la Encarnacion de el Hijo de Dios, eſtà tan claro, que parece el miſmo Evangelio: conteniendoſe en el Santiſſimo Roſario, ò Pſalterio Mariano quinze meditaciones, que demueſtran toda la vida de N. Sr. Jeſu-Chriſto, como dice nueſtro glorioſo S. Pio V. *Cum certis meditationibus totam ejuſdem Domini noſtri Ieſu-Chriſti vitam demonſtrantibus.* Myſterios no prophetizados, ſino ya obrados, como ſenos dice en el Evangelio: conſiguientemente el Pſalterio Virginal es un compendio, ò ſuma de el Santo Evangelio: en que ſe comprehenden todos los Myſterios de la Fee de la Encarnacion de el Hijo de Dios. Luego predicar el Roſario, ò de el Roſario, es predicar el miſmo Evangelio: es predicar verdades Evangelicas, es predicar Doctrina ſolida, es predicar el Credo, es predicar los Articulos de la humanidad de nueſtro Redemptor, y aun predicar de ſu Divinidad, y aun predicar el Myſterio altiſſimo de la Santiſſima Trinidad.

23 Venga con el diſcipulo Doctor Angelico, el Maeſtro Doctor Mariano N. P. S. Alberto Magno: quien tratando de el miſmo Davidico Pſalterio, nos dice: *Si magnæ ſit altitudinis tota Sacra ſcientia: ſi majoris quantum ad illam partem, quæ traditur in Prophetis: Maximæ altitudinis eſt quátum ad illam, quæ ſpecialitèr* tra-

D. Thom. in prol. Pſalterij.

in Brevi Conſu-everum.

D. Alb. Mag. in Proem. Pſalt

traditur in Pfalmis.... *Sed Chrifti Myfteria, Incarna-tio, Paffio, Refurrectio, Afcenfio, & cetera Myfteria: quæ tantæ altitudinis erant, & ut ita loquar, in tantum Dei vifceribus profundata erant, ut ipfos Angelos, qui femper vident faciem Patris, laterent.* Pues eftos altif-fimos Myfterios tan profundamente ocultos à los mif-mos Angeles (que fiempre veen la Divina Effencia ca-ra à cara) antes que fe manifeftaran en la obra: los apren-den á hora, y los faben, aun los iliterados, los ignoran-tes, los rufticos, y aun los parvulos, mediante las medi-taciones de los Myfterios, que fe confideran en el San-tiffimo Rofario, ò Mariano Pfalterio: y no por effo de-xan de fer Myfterios altiffimos, y profundiffimos. Y fiendo tales muy conveniente es, que los Predicadores en los Pulpitos los expliquen, y declaren, perfuadan, y amoneften, à que frequenten el rezar el Santiffimo Ro-fario con las confideraciones de fus Myfterios, que quanto mas los confideren, mayor fruto, y provecho en el exercicio de efta Divina devocion de el Pfalterio facarán.

Math. 18.

24 Inftan nueftros cenfores rigidos: que affi como no fe predicaba de el Breviario, aunque por el Brevia-rio fe rezaba el Oficio Divino; affi tambien por el Ro-fario de globulos, ò patriloquio fe rezaba el Pfalterio Mariano: pero no era materia de fermones hafta el tiem-po de Alano, que fue el primero, q en el Pulpito, co-menzò á predicar efta fanta devocion à el Pueblo Chrif-tiano.

25 Pero fe refponde, que es muy grande la difpari-dad entre el Breviario Ecclefiaftico, y el Mariano Pfal-terio: Rezar el Oficio Divino por el Breviario es pen-fion diaria, que ha impuefto nueftra Madre la Iglefia à todos los Ecclefiafticos, que tienen Ordenes Mayores, ò gozan Capellanias, ò tienen beneficio colado. Y aun los Religiofos, adictos al Coro, Profeffos, obligados ef-tan à rezar el Oficio Divino, à lo menos por la cof-

ssúmbre universal, que tiene fuerza de precepto. Y todos estos saben muy bien esta diaria obligacion, y con ella cumplen, y el que la omitiera sin causa, no se librará de culpa grave. Y á los que tienen beneficio, ò curado, ò simple, obliga la Iglesia [no cumpliendo con esta diaria pension] à restituir la porcion de los fructos de el beneficio, ò Capellania, que corresponde à cada hora canonica voluntariamente omitida, sin que sea necessaria sentencia de Juez de la Iglesia: passados los primeros seis meses despues de obtener el beneficio, ò Capellania.

26   Mas rezar el Santissimo Rosario es cosa de devocion, que por sí no obliga à culpa grave su omission. Y assi es convenientissimo predicar, persuadir, y exortàr en los Pulpitos á todos los fieles à el exercicio de esta Santissima devocion, de que tanto fruto dimana, y redunda á las almas, q̃ piadosa, y atentamente la frequentàn. El rezo de el Oficio Divino muy bueno es, para los que entienden el idioma latino, en que està escrito, y tambien es bueno [aunq̃ no entiendan el lenguage latino] si se reza por obediencia, como lo rezan las Religiosas, que en esto se conforman, como personas Ecclesiasticas dedicadas à el culto Divino publico, con los Ministros, que tiene la Iglesia destinados para dar á Dios este interior, y exterior culto de los Divinos Oficios en nombre de todo el Pueblo Christiano, [como medianeros entre Dios, y el Pueblo.

27   El Smo. Rosario es para todos comun, conveniente, facil, y muy pio: para todos los estados de la Iglesia Catholica, Ecclesiasticos, y Seculares, Grandes, y Pequeños, Doctos, è Ignorantes, Ciudadanos, y Rusticos, Ricos, y Pobres, Nobles, y Plebeyos, ocupados en negocios, y libres de tratos, y contratos, Estantes, y Caminantes, Hombres, y Mugeres, Casados, y Solteros, Señores, y Sirvientes: y mas rezandosse en la lengua vulgar, y nativa de cada uno, Si huviéra omission en

pre-

predicar, perfuadir, y exortar à efta fagrada devocion,
en los Pulpitos: O Dios! quantos, y quantas, fe acof-
taràn de noche, y levantaràn de mañana, fin rezar fiquiera de noche, ò de dia un *Padre nueftro, y un Dios
te falve Maria?* Quantos, y quantas en un dia entero,
ò en dias enteros, no fe acordarán de Dios, ni aun de
fu Santiffima Madre la Beatiffima Virgen Maria, de
cuyo Patrocinio neceffitamos cada momento? Como
nos lo avifa nueftra Madre la Iglefia en el eftrophe de
una fequencia, que trahe San Alberto Magno, q dice:

Omnis homo omni hora
Ipfam ora, & implora
Ejus Patrocinia.

De laud. Ma-
ria lib. 2. c. 5

A que añade efte Mariano Doctor: *Affidui exoran-
da eft Maria à nobis: quia affidue exorat pro nobis.*

28 De lo hafta aqui dicho confta, que por qualquier
parte q fe mire, etienda, y confidere el Santiffimo Rofario, no es otra cofa, q el mifmo Evangelio abreviado
ò un Breviario de el Santo Evangelio: como lo dixo
el Ven. Sr. nueftro Doctor Fr. Miguel de Infulis, difcipulo de el B. Alano. *Rofarium eft Evangelij Breviarium: quia cum hanc Orationem fundimus, fimul
admoneremur, quid agere, quid fugere, quid conte-
nere debeamus.* Y yo dixera, que el Santo Rofario es
la nata de el Santo Evangelio. Y configuientemente,
quien predica expreffa, y *nominatim* el Santiffimo Rofario, predica el Santo Evangelio: y fi quien predica el
Santo Evangelio, predica Doctrina folida, predica verdades Evangelicas: que inftruyen en la fee, que perfua-
den las virtudes, y buenas obras, y detettan los vicios, y
pecados, todo efto fe configue tambien predicando el
Santiffimo Rofario, Breviario de el Santo Evangelio.

Apud
Brun.teat. d
Rof. p. 253.

N. P. S. Domingo mucho trabajaba, fudaba, y fe fatiga-
ba en predicar contra las heregias de los Albigenfes: y
dice la Iglefia en la IV. leccion de la fiefta de el Rofario,
en el Breviario Romano: *Id ut præftaret* validiùs, pidiò

S. Aug. cit.
Brev. O. P. die
VIII. Aug. in
feft. S. Aug. q
Epift. Lucein.

auxilio, y socorro à la Sacratissima Reyna de el Cielo:
Qua, prosigue, cum monitus esset, ut Rosarium populis prædicaret, *velùt singulare adversus hæreses, & vitia Presidium. Mirum est, quanto fervore, & felici successu injunctum sibi munus sit executus.* Otro tanto dice la Iglesia en nuestro Breviario en la IV. leccion de la misma festa: *Ab ipsa* (BB. Virgine) *monetur, ut Rosarium omni mentis fervore prædicet velùt singulare ad evertendas hæreses, & vitia extiguenda Præsidium. Cæpit ergo incredibili cum animarum fructu Saluberrimum Rosarij institutum per Beat. Dominicum promulgare, &c.*

29   Hizo increìble fruto en las almas la predicacion de el Santissimo Rosario: no solo predicandolo S. Domingo: sino tambien predicandolo sus hijos: digalo el Maximo Pontifice, su hijo S. Pio V. *Orandi modo prædicto* (dice el Santissimo Papa) *per Affectas B. Dominici Fratres, videlicet Ordinis prædicti, divulgato... Cæperunt Christi fideles, meditationibus accensi, his precibus inflammati,* in alios viros repente mutari, hæresum tenebræ remitti, & lux Catholicæ fidei aperiri. Y el Sr. Clemente VII. havia antes dicho: *Tum Clerici, tum Laici, tam Masculi, quàm Fæminæ ad tantum devotionis fervorem devenerint, quod Deus, & ipsa Virgo ad cujus honorem fuit originaliter institutum, eosdem non solùm gratijs decorare, verùm Miraculis, & signis, quamplurimis illustrare non designaverit.*

Brev. Confuevo.

Bullar. O. P.
Apud Jacob.
Bruxelen.
Fol. p. 23.

30   Entre las muchas excelencias, que tiene la predicacion de el Ssmo. Rosario para hazer tanto fruto en las almas, me ocurren dos: una, q̃ quien predica, y persuade la devocion del Ssmo. Rosario, predica de la Oracion, y persuade la Oracion: La Oracion es uno de los mas principales medios para vivir bien: y assi dixo divinamente el Aguila de los Dres. el P. S. Augustin. *Rectè novit vivere, qui rectè novit orare.* Aquel sabe vivir

S. Aug. cit. à
Brev. O P. die
VIII. Aug. in
fest. S. Augusti
Episc. Lucerin.

bien, que bien sabe orar. El Smo. Rosario quanto es de sì, es *Oracion rectissima:* assi por las Oraciones, que se rezan, como por los soberanos Mysterios, que se meditan. En esto no puede haver duda. La duda puede estar de parte de quien en la Oracion se ocupa. El modo recto de parte de quien exercita esta Oracion rectissima, lo enseñó el Doctor Mariano N. P. S. Alberto Magno, en tres versitos de una prossa, que dexò escritos en su lib. 2. cap. 5. *de laudibus Mariæ,* y dicen:

B. Alb. Mag. de laud. Mar. cap. 5.

> *Psalle, Psalle nisu toto,*
> *Corde, ore, verbo, voto,*
> *Ave gratia plena,*

31 La segunda excelencia de esta Divina Oracion, es ser Oracion dirigida especialmente à la Sacratissima Reyna de el Cielo: y por esso se llama *Psalterio Mariano.* Y entre todas las Oraciones devotas, que se dirigen à esta gran Señora, ninguna juzgo ser mas fructuosa à las almas, y no paresca ponderacion: pues, como dice la Iglesia en la leccion V. de el dia VIII. de el Rosario: *Eidem etiam Fr. Alano affirmavit Cælorum*

Brev. O. P.

Regina hoc genus orandi promptum, ac facile, esse sibi gratissimum, ad impetrandam Divinam Misericordiam accommodatissimum, populis salutare, & contra quævis adversa præsens auxilium. A el mismo Alano su devotissimo siervo afirmò la Reyna de los Cielos, que este genero de orar, prompto, y facil, era à ella *Gratissimo,* para alcanzar la Divina Misericordia, acomodadissimo, à los Pueblos saludable, y contra qualesquiera adversidades prompto, y presente auxilio.

32 Allá el lector note cada palabra de esta assercion Mariana: que yo me contento con hazer reflexion en una palabra: dice la Reyna de los Cielos, ũ este genero de hazer Oracion, es á su Magestad gratissimo: *esse sibi gratissimum.* Las Oraciones dirigidas à la Sma. Virgen Maria son unas *gratas,* otras *mas gratas,* pero la Oracion de el Rosario le es *gratissima.* Pues que tiene la

Ora-

Oracion de el Rosario para ser *gratissima?* De las demàs palabras, que no notó se pueden sacàr muchas razones, que se ofrecen à el entendimiento. Digo, pues, que ninguna Oracion dirigida à Maria Santissima puede gloriarse de tenerla por Auctora, ò Institutora, sino es la de su Santissimo Rosario. Pues no hè dicho, y aprobado, que el Auctor, Institutor, è Inventor, de el Santissimo Rosario es N. P. S. Domingo? Si, pero esso se entiende *de texas abaxo,* como dicen. Pero de hai para arriba en el Cielo la *potissima Inventora,* es Maria Santissima. Allà en la gloria ideó la Soberana Madre de Dios la Oracion de el Santissimo Rosario, y ya se vee, que la havia de idear à su gusto, y utilidad nuestra: para que le fuesse *gratissima,* y apareciendo à N. P. S. Domingo la Reyna de los Angeles le imprimió en su entendimiento su Divina idea de la Oracion del SS. Rosario. Y assi se compone muy bien: ỹ Maria SS. sea la primaria Inventora del Rosario en el Cielo, y N. SS. Patriarca sea el primer Inventor del SS. Rosario en la tierra. Y como cada uno estima, y le agradan sus ideas: no puede dexar de ser à la Princessa de el Empireo gratissima la Oracion de el Santissimo Rosario, su Divina idea, y desde allà fomenta marabillosamēte esta devocion, y la amplifica continuamente, y à sus devotos los llena de innumerables gracias, y los ilustra con clarissimos milagros de ỹ estan llenas las Historias. Dicelo todo la Iglesia en la IX. leccion de el dia VIII. de esta devocion, atencion: *Sed* ipsa potissimùm Divini hujus Instituti Inventrix Deïpara Maria, *hoc idem* mirificè fovet, & amplificat: *Cultores ejus innumeris* gratijs *cumulat,* & *clarissimis* miraculis *illustrat.*

Brev. O. P.

33   Quan en su corazon tenga la Sagrada Orden de Predicadores la Divina Oracion de el Santissimo Rosario: y con quanto anhelo solicitè promover, y amplificar esta saluberrima devocion en el Pueblo Christiano, mediante con especialidad su predicacion fervorosa

no

no se puede saber mejor, que por lo que han ordenado, y mandado los Capitulos generales (que representan toda la Religion) à que concurren siempre los varones mas graves, mas doctos, mas eruditos, mas prudentes, y discretos, mas Religiosos, y zelosos, de varias Naciones, de distinctos Reynos, y de diversas Provincias: y por las disposiciones, exhortaciones, y admoniciones, que en sus cartas circulares, que à sus subditos despachan los Reverendissimos Padres Maestros Generales, en que instan à los Predicadores la zelosa, y continua predicacion expressa del Santissimo Rosario. En el Capitulo general de el año de 1571. se mandò: *Concionatores nostri inter cætera devotionis exercitia Devotionem Sanctissimi Rosarij Beatæ Virginis auribus fidelium sæpissimè ingerant.* En los Capitulos generales de Barcelona 1574. y de Venecia 1592. se mandò à los Predicadores, Provinciales, y Conventuales, Priores en esta forma: *Prædicatores in concionibus, Provinciales in suis Provincijs, ac Priores Conventuales in suis Conventibus, devotionem Confraternitatis Sanctissimi Rosarij promoveant, ut sic Dei, & Dei Genitricis cultus, & reverentia, nostro ministerio adaugeatur, & hæreditas nostra non vertatur ad alienos.*

34 En los Capitulos generales de Roma 1601. de Tolosa 1628. y de Roma 1629. se decretò de este modo: Concionatores in omnibus suis concionibus: *ea pietate, & devotione, qua par est, & ad quam Ordo N. tenetur ad devotionem B. V. Mariæ, & Rosarij ejusdem, populos excitent: ac beneficia ab ipsa collata omnibus fidelibus SS. Rosario affectis, recolant. Miraculaque explicent.* Y en el Capitulo general de Valladolid de 1605. Se impuso penitencia à los Predicadores, que en promover esta celestial devocion, fueren negligentes: *Illi Concionatores, qui in promovenda devotione Sanctissimi Rosarij fuerint negligentes. Officio prædicationis per unum, vel duos menses priventur, secundùm arbitrium Prælatorum.* H 35 Es-

Ex N. Camilo in Summar. Cap. GG. O. 1. Verb. Rosar. lit. A.

35 Estos Decretos, y Ordenaciones se confirmaron en el novissimo Capitulo general celebrado en Bolonia año de 1748. que fue electivo, y concurrieron à el los muy Reverendos Padres Maestros Provinciales, y Difinidores de nuestra Sagrada Religion, electos por sus Provincias: quienes no ignorando, sino antes teniendo muy en la memoria, lo que se lee en nuestra nueva Biblioteca acerca de el Santissimo Rosario, y su predicacion: no obstante el argumento *negativo*, en que tanto insisten los Nomenclatores à cada passo; expressaron en un decreto de Confirmacion, el sentimiento de toda nuestra Sagrada Religion. Oygamos la Confirmacion primera de las actas de este capitulo el ultimo, que hasta la era presente se ha celebrado. Vt Sanctissimi Rosarij institutum à S. P. Dominico hæreditario jure nobis relictum, *in populis impensiùs promoveatur: in memoriam revocamus, quæ aliàs providè statuta sunt*, ut omnes Prædicatores nostri, præcæteris in Conventibus, hanc devotionem fidelium auribus ingerant, eamq̃ jugiter foveant, ac promulgent: *Volumus, & mandamus, ut Conventuum Præsidentes* omni studio, ac pia contentione, *per idoneos, doctos, fervidosque Sacerdotes diligentèr explicari, & recitari faciant singulis hebdomadibus in nostris Ecclesijs Rosarium in tres partes divisum.*

36 No con menor devocion, fervor, y zelo nos han intimado NN. RR. PP. MM. Generales la predicacion de el Santissimo Rosario en sus Ordenaciones, y Epistolas circulares, despachadas generalmente à todas las Provincias de toda la Orden. No alegaré mas, que dos que corren impressas en instrumentos auctenticos. La primera sirve de Proemio à el Bulario de el Santissimo Rosario [que salio à luz en Roma año de 1668. à expensas de el P. M. Fr. Francisco Navarrete ex-Provincial de Oaxaca.] Y es de el RR. P. M. Gen. F. Juan Baptista de Marinis, dada en aquella Curia à 4.

de Agofto de 1667. Donde fu Reverendiffima nos dice;
incita, y exhorta con eftas voces: *In primis vos, ô Re-*
ligiofi Patres, ac Fratres mei, Angelicum Gloriofæ
Virginis Rofarium…renovato prædicandi ardore in
Populis, ubiqué ftudiofiffimé propagetis. Quippé Ordinis noftri fingulare hoc Patrimonium eft: cujus hære-
ditaria curà promotio, Incrementum genuinis Magni
Dominici Filijs toto terrarum Orbe incumbit.

37   Y omitiendo varios encomios del Smo. Rofario;
nos vuelve à decir dicho Reverendiffimo. *Cui* (Rofario) *excolendo Dominicana veftra profeffio Colonos, ac*
Hortulanos peculiaritér auctoravit. Efà exurgant
denuò Redivivi Alani, Sprengeri, Riccij, qui plan-
tando, rigando, paftinando cultricem manum, feféque
totos impendant, fuperimpendant huic viridario, tot
benedictionibus locupleti. Mementote Fratres mei [&
femel meminiffe hic fufficiat forè hic ftudium veftrum
utiliffimum proximis, quorum procurandæ faluti vos
devoviftis, Gloriofiffimum Prædicatorio nomini ac
fchemati, quod palam geftatis, acceptiffimum Magnæ
Dei-Parenti, *cui ufque ad ipfam Ordinis veftem, ac-*
cepta debemus omnia.

La fegunda carta circular es de el Ilmo. y Rmo. Señor D. Fr. Antonio de Monroy Arzobifpo de Santiago,
M. Gen. de la Orden [en cuyo tiempo fe aprobó, y
confirmò por el Señor Innocencio XI. el copiofiffimo
Summario de las Indulgencias de el Santiffimo Rofario]
y fe firve de prefacion à el Breve de fu Santidad, dado
en Roma à 30. de Agofto de 1679. Donde nos pone à
los ojos la obligacion, que por nueftro inftituto tenemos
de promover en el Pueblo Chriftiano la devocion de el
Santiffimo Rofario, efpecialmente mediante la predicacion. *Quid fupereft,* dice, *Religiofi PP. quàm ut*
Sacri inftituti, veftri, & obligationis erga SS. Dei-
Parentem memores [cui omnia ufque ad ipfum Or-
dinis habitum accepta debemus.] Imagais ejufdem Ma-

des, & encomia, novo spiritu, novóque conatu fidelibus propalare devotionem nostram Sanctissimi Rosarij, novis viribus ampliare, & promovere, nostram inquam, quia hæreditario jure nobis obtingentem: utpoté à S. P. Dominico; *in hæresum perniciem, Sanctæque Matris Ecclesiæ exaltationem inventam,* & utilissimé mundo prædicatam Nostram; quia avitam, videlicet Patrum nostrorum studio, & industria excultam, & sine intermissione promotam. *Ubinam sunt modò fervidi illi Virginei cultus zelotes? Ubinam sunt modo Sancti, & indefessi illi encomiastes? Exurgite, exurgite, & novum hoc, & singulare beneficium BB. Virginis Rosarij clientulis, ab Apostolico throno concessum, cum jubilo fidelibus populis insinuate, &c.*

38 Haviendo trahido en el numero precedente el gravissimo testimonio de el Ilmo. Sr. Monroy, no quiero omitir otro no menos gravissimo testimonio, que dio tambien, siendo General, de las Revelaciones de el B. Alano de Rupe. Luego, que este gran varon ascendió à ocupar la silla de el Generalato, teniendo en la memoria las Provincias de Indias, como nacido en Queretaro de el Arzobispado de Mexico, é hijo de la Santissima Provincia de Santiago: despachò sus Ordenaciones, y Actas para las dichas Provincias Americanas casi de un tenor todas: fechas en Roma el año de 1677. en las que vinieron à esta de Oaxaca, §. V. dice assi: *Flos proprius Dominicanæ Religionis est Rosarium, quo arescente, languet pariter totius Ordinis amœnitas, deflorescit hæreditarius viror, marcescit lætitiæ corona: è contrà, vegetius illo provernante abundat superni Roris fœcunda Benedictio, fluunt aromata gratiarum, & pietatis germina fructus parturiunt honoris, & honestatis.* Cœlitùs ista ex ore Deiparæ Virginis prolixé didiscit Beatus Alanus, & plurium seculorum nos docent experimenta. El alma de la ley es la razon en que se funda: para que los inferiores la obser-

yen:

ven: y en las palabras referidas fe contiene la razon de
la ordenacion. De que confta por quan ciertas tenia nueftro Legiflador aquellas Revelaciones de el Rupenfe
Alano: *Cælitus ifta ex ore Deiparæ Virginis* prolixè
didifcit *B. Alanus.*

39 Volviendo á lo que han ordenado, y mandado
los Capitulos generales, es muy digno de notar lo que
fe ordenò en los Capitulos de Roma 1601. de Valladolid 1605. de Tolofa 1628. y Romano 1629. que dicen:
Concionatores in omnibus concionibus......*ad devo-*
tionem B. V. Mariæ, & Rofarij ejufdem Populos ex-
citent &c. De fuerte, que no folo fe les encarga á los
Predicadores de nueftra Orden, que frequentemente
prediquen el Rofario, fino que *en todos los fermones,*
exciten á el auditorio à la devoción de Maria Santiffima, y fu bendito Rofario. Y què parecerá, que en
todo fermon fe predique, ò trate de el Rofario? Què
parecerá? Parecerà muy bien. Un celebre Predicador,
que no ha mucho que florecià el M. R. P. M. Fr. Juan
Gil de Godoy notò, que N. P. S. Domingo en Paris dia
de S. Juan Evangelifta predicò un fermon (en la Cathedral de aquella Corte) de el Santiffimo Rofario fobre la *Salutacion Angelica* aconfejado de Maria Santiffima. *Pues como fiendo la fiefta de el Benjamin de Chrif-*
to, quiere efta gran Señora, que en tan celebre dia
predique Domingo de el Rofario? A que fe puede
añadir: que no folo quizo la Reyna de el Cielo, que
nueftro Padre predicara de el Rofario, fino que ella
mifma le hizo el fermon de el Rofario, que el Santo
havia de predicar á un innumerable concurfo de todos
eftados de una Corte, y mas atrahido no folo de lo celebre de el dia, fino de la novedad de el celeberrimo
Predicador, Patriarca de los Predicadores? A efta du-
dofa reflexion refponde el citado Maeftro Predicador,
diciendo, que para que por efte exemplo aprendan,
y tomen *Doctrina, los que juzgan no fer de el cafo,*

per-

Vid. camif.
loc. fup. citat.

Godoy tom. 2.
trat. 4. §. 20.
num. 14 de el
Mejor Guzman.
V. Exemp.
B. Alan. 3. p.
cap. 19.

Alano part. 4.
cap. 27. §. 5.

persuadir en todas ocasiones esta devocion Sta. Y concluye con este sentimiento.

40 *Si el Predicador es Dominico, siempre viene à proposito el Rosario.* O sentimiento tan conforme à las Ordenaciones de los Capitulos generales de la Sagrada, y Mariana Orden de Predicadores. Muy lexos de este tan piadoso sentimiento parece, estaban los que escribieron: *Erras, si Rosarium prædicare, nihil aliud esse censes, quàm Rosarium semper in ore habere.* Muy conformes à aquel piadosissimo sentimiento, se hallan exemplos en nuestras Historias de el primer siglo. El primero es de el Santo P. Fr. Romeo de Levia, Provincial V. de la Provincia de la Proenza el año de 1232. De quien el V. P. Fr. Bernardo de Guidon dice: que era grande su devocion: *Specialis ad Mariam Virginem devotio: Cujus Salutatione dulcissima non poterat satiari . . . . . . Mysterium Divinæ Incarnationis jugitèr in corde gerebat, & ore promebat. Et omnem sermonem ex ipso condiebat, in principio, vel in medio, vel in fine, vel in toto.* Esto era predicar el Santissimo Rosario: y traherlo no solo en el corazon, sino siempre tambien en la boca.

41 El segundo exemplo se lee en el *Speculum exemplorum,* copiado de el libro *de Vitis* FF. Ord. Præd. part. V. de otro Santo Padre de nuestro Convento de Mezt de la Sacratissima Virgen devotissimo: *Hic in omni amore B. Virginis totalitèr effluebat, & laudes ejus devotissimè solvebat, & in omni sermone de ea prædicabat, & in fine sermonis aliquod miraculum, de eâ narrabat, ad faciendum bonum os, ut dicebat in suo vulgari.* Y el B. Alano trata tambien de este Santo Predicador, y dice de el: *Nec perorabat ante, quàm supremam prædicationis suæ partem occupasset, aut Almæ Matris Mariæ insignitum præconium: aut ejusdem Psalterij, Angelicæ Salutationis, commendatio. Otrumque solemni auspicabatur formula talis.* nunc

Sa-

Margin notes:

N. Bern. Guid. apud Percin Monum. Cőv. Tolos. Opus. de Rosar. 1. p.

Specul. EX. Verb. B. Mar. V. Exemp. 27.

Alano part. 4. cap. 27. §. 8.

Salutate Mariam, ut os dulce faciamus. Murió como pobre en el Hospital de los pobres, y tuvo una feliciſſima muerte.

42 Ninguno ſe atreverá à decir, que eſtos Santos Padres Predicadores fueron importunos en ſus ſermones: predicando ſiempre en todos ſus ſermones la devocion, y culto de Maria Santiſſima, y ſu Sacratiſſimo Roſario, pues ſiendo hijos de S. Domingo havian de imitar à ſu Satiſſimo Patriarca: y el predicar de Maria, y ſu Roſario, ſiempre viene en ellos à propoſito. En el cap. 31. de los proverbios, en que trata Salomon de la Muger Fuerte, que es ſin controverſia la Santiſſima Virgen Maria, al verſo 28. dice el ſabio Rey movido de el Divino Eſpiritu: *Surrexerunt Filij ejus, & Beatiſſimam prædicaverunt:* ſe levantaron los hijos de la Muger Fuerte: y la predicaron Beatiſſima. Habla Salomon propheticamente, y uſa de dos verbos de preterito, *ſurrexerunt,* y *prædicaverunt,* en lugar de *ſurgent, y prædicabunt:* por la certidumbre de la Prophecia: que da por hecho, lo que ſe ha de bazer. Y quienes ſon eſtos hijos de Maria Santiſſima, que ſe havian de levantar, y predicarla Beatiſſima? El Doctor Mariano S. Alberto Magno en ſu Biblia Mariana impreſſa en la Virginal Biblioteca tom. 1. gloſa eſta prophecia en eſta forma: *Surrexerunt* Filij ejus Prædicatores, qui ſunt de Ordine Prædicatorum, quorum ſpiritualis Mater eſt Virgo.

43 Notable, y eſpecial Gloſſa, los hijos de la Muger Fuerte, que es Maria ſon los Predicadores; no qualeſquiera, ſino los Predicadores, que ſon de la Orden de Predicadores: de quienes Maria es eſpiritual Madre. Eſto eſcribia en el ſiglo XIII. el Santo Doctor Mariano eſpecial hijo eſpiritual de la Reyna de el Cielo: en eſſe ſiglo ſe inſtituyò en la Igleſia Catholica à ruegos, ſuplicas, inſtancias, è influxo de Maria Santiſſima la Orden Sagrada de Predicadores: y entonzes ſe levantaron eſſos

Pre-

Proverb. 31.
y. 28.

V. D. Ibid.
Card. in proj.
Blanc.

Bibliot. Virg.
tom. 1.

Brev. O. P. in
feſto Patroc.
B. M. V.

Predicadores hijos de Maria, y la predicaron *Beatiſſima: Beatiſſimam Prædicaverunt.* En poſitivo, comparativo, y ſuperlativo. *Beatam in natura, Beatiorem
in gratia, & Beatiſſimam in gloria.* A eſtas palabras
de Salomon aluden otras palabas de la Igleſia, que can-
tà en la Miſſa privilegiada de el Smo. Roſario *per anni
circulum.* Que dicen: *quam videntes Filiæ Sion* vernantem in floribus Roſarum, & Lilijs convalium, Beatiſſimam prædicaverunt. Que las hijas de Sion viendo
à Maria Santiſsima Reyna de la gloria recreandoſe en
una ameniſsima primavera de flores, de roſas, y de azu-
zenas de los valles, la predicaron Beatiſsima. Y no hay
que eſtrañar, que la Igleſia llame Hijas, *Filiæ Sion* à los
que llama Hijos Salomon: *Filij ejus:* que ſon los que
predican Beatiſsima á la Madre de Dios. Porque no les
dà la Igleſia eſſe nombre por la fragilidad de la naturaleza, ſino por la fecundidad de la eſpiritual prole: y co-
pioſiſsimo fruto, que hazen en el auditorio quando predican à ſu Eſpiritual Madre: *Vernantem in floribus
Roſarum, & lilijs convallium.* Que es quando predican ſu Santiſſimo Roſario: materia, aſſumpto, y
thema muy proprio de ſu eſtado, è iſtitu-
to Dominico.

Prov. 31.
v. 28.

Vid. Hugo
Card. in prol.
Pſalter.

Biblot. Virg.
tom. 1.

Bruc. O. P. in
Bibliotecc.
B. M. V.

CA-

CAP. DECIMOQUINTO.

En que fe recojen algunos fragmentos, que nos dexaron algunos Doctores, Expofitores, y excelentes Predicadores, que florecieron en nueftra Sagrada Orden antes de el B. Alano de Rupe, con que fe prueba, que fe predicaba de la Sacratiffima Virgen, y fu Santiffimo Rofario en los figlos XIII. XIV. y XV.

1 AUNQUE EN EL CAPITULO SEX-to de efte Opufculo fe ha demoftrado con Bulas de el Señor Alexandro IV. [que comenzò à regir la Iglefia Catholica el año de 1254. en que fue electo, y coronado] que en nueftros Conventos, cafas, è Iglefias, donde eftaba fundada la Cofradia de *nueftra Señora la Vigen Maria* (en aquel tiempo affi por Antonomafia nombrada, efpecialmente, y aun muchos años defpues en la Secretaria Pontificia: q ahora fe denomina Cofradia de el *Santiffimo Rofario*) fe predicaba todos los Domingos de el mes primeros de todo el año, por aquellos primitivos, y devotiffimos hijos de nueftro Santiffimo Patriarcha: de eftas noticias, que ahora tenemos por las Bulas Pontificias, carecieron [por confervadas en los Archivos] los Nomenclatores de nueftra Biblioteca: que à tenerlas à la vifta no huvieran [aun con fu fevera Critica] efcrito: *Ante Alanum de Rofario, non prædicabant.* Pero pudieran haver moderado, y templado lo rigido de fu Critica, fi fe huvieran hecho cargo de los fragmentos, que fe hallan, y fe leen en los efcritos de aquellos Santos, y Venerables Padres Doctores, Expofitores, y Predicadores, anteriores à el B. Alano: no faliendofe de la regla de la moderacion tan

Hh ne-

necessaria para dar prudente, discreta, y justa censura.

2 Muchos, y muchissimos fragmentos se hallan en los Auctores nuestros, que escribieron en los siglos antes de Alano: en que *ad oculum* se vee, que en aquellos tiempos predicaban, enseñaban, persuadian, y daban materia para predicar, enseñar, y persuadir la devocion de el Santissimo Rosario, ò Partenico Psalterio, sino con estos nombres: si empero con el nombre de la *Salutacion Angelica,* en cuyo honor, y alabanza, se instituyó esta Sacratissima devocion de el Mariano Psalterio, ò Santissimo Rosario. Fragmentos de que oy se valen los doctissimos, y zelosissimos Predicadores, y escritores de el Santissimo Rosario.

3 Pondré à la vista algunos fragmentos de aquellos expositores, y Predicadores muy clasicos anteriores à Alano, que serviràn de prueba practica en la presente controversia. Y sea el primero, tomado de lo que nos dexò escrito sobre el primer capitulo de el Evangelio de San Lucas, el primer Eminentissimo Cardenal de nuestra Sagrada Religion el muy Venerable y nombrado Hugo de Santo Caro. Quien glossando la primera palabra de la Salutacion Angelica Ave. Entre otros piadosissimos, y devotissimos discursos, dice assi. *Item est triplex væ væ scilicet væ mundi, væ carnis, væ diaboli: de quo dicitur Apoc. 16. væ, væ, væ, Civitas illamagna Babylon. Sine quo væ fuit omninò Maria. Fuit enim pauper contra primum. Virgo contra secundum. Humilis contra tertium. Ideo est* digna salutari, non solùm ab Angelo, sed etiam ab homine magis, *qui per se perditus, per eam salutem invenit.*

Em. Cardinal. Hug. sup. cap. 1. Lu.

4 *Invitant nos ad* Salutationem Mariæ Gabrielis exemplum... Ioannis tripudium... & resalutationis fructum. Nam si eam salutaverimus, *non est tam rustica, ut sine resalutatione dimittat. Ecclesiastic. 41. erubesce à salutantibus de silentio. Quod si fecerit, exultavit*

in gaudio infans, id est, gaudium ineffabile in utero mentis nostræ, ut verè possimus dicere: ecce, ut facta est vox salutationis tuæ in auribus meis, exultavit infans in utero meo. &c. Hinc dixit Apostolus Romanorum 16. Salutate Mariam, quæ multum laboravit in vobis. Pro nobis exorando, in Egyptum fugiendo, paupertatem sustinendo. **Luc. 1.** **Roman. 16.**

5   *Sed qualitèr salutabis?* prosigue: *frequentèr, fidelitèr, sapientèr. Frequentèr, quia tota pulchra est.* cant. 4. Isaiæ 23. *Bené cane, &c. Fidelitèr ut corde, ore,* y *opere salutetur, nè meritò possit dicere B. Virgo illud Isaiæ 29. Populus hic labijs me honorat, cor autem eorum longè est à me. Sapientèr: ut recta intentione salutetur. Quidam enim salutant nobiles puellas, ut de familiaritate jactare se possint. Sic multi salutant frequentèr Mariam, ut eam diligere videantur... Sed tales non resalutat: quia ipsa novit abscondita cordis, sicut ipsa dicit Ecclesiast. 24. Penetrabo omnes inferiores partes terræ, & inspiciam omnes dormientes &c.* Mucho mas ha dicho antes, y mucho mas dice despues, persuadiendo la devocion de saludar à Maria con la Salutacion Angelica, de que consta el Santissimo Rosario repetida 150. vezes, assi este Santo Padre Expositor devotissimo, y eximio Predicador. **Cant. 4. Isaiæ 23. & 29.** **Eccl. 24.**

6 El grande Historiador, y amplissimo Escritor nuestro Ven. P. Vicente Belovacense, en cuyos escritos ofrece materia muy copiosa para predicar de Maria santissima: nos dexò un fragmento, si assi se puede llamar, un tratado, exponiendo las Oraciones de el Santissimo Rosario: *Padre nuestro,* y *Ave Maria.* Libro, que aun ahora se halla manuscripto en Paris en la libreria Victoriana con el *numero* 920. comienza: *Incipit expositio Orationis Dominicæ, & Salutationis Angelicæ.* Esta exposicion se divide en dos partes. El thema de la primera, que trata de *Pater Noster,* es tomado de el capi- **V. Vinc. Belobasc.** **Bibliot. O. P. tom 1 p. 238. col. 1.**

Matht 7.

7. de el Evangelio de San Matheo, que dice: *Pater vester, qui in Cœlis est, dabit bona petentibus se. Hoc dicitur nobis à Domino, Matth. 7.* El thema de la segunda parte, que es de el *Ave Maria:* dice *salutate Mariam, que multum laboravit in vobis, Rom. 16.* Aqui viene la regla de el P. M. Fr. Pedro Sanchez en su libro *Theologia Sacratissimi Rosarij,* que dice: *Textus probans per* Ave & Pater noster, *propijssimus est Rosario, sive copulativé Pater noster, & Ave, sive solùm Pater noster, aut solùm Ave Maria, ratio est clara, &c. ibi videnda.*

Romar. 16.

Mag. Sanchez in Theol. sanctiss. Ros.

7. De aquel gran Doctor, que se ha levantado con el titulo de *Doctor Mariano,* assi por su singularissima devocion con que veneraba à Maria Santissima, como por lo mucho, que escribiò en alabanza de la gran Señora, no alegarè mas que dos fragmentos, uno de el libro *de Laudibus Mariæ,* que es un *Mare magnum* de alabanzas, elogios, y encomios de el Mar de gracias la Reyna de la Gloria: y otro de la exposicion de el Evangelio de S. Lucas, por donde se verà como encargaba, y persuadia la devocion de la Salutacion Angelica, à cuyo honor, y gloria se instituyò el Santissimo Rosario. De el *Mare magnum,* doze son los libros de las alabanzas de Maria, y todo el primer libro emplea en glossar, exponer, y declarar los altissimos, y admirables Mysterios, que contiene esta Oracion laudatoria de la Salutacion Angelica: y en el ultimo cap. de dicho libro de todo lo doctissima, y devotissimamente discurrido, forma esta suassoria conclusion. *Igitur,* dice, *quiá tàm dulcis, tàm celebris, tàm festiva, tàm devota, tàm suavis, est Salutatio Angelica, quam Christus mandavit B. V. Mariæ, quando mundum hac Mediatrice, salvare decrevit: Dignum, & justum est, ut à Christicolis celeberrimè, & devotissimè recitetur in terris, cùm à Cœlicolis, ut piè creditur, recitetur in Cœlis, ad honorem, & gloriam Virginis Gloriosæ: unde cantat Ecclesia: Te laudant Angeli, &c. ibi legenda.*   & En

D. Alb. Mag. de laud. Mar. lib. cap. ultim.

8. En el comentario de el Evangelio de San Lucas, haviendo glossado la Salutacion de el Angel, segun la escribe el Evangelista: concluye este Santo Padre su exposicion con estas palabras: *Hæc igitur, est Salutatio B. Virginis, & secundùm præceptum Apostoli ad Rom. 16. Salutate Mariam, quæ multum laboravit in vobis. Sicut enim in sententia dicit Apost. 2. Cor. Sive in contemplatione, mente excedit Deo, sive in actione sobria est: totum pro nobis est, Virginitatis proferens lilium, & Fœcunditatis offerens Filium, & totum pro nobis impendens virtutis meritum. Salutate ergo eam frequentèr, & sapientèr: Frequentèr, ut nec à corde, nec ab ore recedat, sicut suadet Isaias cap. 23. benè cane, frequenta canticum, ut memoria tui sit. Frequentèr etiam, ut in devotione salutemus; ne fortè dicat nobis illud Isaiæ 29. Populus hic labijs me honorat, cor autem eorum longe est à me, sine causa colunt me. Sapientèr autem, ut salutans Salutationi congruat, & Salutatio concordet intentioni. Qualiter enim, aut luxuriosus Virginem, aut superbus humilem, aut maledictus Benedictam salutare præsumit?...... Dicit enim Aristoteles, quod multas amicitias irresalutatio dissolvit. Salutemus enim nos invicém osculo sancto columbino, ut sicut ab ea volumus, ita nos eam salutemus: tunc enim non compressione labiorum, sed conjunctione spirituum nostra perficietur* Salutatio.

9 De aquel excelentissimo Predicador de el siglo XIII. de aquel, digo, Santo Padre Arzobispo Januense nuestro Jacob de Voragine, no solo fragmentos, sino sermones enteros se pueden traher para probar, que en aquel dorado siglo de nuestra Orden primero se predicaba por nuestros Religiosos de la Sagrada devocion, que ahora llamamos de el Santissimo Rosario. Vease su libro de oro, que intitulò *Mariale*, ò *Sermones de B. Maria Virgine*: que es un bellissimo, dilatadissimo jardin, donde pueden los Predicadores espaciarse cogien-
do

B. Alber. sup. Luc cap. 1.

N. Jac. de Vorag. in *Mariali*

do varias fragrantissimas flores de alabanzas, encomios, y elogios, para predicarla *Beatissima:* especialmente para predicar de su Santissimo Rosario. Y señaladamente para este assumpto, se pueden veer en la letra A el decimo: de la letra R el quarto: y de la letra S el primero, segundo, y tercero. Y en este solo da materia muy copiosa, para formar varios sermones de el Santissimo Rosario: todo el sermon estriba, y se funda en las clausulas de la Salutacion Angelica, y de cada clausula que son seis, saca una causa, razon, motivo, ò eficaz argumento, con que prueba ser Maria Santissima dignissima, de que la *saludemos continuamente con la Oracion Angelica, ò el Santissimo Rosario.*

10 Y para que el Lector tome sabor, y gusto de los frutos de este vergel, pondrè aquí la dulce, y sabrosa idea de el Auctor, como la propone en el principio de su sermon diciendo: Salutatio *B. Mariæ, qua Angelus eam salutavit:* Omnes causas comprehendit propter quas ipsa est meritò salutanda. *Salutanda est Domina tam formosa, ideó dicitur:* Ave. *Salutanda est Domina tam generosa, ideó dicitur:* Maria. *Salutanda est Domina tam gratiosa, ideó dicitur:* gratia plena. *Salutanda est Domina tam gloriosa: ideó dicitur:* Dominus tecum. *Salutanda est Domina tam famosa, ideó dicitur:* Benedicta tu in mulieribus. *Salutanda est Domina tam fructuosa, ideó dicitur:* Benedictus fructus ventris tui. Veanse tambien los sermones de este celeberrimo Predicador *in Dei Incarnationis* V. VI. y VII. en el tom. I. de la nueva impression.

11 Muy bien probará la predicacion de el Santissimo Rosario en aquel primer siglo en que se instituyó nuestra Sagrada Religion un gran fragmento, que nos dexò en su commentario al cap. 16. de la Epistola de S. Pablo à los Romanos, nuestro eximio Theologo, y Expositor excelente el V. P. M. Fr. Nicolas Gorran, quien llegando à exponer el verso 6. de dicho cap. y viendo

lo

lo que alli manda el Doctor de las gentes, valiendoſe como de ocaſion rodada de las palabras Apoſtolicas, en el ſentido alegorico las gloſſó de Maria Santiſſima. Encarga à los Romanos el Apoſtol, el que ſaluden á una Señora, llamada *Maria,* que por ellos havia mucho trabajado: *Salutate Mariam, quæ multum laboravit in vobis.* Eſta Matrona Romana, que tanto trabajò por, y entre los Chriſtianos, que vivian en Roma, en ſentido myſtico, es figura de Maria SS. y ſi a aquella mádaba el Apoſtol ſaludarla: dice eſte grande Expoſitor, con mucha mayor razon hemos de ſaludar á la glorioſa V. Maria: *Si iſta Maria ſalutanda erat, quæ multum laboravit in vobis:* quanto magis Virgo Maria *exemplo Angeli, qui ſalutavit eam, Luc. 1. v. 28. Ave gratia plena.* Eſte es argumento de menor à mayor. Y dando materia para predicar de eſte N. aſſumpto, proſigue eſte Dr.

12 *Salutate Mariam, quæ multum laboravit in vobis.* Prothema in quocunque ſermone: thema de B. Virgine. *Ad obtinendum de facili illud, quod petitur exiguntur tria, quæ notantur:* humilitas in petente, *quæ notatur* [*Salutate*] facilitas in dante, *quæ notatur* [*Mariam*] *quæ interpretatur illuminatrix, quippe poteſt, quæ eſt Mater luminis increati.* Charitas mutua in utroque; *quæ notatur* [*quæ multum laboravit*] *Probatio enim dilectionis exhibitio eſt operis.* Ergo *ſalutate* cum humilitate, *Mariam cum fecunditate, quæ multum laboravit* ex charitate.

13 Proſigue nueſtro devotiſſimo Expoſitor dando mas materia para predicar de el Santiſſimo Roſario, *Charitatem Mariæ commendant tria. Actús, quia laboravit.* Modus, *quia multum laboravit.* Fructus, *quia in vobis laboravit.* Et Actus expediens, & modus ſufficiens. Et fructus conveniens. *Salutemus ergo Matrem gratiæ, ut ad ſalutem impetret gratiam.* Aſſi dabá materia para predicar muchas vezes la devocion de el Santiſſimo Roſario eſte profundo, agudo, y devotiſſimo Expoſitor.

14 Y

14 Y hagaſe reflexiòn, que dice eſte Doctor, que las palabras de el Apoſtol *Salutate Mariam &c.* ſirven de *prothema* en qualquier ſermon: y ſon *thema* en los ſermones de Maria Santiſsima: en què ſe diſtinguen eſtos terminos *Thema,* y *Prothema?* Digo, que ſegun lo que enſeña nueſtro Beato Umberto en ſu eruditiſsimo libro *De Eruditione Prædicatorum: prothema* es lo miſmo, que aquella parte de el ſermon, que llamamos *Salutacion.* Y *thema* es el fundamento, en que eſtriba el argumento, ò aſſumpto de todo el ſermon: y ſe ha como el centro de donde nacen las lineas de los diſcurſos. Y aſſi decir eſte grande Expoſitor las palabras de S. Pablo: *Salutate Mariam,* ſon *prothema* en todo ſermon, es decirnos, que en ſu tiempo, no ſe predicaba en la Orden ſermon alguno, que la Salutacion, no fueſſe en honor de la SS Virgen intimando à el auditorio la devocion de ſaludàr à la gran Señora con la Angélica Salutacion *Salutate Mariam &c. Prothema in quocumque Sermone.* Y dice tambien, que las miſmas palabras *Salutate Mariam, &c.* eran *thema* muy à propoſito para predicar ſermones de la Santiſſima Virgen: *Thema de B. Virgine.* Y ſiendo eſtas palabras, *thema,* ò fundamento de el ſermon: ya ſe vee, que es thema muy proprio para predicar de el Santiſſimo Roſario: luego en tiempo de eſte Expoſitor, ſe predicaban ſermones de Maria Santiſſima, y ſu Roſario en el ſiglo XIII.

15 No contra eſto obſta, que aquellos Santos Padres de el primer ſiglo de la Orden de Predicadores, ninguno de ellos menciona el *Santiſſimo Roſario,* ò toma en boca, ſiquiera una vez el vocablo *Pſalterio Mariano.* Porque à eſte reparo, ò eſcrupulo, ha muchos años tiene reſpondido el Santo Padre Alano de Rupe en ſu Apologia cap. 15. §. 9. *De nomine,* dice, *dant, & curioſe quæritur* cùm de re tanta conſentit. Queſtiones de nombre, no ſe admiten en las diſ-

pu

putas, conviniendo en la realidad de la cofa, de que fe trata. Traigafe á la memoria lo que en otro capitulo, eftá ya dicho. Que los Summos Pontifices afirman, que las Congregaciones, ó Cofradias de el Santiffimo Rofario, fe inftituyeron, y fundaron, y hafta ahora fe fundan, y establecen en honra, veneracion, y gloria de la Salutacion Angelica, que S. Gabriel como Embajador de la Trinidad Beatifica prefentó á Maria Satiffima annunciandole la Encarnacion de el Divino Verbo: principio, y fundamento de todos los Mysterios, que fe meditan, y contemplan en el Santiffimo Rofario. Y affi Sixto IV. y Leon X. lo teftifican: *Confraternitas ..... de Rofario B. Mariæ Virginis nuncupata, ad honorem Salutationis Angelicæ inftituta.*

16   En tiempo de eftos Santos Papas, ó poco defpues fe fue extendiendo efte nombre *Rofario* á las Oraciones Dominicas, y Salutaciones Angelicas, como fe reconoce por Bulas Apoftolicas. Y lo afirma el Sr. Innocencio XI. en un Breve dado á 16. de Junio de 1678: que comienza: *Exponi nobis nuper:* donde dice fu Santidad: *Quædam Confraternitas ..... de Rofario B. Virginis nuncupata ad honorem Angelicæ Salutationis inftituta cujus Confratres intra fpatium trium dierum cujuflibet hebdomadæ Orationem Dominicam quindecim, & Angelicam Salutationem centum quinquaginta vicibus, ad honorem B. V. Mariæ juxta ipfius Confraternitatis Inftituta dicere confueverunt quas quidem Orationes, & Salutationes Rofarium appellabant.*

Bullar. O. P. t. 6.

17   De que confta clara, y evidentemente, que predicar, perfuadir, y exhortar á faludar frequentemente á la Sacratiffima Madre de Dios con la Angelica Salutacion, y para efto alegar lugares, y textos de la Sag. Efcritura, auctoridades de Santos Padres, y Expofitores Sagrados, razones eficazes, hiftorias, exemplos, y milagros, es predicar el ufo, exercicio, y frequencia de el Pfalterio

rio Mariano, ò Rosario Santissimo. Y no era necessario dezir en los Pulpitos el numero de Salutaciones, que se havian de rezar, que ya en aquel siglo XIII. este exercicio de saludar à Maria Santissima con la Salutacion Angelica se llamaba *Psalterium de Domina, ò Psalterium Marianum*: como consta de lo alegado en el cap. 7. Y por este nombre Psalterio, se entendia muy bien el numero de Angelicas Salutaciones, que se debian rezar en este Angelico exercicio. Y assi San Alberto Magno haviendo tratado en el primer libro de los doze de *Laudibus Mariæ*, se contentò con dezir: *Dignum, & justum est, ut à Christicolis celeberrime, & devotissimè recitetur in terris, cum à Cælicolis, ut piè creditur, frequenter recitetur in Cælis ad honorem, & gloriam Gloriosæ Virginis.*

18 Demonstrado ya por los sermones, y fragmentos, que se han alegado, de los Santos Padres de nuestra Sagrada Religion de el primer siglo, que se predicaba en los Pulpitos la devocion, y culto de Maria Santissima rezando frequentemente la Salutacion Angelica, que no es otra cosa, que predicar la devocion de el Santissimo Rosario; resta probar lo mismo con fragmentos, y sermones de los Santos Padres nuestros, que en los siglos siguientes XIV. y XV. antes, que la Santissima Virgen eligiera à el B. Alano de Rupe por Apostol segundo de esta Sacratissima devocion (que con la astucia de el demonio, negligencia de los hombres, peste, cismas, y perfidas guerras, de aquellos calamitosos tiempos) estaba casi del todo borrada de la memoria de los Christianos; y con todo esso faltaron algunos Santos Padres, que predicaran, y persuadieran este Sagrado Mariano culto.

19 Y sea el primero el Glorioso Padre San Vicente Ferrer, sonora clarin de el Evangelio, trompeta terrosa de el Divino juicio, è infatigable Predicador, no solo de Valencia, ò España, sino tambien de casi toda

da Europa: el año de 1523. fe imprimiò en Leon de
Francia, en la Oficina de Dionyfio de Bars à cofta de
Simon Vicente un libro, cuyo titulo es: *Diftinctiones
valdè morales in omni tempore Predicabiles S. Vin-
centij Ord. FF. Predicatorum, nunquàm impreffa.*
Difpueftos los fermones por A B C y en la letra M.
diftinc. 100. fol. 139. dice el Angel de el Apocalypfi.
*De fex excellentijs, quas habet V. Maria, que conti-
nentur in Ave Maria. Prima eft Clara Puritas,
quando dicimus Ave Maria. Secunda eft omnis San-
ctitas, quando dicimus, gratia plena. Tertia eft Alta
Dignitas, quando dicimus, Dominus tecum. Quarta
eft Magna Pietas, quando dicimus, Benedicta tu in
mulieribus. Quinta eft Plena utilitas, quando dicimus,
Benedictus Fructus ventris tui Iefus: Sexta eft larga charitas quando dicimus: Ora pro nobis peccatoribus,
&c.*

20 Eftas feis excelencias de la Sacratiffima Virgen
Maria, que dice el Gloriofo P. S. Vicente, fe cifran en
la Oracion laudatoria de la Salutacion Angelica, las ma-
nifiefta, y declara el Santo Padre con grande piedad, y
devocion: perfuadiendonos con energia, eficazia, y zelo à abrazar efta Santiffima devocion de faludar à la
Reyna de el Cielo con frequencia. De modo que no fe
nos paffe dia, ni tarde, ni mañana, fin ofrecer à la gran
Señora la Salutacion Angelica, para lograr fu poderofo
Patrocinio, de que tanto necefsitamos, los que navega-
mos en efte peligrofo mar de efte mundo. Y como los
exemplos tienen mayor eficazia, que las vozes, ò palabras: el Santifsimo Predicador de Europa para imprimir fu utiliffima Doctrina en los corazones de fus oyentes, les pufo à la vifta dos exemplos, ò muy efpeciales
milagros que la Reyna de el Cielo, Madre de Dios obrò
en el tribunal Divino con dos devotos, que frequenta-
ron efta Sagrada devocion, viviendo en efte mundo.
Efte fermon de efte excelentifsimo Predicador da co-

piofa

piosa materia para predicar otros sermones de este
culto Mariano.

21 Contemporaneo de el gran P. S. Vicente fue el
Venerable y contemplativo nuestro Maestro Sancto á
Porta, quien en su *Marial* nos dexò Escritos veinte,
y un sermones, que son devotissimas comtemplaciones
de el altissimo Mysterio de la Encarnacion de el Verbo Divino, que se deben reputar, y tener por sermones de el Santissimo Rosario: por ser este primer Mysterio soberano, raiz, y principio de todos los Mysterios,
que se meditan, y Oraciones laudatorias de el Santissimo Rosario. Y especialmente sobre la Salutacion Angelica se hallan cinco conciones, que son la IV. V. VI.
VII. VIII. de dichos XXI. sermones. Y omitiendo todo esto, servirà de fragmento el primer discurso de el
sermon ultimo de el citado Marial libro.

22 En este sermon, pues, §. 1. dice este contemplativo Doctor: *Quantùm ad primam Considerationem:
est devotè attendendũ, quod ista est dies, & hora, in qua
Omnes nos congregati venimus ad B. & Gloriosam V.
Mariam, pietatis, & misericordiæ Matrem, ad petendam
gratiam pro præsenti tribulatione, in qua sumus [steri-
litatis, siccitatis, & carentiæ pluviæ, terræmotus, ac
ventorum, adversitatis, & erroris, & tempestatis.]*
Et ita est quod in petendo gratiam à B. Virgine com-
muniter, & generaliter solemus proponere sibi Salutationem Angelicam devotissimè, iste est communis mc-
dus.

23 Illa (*scilicet Angelica Salutatio*) est quædam
petitio, & supplicatio, quam Peritissimus Iurista Ar-
changelus Gabriel dictavit. *Simus cum bona confidèn-
tia, quia gratiam, quam ab ea petimus, non potest nobis rationalitèr denegare:* Propter sex causas aliqua
Domina honorabilis potest rationalitèr denegare, quod
ab ea petitur, *quæ in B. & Gloriosa Maria Virgine
pietatis, & misericordiæ Matre nullatenus locum habent.*

24 En

24 En fuma dice efte muy devoto Predicador, feis fon las caufas, motivos, ò razones, que puede tener, ò alegar una Señora noble, y honrada para negar razonablemente lo que le piden. La primera: no pedirle con urbanidad, y cortefania. La fegunda: no tener conocimiento, ni aun faber fiquiera el nombre de la Señora. La tercera: fer la Señora, aunñ muy noble, muy pobre. La quarta: eftar aufente fu Efpofo, fin cuya licencia no puede aun dar limofna. La quinta: eftar con juftos motivos agraviada, y airada contra el que pide. La fexta: pedirle cofa tenua, y de poco valor, fiendo la Señora muy rica, y poderofa, como lo dió à entender Alexandro Magno à un Soldado, que le pedia una cofa de poco valor, y tenua.

25 Ninguna de eftas caufas, dice el muy difcreto Padre Sancio à Porta, puede alegar, ni fe hallan en la Reyna de el Cielo para negar con razon lo que le pedimos con la Salutacion Angelica; porque lo que pedimos con efta Oracion excluye todas effas caufas, que hay para negar lo que fe le pide. No la primera: porque fe le pide con honra, y veneracion quando decimos: *Ave,* que es *Sine væ.* Y efto es honra maxima, fumma gloria, y fingular privilegio de efta gran Señora. No la fegunda: porq̃ el que prefenta la peticion, muy bien la conoce, y fabe con quien habla, y tiene muy bien deletreado el nombre de la Señora, que es *Maria.* No la tercera: porque en efta peticion fe le pide gracia: y eftando la Señora de gracia llená: *Gratia plena,* nó fe efcufará de pedirla haviendola hallado para con el Señor. No la quarta: porque eftando el Señor en fu Cafa, y Templo, tiene fiempre ampliffima licencia, para dar lo que rectamente le pedimos diciendo: *Dominus tecum:* que es decir, que con ella mora fiempre fu *Padre, fu Hijo, y fu Efpofo el Divino Efpiritu,* que es la Trinidad Beatiffima, de quien ella es *Sagrado Triclinio.* No la quinta: porque fiendo efta Señora bendita entre

to-

todas las mugeres: *Benedicta tu in mulieribus*, como dice la peticion, ha de ſer, y es *Benigniſſima*: y Señora tal no puede conſervar, ni tener, odio, ó rencor contra quien invoca ſu *bendicion*. Y finalmente no por la ſexta ſe puede eſcuſar de conceder lo q̃ dice la peticion: *Benedictus fructus ventris tui*. Porq̃ en eſto ſe le pide à la bendita Madre el mas precioſo don de todos los dones, ò dadivas, que es el Benditiſſimo fruto de ſu Sacratiſſimo, y puriſſimo vientre Jesus. Eſto es en ſuma lo que diſcurió, y dixo eſte devotiſſimo Predicador Mariano en ſermon de Rogaciones, q̃ ſe hazen à la Santiſſima Virgen nueſtra Señora.

26   Y concluye eſte doctiſſimo Maeſtro dicho §. 1. *Quia igitur per ſex partes ſupplicationis diſtinctè patet, quod B. V. Maria, Mater miſericordiæ, & pietatis, ſupplicationem, & petitionem noſtram non poteſt rationabilitér denegare, ipſam ſupplicationem non partialitér, ſed totam perfectè, & integralitér cum humilitate, & devotione, & honore debemus legere: ore, & corde coram ea proponere, diciẽdo Ave Maria.*

27   Sobre eſte fragmento es juſto hazer algunas reflexiones, y ſea la primera: que en aquel tiempo, que eſte ſermon ſe predicò, ó ſe eſcribiò: era coſa muy uſada, y acoſtumbrada en la Igleſia, Ciudades, Villas, y Lugares, que en qualquier tribulacion, afliccion, ó neceſſidad publica, acudian los paſſientes à la Santiſſima Virgen Maria, Madre de piedad, y miſericordia, como aſylo ſeguro para templar el azote de la Divina Juſticia, con proceſſiones, rogaciones, y ſuplicaciones, concurriendo à ellas todo el Chriſtiano Pueblo.

28   Sea la ſegunda: que el medio, de que los fieles ſe valian para alcanzar, y conſeguir de la gran Señora, Reyna de la Gloria el remedio de ſu neceſſidad, en que ſe hallaban, ó infortunio, que padecian, era la ſuplicacion, ó peticion, principal, y eſpecialmente rezar con humildad, y devocion la Salutacion Angelica, que en

ſubſ-

substancia, siendo repetida, no es otra cosa, que valerse de la devocion de el Santissimo Rosario, ò Virginal Psalterio, instituido para honrar, alabar, y bendecir à la Soberana Madre de Dios, y alcanzar de la Magestad Divina su graciosa misericordia en qualquier adversidad, que padece la naturaleza humana.

29 La reflexion tercera, es la esperanza, y confianza, que tenian los devotos fieles, de conseguir el alivio, y remedio de sus necessidades, en que se hallaban: fundados en las Clausulas, y razones, que el devocissimo Predicador discurriò sobre las mismas palabras de la Oracion de el Angel: con que les persuadiò, que su peticion, y suplica no havia de padecer repulsa de la Santissima Virgen Maria Madre de Dios, y Señora nuestra: *Et ita est*, dixo este egregio Predicador, *quod in petendo gratiam à B. Virgine communitér, & generatitér solemus proponere sibi Salutationem Angelicam devotissimè iste est communis modus.*

30 Aqui viene muy à punto lo que la Iglesia en la leccion V. de el Oficio de el dia VIII. de la fiesta de el Santissimo Rosario, que Alano *affirmavit Cælorum Regina: hunc modum orandi promptum, ac facile, esse sibi gratissimum, ad impetrandam Divinam Misericordiam accommodatissimum, Populis salutare: Et contra quævis adversa præsens auxilium.*

31 A este Venerable Dr. y Santo Vicente Ferrer fue Coetaneo aquel zelosissimo Predicador, que por su humildad commutò su nombre proprio en el nombre de el *discipulo*, que imitando à nuestro Padre Santo abunda en sus sermones de copiosa multitud de exemplos, con que imprimia su Doctrina sana en sus oyentes: y no son pocos los exemplos, y milagros, que refiere, succedidos con personas, que frequentemente, y con devocion saludaban à la Santissima Virgen Maria con la Salutacion Angelica. Pero dexandolos todos: solo referirè el fragmento, en que persuadiò à su auditorio

Discipul. serm. de Anun.

rio

rio el saludar à Maria Santissima con la Salutacion Angelica, à cuya honra, y gloria se instituyò el Mariano Psalterio. En aquel, pues, sermon de la Annunciacion de el Angel, cuyo thema es: *Ingressus Angelus ad eam, dixit* Ave gratia plena, Dominus tecum, entre otras Doctrinas dice assi: *Sciendum, quod nullus hominum excellentiùs, & gratiùs, & dulciùs Beatam Virginem poterit salutare, seu laudare, quàm hac Salutatione, quam ipse Deus Pater dictavit, & per Angelum destinavit. Et està nobis frequentér hac Salutatione salutanda: quia tale gaudium habet ex illa Salutatione devoté dicta, quale habuit, quando hodiè salutata ab Angelo.* Y en la exhortacion, que haze à sus oyentes, à que imiten à el Celestial Paranimpho en saludar à la Sacratissima Virgen, Madre de el Verbo Divino, les dice estas palabras. *Omnes peccatores, peccatrices, & consequentér* Omnes homines, senes, & juvenes debent Gloriosam Virginem Mariam diligere, & eam crebriùs cum Angelica Salutatione salutàre.....*quia omnibus parata est succurre eam devoté invocantibus.*

32 El año de 1459, à 2. de Mayo passò de esta vida mortal à la immortal de la gloria (antes que el B. Alano comenzasse à exercitar el ministerio de su Apostolado de renovar la utilissima devocion de el Santissimo Rosario) aquel doctissimo, y Santissimo Prelado de Florencia en la humildad grande, en la pobreza rico, y en rico, y en el cuerpo Angel, nuestro Padre San Antonino, quien nos dexò en sus escritos, no solo fragmentos, sino sermones, capitulos y titulos, donde hay abundante materia para predicar, de el Psalterio Mariano. Especialmente en la quarta parte de su suma *Omnimodæ eruditionis,* titulo quinze que se extiende por quarenta, y cinco capitulos: en alabanzas, encomios, y elogios de la Sacratissima Virgen nuestra Señora. Y de estos quarenta, y cinco capitulos, los diez, y nueve son de la Anunciacion de el Angel à la Reyna de el Cielo: y de estos los

catorze ſon ſobre la Oracion laudatoria de la Salutacion
Angelica, que dilatadiſſimamente gloſſa, declara, y explica caſi cada palabra de eſta Oracion Mariana. Mas
por abreviar, todo eſte difuſſo titulo lo dexo intacto.
Y ſolo alegaré dos fragmentos: el primero en la miſma
parte quarta titulo VII. cap. 3. §. 5. donde para alentar,
y animar nueſtra eſperanza para conſeguir la gloria, dice
el Sapientiſſimo Doctor: *Virgo Maria dicitur Mater*
Sanctæ ſpei Eccleſiaſtic. 24.... Et in ſequentia: Spes
reorum eſt Maria: peccatorũ Mater pia. *Unde ad Hebr.*
4. *Adeamus cum fiducia ad Thronum gratiæ ejus, &c.*
Dicitur in quadam ſequentia: Thronus veri Salomo-
nis, id eſt, Chriſti.... Sicut autem ad Thronum Salo-
monis aſcendebatur ſex gradibus, ita ad Virginem
ſex Clauſulis, quæ continentur in Angelica Salutatione
.... De Throno Salomonis... habetur 3. Reg. 10. Sex
ſunt, quæ poſſumus, & debemus ſperare: & iſta ipſa
procurat efficaciſſimè nobis, unde dicitur in antiphona
Salve: Spes noſtra. La eſcala para llegar à el ultimo grado de eſte Throno figurado en el de Salomon, es la Salutacion Angelica.

33 En ſuma: lo primero, *quod debemus, ſperare eſt*
venia, & purgatio peccatorum: La primera Clauſula
Ave Maria. Lo ſegundo, *quod debemus ſperare, eſt*
donorum, & virtutum copia: La ſegunda Clauſula *gra-*
tia plena. Lo tercero, *quod debemus ſperare, eſt Gloria,*
& Præmium Cœlorum: La tercera Clauſula *Dominus*
tecum. Lo quarto, *quod debemus ſperare, eſt Iuvamen,*
& ſublevatio á miſerijs, & tribulationibus: La quarta Clauſula *Benedicta tu in mulieribus.* Lo quinto que
debemos eſperar, *eſt Illuminatio in ambiguis, & agen-*
dis: La quinta Clauſula *Benedictus fructus ventris*
tui, &c. Lo ſexto eſt *auxilium, & victoria in tentatio-*
nibus contra dæmones, mundum, & carnem: La ſexta
Clauſula *Sancta Maria Mater Dei ora pro nobis, nunc,*
& in hora mortis. Amen. Eſto es compendio, de lo que

Part. 4. tit. 7.
cap. 3. §. 5.

Kk   allì

alli eſcribe eſte Sto. Padre difuſſamente. Y eſto es de-cir, y predicar: que el Santiſſimo Roſario es una eſca-lera muy bien fabricada, por donde ſubimos à el Thro-no de Salomon, que es la Glorioſa ſiempre Virgen Ma-ria Madre de Dios, para conſeguir de ſu Santiſſimo Hi-jo todo lo que debemos eſperar.

34　　Aun con lo que dice el ſegundo fragmento ſe demueſtra mas el aſſumpto de eſte capitulo. Es muy comun en la Orden de Predicadores, predicar los Sa-bados quadrageſſimales alabanzas de la Santiſſima Vir-gen, para excitar à la devocion de eſta gran Señora. En una Quareſma, que predicaba eſte ſapientiſſimo Doc-tor, y Maeſtro, flor de los Arzobiſpos de ſu Patria Flo-rencia eſtos ſermones Sabatinos, el ultimo fue un Saba-do antes de el *Domingo de Ramos.* Y què penſarémos predicaria en eſte ultimo dia? Pretendió defender, y probar una muy util concluſion, como complemento de ſus ſermones. Tomò el Santo Predicador por thema las palabras, que ſe leen en la Epiſtola de San Pablo à los Romanos: Salutate Mariam, quæ multum laboravit in vobis. *Romanor.* 16. Y comenzando ſu ſermon, dixo aſsi *Aſſumpſi verba: Salutate Mariam, &c. In quibus videbimus* hanc concluſionem: quod Maria eſt ſaluta-da à nobis. *Ad quod inducimur triplici ratione. I. ra-tione reſalutationis: 2. ratione inventionis: 3. ratio-ne cooperationis.* Y ſiguiendo el devotiſſimo Santo Padre ſu aſſumpto por todas las partes de ſu diviſion, prueba ſu concluſion con lugares de la Sagrada Eſcri-tura, auctoridades de Santos Padres, eficazes razones, y las iluſtra con exemplos. Vea allà el docto, erudito, y diſcreto lector, ſi eſto es predicar, y perſuadir con efi-cacia la Angelica devocion del SS. Roſario de la Reyna de el Empireo, en que ſaludamos à la Madre de Dios ciento, y cincuenta vezes con la Salutacion Angelica, ar-regladas à el numero de los Pſalmos de el Propheta Rey.

35　　Entre otras obras, que eſcribiò eſte doctiſſimo,

S. Antonin. in Biblioth. Virg. tom. 1.

y

y devotiſſimo Santo Padre, eſcribió una muy principal, dicen los Eruditiſſimos Padres Editores de los hechos de los Santos: cuyo titulo es *Trialogum:* ſobre la hiſtoria de los dos diſcipulos, que caminaban á el Caſtillo de Emaus el miſmo dia de la triumphante Reſurreccion de nueſtro Redemptor, como nos dice San Lucas en ſu Evangelio, á quienes ſe juntò el Señor en trage de peregrino, en que el Santo Arzobiſpo juntò, explicò, y gloſſò todos los vaticinios, prophecias, y preſagios, que ſe hallan en el teſtamento viejo de la Vida, Muerte, y Reſurreccion de Chriſto nueſtro Sr. *Trialogum* (dicen los Eruditiſſimos Padres) *in Hiſtoriam duorum diſcipulorum euntium in Emaus, in qua ad invicem de Chriſto in habitu viatoris,* Omnia vaticinia, oracula, atque præſagia declarantur, quæ de Vita, Morte, & Reſurrectione Chriſti *in veteri teſtamēto ſcripta ſunt.* Divideſe eſta obra en tres Dialogos, como lo da á entender el titulo: *Trialogum.* El Primero trata de la vida de Chriſto: el ſegundo de la Paſſion, y Muerte de Chriſto: el tercero de la Reſureccion, y gloria de Chriſto, como ſi dixeramos de los *Myſterios Gozoſos, Doloroſos, y Glorioſos,* que ſe meditan en los Santos Roſarios prophetizados en el viejo teſtamento. Si eſta obra ſe imprimiera, no hai duda ſerià de mucha utilidad á los Predicadores de el Pſalterio Mariano, y de ſus Myſterios.

36 No ha ſido olvido, ſino induſtria de propoſito, haver reſervado para dar complemento á eſte Opuſculo, el que havia de ſer el primero en eſte Capitulo. Y quien es eſſe Predicador de el Santiſſimo Roſario, anterior á el B. Alano: que merece ſer corona de eſta pequeña obra? Eſte es aquel Maeſtro de los Maeſtos, Doctor de los Doctores, Theologo de los Theologos, Predicador de los Predicadores: de quien N. SS. P. el Sr. Benedicto XIII. Pontifice Maximo con ſu omnigena ſabiduria no ſabia, con ſu conſumada erudicion no alcanzaba, y con ſu nativa, y artificioſa eloquencia no

Kk 2 ha-

Acta SS. tom. 1. Maij pag. 323. col. 1.

Bullar. O. P. tom. 6. pag 622

hallaba palabras, voces, ni terminos con que alabarlo, elogiarlo, ò predicarlo. *Ignoramus planè quibus illum laudibus* (decia en la Bula *Pretiosus* el Santissimo Papa) *pro magnis suis in Ecclesia meritis, extollamus.* Dicho se està, no ser otro, que nuestro gran Padre, y Santissimo Doctor Santo Thomas de Aquino, Sol clarissimo de la Iglesia, y Principe sin controversia, de las Escuelas Catholicas.

37   Entre los grandes, è innumerables elogios, con que los Summos Pontifices, Universidades Catholicas, Religiones Sagradas, Maestros, y Doctores, elogian à el Santissimo Doctor Santo Thomas de Aquino, no es el menor, sino el maximo es, apellidanle *Doctor Angelico,* con que luego le conoce todo el Pueblo Christiano. Encomio, que por muchos titulos le viene muy ajustado. Y omitiendo los muy sabidos: digo, que radicalmente le compete este Epitecto, por haver sido devotissimo de el Psalterio Mariano: cuya santissima vida, y Celestial Doctrina tuvo origen, y principio de la Salutacion Angelica, con que el Paraninpho Archangel San Gabriel saludò à la Serenissima Reyna de el Cielo Maria Santissima. De un año era el Angelico Doctor, dice su gran discipulo el Angel de el Apocalypsi, San Vicente Ferrer, quando con un Angelico Ministro le embiò la Sacratissima Virgen de Dios Madre una carta, cartita, ò cartilla, que no tenia escrita otra cosa, que la Salutacion Angelica *Ave Maria gratia plena, &c.*

38   El modo, reverencia, y devocion, con que recibió esta carta el Santo innocente Niño, lo declara nuestro doctissimo, y antiguo Maestro Fr. Leonardo de Utino con estas palabras: *B. Thomas floruit sapientia, non* (tantùm) *in ætate provecta, sed in infantia...... Sicut Sanctus Ioannes Baptista in Matris ventre cognovit Sacramentum Incarnationis, in eo quod exultavit ad Salutationem Elisabeth, ut dicitur Luc. I. Sic B. Thomas positus à nutrice in balneo cartam con-*

S. Vincent. in Sermon. D. Thom. n. 7.

Mag. Utino in Ser. S. Thom. §. 2.

continentem Salutationem Angelicam, sibi de Cœlo à Deo missam, manu accepit, & diligentèr eam intuens, in ea legens, genuflexit, ut dicat illud Psalmistæ: Os meum apperui, & attraxi spiritum.

Psalm. 118.

39 Raro, admirable, y singular prodigio, presagio, y pronostico Divino, de lo que havia de ser este Niño Infante quando llegasse à ser en la edad grande. Nuestro P. S. Antonino dixo: Conveniens fuit Divinæ Providentiæ, ut tali presagio monstraretur in puero, quod futurum erat in Magistro: ut præsciretur; quam doctrinam salutarem Vir jam Sanctus factus deberet effundere, quam chartulam continentem nostræ salutis exordium, non nisi Divino ductus spiritu contigit invenire. A que añade el doctissimo Padre Lorenzo Chrysogono: Tantumque erga ipsam [Salutationem] amorem hausit, ut posteà grandævus præclarissimis commentarijs, ornamentum quodammodò exhibenda Virgini exarnavit. Todos quantos escriben su vida Angelica la leen, ù oyen leer este successo, no lo tienen, ni han tenido por acaso, sino por divino prodigio.

D. Antonin. 3. p. Histor. tit. 23. cap. 7. §. 2.

P. Chrysog. Mund. Mari. disc. 19. n. 89.

40 Oygamos por todos los que escribe el gravissimo Colegio Salmantino de los Venerables, y doctissimos de Padres Carmelitas Theresianos, en la Oracion previa à su curso Theologico Thomistico: Tenellum Infantem, dicen, adhuc mamentem chartam Salutationis Angelicæ verba continentem devorasse scimus: quod quidèm abundantissimæ gratiæ, qua ejus anima ditata, & ditanda erat; illustre indicium extitit. In substantiam quippè aliti, non solùm charta materiam, sed etiam verborum chartæ substantiam convertisse: unde ejus membris, sensibus, potentijs Virginitas illustris, Phantasmata splendida intellectionis, & affectus Angelici, aggenerata fuerunt. Virgo namque Purissima, dùm Salutationem sui honoris Originem Thomæ infantulo in charta mittere dignatur, ipsum adhuc sublimitèr decorasse ostendit: ut natalitia illius,

Colleg. Salm. tom. 1. Curs. Theolog. in Orat. exhort. §. 2.

ex se illustrissima, tanto honore illustriora redderet
Hinc Magisterio Thomæ etiam ab incunabulis plena
laudatio. *Ungebatur profectò in illis ab ipsa Virgine*
Thomas, & amplissimo mens ejus magisterio parabatur.

41 Esta carta Angelica, ò Mariana cartilla, que tambien decorò el Infante: la ama, que le criaba quiso quitarsela de la mano derecha, con que la havia recibido, para labarle, mas el Niño Thomas de un año se defendiò con tan extraño valor, que no pudo sacarle esta prenda, ò joya de el puño. Mas haviendo venido, llamada su Madre, con otras personas, que fueron testigos, se la sacó con violencia abriendole la mano: pero el Niño Thomas, que hasta entonzes no sabia derramar una lagrima, la pidiò, y repidio con tan tierno, y copioso llanto, que ablandó el corazon materno, à que le volviesse su adorado escrito, y viendole en sus manos, no tardò un punto en llegarsela à la boca, y dandole dos, ò tres vueltas entre sus tiernas encias, se tragò el *Ave Maria.* Este fue el primer alimento solido, que entrò en su tierno cuerpo. Y le hizo tan buen provecho, que como dice Etiro, y otros: *Prima verba, quæ protulit, & ante quàm disceret ab alijs, fuerunt* Ave Maria. Y desde q̃ se la tragò, y comēzò à hablar, el primer abrupto de sus labios en los indeliberados movimiētos era el *Ave Maria.* Y ni durmiendo, ni velando, se le caia de la voca, como ni de el corazon, segun N. Presentado Granda escribe. En que se hecha de veer, quan afecto seria Santo Thomas à el Psalterio Mariano, que consta de ciento, y cincuenta Salutaciones Angelicas.

42 En aquel cingulo Militar, con que ciñeron los Angeles sus renes (quando lo tenian preso sus hermanos en la fuerza de Rocasicca, porque dexara nuestro Sagrado Habito, que havia tomado antes de su adolescencia) han notado todos los que ocularmente le han visto, *quinze nudos iguales,* que indican algun Sagrado Mysterio. Y dexando otros Auctores, que lo dicen: oygamos

mos

Ap. N. Santes Franco, & Sãchez in Theol. Rosar. q 8. a. 23.

Grand. in Vit. S. Th. art. 2. cap. 3.

mos lo que fienten los Eruditiffimos Padres Antuer-
pienfes, Editores de los *Acta Sanctorum. Inter nodia*
quindecim *Ordinem Dominicanorum, quem* [S. Tho-
mas] *fuerat profeffus* [tacitè] *ea ratione revocare po-
terunt in memoriam, qua* dictus *Ordo Mariani Rofarij*
per quindecim *Myfteria decurrendi exemplum, & uti-*
litatem per univerfum mundum divulgavit.

Acta SS. tom.
r. Martij p.
747 num. 25.
NN. Granda,
& Briz invit.
Thom.

43   En atencion, y confideracion de lo hafta aqui
dicho, y alegado: nueftro Maeftro Fr. Sanctes Franco,
muy verfado en los efcritos de el Doctor Angelico com-
pufo un Opufculo de el Santiffimo Rofario, con efte
titulo: *Thefes affectivæ, feu Meditationes Schola-*
fticæ fuper quindecim præcipua humanæ Redemptio-
nis Myfteria, five SS. V. Mariæ Rofarium ex Divo
Thoma Aquinate Doctore Angelico. Y luego en el
Prologo à el lector dice affi: *Nihil prorfus erraverit,*
qui D. Thomam Aquinatem ab ipfa infantia peculia-
ri quadam ratione Rofarium B. V. Mariæ, id eft In-
carnationis Myfteria fuiffe meditatum: à quo etiam
Doctoris Angelici nomen, & Officium fuiffe fortitum,
dixerit........ Quid enim aliud eft Rofarium, quàm
fæpius repetita prolatio, & meditatio Salutationis
Angelicæ, Incarnationis Filij Dei, Mortis, & Refur-
rectionis? Y mas adelante vuelve à repetir lo mifmo:
ex Salutatione itaque Angelica, quam divinitùs pue-
rulus fubftulit, compreffa manu validè retinuit, abla-
tam planctu, & geftu repetijt, ac repetitam, mox de-
glutivit, nomen, & Officium. Doctoris Angelici jure
eft adeptus. Todo efte Opufculo de el Santiffimo Rofario de efte Auctor, no es otra cofa que una cadena de
oro de fentencias de el Angelico Doctor, con que efte
fu devoto difcipulo explica las Oraciones, y fus quinze
Myfterios, de que confta el Pfalterio Mariano,

Vid. N. M.
Angelum Flo-
rillo. Centuria
1. ad calcem.
Alani Rediv.

44   Conforme à efte fentimiento dice nueftro Maeftro Fr. Pedro Sanchez: *Rofarium germinavit Do-*
ctorem Angelicum. Germinavit Rofarium Thomam,

Sanch. Theol.
Rofar. quæft.
8. a. 23.

&

& ex Salutatione comesta ingentia prodierunt volumina... Ingentem Bibliothecam deglutivit, cum Salutationem devoravit. Conversum est salutis Ave *in alimentum Thomæ. Buthyrum, & mel comedit in chartula, inde scivit reprobare malum, & eligere bonum* Los purissimos frutos, que dieron en Santo Thomas las flores de el Santissimo Rosario, fueron los admirables escritos de el Doctor Angelico.

45   De todos los Mysterios de el Santissimo Rosario tratò, y escribiò copiosissimamente en muchos lugares, como Doctor Angelico, *tam more scholastico, quam stilo concionatorio.* De estos Divinos Mysterios, que se meditan, ò contemplan en el Santissimo Rosario, llegò à decir este Doctor Angelico en el lib. 4. cap. 54. Vid. etiam cap. 27. hui. lib. de la excelentissima obra contra los errores de los Gentiles: *Siquis autem diligentèr, & aptè Mysteria Incarnationis consideret, inveniet* tantam sapientiæ profunditatem, quòd omnem humanam cognitionem, excedat *secundum illud Apostoli.* I Cor. I. *Quod stultum est Dei, sapientiùs est hominibus. Unde fit, ut piè consideranti,* semper magis, ac magis admirabiles rationes hujusmodi Mysterij manifestentur.

46   De la Oracion Dominica, que dictò el mismo Dios humanado quando sus discipulos le pidieron, los enseñasse à orar, còmo el Baptista enseñò à los suyos: tratò Thomas en la exposicion de San Matheo cap. 6. y en la Catena aurea sobre el mismo capitulo, y alli sobre el cap. 11. de San Lucas. En la 2. 2. quest. 83. y en el 3. libro de las Sentencias dist. 34. quest. 1. Mas escribiò el Santo un tratado, que es el Opusculo 7. en que con mucha extencion expone esta Divina Oracion. Y aun no contento con esto, volviò à tomar su Angelica pluma para escribir de nuevo sobre la Oracion de el *Pater noster,* en la segunda parte de el Opusculo de el Compendio de la Sagrada Theologia, que escribia à peticion de su amantissimo Compañero el V. P. Fr. Regi-

ginaldo de Piperno: y haviendo efcrito ya nueve Capitulos, y comenzado el decimo, exponiendo la fegunda peticion *Adveniat Regnum tuum,* quedò incom-
pleta la obra por haverle llevado antes el Señor à fu
gloriofo Reyno.

47 De la Oracion laudatoria, que contiene los mayores elogios, y alabanzas fupremas, que fe pueden decir
en loor de la Sacratiffima Virgen Maria Madre de Dios,
efcribiò el Doctor Angelico en la 3. parte queft. 30. en
la Catena aurea fobre el cap. 1. de San Lucas. Mas efcribiò de ella en el Opufculo 60. de *Huminitate Chrifti.* art. 1. en los SS. 3. y 4. Y ultimamente nos dexò el
Opufculo 8. en q̃ con altiffimo, y profundo eftilo gloffò
fus Claufulas Angelicas. Y no folamente efcribiò Divinamente de los Myfterios, que fe meditan, confideran,
y contemplan en el Santiffimo Rofario, y de fus Oraciones Dominica, y Angelica, que fe rezan, ò cantan,
fino que de hecho predicó tambien muchas vezes de
efta Santiffima devocion Mariana.

48 Oygamos lo que efcribe en el facro teatro de
el Santiffimo Rofario el devotiffimo P. M. Fr. Jacobo
Bruno Scigliano lib. 2. cap. 2. vertido de el Idioma Italiano à el nueftro Caftellano. Haviendo efte Aucter
marcado el milagrofo fucceffo, en que el Doctor Angelico de un año Niño fe tragò con gran gufto de fu
alma la Salutacion Angelica, profigue fu narracion, y
dice. *Santo Thomas de Aquino....... predicando en
Napoles una quarefma* continua *con los ojos cerrados,
y elevado al Cielo el roftro, como Doctor Angelico
expufo, declarò, y explicó la mifma Salutacion* Angelica
...*para fomentar, y aumentar la devocion de los fieles
à efte Salutacion Mariana.* No hai q̃ admirar, que una
Quarefma continua tomaffe por tema efte Dr. Angelico
la Salutacion Angelica, porq̃ era muy grande, muy tierna, y muy fervorofa la devocion de efte Angel humano
para con la Sacratiffima de los Seraphines Reyna, como

lo conocerà qualquiera, que huviere leydo aquella Oracion, que hacia todos los dias à su Señora, Reyna, y Madre, que se halla en el Oficio Parvo de la Santissima Virgen segun nuestro Rito con este titulo: *Oratio D. Thomæ Aquinatis ad B.B. Virginem Mariam ab omni Religioso dicenda.* No por ser nuevo este Auctor de esta noticia historial, ella es nueva, sino muy antigua, y tanto, que quien oyò estos sermones, lo testifica en el processo, que se actuò para la Canonizacion de nuestro Santo Monseñor Juan Blasio, Juez familiar, y privado de la Reyna de Napoles: quien debajo de juramento, dixo: *Vidit ipsum [S. Thomam] per totam unam Quadragessimam prædicantem oculis clausis, contemplativis, & directis ad Cœlum & prædicatio sua fuit in ipsa Quadragessima* super Ave Maria gratia plena Dominus tecum.

Acta SS. Th. 1. Martij Processus Inquisitionis cap 8. n. 70 pag. 709, col. 2.

49. Con los ojos cerrados, y elevado el rostro à el Cielo, dicen estos, el testigo jurado, y el Escritor de el Rosario, predicò toda una Quaresma el Santo Doctor de la Salutacion Angelica, como un Angel del Cielo. Toda su vida desde su infancia, continuò estudiar, y repasar aquel admirable, y Divino sermon (q̃ quando lo oyò de la boca del Paraninfo celeste) se turbò, llena de admiracion la humildissima Virgen, considerando en su interior las calidades de esta Angelica Salutacion: *Turbata est in Sermone ejus, & cogitabat qualis esset ista Salutatio.*

Luc. 1.

Pues si Santo Thomas toda su vida, desde recien nacido, havia estudiado, repasado, y rumiado continuamente este *sermon la Salutacion Angelica,* que maravilla, es que à ojos cerrados predicàra en Napoles una Quaresma continua los sermones de la Salutacion Angelica, que tenia muy bien fixos en su felicissima memoria.

50. Entre las obras, ò escritos de nuestro Doctor Angelico, que tenemos impressos, no se hallan estos sermones

mones predicados en Napoles, de la *Salutacion Ange*
dica, ò porque se perdieron [como otras obras suyas,
que sabemos, que escribiò] no se han hallado, ò porque
el Santo Doctor no tuvo lugar de escribirlos para pre-
dicarlos: ò porque no era necessario teniendolos tambien escritos, è impressos en la Oficina grande de su
Angelical memoria.

51 De unos sermones de tiempo, y de Santos (que
corren impressos con los commentarios de las Epistolas
de San Pablo) dice el novissimo Escritor de la vida en
Compendio de nuestro Doctor Angelico el R. P. Lector Bris, que son *unas puras apuntaciones, de que el
Santo usaba, para exercitar la memoria.* Y estas apuntaciones son muy pocas para lo mucho, que da à entender la Iglesia predicò el Santo Doctor, aun estando bien
ocupado en escribir tantos, y tan diversos libros: *Scri-*
bendis tot libris, licet tanto opere occupatus Sanctus
Thomas: à Divini Verbi prædicatione non cessabat.
Empero à essas apuntaciones predicables, para dar prue-
eba de que el Dr. Angelico predicaba en el Pulpito la
devocion Mariana, alegarè dos fragmentos, con que da-
rè fin à este Opusculo.

52 Para predicar de la Anunciacion de el Angel à
nuestra Señora tomaba el Angelico Doctor por thema
de la Salutacion Angelica esta Clausula: *Benedicta tu*
in mulieribus. Y dexando el cuerpo de la apuntacion,
que contiene ocho discursos, segun los que alaban, ben-
dicen, y glorifican à Maria Santissima: atendamos à el
epilogo de el sermon: *Benedicat te Virgo Beata, Deus*
Pater, Deus Filius, Deus Spiritus Sanctus, Bene-
dicant te Angeli, peccatores, justi, Mulieres, & om-
nis Creatura. Amen. O Virgen Bienaventurada! Bendigate Dios Padre, bendigate Dios Hijo, bendigate
Dios Espiritu-Santo, bendigante los Angeles, bendigante los pecadores, bendigante los justos, bendigante las
Mugeres, bendigante todas las criaturas. Amen. Pala-

N. Bris in Vit.
S. Th. cap. 8.

Brev. O. P.

Luc. 1.

bras

bras son estas, en que manifiesta el Doctor Angelico su tierníssimo afecto, expressa su piadosíssima devocion, y declara su gran deseo, y ardientíssimo zelo, de que todos, todos alaben, bendigan, y prediquen à la Sacratíssima Virgen, y Puríssima Madre de Dios nuestra Señora, y Reyna Maria Santíssima. Pues hasta las Criaturas irracionales, è insensibles desea, y quiere se hagan lenguas para bendecirla, y loarla cada una en su natural modo: al modo, que los Niños de el horno de Babilonia combidaban à las criaturas insensibles, è irracionales à bendecir el Señor, que las crió: à este modo podemos decir, dice nuestro P. S. Antonino, à la Santíssima Virgen: *Ita dicere possumus Beatæ Mariæ Benedicite omnia opera Dominæ omnium.* Y no hai duda, que desea, y quiere el Santo, que todas las naturalezas intelectuales bendigan à Maria Santíssima especialmente con la Salutacion Angelica, que comprehende las mas supremas alabanzas, y mas Divinos elogios, que se pueden decir à la que es verdadera Madre de Dios. De esta Salutacion Angelica dixo la misma gran Señora à Santa Metilde que *ninguna persona ha de llegar jamas à saludarla con mas altas palabras que las de el Ave Maria, ni cosa se puede hallar à mis oydos mas dulce, ni mas agradable, que el Ave Maria, &c.*

53   Este mismo argumento reiterà el Doctor Angelico en otro sermon apuntado *de Beata Virgine:* tomando el thema las alabanzas, que diò à el Sagrado vientre, y Puríssimos Pechos de Maria Santíssima como Madre de Christo, aquella devota Muger de la turba, quando exclamó diciendo: *Beatus Venter, qui te portavit, & ubera, quæ suxisti.* De este thema infiere, y concluye Santo Thomas, que todos deben alabar, bendecir, y predicar, à la Beatíssima Madre de Dios. *Debet (B. Virgo) frequentèr ab omnibus benedici, id est, Beata prædicari. Lucæ* 1. *Beatam me dicent omnes generationes.* Notemos el verbo, y el adverbio: *debet fre-*

Luc. 11.

frequenter benedici. Dice, pues, el Santo Doctor, que
à Maria Santissima deben todos frequentemente bendecir, esto es predicarla Bienaventurada. Y como pueden predicarla todos bendita? Con la Salutacin Angelica: A esta *Salutacion* llama *Sermon* el Evangelista S.
Lucas: *In Sermone ejus,* como està dicho: con que sa-
ludando à Maria Santissima con la Oracion de el Angel,
se predica à la gran Señora Bienaventurada: *Beatam
me dicent omnes generationes.*

   54   Pero lo que dice Santo Thomas, es que todas
las generaciones deben predicar, y que esta deuda la
deben pagar frequentemente: *Debet frequenter ab
omni benedici, id est, predicari.* Especialmente tres gé-
neros de personas deben ser saludadas con frequencia,
que son los *Amigos:* porque como dice el Philosopho:
multas amicitias inapellatio solvit. Los Bienhecho-   D. Bern. Serm.
res, porque como enseña San Bernardo: *Peremptoria*   2. de panib.
res est ingratitudo, hostis gratiæ, inimica salutis y los
Amos, ò Señores, como el mismo Señor de los Señores,
nos lo advierte: *Si ego Dominus, ubi est honor meus?*
Pues estos tres titulos concurren con excelencia en la
Madre de Dios Reyna de la gloria, que nos obligan à
saludarla con frequencia. Ella es la que dice por el Eclesiastico: *Ego Mater pulchre dilectionis:* Amor her-   Ecclef. 24.
moso es el amor puro, desinteressado, el amor de bene-
volencia, en que consiste la verdadera *amistad,* que es
moral virtud. De ella prophetizò el sabio *Venerunt mi-*   Sap. 7.
hi omnia bona, pariter cum illa: & innumerabilis ho-
nestas per manus illius. y ella en su mismo nombre *Ma-*
ria, trahè escrito su *Dominio, y Señorio. Verè etenim*   D. Damasc. de
rerum omnium conditaram Domina facta est, cùm Cre-   fid Hon. lib. 4.
atoris Mater extitit, dixo S. Juan Damasceno.   cap. 15.

   55   Dissueltos ya los argumentos negativos, de que
se han valido nuestros nimiamente rigidos Criticos para
negar varios puntos, que se han asseverado en este Opusculo con monumentos positivos, ciertos, firmes, y cons-

tantes

tantes, y manifestado, que las narraciones de el B. Ala-no de Rupe no se oponen à las Historias de los antiguos Auctores Coetaneos, y Suppares de la vida de nuestro gran P. S. Domingo, y defendido la grave, y grande auctoridad, y veracidad de aquel segundo Apostol de el Mariano Psalterio, elegido de la Sacratissima Virgen Madre de Dios para renovar, y reestablecer en el Pueblo Christiano el utilissimo, é importantissimo culto de el Santissimo Rosario. _Pro coronide_ de este peque-ño escrito: digo que de todo lo aqui dicho, disputado, y concluido, consta clarissimamente, ser el Santissimo Rosario [como ahora se practica en la Iglesia Catholi-ca] _el Patrimonio, y herencia de nuestra Religion Sagrada:_ por haver sido nuestro gran Padre, y Patriar-ca Sto. Domingo de Guzman, quien (movido de el Divino Espiritu, é instruido de la Reyna de el Cielo) lo inventó, dispuso, y ordenó con el numero de quinze Oraciones Dominicas, y quinze decenarios de Saluta-ciones Angelicas, que se rezan: y quinze principales Mysterios de la Redempcion humana, que á el mismo tiempo se meditan, ò contemplan.

56 El fue el primero, que lo publicò, promulgò, y predicò en la Santa Iglesia, por mandado de Maria San-tissima. El fue el que fundò, é instituyò su devotissima, y utilissima Cofradia à mayor honra, y gloria de la Ma-dre de Dios, y nuestra Señora. El fue el que dispuso, que el Domingo primero de cada mes de el año se con-gregassen en nuestras Iglesias los Hermanos, ò Cofra-des, y assistiessen à la Missa solemne, Procession, y ser-mon de las alabanzas, y commemoracion de la Reyna de los Seraphines. Cofradia tan Illustre, que por largo espacio de tiempo los Summos Pontifices le dieron por antonomasia el titulo de la _Virgen Maria_ en sus Diploma-mas. Y ella fue la que quizo, que esta Sacratissima de-vocion Mariana, y Cofradia existiesse siempre en nues-tras Iglesias, y Templos. Y assi lo han concedido, es-

tablecido, y confirmado los Santos Vicarios de Chrifto, y que nueftros RR. PP. MM. GG. folos la pueden erigir, y fundar privativamente.

57 Y en atencion de todo efto, el RR. P. M. Fr. Auguftin de Olafo de Iluftriffima Religion de nueftro gran Padre San Auguftin en la aprobacion de cierto libro, dixo: que la devocion de el *Santo Rofario de Maria Santiffima es el Blaffon mas Gloriofo de nueftra Sagrada Religion.* Siendo, pues, el Santiffimo Rofario el mas gloriofo Blaffon de la Orden de Predicadores, es gloriofiffimo Timbre de N. SS. P. y Patriarca Sto. Domingo, fer fu Inventor, Auctor, Fundador, Inftitutor, y egregio primer Predicador.

Mam de Dominic. de N. M. Magdal.

58 Quando no huviera argumento para monftrar el incomparable amor de nueftro SS. Patriarcha à la Reyna de los Cielos Madre de Dios, lo demoftrara *vfque ad miraculum,* haver inventado la devocion de el Sacratiffimo Rofario. Oygamos como lo dà à entender à todo el mundo el devotiffimo de la gran Señora el Reverendiffimo Padre Fr. Alexo Salo de la Orden Seraphica Capuchino. *Quis non vehementer miretur amorem illum ardentem, quo S. Dominicus Patriarcha ille Clariffimus, Reginam hanc excellentiffimam eft profequutus, cui uni poft Deum fe totum Ordo debet, volens, ac libens, & acceptum fertomne decus fuam, atque præfidium? ..... Et ut nulla zelo, aut pietatis viriilius in Deiparam haberemus teftimonia, tamen celebre, illud nunquàmque fatis laudatum ejus inventum precationis, quam Rofarij vocant, abunde ejus fidem nobis fidem facere poffit.*

Apud Bibliot. Virg. tom. 1. pag. 183. prin. 2.

59 *Quam multas, putatis, animarum myriades allexit ille Sanctus, ut fe Virginis cultui totas devoverent, illo fuo religiofo orandi invento? Quot Principes, quot Heroes, & Monarchas? Quot Reginas, quot Heroinas? Quàm multos cujufvis conditionis homines, Populos, imò & mundos integros? Etiam*

ad

ad Antipodas usque pius ille colenda Virginis modus
pervenit, & ad Regiones olim ignotas, peneq́ vel solo
nomine inauditas [quas novum mundum appellamus.]

In cit. Bibliot.
XIX. cap. 17.
§ 2. pag. 266.
tom. I.

50   Y mas adelante, vuelve à decir este elogiador de
nuestro Santissimo Patriarca: Hoc tantum bonum Beato Patriarchæ Dominico (ut Roma Romulo sui fundationem) debemus Christiani, cujus in primis studio institutum fuit: aliisque non nullis P.P. Sanctis Ordinis illius amplissimi, qui revelante Ipsissima Virgine
Gloriosa, doctis suis ad Populos concionibus, miré, &
cum juxta pompa Ecclesiastica [ex ruinis suis, obli-
vioneq́, cui illud hostis virtutum omnium juratissimâ
astutia propé æternum addixerat] excitarint.

Noster Mag.
Contens. lib.
XI Dissert. 6.
mihi tom. 1.

61   Concluyo con otros dos elogios de nuestro Glorioso Padre por el Santissimo Rosario. El primo de
nuestro V. M. Fr. Vicente Contenson en el tomo
primero de su Theologia mentis, & cordis. Dice assi:
Beatus plane sit, terque, quaterque Beatus, Sanctus
Dominicus, qui Rosarij salutifero instituto; Orbem
sub Cælo totum, Mariæ præconibus diu, & interdiu
Salutationibus implevit.

61   El segundo, y ultimo elogio, es parte de el elo-
gio, q́ dexó escrito el Reverendissimo P. Labbe, Theolo-
go eruditissimo de la Sacratissima Compañia de Jesus en
loor de nuestro P. S. Domingo, que trahe nuestro M.
Fr. Juan Jayme Percin, en su Monumenta Conventus
Tolosani ab anno 1221. num. 17. que dice: Sta quisquis
es, ad Stellam, Rosam, & Columnam: Dominicus ante
ortum Stella, postquam adolevit Sol fuit, &c.
Et Rosa Ecclesiæ Dominicus fuit.
Ante Dominicum, Ecclesia spinarum hortus erat, nunc
Florum.
Inseruit Rosas Dominicus, & Rosarijs Orbem implevit.
Placuere Rosæ Deiparæ Virgini:
Et per Rosaria Dominicus ivit ad Cælum:
Et nunc per Rosas Dominici patet iter ad Cælum, &c.
ba   63   Final-

63 Finalmente (por fi efte Opufculo del Santiffimo Rofario viniere à manos, de quien ignora el Idioma latino, ò no guftare de difputas, controverfias, argumentos, y conclufiones) porque faque, y utilize algun efpiritual fruto de efte pequeño libro, fervirán de peroracion, las grandes alabanzas, notables elogios. y fingulares encomios de el Partenico Pfalterio, ò Sacratiffimo Rofario de la Reyna de los Cielos, el zelo, eficacia, y devocion fervorofa con que perfuade, y exorta à todos abrazar efte Angelico culto de la Madre de Dios, Maria Santifsima Señora nueftra: el Reverendifsimo Padre Jofeph Tercero, Sacerdote Profeffo de la mifma Sacratiffima Compañia de Jefus en fu libro, cuyo titulo es *la Virgen en el templo, honrando el templo, Maria Santiffima,* en que recopilò muchos, varios, y diverfos modos de obfequiar, fervir, y dar culto à la Puriffima Madre de Dios. Efte pues devotiffimo Padre llegando à tratar de el culto, que fe da á la Reyna de la gloria con la devocion de el Santiffimo Rofario, prorrumpe en eftas elegantes, devotas, y eficaces voces.

54 *Una ultima palabra acerca de el Santiffimo Rofario.* Pufe antes algunas practicas de invocar à nueftra Señora: refervé para efte lugar, la que tiene *entre todas el primero.* El)hablar dignamente algo de ella, era, como ha fido, y es Affumpto de grandes volumenes, y de ingenios abrazados. Ni efte librito, ni mi corazon tibio permiten, mas que una breve palabra. Mas querra la dulce, benigna Señora, que ella fea baftante para el logro de mi intencion, que explicarè por ultima.

65 A qualquiera devocion hacen efpecialmente recomendable cinco calidades. La primera *fu objeto.* La fegunda *fu Author.* Tercera *fu aprobacion.* Quarta *fus provechos, y frutos.* Quinta *fu acceptacion.* Y eftas todas concurren con tal grado en la devocion de el Rofario [que fuera de el frequente de los Sacramentos ufo)

Impreffo en Mexico año de 1723.

Mm

uſo) no ſé, que halla otra devocion mas *alta*, mas *util* ni mas *ſuave* en la Igleſia. Es preciſſo ſer breve: tocarè ſolo las dichas calidades.

66   Su objeto es honra à Dios, en la obra mas ſublime, que obrò fuera de ſi en la Encarnacion, Vida, y Muerte de ſu Eterno Hijo, nueſtro Maeſtro, y Redemptor Jeſu-Chriſto. Cantarle [digamoslo aſſi] el cantico de ſu amor en la ſerie de inefables finezas, que obrò para la Redempcion, y eterna ſalvacion de los hombres. Alimentar nueſtras Almas con los mas delicioſos vocados, que paladean los Angeles, y Bienaventurados eſpiritus compueſtos de las invenciones de el infinito amor, poder, y ſabiduria de Dios. Hai, ò puede haver objeto mas alto, que el poder de el Padre, la ſabiduria del Hijo, y el amor de el Eſpiritu Santo, empleados en la obra de mayor honra, y gloria de toda la Trinidad Beatiſſima? Pues eſſe es el objeto unico de la devocion de el Roſario: en que para complacernos con Jeſu-Chriſto, que obró nueſtra ſalud, y darle por ella las debidas gracias con Maria Santiſſima, que cooperó à ella, dividimos en quinze Myſterios los mas tiernos, mas amoroſos, mas admirables paſſos, que dieron el Señor, y la Señora, en orden à ſu conſecucion. Es pues toda obra de la virtud mas alta, que en la tierra ſe exercita, que es el culto, y Religion para con el Criador.

67   Sus Auctores, ahora ſe miren las Oraciones, de que ſe compone, ahora el compueſto, que reſulta de ellas, ſon la Trinidad Santiſſima, nueſtro Maeſtro, y Redemptor Jeſus, la Sacratiſſima Virgen, y la Santa Catholica Igleſia. Pueden ſer mas calificados? El Roſario ſe compone de repetir interpoladamente quinze vezes la Oracion de el *Padre nueſtro*, y ciento, y cincuenta la de *Dios te ſalve Maria*. La Oracion de el *Padre nueſtro* conſta de el Evangelio, que ſu Auctor fue Chriſto enſeñandonos con ella à orar, y dirigir à el Eterno Divino Padre nueſtros afectos, y nueſtras peticiones. La

Ora-

Oracion *Dios te falve Maria,* confta de el Evangelio
mifmo, que la pronunciò el primero el Archangel San
Gabriel faludando á la Señora con fus tres primeras Claufulas: pero tienen por cierto los mas graves Auctores,
que à el Santo Archangel las dictò, é infpirò la Santiffima Trinidad. las dos figuientes Claufulas, enfeñada de
Divina Revelacion (fin la qual no las pudo decir) añadiò
en dichofa vifita la Madre de el Baptifta Santa Ifabel.
Las reftantes añadiò la Santa Iglefia Catholica poniendo-
fe con ellas à los pies, y à el amparo de fu Madre, y
Abogada. Eftos fon los Auctores de aquellas olorofas
foberanas flores de que fe forma el Rofario.

68   Pero de el Rofario, efto es, de el compuefto,
que refulta de la diftribucion, y repeticion de effas altas,
graves, fuaves Oraciones, es Auctor la mifma foberana
Señora Reyna de los Cielos Maria nueftra Señora, que
queriendo por fu gran piedad dar à los hombres *un cor-*
don de oro, con que atraxeffemos fu mifericordia, quando la retardaffen nueftros pecados, y con que (permi-
tafe decirlo affi) dulcemente la obligaffemos à volver
fobre nueftras pecadoras Almas aquellos ojos de mifericordia, cuya pureza mefma los apartaba de ellos por no
veerlas voluntariamente anegadas en tanto horror, è im-
mundicia: complaciendofe en effe *Compendio de las*
marabillas de Dios, y formandole [como lo predicò
el Santo) lo revelò á fu Virginal Siervo, devotiffimo
Capellan, favorecidiffimo *Efpofo* (q efte nombre fe dignó de darle) el Gloriofo Padre Santo Domingo de Guzman, paraque el (como Angel de Paz) lo enfeñaffe en
fu nombre Auguftiffimo, à toda la Chriftiandad, vincu-
lando por fu real palabra, à el fus piedades, fus miferico-
dias, converfion de pecadores, adelantamiento de juftos,
perfeccion de Santos, remedio de las extremas necefi-
dades: y hijo para falir confeguridad de el labyrinto de
el mundo, y entrar por las apetecidas, y eternas moradas

Mm 2   de

de el Cielo. Busque quien quisiere en la tierra *devocion
mas authorizada,* y no digo, que me avise si la halla,
porque sè de cierto, que no la ha de hallar.

69 La aprobacion como podia, no digo negarse:
pero aun suspenderse, ò retardarse à *tan excelente obra?*
Recibiòla con veneracion la Santa Catholica Universal
Iglesia, y empezó desde luego à enriquezerla con los
thesoros suyos, con estimables gracias, Indulgencias,
privilegios, que han ido adelante los Summos Pontifices, hasta tal estado, para quantos son sus Cofrades, *que
apenas hacen alguna obra buena, que no tenga concedida Indulgencia.* Esto por lo que toca à la primera, y
mas estimable aprobacion, que es la de la Sede Apostolica. Por lo demás no ay Religion alguna, ò de las que
ya estaban fundadas, quando se promulgò tanto bien à
el mundo, ò de las que despues se han fundado, que no
aya con *summo aprecio recebido, abrazado, y criado à
sus Hijos con tan Celestial leche.* Los Summos Pontifices, Cardenales, Obispos, los Emperadores, los Reyes, los Principes, toda Dignidad, todo Estado, todo
Orden, todo Sexo, ha abrazado tan deveras esta devocion Santa, se han aficionado tanto à sus espirituales abun-
dantes interezes, *que han tenido por summa dicha, y
honra, sentarse, y escribirse por sus Cofrades.* Assi se
continúa oy haviendo apenas Christiano que no se pre-
cie, y glorie de serlo, ò que no sea Cofrade de el Rosario, ò à lo menos, que no reze el Rosario.

70 Los frutos de esta invencion Celestial quales
ayan sido, no caben, ni pueden caber en grandes, y muchos libros, que hay escritos de ellos. Ella nació des-
truyendo heregias, convirtiendo pecadores, alumbrando
ciegos, sossegando tentados, fortaleciendo tibios, perfi-
cionando justos. Ella siempre auyentò enfermadades,
fecundò esterilidades, librò de peligros, favoreció todas
las necessidades. En una palabra: *fue, y es un comun remedio para Almas, y cuerpos, de quantos con devocion, y
consº-*

constancia lo abrazaron. Ojala, y como se leen otros libros, ò inutiles, ò dañosos, fueran los q̃ anduvieran en las manos de todos los libros de las marabillas, y exemplos de el Rosario. O! y como se rezara con mas fervor, como se luciera en los Predicadores! Que medios tuvieran las Almas!

71 La acceptacion ya està dicha, y su admirable extension vive todavia: su primer Pregonero, su Glorioso Predicador, el Santo Patriarcha Domingo, la viò estendida con un sumo fervor por Francia, España, Italia, Alemania, Flandes, y por la devotissima entonzes, y oy infelicissima Inglaterra. Haviendose años despues resfriado algun tanto el primer fervor, suscitò la amable Señora el espiritu de el B. Alano de Rupe, que avivò el fuego Santo: y oy se puede decir, que esta devocion se extiende lo que el Christianismo, y q̃ son sus terminos, los que lo son de la Santa Iglesia Catholica. Por toda ella se ha difundido, toda la ha fervorecido, y es (me gusta decirlo assi) como un ayre, y espiritu de vida, que alienta y refrigera à las Almas.

72 Ruego, pues, de todo mi corazon: no el que se reze el Rosario, pues como he dicho, y por la bondad de Dios, se juzga oy indigno de el nombre Christiano, el que no lo reza. Sino que se reze con recogimiento, con devocion, con amor. Si la salud, y fuerzas lo permiten hincadas las rodillas, y sino, en la postura mas humilde, y apta à recoger la atencion, que se pueda, procurando, que sea delante de alguna devota Imagen de nuestra Señora. Pido por el amor de Jesu-Christo, y de su Beatissima Madre, por el amor, que debemos todos à la Sangre de nuestro Señor Jesu-Christo derramada por nuestra eterna salvacion, que quantos, y quantas no estuvieren sentados en su Cofradia, se hagan luego escribir, y sentar en ella. Que tengan los Padres cuidado, que en llegando sus hijos, é hijas, à edad de discrecion, y aun serà mejor antes, se protesten (con esta tan Christiana

tiana accion) esclavos de tan alta, dulce, amable Señora, hijos de esta admirable Madre. Y se tenga cuidado de sentar à los difuntos, que en vida no huvieren mirado por sì, con esta providencia. Sobre todo pidase á la Señora con atencion, devocion, fee, confianza, constancia: que quizas en muchos no se veen los frutos de tan gran Patrocinio, porque no lo procuran, como debieran, porque no piden, ni ruegan con la debida decencia: *pedis, y no recebis, porque pedis mal.*

73   Hasta aqui la *una ultima palabra à cerca de el Santissimo Rosario,* que prometiò decir de el Psalterio Mariano el muy Reverendo, y devotissimo de la Reyna de el Cielo Padre Jesuita Joseph Tercero. Y en esta ultima palabra se difundió *bené, & optimé* en muchos grandes, y mas que grandes, *maximos elogios de el Virginal Psalterio, ò Sacratissimo Rosario.* Y si lo ultimo, ò el *fin corona la obra,* esta una ultima palabra (que està toda fundada, en lo aqui escrito, y defendido) sea Corona de este tal qual Opusculo.

LAUS DEO,

Beatissimæque Virgini MARIÆ Reginę Sacratissimi ROSARIJ, & Patri Nostro DOMI- NICO. Amen.

INDICE
DE LOS CAPITULOS
Contenidos en efte Libro.